新时代自贸试验区的金融开放与创新

——重庆探索与实践

周孝华　李林文　等　著

中国金融出版社

责任编辑：王慧荣　明淑娜
责任校对：孙　蕊
责任印制：丁淮宾

图书在版编目（CIP）数据

新时代自贸试验区的金融开放与创新：重庆探索与实践/周孝华，李林文等著 . —北京：中国金融出版社，2021.1
　ISBN 978 - 7 - 5220 - 1017 - 5

　Ⅰ.①新…　Ⅱ.①周…　Ⅲ.①自由贸易区—金融创新—研究—重庆　Ⅳ.①F832.771.9

　中国版本图书馆 CIP 数据核字（2021）第 026780 号

新时代自贸试验区的金融开放与创新——重庆探索与实践
XINSHIDAI ZIMAO SHIYANQU DE JINRONG KAIFANG YU CHUANGXIN：
CHONGQING TANSUO YU SHIJIAN

出版
发行　　中国金融出版社

社址　北京市丰台区益泽路2号
市场开发部　（010）66024766，63805472，63439533（传真）
网上书店　http://www. chinafph. com
　　　　　　（010）66024766，63372837（传真）
读者服务部　（010）66070833，62568380
邮编　100071
经销　新华书店
印刷　保利达印务有限公司
尺寸　169 毫米 ×239 毫米
印张　22. 25
字数　329 千
版次　2021 年 2 月第 1 版
印次　2021 年 2 月第 1 次印刷
定价　60. 00 元
ISBN 978 - 7 - 5220 - 1017 - 5
如出现印装错误本社负责调换　联系电话（010）63263947

序

　　2013 年 9 月至 2020 年 9 月，我国已分 6 批次批准了 21 个自贸试验区，已经形成了东西南北中协调、陆海统筹的开放态势，推动形成了我国新一轮全面开放格局。自贸试验区是我国新时代改革开放的试验田，七年多来，自贸试验区形成了一大批制度创新成果向全国或特定区域复制推广，成效显著。邓小平同志曾指出："金融很重要，是现代经济的核心"。2017 年习近平总书记又再次强调："金融活，经济活；金融稳，经济稳"。中国特色社会主义已进入新时代，探索研究自贸试验区的金融开放与金融创新具有极其重要的理论意义与实践价值。

　　世界正面临着百年未有之大变局，在这样的背景下，本书首先探讨了人民币国际化的历史进程与重大意义，分析了"一带一路"倡议带来的机遇及全球新冠肺炎疫情与逆全球化带来的挑战。通过选取我国 21 个自由贸易试验区的数据作为研究对象，把金融深化程度作为解释变量，选取代表性的指标进行研究，如金融深化存量指标和金融深化流量指标。把经济增长作为被解释变量，在现有理论的基础上建立金融深化和经济增长的相关关系模型，并应用于自贸试验区的金融研究。由于不同自贸试验区的经济发展基础、地理位置条件、金融生态环境、政策法律法规不同，不同自贸试验区金融深化对经济增长的作用效果不同。金融深化可以促进经济增长，但是过度的金融深化会阻碍经济的发展，因此要建立与自贸试验区相适应的金融政策体系。此外，通过金融创新、金融发展和经济增长的相关数据，研究了金融创新对自贸试验区经济增长的影响。金融创新能够通过促进金融发展从而推动自贸试验区的经济增长，但这种正向作用存在一定的时滞性。本书通过对相关国家自贸区负面清单的研究发现，与外国相比，我国的负面清单在行业细分和透明度，以及其实施后的经济安全方面还有待进一步提高。本书结合重庆自贸试验区金融深化与金融创新的行业实践，分析了金融业在自贸试验区的机构设立情况以及金融深化中存在的问题和可能面对的风险，归纳总结了重庆自贸试验区金融创新政策、实践及成果，剖析自贸试验区金融创新过程中存在的问题。重庆自贸试验区存在法律体系建设滞后、金融创新形式单一、金融创新对经济增长的支持力度不足等问题，对此本书提出了金融深化改革与金融创新的相关建议。

不同类型的金融机构在空间上集聚，区域性金融集群成为现代金融产业组织的基本形式。实践证明，对这些区域性的金融集聚进行合理布局，就会对本区域的经济发展、对外开放和优化资源配置起到非常重要的作用，进而促进实体产业的繁荣。重庆市委、市政府及时提出了自贸试验区的战略定位，以制度创新为核心，以可复制、可推广为基本要求，全面落实党中央、国务院关于发挥重庆战略支点和连接点的重要作用、加大西部地区门户城市开放力度的决策部署。同时，随着成渝地区双城经济圈建设、中国（重庆）西部科学城建设等国家战略的实施，重庆自贸试验区西永片区因其地理区位优势，成为"一带一路"和长江经济带互联互通的重要枢纽、西部大开发战略的重要支点，金融资源、金融活动和金融机构将在此区域集聚且程度也会不断加深，进而促进实体产业与科技创新的繁荣。

中央赋予重庆"两点"定位、"两地""两高"目标和发挥"三个作用"的政治任务，并将成渝地区双城经济圈建设、中国（重庆）西部科学城建设上升为国家战略，为重庆参与国际金融中心竞争提供了战略机遇。2020 年，重庆对金融中心进行了第四次定位，明确提出要打造内陆国际金融中心。这是重庆金融从国内走向国际的一次相当重要、非常准确的定位。本书最后立足于国际与国内经济金融发展面临的新形势、新周期、新走向，对重庆建设国际金融中心可以把握的结构性机遇进行深入分析，并就重庆加快金融产业布局、提升金融中心能级提出对策建议。

本书得到了重庆市自然科学基金（制度创新）项目（编号：cstc2020jsyj－zzysbAX0075）、中央高校基本科研业务费项目（重大专项）（编号：2020CDJSK02ZH01）的资助。感谢重庆市政府、沙坪坝区政府及相关部门的大力支持！在写作过程中我的本科生、硕士生、博士生都付出了辛勤的劳动，没有他们热情积极的工作本书不可能完成，在此一并致谢！由于作者水平有限或工作疏忽，书中难免存在许多不足之处，敬请广大读者批评指正。

周孝华
2020 年国庆于重庆大学虎溪校区

目　　录

第一章　人民币国际化与国际货币

第一节　"一带一路"与人民币国际化

"一带一路"是"丝绸之路经济带"和"21世纪海上丝绸之路"的简称，2013年9月和10月中国国家主席习近平分别提出建设"新丝绸之路经济带"和"21世纪海上丝绸之路"的合作倡议。

通过近几年的发展，人民币在跨境贸易结算、境外投资等方面取得了较大的进步。但人民币仍然不是世界货币，离真正的国际化还有很长的一段路要走。人民币国际化是一个循序渐进的过程，不能一蹴而就。我们应当把握主动权，在保持市场平稳运行的基础上实现人民币的长期稳定升值。从总体上来看，目前人民币还远远不能与美元、英镑、欧元等主要国际货币相抗衡。为此，国内外学者做出了不少研究。国外学者对货币国际化以及人民币的国际化研究比较广泛，主要集中在货币国际化的条件、人民币国际化的现状、人民币国际化存在的机遇与面临的挑战等方面。国内研究主要集中在人民币国际化程度和发展现状的指数度量、人民币国际化面临的问题和发展路径、"一带一路"背景下的人民币国际化、人民币和传统国际货币的国际化水平研究等。"一带一路"倡议与人民币国际化二者相互联系，同时又有巨大的共同发展空间。以政策来弥补人民币在国际化过程中的不足，寻找解决方案以及实现策略，将让人民币在新时代背景下能够获得更好的发展机遇。

早在20世纪90年代，学术界就提出了对人民币国际化的研究。近年来，人民币国际化进入起步阶段。随着中国经济的持续快速增长以及综合国力的提升，人民币汇率一直保持着相对稳定，周边国家对人民币的信任度提高，将人民币作为计价货币和结算手段。人民币之所以能够走向国际化，主要原因体现在以下几个方面。

首先，中国的经济发展态势良好。一个国家的经济规模和贸易规模越大，该国货币的国际地位的优势就越发明显。此处以美国为例，美国综合国力强大，经济实力也不容小觑。这样的国家背景能够为美元提供经济基础和保障。而改革开放之后的中国，经济实力也飞速提高，在历次金融危机中尤其是在 2020 年的抗击新冠肺炎疫情行动中，应急措施明智，取得了举世瞩目的成就，令世界刮目相看。

其次，中国的金融市场逐渐开放。随着中国国力的增强与经济实力的增长，中国的金融市场呈现出了开放和发展的趋势，分别体现在银行业、证券业、保险业等行业。尤其引人注意的是，人民币自由兑换的程度也得到了提高。接受了国际货币基金组织（IMF）第 8 条的中国，在经常项目下的人民币已经基本实现了可兑换，资本项目也逐步开放。为了避免汇率风险、降低筹资成本，中国先后与白俄罗斯、印度尼西亚、阿根廷、冰岛、新西兰、马来西亚、泰国、土耳其等国家签署了双边本币互换协议，这是中国有序开放资本项目自由兑换的重要步骤，以规避由第三方货币带来的汇率风险，降低贸易成本，推动国际贸易的发展以及人民币的国际化。

最后，人民币币值能够保持稳定。货币币值的稳定是一国货币国际化的重要保证。中国不仅应当保证人民币的汇率变动幅度比他国货币变动幅度小，而且还要保持国内的物价稳定，保证国内居民对本国货币的信心。而信心则来源于国家综合国力的稳步提升。作为社会主义国家的中国一直在对物价进行调控，取得了一定的效果，使中国在近年来都能够保持较低的通货膨胀率。中国在国际贸易中出口货物数量大，国际收支顺差使外汇储备增加，外汇储备充足。国内物价稳定、国际收支顺差、外汇储备充足等种种因素叠加，使人民币在保持稳定的前提下还有一定的升值空间。加之中国近年来经济飞速发展，更多的国外政府、金融机构以及企业愿意持有人民币资产，为人民币的国际化提供了有效的信心支持。

2013 年，国家主席习近平在对土库曼斯坦、哈萨克斯坦等国进行国事访问时，提出构建"丝绸之路经济带"等创新合作模式，加强"五通"，即政策沟通、道路联通、贸易畅通、货币流通和民心相通，以点带面，从线到片，逐步形成区域大合作格局。对人民币国际化能够明显起到推动作用的主要因素是道路联通、贸易畅通、货币流通和民心相通四个方面。

一是道路联通。道路联通的主要表现方式是通过支持沿线经济相对落后国家的基础设施建设，为其提供更加有力的资金保障。基础设施建设存在的问题是投资大、周期长、风险高等，必须得到有力的资金支撑，这就要求我国与沿线国家进行资金融通。如果在提供资金支持时使用以美元为代表的他国货币，不仅会面临着较高的汇率风险，而且也不利于投资的高效率。在"一带一路"倡议背景下，使用人民币进行对外投资，不仅能够节约时间，还能降低投资风险。

在重大项目建设方面，中国已会同有关各方，推动一批重大项目持续落地，如中老铁路、巴基斯坦喀喇昆仑公路二期、卡拉奇高速公路已经开工，中俄、中哈、中缅等油气管道项目的建设或运营都在有序进行。

除此之外，考虑到"一带一路"沿线国家的经济发展程度和国际影响力普遍不高，而中国作为世界经济大国，国际影响较高，能够普遍被周边各国认可，进而充分发挥人民币在国际结算、国际信贷、国际储备方面的货币职能。广泛地使用人民币来降低资金的使用成本和风险，符合各个国家的共同利益。

二是贸易畅通。促进贸易畅通是"一带一路"倡议的另一个重要目标。"一带一路"周边沿线国家众多，每个国家的经济状况、人口数量都不尽相同，随着我国经济的不断发展，我国与周边沿线国家的贸易往来也越来越密切。我国在实现道路联通时需要建设基础设施，而建设基础设施的同时需要大量进口钢材、机械等配套设施和材料。而我国基础设施方面的技术已经较为先进，能够为沿线国家提供原料。贸易畅通使我国在获利的同时，还能加快机械、电器、钢铁产业的升级，可谓是一举两得。

使用人民币进行结算的好处是降低第三方货币带来的汇率风险，提高交易效率，使合作双方的贸易往来更加顺畅，符合双方的共同利益。这样中国也能扩大贸易规模。使用人民币进行跨境贸易结算，可以提高人民币的使用率，扩大人民币的使用范围，增强人民币的国际结算职能，继而促进沿线国家贸易畅通和发展。

在"一带一路"倡议的落实过程中，我国政府为争取外商投资也做了不少工作。中国深化管理体制改革、完善促进政策、积极商签政府间投资合作协议，为对外投资合作营造良好的环境。中国丰富合作内容、拓展合作方式，放宽外资准入领域，营造高标准的营商环境，以吸引沿线国家的商人来华投资，进一步加强双方的贸易畅通。

三是货币流通。货币流通既是人民币国际化的关键一步，也是前述道路联通和贸易畅通的过程中必不可少的步骤，为人民币在区域之间流通提供了契机，货币流通也是其他四通的基础和保障，主要体现在以下几个方面。首先，"一带一路"沿线国家的贸易及项目需求等为人民币国际化提供了内在的推动力。在此过程中衍生出的人民币跨境使用需求将有利于提高人民币的国际化程度。其次，国家层面强调的"五通"，即政策沟通、道路联通、贸易畅通、货币流通和民心相通五个方面，同样可以为人民币的国际化进程产生促进作用，通过与沿线国家达成全方位的合作、打造利益共同体的方式，增强区域经济一体化程度。最后，"一带一路"是实现人民币国际化的路径突破。"一带一路"倡议的实施加强了中国与沿线国家的经济贸易联系，为人民币国际化提供了契机，同时提升了中国和人民币在其他国家的认可度和接受度，起到推动国际投资和区域合作平稳发展的作用。

四是民心相通。民心是最大的政治。"一带一路"作为一项重要的国际合作倡议，自然离不开各国人民的理解、认可和支持。这也是习近平总书记多次在国内外的重要场合中提及"一带一路"倡议与召开"一带一路"国际合作高峰论坛的目的所在。通过"一带一路"的发展，我国能够通过跨境电子商务的方式将国内的产品与文化传播到其他国家，这也是文化传播的一种表现方式。国与国之间的文化渗透，可以推动国民之间的相互了解和联系，进一步实现民心相通的目标。除了经济往来，我国与沿线国家还能进行旅游、文化交流活动、教育与人才培养合作等，通过各种各样的人文合作项目，拉近人与人、心与心之间的距离，让广大发展中国家能够从中受益，增强中国对周边国家的感染力、号召力和凝聚力，加强地缘情感培植，实现民心相通。

一、人民币国际化的发展现状及途径

（一）人民币国际化的发展现状

人民币国际化是一个循序渐进的过程，不能一蹴而就。随着我国经济实力的提升、贸易规模的扩大、国家政策的推行，我国试图从不同方面共同推进人民币国际化，取得了一定发展。如2018年新年伊始，德国与法国先后将人民币纳入外汇储备货币，意义非同一般。2019年10月，中国人民银行与欧洲中央银行续签了有效期为三年的双边本币互换协议，互换规模为3500亿元人民币，约450亿欧元，中欧双边本币互换协议的签署使人民币国际化的进程向前推进了一大步。

2019年，跨境人民币收付金额合计为19.7万亿元，同比增长23%。共计收款10万亿元，同比增长25%，付款9.7万亿元，同比增长24%，收付比为1:0.97，净流入0.3万亿元，2018年净流入为0.15万亿元。在跨境人民币使用上，人民币已连续9年成为中国第二大国际支付货币，并且是全球第五大支付货币、第三大贸易融资货币、第八大外汇交易货币和第六大储备货币。根据环球同业银行金融电讯协会（SWIFT）数据，截至2019年底，人民币占全球所有货币支付金额的比重为1.94%，较2018年的2.07%略有下降，排名仅次于美元、欧元、英镑及日元（见图1.1）。

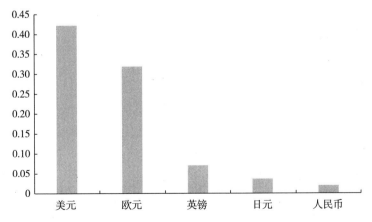

图1.1 2019年全球主要货币支付金额比重

（资料来源：Wind）

从全年来看，人民币的全球支付占比在 1.65% ~2.22% 的区间中波动。虽然人民币国际化在不断发展，但是与世界其他主要货币相比，仍然存在一定的差距。

2020 年，受全球新冠肺炎疫情的影响，世界各国经济面临巨大挑战。我国虽然在两个多月的时间里迅速控制住了疫情的蔓延，但与其他国家的进出口贸易受阻以及疫情导致国内延迟复工复产等各种不利因素严重影响了人民币国际化的进程。然而，我们坚信人民币国际化是必然趋势，暂时的波折不能根本改变这一既定方向。

目前，大部分针对货币国际化程度的研究都是从货币职能的角度进行观测。本书试图从计价结算、金融交易、国际储备三个方面对人民币国际化的发展现状进行衡量。

（1）计价结算。2009 年，国家决定在上海、广州等城市开展跨境贸易人民币结算试点。此后，我国出台两份扩大跨境贸易人民币结算的试点范围文件，使跨境贸易人民币结算走向了全面发展。我国进出口贸易规模不断扩大，区域贸易合作不断加强，为跨境贸易人民币结算开辟了新的空间。

2019 年，经常项目人民币跨境收付金额合计 6 万亿元，同比增长 19%，其中，货物贸易项下收付金额为 4.2 万亿元，同比增长 15%，服务贸易及其他经常项下收付金额为 1.8 万亿元，同比增长 24%（见图 1.2）。

（2）金融交易。金融交易能够反映人民币国际化的另一方面，其主要衡量指标有人民币直接投资、证券投资、境外信贷市场以及外汇市场的发展。下面笔者将从这几个方面来对人民币国际化的现状进行探讨。

首先，人民币直接投资包括人民币对外投资以及外商直接投资。随着"一带一路"倡议的深化，我国与世界各国的国际产能的合作也越来越密切。根据中国人民银行的统计，2019 年，直接投资项下人民币跨境收付金额合计 2.78 万亿元，同比增长 5%。对外直接投资（ODI）人民币跨境收付金额为 7600 亿元，同比下降 6%；外商直接投资（FDI）人民币跨境收付金额为 2.02 万亿元，同比增长 9%（见图 1.3）。在经历了 2017 年对外直接投资人民币跨境收付金额与外商直接投资人民币跨境收付金额的"双

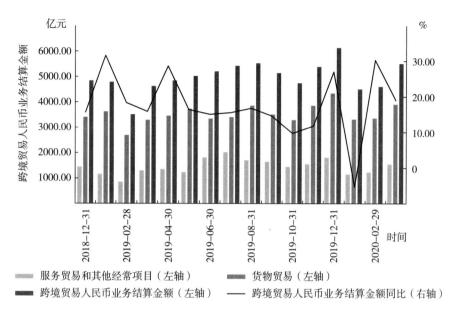

图1.2 2019—2020年月度经常项目人民币收付金额

（资料来源：Wind）

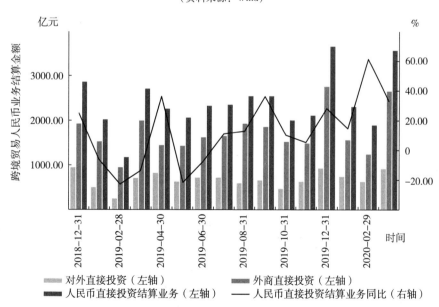

图1.3 2019—2020年直接投资人民币跨境收付月度情况

（资料来源：Wind）

降"，以及2018年人民币直接投资的强势反弹后，人民币跨境直接投资收付项目在2019年出现了一定的分化，但总量依然保持增长，说明我国人民币直接投资规模的长期增长趋势不变。

其次，熊猫债市场也受到了国际市场的广泛关注。随着境外机构在我国境内发行的人民币债券存量的增加，发债主体的进一步扩展，发债的规模也得到了大幅增长。截至2019年底，熊猫债发债主体已涵盖国际开发机构、外国政府、境外非金融企业、金融机构等，累计发行规模超过3745亿元。2018年全年，熊猫债新发行规模近747亿元，较上年增长23.8%。但在2019年，熊猫债新发行规模近598亿元，较上年下降19.9%。造成这一现象的原因在于，2019年，人民币汇率波动加剧，削弱了部分债券发行人的发行意愿，同时由于中美国债利差增大，境外债券相对于境内融资成本的比较优势形成了融资替代效应，在一定程度上挤压了熊猫债券发行的市场空间。到2020年，随着美联储宣布无限量量化宽松（QE）货币政策，中美国债利差可能会进一步扩大，熊猫债券的市场空间可能会出现进一步收缩。

除此之外，资本市场的互联互通也对人民币国际化起到了一定的促进作用。2014年4月，李克强总理在博鳌亚洲论坛年会上宣布将建立沪港股票市场交易互联互通机制。同年11月，沪港通正式上线运行。2016年12月5日，深港通正式启动，加速了中国资本市场国际化的进程。2019年6月17日，沪伦通在伦敦正式揭牌启动，进一步扩大了我国资本市场的双向开放。这一系列开放举措，为境内外的投资者提供了新的投资通道，使证券投资项目下人民币的输出和回流更加通畅，顺应了资本市场国际化的发展趋势。

最后，据中国人民银行统计，截至2019年，在银行间外汇即期市场上，人民币对欧元、日元、港元和英镑的交易总量为1.99万亿元人民币，而2013年前这一数据不到1.72万亿元。这一数据的变化也反映出人民币在国际市场上的适用范围逐渐扩大，但与世界上其他主要货币相比，人民币的成交量还存在着一定的差距。

（3）国际储备。随着我国资本市场的逐渐放开，人民币的可自由兑换水平不断提高。人民币正式加入国际货币基金组织特别提款权（SDR）货币篮子之后，成为除美元、欧元、日元和英镑之外的第五种国际储备货币，在货币篮子中的权重为 10.92%，位列第三名。

人民币成功加入货币篮子，充分说明了国际社会对中国改革开放和综合国力愈加强大的认可，提升了人民币的国际地位，成为人民币国际化的重要里程碑。20 世纪 80 年代，人民币作为第一个新兴市场货币进入 SDR 货币篮子，增加了 SDR 的多样性，同时改善了以美元等发达国家货币作为主要储备货币的格局。中国将以此为契机，进一步激发金融市场的活力，为维护世界金融市场的秩序发挥自己的力量。

（二）人民币国际化的发展途径

货币国际化是一个长期的过程，当下全球竞争激烈，老牌资本主义强国云集。中国只有在具备了强大的经济及综合实力、稳定的国内政治局势、良好的社会环境、发达的金融市场、完善的金融体系之后，才有希望让人民币成为世界货币。人民币国际化的主要发展途径有以下几个方式。

（1）对外贸易。人民币国际化和对外贸易发展存在着相互促进的关系。中国在推进"一带一路"倡议过程中，逐渐增强与周边及沿线国家的贸易关系，人民币成为这些国家主要的结算和支付货币，甚至能够实现一定程度的自由兑换，得到当地居民及其国家的肯定。从这一层面来看，人民币已经在欧亚大陆上成为一种事实上的区域性货币。随着中国国力的增强以及人民币影响力的扩大，在"一带一路"沿线国家的对外产品、技术、资金等方面的贸易中采用人民币支付的比重会越来越高。

（2）境外投资。人民币流出中国的途径还包括境外投资、境外项目承包等。我国与周边国家的经济贸易合作的境外投资额度逐年增长，民间也有资本家在他国投资。对外直接投资的开启也是资本项目进一步开放的体现。

（3）出境游、探亲游。随着中国经济实力的提升，本国居民的出境游与探亲游消费逐渐增加，人民的生活质量逐渐提升，使人民币流入其他国家和地区。

近年来，中国与周边国家的贸易往来逐渐增多，人民币逐渐流入周边国家。由于美元的疲软及人民币币值的稳步升值，贸易双方都更加愿意用人民币作为支付和贸易结算货币，尤其是在泰国、缅甸、越南等国家，人民币存量不断上升，人民币的流动也会更加活跃，商品贸易伴随着人民币的输出，增加了人民币在境外的储备。境外人民币又会通过投资、消费等方式流回国内，形成人民币的国际循环流动。其流动速度必将伴随着国际金融市场和资本市场的活跃而逐步加快。在"一带一路"建设的过程中，中国正是通过与沿线国家的贸易活动、投资活动，提供相应的金融平台为人民币提供新的循环流通渠道，活跃人民币的流通机制，进而逐步强化人民币的三大职能——结算、投资、储备职能。通过与沿线国家的合作，各国经济得以发展，对中国的经济依存度增加，不仅能够提高中国的国际地位，而且能够扩大人民币需求，推进人民币国际化。

二、人民币国际化过程中存在的问题以及解决方案

（一）人民币国际化发展过程中存在的问题

1. 外汇管理方面存在的问题

我国是一个社会主义国家，在新中国成立以来的头七年，我国逐步走上了计划经济体制的道路。直到 1992 年党的第十四次全国代表大会的召开，我国才明确了建设社会主义市场经济的目标。在这样的时代背景下，我国外汇管理的政府行政主导色彩仍然比较浓厚。1996 年 1 月，国务院颁布了《中华人民共和国外汇管理条例》，这是我国外汇管理的基本行政法规，主要规定了外汇管理的基本原则和制度，包括金融机构在经营外汇业务时必须持有许可证，必须按照规定为客户开立账户与办理业务，按照国家规定缴存外汇存款准备金与建立呆账准备金等。随着改革开放的深入，我国在外汇管理方面暴露了不少问题，主要表现在以下几个方面。

（1）外汇管理体制不健全。我国外汇管理体制的侧重点过于集中在事前审核的环节，在制定处置方案和管理办法时，事中和事后监管工作投入的人力和物力相对较少，导致管理部门无法真正了解到后期金融活动的核心问题所在，容易造成决策失败。我国的外汇管理体制不够健全，存在一定的缺陷。我国目前使用的仍然是发布于 1996 年，修订于 2008 年的《中

华人民共和国外汇管理条例》（以下简称《外汇管理条例》）版本。随着国际资本种类的不断丰富，我国的《外汇管理条例》逐渐暴露出分类片面、维度单一的问题。我国应当及时对管理条例进行修订，杜绝监管真空的情况。

（2）国际市场的外汇收支不稳定因素增多。如今国际市场与金融形势的变化因素增多，我国资本项目外汇收支的可变性和不确定因素也随之增多。此外，国际金融市场上的某些交易存在一定的隐蔽性，我国的金融监管机构很难彻底掌控整个外汇市场的信息，因此，监管机构的效率也随之降低。

（3）政府的管理方式亟须完善。随着信息技术的发展与互联网的普及，我国的短期资本交易日益活跃，频繁出入市场。尤其是在外汇市场，短期资本的反应更加灵敏，造成了中国的资本市场的不稳定，在无形中加大了资本监管的难度。面对这样的市场情况，我国应当尽快完善短期资本的管理制度。

（4）资本项目管制的整体效率亟须提高。结合我国国情客观分析，我国对资本项目管制的效率之所以低下，主要是因为我国相关的法律管理体制不够健全、监管部门的决策具有滞后性和低效性等。由此可见，我国资本项目管制仍然面临着不小的挑战。尤其是在当今世界，国际金融格局不断变化，加大了监管部门的工作难度。要把握好监管的合适时机，充分权衡好管理效率与管理成本之间的关系，既要促进国际的正常贸易往来，还要打击各种金融犯罪行为。在这样的过程中，人民币国际化程度得到了一定的提高，但是伴随而来的是人民币在各种金融活动中过于活跃，容易造成汇率的波动。经常项目和资本项目共同对本外币发生作用，使人民币在汇率市场的影响因素增多。

（5）不公平的外汇市场。改革开放之后，我国为各个国家的市场主体提供了足够开放的市场环境，我国当前实施的《外汇管理条例》有多条规定给予了外资企业额外的优惠待遇，这无疑是一种不公平的现象，在一定程度上打击了国内企业的积极性，不利于它们的发展壮大。我国更应该做的是提供一个开放、透明、公平的外汇市场环境，而不是为了吸引外资企业，过多地为它们提供一些超国民待遇。

2. 汇率政策选择方面存在的问题

20 世纪 50 年代，米德发现了单独使用货币政策或汇率政策同时追求内外均衡两种目标的实现，将会导致一国内部均衡与外部均衡之间冲突，这被称为"二元冲突"现象。他认为导致汇率波动大的重要因素之一就是资本的频繁流动。发达国家更加注重货币的自主性和金融市场的开放性，所以冲突会表现得更加明显，而发展中国家则表现得更为温和。20 世纪 60 年代，美国著名经济学家蒙代尔发表了《资本流动与固定汇率和浮动汇率下的稳定政策》，就资本流动对国民经济的影响提出了著名的"三元冲突"学说。他指出：任何一个国家的经济金融都存在"三元冲突"的现象，即资本账户自由化、固定汇率制和货币政策自主性是相互冲突的。

如此看来，我们发现任何一个国家、任何一个经济发展阶段都会受到"三元冲突"的影响，我们只能遵循利益最大化的原则，衡量三个指标的重要性与影响力，进行三选二的重要抉择。在实行金本位的时代，世界各国可以自由选择贸易流动和固定汇率。直到布雷顿森林体系之后，学界才提出一种新的假说：持久的固定汇率也许是不可能实现的，除非坚持严格的资本管制，这样才能达到稳定汇率的目的。在牙买加体系下，为了兼顾货币政策和资本市场，一些经济实力较为强大的国家选择了浮动汇率制度；而以希腊、巴西为代表的国家选择了以牺牲货币政策自主性为条件的货币管理制度。

如今，全球化、经济一体化进一步加深，单个国家很难对资本自由流动加以控制，因此世界各国只能在货币政策自主性与固定汇率制之间作出抉择，否则很容易导致恶性通货膨胀或者汇率剧烈波动，不利于国民经济发展。但是我们也可以选择同时放弃二者，采取行政干预和市场调节两种手段进行调节。

如果将均衡汇率的水平完全交由市场来决定，那么国家就不用担心超额问题，可以通过市场这双"无形的手"对供给和需求之间的关系产生作用力，减少交易成本，更好地利用社会资源。作为发展中国家的中国，相对而言，难以从理想的浮动汇率制度中得到收益，反而会承受由浮动汇率制度本身存在的缺陷而造成的消极影响。具体而言，主要体现在以下几个方面。

第一，频繁变化的汇率会使人们内心的安全指数相对降低。汇率的频繁变动会影响国际资本和商品市场的稳定性与外资企业的投资计划，还可能会使人们的预期收益下降，对长期的契约产生抵触情绪，不利于贸易的发展。频繁变动的汇率给人们造成的心理预期与国家希望和鼓励的行为是相背离的，会对国家的贸易合理化产生一定的消极作用。

第二，浮动汇率制度可能会引发通货膨胀。一旦发生通货膨胀，可能会最终形成通货膨胀循环。通货膨胀会引起物价上涨，货币购买力下降，居民的实际收入水平下降，对生活的满意度降低，反过来又会影响到国内的通货膨胀率。没有合理、健全的产业布局的发展中国家最终很容易陷入通货膨胀恶性循环之中。

第三，发达国家实行浮动汇率制度，也容易出现汇率剧烈波动的现象。20 世纪 70 年代，美国学者鲁迪格·多恩布什提出了汇率超调（Sticky - Price Monetary Approach/Overshooting）模型。在模型中，多恩布什明确指出，金融市场和商品市场之间存在不对称性。商品市场相对于金融市场来说，价格弹性较小，因此商品价格调整速度也较为缓慢，这就导致了汇率超调和其他一系列连锁反应出现，市场稳定的不确定性增加。

3. 内外部矛盾的问题

一国的宏观经济目标主要包括内部与外部的平衡。内部平衡的目标主要包括物价稳定、充分就业、经济稳步增长；外部均衡的目标主要包括在开放经济中，国际收支实现平衡。伴随着经济的逐渐开放，国家的经济目标从注重内部均衡转移到了同时注重外部均衡。引起国家内外部经济矛盾的原因主要是以下几个方面。

第一，利率波动。若一个国家的利率受到国际金融市场利率的影响，不论升值或贬值，都会导致该国的国际收支存在逆差或顺差的情况。在这样的情况下，国家的内部经济极有可能受到影响。不论政府采取的是紧缩性货币政策还是扩张性货币政策，都避免不了对一国内部经济产生影响，致使其设立的内部经济目标难以实现。

第二，消费者偏好的变动。如果一国消费者原本喜爱本国产品，由于其他诸多因素，消费偏好发生变动，从消费国内产品变成了消费国外产品，导致国内产品需求降低，在国内需求降低过多的情况下会引发通货紧缩，导致内部经济产生矛盾。国家也将在出现这样的经济状况时采取一定的措施，如采取扩张性的财政政策。

第三，一国内外经济政策的不协调。对于一个国家而言，其内外的经济政策应该具有协调性，主要表现为货币政策与汇率政策的可调节性。

第四，国际商品市场上重要原材料价格产生了一定的波动。如 2014 年，世界经济在经历了金融危机之后，复苏缓慢，导致国际大宗商品价格剧烈震荡。对于出口国家而言，国际商品市场上的需求增加，可能会导致该国产生贸易顺差，使国内的通货膨胀压力增大。

4. 政府宏观调控方面存在的问题

随着人民币国际化进程的推进和国家间经济往来程度的加深，国家的经济政策和宏观调控不仅对本国产生影响，而且同时对世界上其他国家的经济产生不小的影响。由此可见，人民币国际化之后，约束条件更多了，我国在考虑本国经济状况的同时，还要关注国际金融形势。这也对我国政府提出了一项新的挑战——如何在稳步推进人民币国际化的同时，稳定人民币币值，即著名的"特里芬难题"（Triffin Dilemma）。

20 世纪 60 年代，美国经济学家罗伯特·特里芬教授在其《黄金与美元危机——自由兑换的未来》一书中指出，随着国家经济的发展，该国货币成为国际性货币，必将在货币币值稳定与提供充分的国际清偿力之间陷入两难的困境。一国货币作为国际性货币，必将会被用作结算和储蓄货币，随着国外对该国货币需求的不断增加，该国需要不断保持国际收支逆差来维持该国货币的持续流出，从而导致该国货币贬值；然而国际性货币的要求之一就是保持汇率的稳定，这便要求该国是一个国际收支顺差的国家，这就造成了货币币值稳定与提供充分的国际清偿力之间的矛盾。如何妥善地处理好这种矛盾，是人民币在国际化的过程中必须考虑的问题。

（二）人民币国际化过程中的具体策略选择

1. 外汇管理问题的策略选择

为了应对当今国内外经济发展的新局势，我国在外汇管理方面的管理措施应当有所创新与发展。国内金融主管部门要想更加有效地应对国际金融市场的挑战，就应当创新管理模式，完善监管体系。可以扩大监管主体，建立金融主管部门、银行、企业三级监管模式，认真督促银行和企业严格履行监管的职责，提升监测水平，更好地应对国际金融市场发展的新局势。

2. 汇率选择问题的策略选择

发展中国家的汇率制度大多是管理型浮动汇率制度，这是一种基于市场供求关系，并且受政策参数控制的制度，能够在政府部门设定的区间范围内应对金融市场上出现的短期因素效应，实现国家宏观经济的稳定发展。一旦超过了这个范围，中央银行就可以发挥政府之手的力量，干预市场，具体表现为出台相应的政策与措施，以达到稳定和控制汇率的目的。

3. 政府宏观调控的政策建议

在全球经济境况复杂且充满变动的情况下，国内的金融主管部门应该发挥自己的作用，创新管理模式，维持国民经济的健康持续发展。

第一，加强金融机构的准入门槛管理，逐渐弱化行政审批手段。当今，我国部分区域的金融领域仍然存在乱象，国家职能部门在审批时一定要加强准入门槛管理，避免出现机构在没有取得金融牌照的情况下非法从事金融业务的情况。同时，我国政府还应该逐渐弱化行政审批手段，发挥部门对公共服务的管理作用。中国曾受到传统的计划经济体制影响，将行政审批运用于各个领域。随着中国经济的腾飞，加入世界贸易组织和人民币成为篮子货币都是金融机构成长的契机。某些行政审批形式化严重，存在的问题也越来越突出，甚至成为经济发展的阻碍。因此弱化行政审批手段的呼声也越来越强烈。

第二，建立机构间的联网机制，加强金融监管力度。政府在对经济进行宏观调控时应当加强与金融机构的联系，在一定范围内构筑完备的信用关系和体系。通过这样的方式对银行等金融机构和企业进行更加细致的考核和中肯的评价，鞭策其提升金融服务水平的质量。

第三，确定人民币国际化进程中的监管主体和手段，完善相关的法律法规。如今，人民币国际化的进程不断推进，政府也应当出台更加完备与有效的监管措施，创新管理机制，充分利用货币政策与财政政策工具，保证国民经济的稳定、持续增长。2017 年，习近平总书记考察中国政法大学时，强调我国要抓好培养法治人才队伍工作。难以否认的是，我国的法律法规存在一定的缺失和不足，需要法治人才进行完善。这也是现阶段国家这么重视法治建设的原因。对于经济管理这一领域，法律仍旧是一把打击犯罪的利器。这就需要法律工作者们完善与健全金融领域的法律法规，为我国的金融领域创造一个良好的环境。

4. 国际市场背景下的应对模式

2018 年 3 月，中美贸易摩擦逐渐升级，虽然双方经过了多次的磋商和会谈，但是中方所采取的措施仍然不能满足美方的需求。归根结底，美国极有可能通过牺牲他国的利益以化解本国经济的下行风险。在这样的国际形势下，我们认识到美国在国家层面上试图遏制中国，给人民币施加升值的压力，中国企业出口的产品价格优势不如以前明显，不利于中国的出口贸易。我们也应当顺应时代的潮流，探索新的方法以应对这样的局面。

第一，在企业方面，应当提高本国企业的国际竞争力，通过创新科技的方式缩短劳动时间，降低产品成本。在出口受阻的情况下，努力推动企业创新、提升国际竞争力，以提升自己的方式来应对美国的贸易摩擦。

第二，在金融机构方面，要提高对紧急事务的应变能力。以本次中美贸易摩擦为例，其来势汹汹且突如其来，为我国的金融机构敲响了警钟，金融机构要及时采取应对措施，提高防范风险的能力。

第三，在产业方面，要加快产业结构转型。随着国际贸易的发展，中国作为一个出口型国家，在面对诸如此类的国际争端时，都会重新审视本国产业结构中存在的某些问题，如对国际市场的依赖性过强，导致企业经营波动性较大；我国与其他国家的贸易摩擦越来越激烈等问题。在这样的局势下，我们要借力驱动，促进产业结构转型，为我国企业嵌入全球价值链创造条件。

第二节　新冠肺炎疫情与人民币国际化

2019 年 12 月末，在全国人民准备迎接新的一年的到来之际，一场前所未有的疫情已经悄然开始蔓延。12 月 8 日，武汉卫健委通报了首例确诊病例，并在 12 月 30 日发布了《关于做好不明原因肺炎救治工作的紧急通知》。随后，国家卫健委专家组赶赴武汉进行正式调查。2020 年 1 月 20日，习近平总书记做出"要把人民群众生命安全和身体健康放在第一位"的重要指示。随着疫情的蔓延，1 月 23 日上午 10 点，武汉开始实施出行禁令，对这座有着"九省通衢"之称的省会城市实施封城。随后，全国各地也陆续启动了重大突发公共卫生事件一级响应。2 月 11 日，世界卫生组织正式将引发肺炎疫情的新型冠状病毒命名为"COVID – 19"。在疫情暴发的高峰期，全国单日新增确诊病例达到了 14109 人。面对重大公共卫生安全事件，在党中央的统一领导下，全国人民团结一心，共同抗疫。经过全国人民的努力，疫情防控取得了重大战略成果。在 4 月 26 日，随着武汉肺科医院最后一名新冠肺炎患者达到出院标准，曾经的疫情重灾区武汉在院的新冠肺炎患者正式清零。

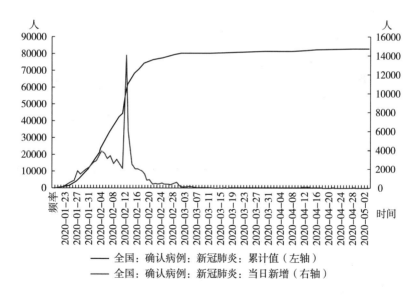

图 1.4　全国新冠肺炎疫情确诊情况

（资料来源：Wind）

从图 1.4 可以看出，2020 年 3 月 6 日以来，除了 4 月 12 日全国当日新增确诊病例超过 100 人外，全国每日新增确诊病例再没有超过 100 人，全国累计确诊人数比较平稳。从数据可以看出，新冠肺炎疫情在中国得到了成功的控制。

新冠肺炎疫情在中国得到了逐步控制，而在海外，新冠肺炎疫情却开始流行。2020年2月24日，意大利累计确诊157例。2月25日，伊朗卫生部副部长感染新冠肺炎。随后，新冠肺炎疫情开始在日本、韩国、西班牙、美国等地大规模传播，并逐步蔓延到全球，截至4月20日，在联合国承认的247个国家和地区中，有214个国家和地区至少报告一例新冠肺炎确诊病例。其中190个国家和地区出现本地传播病例。未被新冠病毒"攻陷"的国家和地区主要是一些小型岛屿国家。

根据约翰斯霍普金斯大学数据，截至2020年5月5日，全球新冠肺炎累计确诊病例为3578301例，其中，美国有1181885例，西班牙有219329例，意大利有213013例，英国有190584例。随着新冠肺炎疫情在印度的大暴发，第三波疫情的大流行已经来临。

一、美元成为国际货币的过程

国际货币体系按照先后顺序大致可以分为金本位、金汇兑本位、布雷顿森林体系和现行的牙买加体系。

在金本位制下，由于发达国家与发展中国家经济实力差距悬殊，通过贸易，发达国家积累了大量的黄金，而发展中国家却由于贸易逆差，国内黄金数量急剧减少，使国内黄金的兑换变得十分困难，从而导致黄金的国际流通受到限制。第一次世界大战爆发后，各国终止了黄金的出口，金本位制便崩溃了。

金汇兑本位制也称为"虚金本位制"，它是通过使一国货币与另一实施金本位制的国家的货币保持固定的汇率，并在后者国家存放一定数量的黄金或者外汇作为平准基金，从而间接地实现了金本位制。在金汇兑本位制下，黄金的数量依然无法满足世界经济增长的需要。随着黄金数量不足的现象越来越严重，外汇市场汇率无法继续维持。在资本主义经济大危机的推动下，金汇兑本位制也瓦解了。

在第二次世界大战期间，由于美国独特的地理优势和强大的军事实力，美国通过向其他国家出售物资和武器发起了战争财，由于当时没有公认的国际货币，各国普遍采用黄金进行交易，大量黄金因此流到美国。第二次世界大战结束后，美国拥有的黄金储备占世界黄金储备总量近75%。当时世界上并没有统一的国际货币体系。出于战后重建的需要，1944年，各国在美国布雷顿森林召开会议，目的是重建战后国际货币体系，这个新的体系被称为"布雷顿森林体系"，确定了以美元和黄金为基础的金汇兑本位制。在这一制度下，美元作为国际储备货币，并按35美元等于1盎司黄金与黄金保持固定比价，各国货币与美元挂钩，并且各国政府可以随时使用美元向美国政府按上述比价兑换黄金，美元正式成为国际货币。美元在战后能够成为国际货币的主要原因在于：第一，美国是第二次世界大战的最后赢家，军事上的胜利使美国在经济和政治上在全球独占鳌头。第二，美国拥有全球最多的黄金储备，充足的黄金储备保证了美国美元的信用背书，在当时这是其他国家做不到的。

由于美国在20世纪60年代深陷越南战争的泥潭，加上美国发行在外的美元数量的增加，各国对美元兑换黄金的能力产生了怀疑。在法国率先向美国提出要运回本国的黄金后，各国纷纷效仿，抛售自己手中的美元，美国的黄金储备急剧减少。1971年，尼克松政府只能废除用美元兑换黄金的条款，使美元不再和黄金直接挂钩，"黄金美元"名存实亡。尽管布雷顿森林体系在当时起到了促进各国贸易的发展和经济恢复的作用，但由于该体系的思路依然在于以黄金作为全球货币的基础，布雷顿森林体系最终瓦解。

布雷顿森林的瓦解并没有使美元失去国际货币的地位。在以美元作为国际支付的主要方式使用了20多年后，各国已经对使用美元进行国际支付形成了习惯。在当时，世界上并没有其他货币可以取代美元的地位。为了继续维持美元作为国际货币的地位，美国人盯上了工业生产的"血液"——石油。石油作为一种不可再生的能源，为全球各国所需要。当时甚至有人认为，谁控制了石油，就控制了所有国家。于是在1973年10月，美国迫使石油输出国组织（OPEC）接受美国人的条件：全球的石油交易必须用美元结算，作为回报，美国为沙特阿拉伯提供武器和安全保护。美元成为石油出口唯一的计价和结算货币，想要进口石油的国家都必须持有美元。通过这种方式，美国人在使美元与黄金贵金属脱钩之后又重新与大宗商品石油挂钩，石油美元霸权正式诞生。至此，美元通过石油交易，巩固了自己作为国际货币的地位。从此，全世界进入一个真正的纸币时代，在美元的背后不再有贵金属，黄金不再拖美元的后腿，美国可以随意印刷美元，它完全以政府的信用作为支撑并从全世界获利。

前文分析过，任何国家单一主权货币都面临着流动性泛滥和清偿能力不足这一内在矛盾。通过美国国债市场，美国很巧妙地平衡了这一矛盾。在各国与美国的贸易发生顺差时，各国可以将手中的美元投入美国国债市场，从而获取一定的收益。可以说，美国的国债市场是美元体系能够运转的关键，一旦美国国债市场出现问题，导致美元无法回流，美元在世界范围内就会出现流动性泛滥，从而动摇美元作为国际主要支付货币的地位。

二、美元作为主要国际货币的弊端

尽管目前世界上主流使用的货币除了美元外，还有欧元、日元、英镑和人民币，但在使用规模上和美元相比还有不小的差距。美元作为使用范围最广的国际货币，其本身存在着许多不可调和的缺陷，主要体现在以下几个方面。

（一）资产贬值

以美元作为主要国际货币的一个缺点在于，当一国通过贸易获得大量的美元后，其资产价值很容易随着美联储的货币扩张而发生贬值。美元被持续滥印，对美国国内而言，美国物价上涨，美元购买力下降，美国人民的财富被稀释；对美国境外而言，由于国际贸易计价结算、国际借贷融资、外汇储备均以美元为主，美元在全球内流动性过剩，意味着美元在国际上的购买力下降了（如以美元计价的石油价格上升），而海外持有美元储备或者持有美元债权的机构或个人（包括各国政府和央行以及各投资机构）的美元财富被稀释、被迫财富缩水。这一过程实际上就是美国政府在全球范围内收取通胀税。在历史上，美国政府曾多次用"货币放水"的方式来应对美国国内危机，或扭转经济困境，由此带来的美元购买力下降的风险和成本，也被转嫁至全球各地，如 2008 年的国际金融危机。

（二）国际协调

对于美国而言，国内货币政策目标与国外对储备货币的要求经常产生矛盾。美联储既不能忽视本国货币的国际职能而单纯考虑国内目标，又无法兼顾国内外的不同目标，既可能因抑制本国通货膨胀的需要而无法充分满足全球经济不断增长的需求，也可能因过分刺激国内需求而导致全球流动性泛滥。理论上特里芬难题仍然存在，即储备货币发行国无法在为世界提供流动性的同时确保币值的稳定。对于采用固定汇率的国家来说，当美联储开启印钞机时，本国货币也需要相应的增加以维持币值的稳定，这会导致通货膨胀从美国传导到其他国家，即使是采取浮动汇率制的国家，也无法完全通过汇率的浮动来对冲美联储资产负债表扩张带来的影响。"美元货币放水"还会造成全球美元流动性泛滥，进而刺激产生更大的金融泡沫，加剧全球的金融体系的不稳定，为产生更具破坏力的危机埋下隐患。而美国在制定货币政策时，一向以"美国优先"为标准，这就加大了各国在货币政策上协调的难度。

（三）金融制裁

在美元作为国际货币的地位确定后，美国的金融霸权得到了进一步巩固。在国际事务中，美国经常对其他国家实施金融制裁，主要有以下两种方式。

（1）冻结资产。当前，全球的美元储备总额高达 6.7 万亿美元，这仅仅是各国官方所拥有的美元资产，如果加上私人拥有的美元资产，规模还要大得多。在中国所拥有 3.2 万亿美元外汇储备中，很大一部分是美元资产，仅美国国债的持有量就超过 1 万亿美元。而这些美元资产大部分都存放于美国的金融体系，这就给了美国施加威胁的机会。其中，美国财政部海外资产控制办公室（OFAC）扮演着重要的角色。在第二次世界大战时期，它就对德国和日本在美国的资产进行冻结。朝鲜战争时期，外国资产控制办公室正式成立，其目的是控制朝鲜和中国在美国的资产。之后，古巴、越南、伊朗、伊拉克、利比亚、缅甸、叙利亚、巴拿马、俄罗斯等国的资产都曾经遭遇过美国的冻结。

（2）切断交易途径。一个国家要从事国际贸易，就必须进行跨境支付清算，而目前全球居霸主地位的是以美元为中心的环球银行间金融通信协会（SWIFT）系统。SWIFT成立于1973年，从1977年开始正式投入运营。通过SWIFT的报文平台，全球主要的金融机构可以互联互通，从而完成资金的支付和清算。虽然从表面上来看，SWIFT是一个总部设立在比利时的国际银行间非营利性合作组织，在荷兰、瑞士和美国分别设立了数据交换中心，但在"9·11"事件之后，美国通过了法案，要求SWIFT共享数据，以监测非法组织的资金通道，从此以后美国对SWIFT系统的控制能力大幅增强，可以随时将其用作制裁国际对手的武器。通过SWIFT系统，美国可以禁止其他国家进行美元交易。例如，伊朗和朝鲜的主要银行就曾经在2012年和2017年分别被从SWIFT系统切断。而在2014年以后，由于乌克兰危机爆发，美国曾多次提及要借助SWIFT系统来直接切断同俄罗斯的联系，虽然并没有正式实施这一行动，但这一威胁从来没有中断过。在2012年7月，美国财政部宣布对中国昆仑银行进行制裁，关闭了昆仑银行的美元结算通道，导致其只能用欧元和人民币结汇。

三、新冠肺炎疫情对全球的影响

（一）对全球经济的影响

随着新冠肺炎疫情在全球的蔓延，全球经济遭到重创。根据IMF在2020年4月世界经济展望（WEO）中给出的预测，2020年全球经济增速将从2019年的2.9%下滑至−3%，其中发达国家从1.7%下滑至−6.1%、新兴市场国家从3.7%下滑至−1%，下滑幅度相对较小。不过在预测发布时，疫情重灾区仍然是欧美等发达国家，较多新兴市场国家疫情发展仍处于相对早期阶段，随着国外疫情的持续升级，IMF很有可能将进一步下调经济预测。在全球经济陷入确定性衰退的背景下，两类新兴市场国家可能受到更大的经济冲击：一是外需萎缩对出口具有不利影响的国家，典型代表为越南、泰国、马来西亚等亚洲国家；二是全球客运量缩减对于服务业具有不利影响的国家，典型代表为巴西、南非、泰国。除此之外，医疗系统相对薄弱的亚洲国家可能面临更大的内生风险。

美国是疫情的重灾区，其经济的各个方面都在经受新冠肺炎疫情带来的考验和冲击。美国商务部 2020 年 4 月 24 日公布的数据显示，美国 3 月耐用品订单环比初值下降 14.4%，创 2014 年 8 月以来最大降幅。瑞信银行预计，美国资本支出将连续三个季度下降，并认为企业投资可能会在较长一段时间里保持疲软。而 4 月 23 日公布的数据也显示，美国综合采购经理人指数（PMI）从 3 月的 40.9% 降至 4 月的 27.4%，创 2009 年 10 月以来的新低。

在劳动市场上，美国劳工部 4 月 23 日发布的数据显示，新冠肺炎疫情导致经济大面积"停摆"，在截至 4 月 18 日的一周中，美国有 442.7 万人首次申请失业救济。这使美国首次申请失业救济金的人数过去 5 周内累计达 2645 万人，完全抹去了过去 11 年中增加的所有就业岗位。

从图 1.5 可以看出，在 2020 年第一季度美国 GDP 同比增速低于 0.5%，为 0.32%，上一次第一季度 GDP 增速环比低于 0.5% 还是在 2008 年金融危机时期。由于疫情 2020 年 3 月开始在美国暴发，可以预计在第二季度美国 GDP 同比增速一定会远远低于第一季度的 GDP。

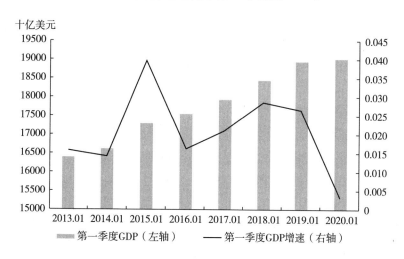

图 1.5 美国 2013 年至 2020 年第一季度 GDP 同比增速

（资料来源：Wind）

（二）对全球金融市场的影响

新冠肺炎疫情在全球的暴发引起了全球主要金融市场的大幅波动。在2020年3月9日"黑色星期一"，由于触发熔断线，美股和美债都发生了熔断。截至当天收盘，道琼斯工业指数、纳斯达克指数和标准普尔500指数的跌幅都超过了7%。而这仅仅只是一个开始。在随后的十天里，美股又经历了三次熔断。从2月最高的29568点跌到了18213点，跌幅超过了38%（见图1.6）。"股神"巴菲特管理的伯克希尔哈撒韦公司在2020年一季度发生了巨额亏损，达到了497亿美元，这是该公司历史上最大的投资组合账面季度亏损。

图1.6　道琼斯工业指数2020年1月至2020年5月走势

（资料来源：Wind）

面对资本市场的巨幅波动，美联储于2020年3月23日宣布，将利用全部权限为美国家庭和企业的信贷流动提供有力的支持。主要措施包括：第一，除了之前宣布的购买国债，还将购买机构抵押支持债券；第二，通过建立新的计划以支持信贷流向雇主、消费者和企业；第三，建立两种支持向大型雇主提供信贷设施；第四，建立第三种设施，即定期资产支持证券贷款设施（TALF），以支持信贷流向消费者和企业；第五，通过扩展货币市场共同基金流动性融资（MMLF），促进信贷向市政当局流动；第六，通过扩展商业票据融资工具（CPFF），将高质量、免税的商业票据作为合格证券包括在内，促进信贷向市政当局流动。这六条构成了美联储本次无限量 QE 的主要内容。同时，美国财政部宣布将在第二季度发行 2.99 万亿美元美国国债，以支持经济的复苏。

从图 1.7 可以看出，10 年期美国国债收益率 2020 年跌破 1%，为 2008—2020 年 12 年来的最低水平。这主要有两方面的原因。第一，全球金融市场的巨幅波动使资金需要寻求比较稳健安全的投资标的，避险情绪的升温使美国国债收益率持续走低；第二，美联储推出的无限量量化宽松货币政策为市场注入了大量流动性，充足的流动性也使美国国债收益率不断走低。

图 1.7　2008—2020 年美国 10 年期国债收益率

（资料来源：Wind）

面对疫情，原油期货市场也无法幸免于难，2020 年 3 月 6 日，因俄罗斯拒绝了 OPEC 提出的进一步减产提议，沙特阿拉伯宣布从 4 月起大幅增加其原油产量，同时下调其原油售价 20% 左右。沙特阿拉伯与俄罗斯之间的"石油战"启动，导致次日国际原油价格暴跌。随着疫情在海外的蔓延，各国纷纷陷入停工停产的局面，对石油的需求大幅下降。尽管在 4 月俄罗斯和沙特阿拉伯达成减产协议，同意在 5 月将原油的供给量减少至每日 970 万桶，但根据预测，4 月全球原油每日的需求量将不超过每日 930 万桶。在供需出现巨大缺口的情况下，原油期货市场发生了巨震。从图

1.8 可以看到，WTI 原油期货连续报价最低跌到了每桶 6.47 美元，与 2008 年的最高点相比，跌幅超过 95%。更为罕见的是，在 4 月 20 日，即将到期的 5 月美国轻质原油期货价格暴跌 300%，收于每桶 -37.63 美元，这是石油期货自从 1983 年在交易所开始交易以来首次出现负的成交价。造成这一罕见现象的原因除了原油需求的疲软外，也与全球储油空间的不足有很大的关系。如果 5 月原油期货合约多头在交割日没有进行平仓，按照规定合约持有者需要去美国西部的库欣小镇进行原油的实物交割，否则将面临巨额的违约惩罚。因为原油具有挥发性，且有毒，所以原油需要用特殊材料制成的管道进行运输。而在当时，几乎已经找不到原油运输和存储的专业设备，为了避免违约惩罚，多头只能强行以低价将手中的合约平仓。再加上空头的强势狙击，多方因素共同作用使原油期货以创纪录的每桶 -37.63 美元收盘。

图 1.8　美国 WTI 原油期货连续 2020 年 1 月至 2010 年 5 月行情

（资料来源：Wind）

四、新冠肺炎疫情对中国经济的影响

新冠肺炎疫情对我国今后一段时间内的经济会造成较大的影响，但不会改变我国经济长期向好的基本趋势。2020 年第一季度 GDP 同比增长

−6.8%，较 2019 年第四季度大幅下滑 12.8 个百分点，自 1992 年公布季度数据以来首次负增长，降幅远超 2008 年国际金融危机时期。2020 年第一季度名义 GDP 同比增长 −5.3%，较上年第四季度下滑 12.7 个百分点（见图 1.9）。分产业看，第一、第二、第三产业增加值同比增长分别为 −3.2%、−9.6% 和 −5.2%，较上年第四季度分别下滑 6.6、15.4 和 11.8 个百分点。第三产业降幅小于第二产业，新兴服务业是主要支撑。其中，第一季度信息传输、软件和信息技术服务业增加值增长 13.2%，拉动 GDP 增长 0.6 个百分点。与互联网相关的行业表现活跃，电子商务、在线学习、远程问诊等发展较快。

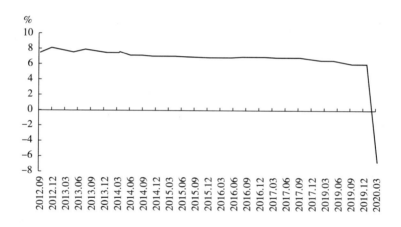

图 1.9　2012—2020 年 GDP 当季不变价同比增速

（资料来源：Wind）

从工业生产恢复来看，2020 年 3 月工业增加值同比增长 −1.1%，较 1~2 月大幅收窄 12.4 个百分点，环比增长 32.1%。中上游行业和高端制造业生产恢复较快，而汽车和劳动密集型产业低迷。在投资方面，3 月固定资产投资（不含农户）当月同比增长 −9.5%，降幅较 1~2 月收窄 15 个百分点，但仍然大幅负增长。虽然 2 月以来缓解企业融资及税费压力的货币和财政政策持续出台，但消费和出口疲弱，企业营收和利润大幅下滑，企业投资意愿不强。在基建方面，3 月基建投资（含水电燃气）同比增长 −8.0%，降幅较 1~2 月收窄 18.9 个百分点；第一季度基建投资累计同比增长 −16.4%，较上年全年下滑 19.7 个百分点。随着 4 月全面复工、专项债发行提速、各省重点项目陆续开工，基建投资后续有望加速回升。

在出口方面，2020年3月出口同比增长-6.6%，降幅较1~2月收窄10.6个百分点；进口同比增长-0.9%，降幅较1~2月收窄3.1个百分点。出口降幅收窄的主要原因是复工复产推进，前期积压的出口订单陆续交付。第一季度出口累计同比增长-13.3%，较上一年全年下滑13.8个百分点。对各经济体的出口出现分化，"一带一路"沿线国家和地区出口占比持续攀升，东盟成为最大贸易伙伴（见图1.10）。

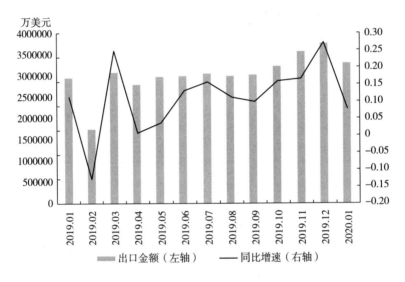

图1.10 2019—2020年中国对东盟国家出口情况

（资料来源：Wind）

2020年3月，中国对东盟、日本和中国香港的出口同比分别增长7.7%、-1.4%和-12.6%；对欧盟、美国出口同比分别增长-24.2%和-20.8%。海外疫情促进了医药、医疗器械出口，3月1日至4月4日全国口罩和防护服出口额分别为77.2亿元和9.1亿元人民币，远高于上年同期的25.7亿元和3.8亿元。

五、新冠肺炎疫情与人民币国际化的机遇

在此次疫情中，中国政府迅速采取一系列有力的措施，筑牢防止疫情蔓延的防线。中国人民在疫情防控中展现的中国力量、中国精神、中国效

率，展现的负责任的大国形象，得到国际社会高度赞誉。正如习近平总书记所说，当今世界面临百年未有之大变局。此次新冠肺炎疫情将会对世界格局产生极其深远的影响，对人民币国际化进程的加速也会起到推动作用。

第一，在贸易方面，受疫情的影响，东盟成为了中国最大的贸易伙伴，许多东盟成员国都是"一带一路"沿线上的关键国家。与东盟国家贸易往来的增加，将有助于扩大人民币在"一带一路"沿线国家的使用范围，从而进一步推动人民币国际化的进程。

第二，国际原油需求的低迷和储油设施的紧缺会使各国使用美元购买原油的机会变少，从而在客观上降低了美元使用的规模。而随着中国复产复工的有序进行，在贸易特别是跨国贸易中，人民币结算无论在原材料的进口端，还是产品的出口端都将占据主导地位，从而提高以人民币进行结算的规模。

第三，美联储已经开始了新一轮的"放水"行动，无限量的量化宽松政策一方面会导致各国手中持有的美元资产减值，另一方面也会使各国难以推行货币政策。而在本次疫情面前，中国政府展现出强大高效的组织和动员能力以及国际担当为中国在国际社会中赢得了广泛赞誉，因此，有着中国政府背书的人民币也会越来越被国际社会所认可。

第四，美国发行在外的国债数量在不断地上升，债务与GDP比值已经处于历史高位。如果疫情的影响使美国在2020年第二季度甚至第三季度不能顺利地复工复产，那么美国国债的违约风险就会上升。伴随着美联储无限量的量化宽松政策，预计美国政府债券在未来的实际收益率会保持在较低水平。这种风险和收益的不匹配可能会导致投资者对美国政府债券的偏好下降。前文分析认为，美国债券市场是美元体系能够正常运作的关键环节，尽管美国向中国定向违约美国债券的概率不高，但是如果美国政府真的这么做了，那么这将会对美国国债市场造成重大破坏，进而削弱美元国际货币地位，人民币则可以抓住机会进一步国际化。

第二章 中国自贸试验区金融深化

第一节 中国自贸试验区金融深化

一、自贸试验区设立的背景与意义

（一）相关背景

随着全球性金融危机的不断爆发，金融发展越来越受到人们的关注，金融在经济发展中的地位也日渐提高，因此探讨研究金融深化和经济增长的相关问题已经成为一种学术趋势。在经济全球化的过程中，世界经济出现了诸多不稳定、不确定及逆全球化的因素。我国经济从高速增长进入高质量发展阶段，金融市场和金融体制正面临许多挑战，同时也面临更多的发展机遇。

随着自由贸易试验区（以下简称自贸试验区）的相继设立，中国开放的大门越来越大，金融深化也在进一步增强，但是我国依然存在着许多金融管制问题，例如，规定利率上限和下限、设置一定的信贷配给等。金融抑制与金融深化理论认为在政府对利率和汇率实行管制，金融工具和金融机构稀少的情况下，即金融抑制时，储蓄和投资相对不足，资金不能有效转移至生产效率较高的部门，资源配置效率低，经济增长缓慢。金融深化则正好相反，它可以改变金融抑制状态，使政府放弃对金融市场的过度干预，放松对利率和汇率的相关管制，使利率和汇率市场化发展，从而有利于增加社会的储蓄和投资，提高社会生产效率，优化资源配置，促进经济增长。研究分析我国自贸试验区金融深化和经济增长的关系，可以指导自贸试验区金融深化的发展，降低金融管制，促进经济增长。

1. 自贸试验区的发展

2013 年 9 月国务院批复成立了第一个自贸试验区——上海自贸试验

区，2015 年 4 月批复成立了广东、天津、福建 3 个自贸试验区，2017 年 3 月批复成立辽宁、浙江、河南、湖北、重庆、四川、陕西 7 个自贸试验区，2018 年批复成立了海南、雄安 2 个自贸试验区。2019 年 8 月批复成立了山东、江苏、广西、河北、云南、黑龙江 6 个自贸试验区，并将雄安自贸试验区与河北自贸试验区合并。2020 年 9 月 21 日，国务院又宣布新设北京、湖南、安徽 3 个自贸试验区以及中国（浙江）自由贸易试验区扩展区域的总体方案。随着 3 位新成员的加入，中国自贸试验区数量扩至 21 个，包括上海、广东、天津、福建、辽宁、浙江、河南、湖北、重庆、四川、陕西、海南、山东、江苏、河北、云南、广西、黑龙江、北京、湖南、安徽。这使中国朝着冲刺国际高标准自由贸易体系的方向前进。随着自贸试验区的不断增加和相关经济金融政策的制定与实施，金融深化正在不断推进。

上海自贸试验区重点推出了四项制度创新和三大保障体系。四项制度创新包括：第一，以负面清单管理为核心的投资管理制度创新。第二，以贸易便利化为重点的贸易监管制度创新。第三，以资本项目可兑换和金融服务业开放为目的的金融制度创新。第四，以转变政府职能为核心的事中和事后制度创新。三大保障体系包括健全法制保障体系、完善税收政策体系和强化组织实施体系。天津自贸试验区充分借鉴上海自贸试验区在金融制度和金融产品方面的改革创新成果，同时依托天津独特的区位优势，正逐步形成具有自身特色的金融创新模式。重庆作为国家"一带一路"和长江经济带的重要节点，作为西部地区的先行试验区，其自贸试验区建设以改革创新为核心，着重金融深化发展和对外开放，从而促进经济增长。海南自贸试验区作为新成立的自贸试验区，虽然处于刚刚起步阶段，但是由于有国家的政策支持和地理优势，未来的发展必然很可观。

不同自贸试验区有其不同的战略定位和发展目标，但是在实施建设的过程中它们或多或少都存在着一些问题。上海自贸试验区在发展过程中存在的问题主要是改革过程中的配套性、协同性、衔接性等不到位，在一定程度上影响了自贸试验区的发展建设。天津自贸试验区与上海自贸试验区相比还有一定的差距，还要继续学习借鉴上海自贸试验区的成熟经验，充分发展自己的特色产业。重庆自贸试验区成立三年以来，虽然取得了许多重要的成就，但仍然需要很多创新政策的指导与发展。

2. 自贸试验区金融深化现状

目前，我国金融市场整体发展不完善、各项政策法规不健全、监管和监督不到位、市场化和货币化程度较低，同时各级政府对各项金融活动的管制较多，甚至有时过度干预，这种干预越来越成为阻碍金融体系正常发展和顺利运作的绊脚石。

在我国整体金融发展不足的情况下，每个自贸试验区的金融经济发展以及金融深化程度各不相同。但是对于金融开放改革和金融深化发展之路，所有自贸试验区都制定了相应的金融改革发展方案。上海自贸试验区的"金融改革40条"、天津自贸试验区的"金融改革30条"和重庆自贸试验区的"金融改革36条"等创新制度都是金融深化发展的助推器。

3. 自贸试验区经济增长的态势

仅从2019年来看，自贸试验区不仅在进出口方面做出了很大贡献，同时也成为外商投资的热土。自贸试验区在推动投资便利化上动力十足，从刚刚起步的第五批自贸试验区上就可以发现这一点。随着各项创新制度的推进和开放政策的实施，自贸试验区的制度优势日益明显，进出口规模加大、外商投资增多、经济增长加快。未来自贸试验区一定会成为中国经济增长的新引擎。

根据国际权威定义（出自1973年《京都公约》），自由贸易区（Free Trade Zone，FTZ）指"作为一国的领土部分，在这部分领土内，运入任何货物就进口税及其他各税而言，均被认为在关境以外，并免于实施惯常的海关监管制度"。其特别强调了经济自由的概念，并且此概念是以"境内关外"为特点，这也是自由贸易区的核心所在，也就是说在自由贸易区内实行"一线放开、二线管住"的双边经济管理模式。其中"一线"指境外和自由贸易区交界线，而"一线放开"针对的是境外与自由贸易区进出的货物，海关实行备案管理制度不查验货物，检验检疫部门则实行只检疫但不检验制度，并实行区、港之间统一管理、统一运作的体制，区域与区域之间以及区域与境外之间的自由货物可以相对地流通，不受太多限制。
"二线"指自由贸易区与境内的交界线，"二线管住"指货物从自由贸易区
内进入境内非自由贸易区、从外流向内，或者货物从内向外，从境内非自
由贸易区运送到自由贸易区时，海关要严格按照本国海关的法律法规所要
求的事项，对流通货物征收相应的税收，同时海关必须对出区的所有货物
进行一一检查监管，以免国内货物走私出关（见图2.1）。

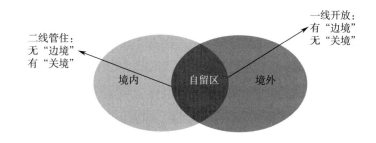

图2.1　自贸区管理模式

中国（上海）自由贸易试验区［China（Shanghai）Pilot Free Trade
Zone］于2013年8月被国务院正式批准设立。上海自贸试验区在大家的期
待中正式挂牌成立的时间是9月29日，这揭开了我国设立自由贸易区的序
幕。我国设立的自由贸易区与广义上的自由贸易区（Free Trade Area，
FTA）有着本质区别。FTA指国家、地区之间签订的自由贸易协定，从而
让彼此之间的货品（产品）自由流通。例如，北美自由贸易区（North
American Free Trade Area，NAFTA）以及中国—东盟自由贸易区（China -
Asian Free Trade Area，CAFTA）等；而FTZ则是境内面向境外实行特殊的
经济贸易政策的特殊区域，主要针对的是海关保税以及免税政策等相关税
收政策，同时还有所得税税费的优惠投资政策，使用较多的有中国香港自
由港和汉堡自由港等（见图2.2）。上海自贸试验区的成立和发展，以及中
国从与其他国家签订的自由贸易协定中获得的经验，为后来的自贸试验区
建立打下了基础。

　　我国设立自由贸易试验区总体基于两个方面的因素。

　　一是外在因素。国外区域经济一体化将我国排除在外，尤其是美国为
主导的区域经济对中国实施贸易限制。近十来年，以WTO为代表的国际

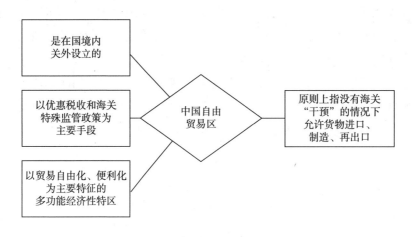

图 2.2　FTZ 示意

贸易多边体制陷入困境，区域经济一体化取而代之，成为世界经济发展的一大显著特征。美国目前正在亚太地区积极推动实施"跨太平洋伙伴关系协定"（Trans – Pacific Partnership Agreement，TPP），其自由化程度大大高于目前以 WTO 为代表的多边贸易自由化程度；美国与欧洲正式开展"跨大西洋贸易与投资伙伴协定"（TTIP），其最终目的是建立美欧自由贸易区。通过 TPP、TTIP 以及 NAFTA，将会形成一个由美国等发达国家主导、更加开放自由的准多边体制，而 WTO 体制可能面临将被抛弃或被作为最低限度的开放平台。而目前中国未被邀请加入 TPP。2018 年 3 月起，特朗普政府对我国挑起贸易争端，通过提高中国部分出口产品的关税限制中国产品的销售，同时也限定美国特定产品向中国的出口，如芯片出口等。摆脱国外经济的制约需要我国自身的改革和创新的支持，自贸试验区的设立是转向与探索新的国际贸易方式的一种尝试。

　　二是内在因素。首先，由于各国的比较优势各不相同，国际间的产业结构也在发生变化，从传统的基于各国资源拥有情况不同的水平分工，逐步发展为以国与国之间的企业为核心，同时以价值链的不同环节为基础的垂直分工形式，这样就使国家和国家之间、地区和地区之间通过供应链形式串联起来的各国中间货物贸易规模越来越大，如果继续采用以前的贸易模式，就会造成资源浪费和效率低下，不利于我国对外贸易的发展；其次，由于历史原因，我国在国际分工和国际贸易中一直以来处在低端的制造组装、靠便宜人力成本支撑的环节，主要表现在劳动力取得成本低下，以人口数量来平衡劳动力质量，零部件的研发能力差，主要负责进口零部件的加工组装，然后再将成品出口到欧美国家，商品服务附加价值低，利润有限且在整个商品贸易环节中容易被替代，我国要在国际贸易中改变这些状况，应在贸易环节中创造更高的价值，实现低端环节向高端环节的转型；最后，虽然我国现在已经是世界第一贸易大国，但我国的贸易结算和其他贸易过程中的金融服务主要是由其他国家（瑞士等）提供，而且以美元为主进行结算，这给我国企业对外贸易带来了很大的不便，人民币国际化的推进迫在眉睫。

（二）我国自贸试验区建设现状

截至 2020 年末，全球有超过 135 个国家和地区成立自由贸易区（FTZ）。20 世纪 90 年代初，我国开始起步设立自由贸易区。当时，朱镕基同志提出要建立一个自由贸易工业区，该区域可以豁免关税，人员、商品或商船可以自由出入。截至 2020 年末，正式建立的自贸试验区共有 21 个，其中东部有 10 个，中部有 3 个，西部有 5 个，东北部有 3 个；除 2020 年新设立的北京、湖南、安徽 3 个外，自贸试验区在 2019 年全国的地区生产总值排名前 10 位的省份中占了 9 个，而外贸排名前 10 位的就占了 9 个。

上海自贸试验区主打金融牌，定位于推进改革和提高开放型经济水平的"试验田"，其力争建设成为开放度最高的自由贸易园区，提供规范的法制环境、高效便捷的监管措施、自由的货币兑换服务以及便利的投资贸易。上海自贸试验区的金融创新体现在两个方面：一是"四项制度创新"，二是"三大保障体系"。上海自贸试验区四项制度创新，包括投资管理制度创新、贸易监管制度创新、金融制度创新和事中与事后监管制度创新。投资管理制度创新以负面清单为核心，以"透明、开放、公平"为导向，对负面清单范畴之外的领域皆遵循内外投资一致的原则，对外商投资试行准入前国民待遇。投资管理制度的创新使上海自贸试验区的外商投资管理逐步同国际接轨，增强了外商对我国的投资信心。贸易监管制度的创新以"一线放开、二线安全高效管住、区内流转自由"为原则，不断提升上海自贸试验区的贸易服务能力，形成了集贸易、物流、结算于一体的运营机制。上海自贸试验区在金融制度创新的过程中新加入了五项制度，分别是建立分账核算的自由贸易账户体系、推进投融资汇兑便利、扩大人民币跨境使用、利率市场化试点、外汇管理改革，通过这些制度的创新降低交易成本，放松对人民币和外币的资本管制。上海自贸试验区政府管理的关注点由之前的事先审批转化为事中和事后监管，包括安全审查、社会信用体系、反垄断审查、企业年度报告公示和经营异常名录、社会力量参与市场监管、信息共享和综合执法，以使企业能够更加便利地参与市场活动。三大保障体系指法制保障体系、税收政策体系和组织实施体系，保障经济发展的安全。法制上先后调整了外资企业、中外合资经营企业、中外合作经营企业、台商投资等相关的法律法规；税收上实行激励性财税制度；同时围绕负面清单等制度切实制定和实施可行的工作机制与方案。

天津自贸试验区侧重于促进京津冀的协同发展，在此基础上，还完成了融资租赁这一新的金融模式的创新。天津自贸试验区持续推动建设融资租赁资产交易平台，支持自贸试验区内租赁公司有关飞机、船舶、工程结构物以及成套进口设备等的业务，允许其收取外币租金、开展跨境租赁交易等。

广东自贸试验区在金融创新方面，主要围绕与港澳地区的金融市场的合作与对接，逐步探索出跨境支付工具、外商投资股权投资企业试点（QFLP）、粤港电子支票业务、跨境电子商务支付系统与海关系统对接、简化外汇业务办理流程等成果。

福建自贸试验区积极开展海峡两岸货币合作，探索金融同业民间合作等领域，实现了与台湾地区共享征信信息，台湾企业和个人征信信息查询的可操作性解决了其在大陆的授信难题。

截至 2020 年底，前两批自贸试验区的建设已相对完善，为后续自贸试验区的发展提供了非常有价值的参考，后续自贸试验区的发展多以上海自贸试验区为模板，在其基础上进一步改革、开放和创新。2017 年浙江、重庆、辽宁、四川、河南、陕西、湖北 7 个自贸试验区挂牌，海南作为第四批自贸试验区也于 2018 年被正式批复，2019 年国务院也批复了山东、江苏、广西、河北、云南和黑龙江设立自贸试验区的总体方案，2020 年 9 月又宣布北京、湖南、安徽设立自贸试验区。重庆作为第三批自贸试验区，必将成为西部大开发战略和"一带一路"倡议的重要支点，助力我国经济的腾飞，为我国全面建成小康社会提供有力的经济保障。

（三）我国自贸试验区设立的意义

1. 全球贸易规则正在重塑

1947 年 10 月 30 日，各国（地区）在日内瓦签订了关贸总协定，该协定于次年 1 月 1 日开始正式生效，它的主要目的在于减少贸易关税，降低其他贸易中的壁垒，加速资源的流动，同时解决国际贸易中存在的差别待遇问题，促使国际贸易向市场化和自由化发展，使全球资源配置更加合理，充分利用全球资源，扩大商品的流通和生产。20 世纪 60 年代，欧洲国家开始实行关税同盟。1947—1979 年，根据关贸总协定，各国陆续进行了多次多边贸易谈判，对贸易进行磋商，截至 1985 年 5 月，已经有 90 个国家和地区成为关贸总协定的成员，参加关贸总协定的国家和地区的总贸易额占世界总贸易额的 80%以上，关贸总协定成为世界最大的贸易组织。1989 年 11 月 5 日，亚太经济合作会议首届部长级会议举行，意味着亚太经合组织（APEC）初步成立，它成立在全球冷战结束的时候，世界各国的经济需要恢复，贸易全球化成为趋势，亚洲国家的地位日益上升。1994 年 4 月 15 日，世界贸易组织（WTO）在摩洛哥的马拉喀什市成立，WTO 随即成为全球性的贸易组织，它的成立也标志着 1947 年的关贸总协定退出贸易舞台。1993 年欧盟正式成立，1994 年北美自由贸易区成立；20 世纪 90 年代以后，区域经济合作的模式发生了较大的变化，区域之间的贸易交流打破了传统区域间交易的模式，跨洲、跨洋这样的跨区域合作组织开始呈现。2001 年我国经过多番努力正式加入 WTO，同年 11 月，中国—东盟自由贸易区开始建设，但是在加入 WTO 后的多轮多边贸易谈判过程中，我国经历了很多挫折。WTO 已悄然改变了世界的贸易流程和规则，我国必须根据现有的贸易体制去更新和适应，自贸试验区的设立正是为了顺应新的全球贸易规则的改变而进行的创新尝试。

2. 中国内部发展需要新的改革突破口

自加入 WTO 以来，中国经济增长严重依赖出口。但 2008 年国际金融危机以后，国际需求疲软，国内劳动力成本升高，导致出口增长乏力，中国不能长期依赖出口来支撑经济增长；国内产能过剩和能耗较高等问题日益凸显，各个产业内部结构也面临升级压力，需要探索深化改革的道路，实现经济结构的转型。当下我国经济发展依然存在着自然资源约束、资金使用效率低下、"人口红利"消失、劳动用工成本不断攀升、制造业问题突出、产业转型升级尚未成功、贫富差距扩大等突出社会问题，自贸试验区被视为中国新一轮"深水区"改革的起点和试验田，建议通过开放倒逼国内行政改革和结构调整，以期改变我国行政和产业结构现状，远离"中等收入国家陷阱"。

3. 推动人民币国际化

人民币国际化指人民币能够在境外流通、跨越国境，是人民币在计价、结算及储备货币方面被国际社会普遍认可的过程。人民币国际化具有重大的战略意义：取得铸币税的收入；给本国居民带来跨境经济交易的便利；降低外汇储备的需求，维护金融安全；减轻人民币升值的压力，缓解中国流动性过剩的局面；有利于我国金融业的健康发展；提高我国在全球经济政策中的影响力和国际事务中的话语权。以自贸试验区为契机推进人民币国际化，可以帮助中国建立真正的国际金融中心，为人民币国际化提供新的动力，在自贸试验区内可促进人民币自由兑换，使之成为区域性储蓄货币和国际贸易的结算工具，在区域内也可发展以人民币计价的债券市场，实现人民币与其他货币的互换。总之，人民币国际化需要自贸试验区的尝试及创新实践，设立自贸试验区可以大大推动人民币国际化。

4. "一带一路"倡议的重要支撑点

"一带一路"倡议是中国应对新的全球贸易竞争以及解决国内问题的重要举措。第一，通过"一带一路"开辟新的出口市场，向新兴市场国家和欠发达国家转移产能；第二，中国油气资源、矿产资源对国外的依存度较高，"一带一路"新增陆路资源进入通道，对于多元化获取资源十分重要;第三,"一带一路"可以使西部开发的力度加大,从而尽可能改善东西部地区产业分布不均的现状,最终有利于深入实施发展战略和保障国家安全;第四,"一带一路"倡议能使中国对冲美国主导的 TPP、TTIP,并且可以通过"一带一路"创造抢占全球贸易新规则制定权的机会。"一带一路"倡议必将长远影响我国经济建设,起到统筹全局的作用。而自贸试验区则是推动"一带一路"倡议的重要措施,"一带一路"倡议为纲,自贸试验区为目,纲举而目张,"一带一路"节点城市申报自贸试验区更具有优势。推进落实"一带一路"倡议,较为可行的途径是以国内外一些核心区域和重要节点作为战略支撑,这些重要节点就是自贸试验区。各个自贸试验区就如同一颗颗闪亮的"珍珠",而"一带一路"就如同两条"丝线",只有把所有的"珍珠"通过这两条"丝线"串联起来,形成合力,才可结成"珍珠链",这就是"一带一路"与自贸试验区关系的典型写照。

二、理论模型与分析

(一) 麦金农和肖的金融深化模型

1973 年,麦金农和肖分别发表了《经济发展中的货币与资本》与《经济发展中的金融深化》,提出了发展中国家金融抑制和金融深化的新理论。金融抑制指政府对金融体系和金融活动的过多干预压制了金融体系的发展,抑制了储蓄与投资的形成,导致金融体系不发达,阻碍了经济的进步,从而造成金融抑制和经济落后的恶性循环。金融深化指政府取消对金融活动的过多干预,放松金融体系管制,促进社会储蓄与投资,使资金更多地流向生产效率高的企业或部门,从而形成金融深化和经济发展的良性循环。由于麦金农和肖对金融深化和金融抑制的论述大致相同,通常将两者的理论归为同一个模型,即麦金农—肖金融抑制和金融深化模型(也称 M–S 模型),该模型反映了金融抑制和金融深化对储蓄投资的影响。

图 2.3 中 i 是纵坐标,代表实际利率;$S(g_n)$ 是经济增长率为 g_n 时的货币储蓄,$n = 0,1,2\cdots$,为实际利率 i 的增函数;S 是横坐标,代表储

蓄额；FR 代表金融抑制情况；I 是货币投资水平，是实际利率的减函数。实际的投资总额取决于一定利率水平下所形成的储蓄总额。

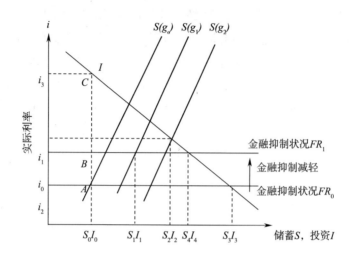

图 2.3　不同金融抑制条件下的储蓄情况变化

当实际利率为 i_0 时，实现的总储蓄额为 S_0，投资总额为 I_0，但是根据投资曲线可知，此时意愿的投资总额为 I_3，资金供求缺口为 $I_3 - I_0$。在这种情况下，如果政府不限制贷款利率，那么利率则会上升到 i_3，此时金融体系将会获得 I_3I_0AC 的高额利润。如果政府同时限制存、贷款利率，就会出现资金供给严重不足，导致信贷配给出现，因此在发展中国家实行低利率政策将导致经济发展速度下降。如果将利率提高到 i_3，随着利率的提高，储蓄总额增加，投资总额也相应增加，而且较高的利率水平还可以排除部分收益率较低的投资项目，从而提高投资的平均收益率，使经济增长率由 g_0 上升到 g_1，储蓄总额曲线移动到 $S(g_1)$，此时储蓄总额和投资总额都相应增加，资金缺口减小到 $I_4 - I_1$。这表明，实际利率的提高是从增加货币投资和提高投资质量两个方面推动经济增长。当利率进一步上升到 i_2，储蓄曲线也移动到 $S（g_2）$，实现的投资和意愿的投资相等，市场达到均衡水平，此时经济增长率也随之上升到 g_2，此时的 i_2 为最理想的利率水平，是资本市场的均衡利率。

如果将实际利率限制在一个比较低的水平上，金融市场上就会形成严重的资金供求缺口，这样必然会导致市场上非价格性的信贷配给，使社会投资效率大为下降，主要有以下几个原因：一是资金可能配给投资效率比较低的企业或个人；二是对利率的限制会影响金融机构贷款的积极性；三是较低的资金成本会使很多机构和个人随意举债，但并非用于生产性投资。因此，麦金农和肖提出，发展中国家实施低利率政策只会阻碍经济的发展，而非刺激经济进步。而适当地提高实际利率，不仅可以增加储蓄与投资，还可以提高货币投资的质量，从而对经济发展产生积极的影响。

如果要适当提高实际利率水平，或者使利率尽可能地更加接近均衡利率，政府就应该减少甚至停止对利率的干预和管制，使利率通过市场机制的作用自动地趋于均衡水平，同时还应采取措施控制通货膨胀，避免实际利率因通货膨胀因素而过度偏离市场均衡利率。各国应实行金融自由化发展策略，促进经济高速高效发展。

依据麦金农和肖的金融深化和金融抑制模型，在推进金融深化的过程中，我国应放开利率限制，使其自由化、市场化发展；鼓励银行间的有效竞争，促进金融产品创新；扩大放款规模，增加实体投资；政府政策应同步跟进经济金融发展需求，政府应做好防护和监管工作；改革发展跟上步伐，金融体制改革不断深化。由此可以带来一些良好的经济效应，如收入效应、储蓄效应、投资效应、就业效应等。

（二）修正的哈罗德—多马模型

金融深化可以促进经济发展，二者之间存在传导作用。金融深化程度的提高可以提升资金的使用效率，使交易费用降低，从而提升储蓄率，促进储蓄转化为资本，并在市场的作用下形成一个相对合理的资金价格。这一作用机理可以用哈罗德—多马模型进行概括：

$$g = \delta \times s$$

其中，g 是经济增长率，δ 是资本的产出率，s 是储蓄率。模型的含义是经济增长和储蓄率正相关，经济增长和资本产出率正相关。一国的储蓄率越高，资本的增值水平越高，经济发展速度也就越快，其中，储蓄率是一个常数。麦金农将金融深化引入哈罗德—多马模型，他认为储蓄率不是一成不变的，而是一个受到金融深化和经济增长双重影响的变量：

$$s = s(g, \rho)$$

其中，ρ 是金融深化指标，修正后的哈罗德—多马模型为

$$g = \delta \times s(g, \rho)$$

$$\frac{\partial s}{\partial \rho} > 0, \frac{\partial s}{\partial g} > 0$$

上述模型表示金融深化和储蓄率正相关，提升储蓄率可以促进经济发展，同时经济增长反过来可以提升储蓄率，形成良性循环。

上述过程也可以用图 2.4 进一步解释，其中横轴代表经济增长率 g，纵轴代表 $\delta \times s$，45°线是均衡增长线。当金融深化程度不足时，$\rho = \rho_1$，为图中 AB 直线，此时的均衡经济增长率由 AB 与均衡增长线的交点决定，即 E 点。当金融深化程度增强时，ρ_1 提升到 ρ_2，此时 CG 直线位于 AB 直线上方，CG 的斜率大于 AB 的斜率，Of 为交点处的经济增长率。AB 直线移动到 CD 直线，是多种原因叠加的结果，既包括金融深化程度提高导致储蓄率提高，也包括经济增长导致储蓄率提高。

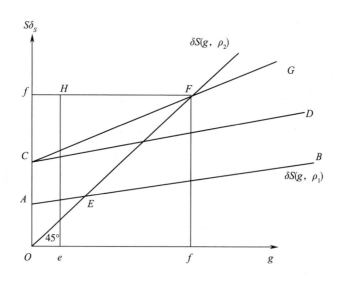

图 2.4 修正的哈罗德—多马模型

哈罗德—多马模型发展了凯恩斯理论，通过将时间因素引入凯恩斯理论中，并且使用比率分析法（增长率、储蓄率）替代了凯恩斯理论中的水

平分析法（国民收入水平、储蓄和投资水平），从而将其理论长期化和动态化。虽然这一理论存在一些局限性，例如，过分强调经济增长的根本动力来自资本积累、储蓄等于投资的假设并不适用于发展中国家和没有讨论技术进步的效应等。但是这一模型在实际中却有很重要的应用。

在发展中国家计划工作中的应用有：一是可以根据人口增长率、储蓄率和资产—产出比，估计实际年经济增长率。估计显示，在发展中国家提高人均收入水平，降低人口出生率和人口增长率，提高平均社会资本生产力水平都是十分重要的。二是可以在人口增长率和资本—产出比一定的情况下，估计为实现一定的增长目标所需要的储蓄率。如果国内个人、企业和政府三者的储蓄之和不能满足经济增长的需要，就有必要引进外来投资。如果外来投资仍然不能使经济达到满意的储蓄率水平，那么修订发展目标，降低发展速度就在所难免。三是选择资本—产出比较低或者资本生产力水平比较高的部门进行投资，可以减轻发展中国家资本短缺的压力，提高经济增长速度。

金融深化指一国金融发展的自由化程度。当金融深化水平较高时，即政府不干预金融市场的发展与运行，以及利率、汇率等市场化发展，在这种情况下，经济和金融市场活跃、社会储蓄与投资增加、经济增长。经济增长的实现主要取决于技术创新发展，从而提高资金的使用效率。经济学家对于金融深化和经济增长的因果关系一直存在分歧，一些人认为先金融发展，而另一些人则认为先经济增长。他们的观点具体如下。

一种观点认为供给引导需求，即先金融发展，然后带动经济增长。供给主要指在社会发展中，建立大量优质的金融机构，从而使社会的储蓄与投资从生产效率低的企业或部门转移至生产效率高的企业或部门。金融体系的发展使社会资本得到更高效的利用，从而促进经济增长。

另一种观点认为需求追随供给，即先经济发展，然后促进金融深化。需求主要指在经济发展的过程中，市场主体会在经济快速发展的进程中为了获得一定的经济效益主动拓展金融发展业务与范围、提高相应的服务质量，使金融发展跟上经济发展的速度。经济进步在社会的推动力下自然地带动了金融的发展，推动金融体系朝着更加稳健、更加高效的方向发展。

三、实证检验

（一）变量说明与指标选择

自贸试验区是中国金融深化发展的试验区和经济增长的新引擎，因此有必要对自贸试验区进行重点研究，以探索自贸试验区金融发展的可复制模式和优点，为之后成立的自贸试验区提供指导和借鉴。由此确定研究对象为我国先后成立的 18 个自贸试验区：上海、广东、天津、福建、辽宁、浙江、河南、湖北、重庆、四川、陕西、海南、山东、江苏、广西、河北、云南、黑龙江。

本章研究的是各自贸试验区金融深化和经济增长的关系问题，因此选取经济增长作为被解释变量，选取金融深化作为解释变量。

1. 被解释变量的选取

经济增长（RGDP）：人均实际生产总值增长率。选取人均数值，主要是因为将经济数据与人口数相比，可以有效消除不同自贸试验区人口总量不同带来的影响，使不同自贸试验区的经济指标更加具有可比性；选用实际的经济指标，可以剔除不同年份通货膨胀的影响，使分析结果更客观、更符合实际；采用生产总值的增长率，消除了不同自贸试验区生产总值基数的不同可能带来的影响，使变量更科学合理。因此，采用各自贸试验区以 2006 年为基准年的人均实际生产总值增长率作为被解释变量经济增长的衡量指标，用 RGDP 表示。

2. 解释变量的选取

爱德华·S. 肖最早提出金融深化理论，他提出衡量金融深化的指标有金融存量指标、金融流量指标和金融资产价格指标。其中金融资产价格指标是金融深化程度最明显的表现，包含实际利率水平和利率的期限结构两个指标，但是因为这两个指标不能进行一国内的比较，只适合国家间的比较，所以要研究我国自贸试验区的金融深化水平只能选择金融存量指标和金融流量指标。

金融流量指标是利用一段时间内的金融发展状况来反映一国的金融

深化程度，指标包括投资来源中财政资金所占的比重、总储蓄中政府储蓄所占的比重和企业融资中银行贷款的比重，结合相关数据的易获得程度和准确性，本书选取投资来源中财政资金所占的比重这一金融流量指标。由于金融深化程度和投资来源中财政资金所占的比重呈反向变动关系，我们这样定义金融深化流量指标（*FINDEV*）：金融流量指标（*FINDEV*）≈（各自贸试验区年度固定资产投资 - 各自贸试验区年度财政支出）/各自贸试验区相应年度的生产总值，固定资产投资中减去财政支出的部分就是对金融的投资。用这一比值来衡量各自贸试验区金融深化程度，用 *FINDEV* 表示。

金融存量指标是反映一国在某一时点的金融深化程度的指标，包含真实货币余额（M/P）的增长率、货币化比重（M_2/GNP）和金融相关比率。由于前两个指标不适合做国内比较，选取金融相关比率这一金融深化存量指标。金融相关比率指某一时点上现存金融资产总额与 GDP 的比值，即金融资产总量/GDP。金融资产总量 = 现金 + 存款 + 股票市值 + 债券市值 + 保费收入，要进行不同自贸试验区的比较，只能对这一指标进行简化处理，因此我们这样定义金融深化存量指标（*FIR*）：金融深化存量指标（*FIR*）= 各自贸试验区年度存贷款余额/各自贸试验区相应年度的生产总值。存贷款余额不仅可以反映出不同自贸试验区的储蓄水平和经济发展对资金的需求状况，还可以反映出不同自贸试验区的金融发展水平和金融总体存量状况。将存贷款余额与生产总值进行比较，其比值可以看出各自贸试验区的金融深化程度。因此可以用这一比值衡量金融深化程度，用 *FIR* 表示。

（二）数据的来源与描述性统计

数据来源包括各省《统计年鉴》《国民经济和社会发展统计公报》、国泰君安和国家统计局、中国宏观经济信息网等，依据数据的可获得性和完整性，主要选取了 2006—2019 年这 14 年各自贸试验区的相关数据，并将数据以 2006 年为基准剔除价格指数。

2006—2019 年我国 18 个自贸试验区的金融深化指标和经济增长指标的描述性统计见表 2.1。

表 2.1   变量的描述性统计

变量	均值	中位数	最大值	最小值	标准差	样本数
RGDP	9.35	8.89	16.69	−2.36	3.19	252
FIR	2.85	2.71	6.26	1.43	0.86	252
FINDEV	0.48	0.48	0.90	−0.02	0.20	252

由统计结果可知，自从我国加入世界贸易组织，我国的综合实力不断增强，经济飞速发展，金融深化和发展的步伐不断加大，金融深化水平不断提高，金融自由化程度增强，适度的金融深化发展可以促进经济增长，但是过度的金融深化对经济增长可能会产生一定的抑制作用。因此，我们应依据不同自贸试验区的发展历史和现状，探索金融深化在不同自贸试验区对经济增长的影响效果，分别给出相应的政策建议和指导，使各自贸试验区可以因地制宜、更好更快地发展。

（三）各自贸试验区经济增长趋势与比较

通过相关经济统计数据的计算，得出 18 个自贸试验区 2006—2019 年的人均实际生产总值的增长率，即经济增长指标 *RGDP* 的数值。表 2.2、图 2.5 为 18 个自贸试验区 *RGDP* 的统计结果与变化趋势。

从上述统计结果可以看出，各自贸试验区的经济增长从 2006 年到 2019 年都经历了先上升后下降的过程，2014—2015 年，除了重庆自贸试验区人均实际生产总值增长率保持在两位数，其余各自贸试验区均已小于 10%，而在 2006—2011 年，除了个别自贸试验区 *RGDP* 低于两位数，其余自贸试验区的 *RGDP* 一直保持在 10% 以上，可见自贸试验区经济的波动主要受宏观经济形势的影响。

从趋势图中可以更清楚地看出，2008 年以后，各个自贸试验区经济增速在波动中呈一定的下降趋势，也就是中国经济在经历了高速增长之后慢慢进入新常态。总体来看，让人意外的是上海自贸试验区的经济增长率是相对来说最低的，主要是由于上海作为国家发展的先行区，较早开始深化改革，由此其发展先于其他地区的进度水平，较早进入经济增长稳定期。广东和浙江也表现出了同样的现象。虽然各自贸试验区个别年份 *RGDP* 变化起伏区别较大，但是最终趋向于聚敛，说明随着经济深化与改革的推进，各自贸试验区经济增长日渐稳定。

各自贸试验区 2006—2019 年的生产总值增长率

表 2.2　　　　　　　　　　　　　　　　　　　　　　　　　　　　　　　　　　　　　单位：%

RGDP	天津	河北	辽宁	黑龙江	上海	江苏	浙江	福建	山东	河南	湖北	广东	广西	海南	重庆	四川	云南	陕西
2006	11.65	12.47	13.08	11.91	8.25	13.90	11.94	12.51	13.90	16.08	12.15	12.07	15.56	11.28	11.90	12.75	11.05	12.43
2007	11.70	12.05	13.97	11.94	10.22	13.89	12.86	14.32	13.47	14.72	14.71	12.10	13.79	14.63	15.53	15.10	11.40	15.52
2008	11.36	9.38	12.82	11.77	5.08	11.93	8.61	12.16	11.36	11.88	13.22	7.85	11.66	9.13	13.87	11.21	9.87	16.10
2009	11.02	9.29	12.54	11.37	4.57	11.77	7.64	11.47	11.59	10.16	13.29	7.13	12.86	10.46	14.03	14.09	11.40	13.31
2010	11.69	10.58	13.41	12.58	6.34	11.93	9.45	13.06	11.29	12.64	14.63	9.41	16.69	15.00	16.16	15.76	11.58	14.34
2011	10.83	9.70	11.66	12.18	5.01	10.37	7.13	11.48	9.94	12.49	13.42	8.03	14.86	11.17	15.20	15.96	12.96	13.66
2012	9.16	8.92	9.37	10.01	5.70	9.78	7.69	10.63	9.21	10.14	10.76	7.37	10.41	8.02	12.39	12.33	12.27	12.59
2013	7.94	7.52	8.61	7.99	6.17	9.32	7.85	10.20	9.06	8.86	9.71	7.79	9.33	8.79	11.33	9.61	11.43	10.69
2014	6.21	5.81	5.78	5.62	5.98	8.43	7.32	9.06	8.12	8.69	9.33	7.11	7.68	7.53	10.04	8.07	7.47	9.38
2015	6.63	6.14	3.09	5.98	6.94	8.28	7.56	8.07	7.32	7.92	8.36	6.97	7.23	6.85	10.13	7.26	8.07	7.44
2016	7.52	6.18	-2.36	6.57	7.03	7.54	6.76	7.44	6.74	7.60	7.46	6.15	6.36	6.68	9.66	7.00	8.05	7.06
2017	3.31	5.92	4.35	6.68	6.83	6.80	6.63	7.10	6.50	7.35	7.34	5.99	6.12	6.13	8.26	7.46	8.83	7.41
2018	3.67	5.99	5.93	5.06	6.51	6.35	5.72	7.38	5.87	7.19	7.51	5.15	5.84	4.83	5.07	7.49	8.23	7.58
2019	4.64	6.29	5.71	4.72	5.78	5.83	5.02	6.76	5.16	6.55	7.27	4.57	5.20	4.75	5.46	7.03	7.46	5.44

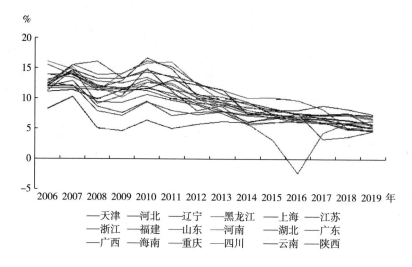

图 2.5　各自贸试验区 RGDP 变化趋势

四、各自贸试验区金融深化趋势与比较

在比较各自贸试验区金融深化水平时，应分别比较它们的金融深化流量指标和金融深化存量指标的大小。

（一）金融深化存量指标的比较

金融深化存量指标（*FIR*）＝各自贸试验区年度存贷款余额/生产总值，表 2.3 和图 2.6 分别为金融深化存量指标的计算结果和变化趋势。

从表 2.3 计算结果中可以看出 18 个自贸试验区金融深化程度呈一定的递增趋势。在 18 个自贸试验区中上海自贸试验区金融深化存量指标最高，远远超过其他自贸试验区，其至比一些自贸试验区的 2 倍还要多，可见上海自贸试验区金融发展水平较高、金融自由化程度较好。在 2015 年上海金融深化存量指标从 5.17 跃升至 6.26，可以看出自贸试验区的金融创新改革和政策支持的成效。河南自贸试验区金融存量指标最低，连续多年低于2，说明河南自贸试验区存贷款总量较小，金融发展不足。

从总体上看，所有自贸试验区金融深化存量指标呈上升趋势，说明金融深化水平不断提高，金融自由化程度加深。从趋势图中也可以直观看出在所有自贸试验区中上海自贸试验区金融深化存量指标遥遥领先，而河南

表2.3 各自贸试验区2006—2019年金融深化存量指标

FIR	天津	河北	辽宁	黑龙江	上海	江苏	浙江	福建	山东	河南	湖北	广东	广西	海南	重庆	四川	云南	陕西
2006	2.75	1.76	2.53	1.78	4.26	2.12	2.91	2.12	1.65	1.64	2.15	2.60	1.83	2.52	2.49	2.30	2.77	2.55
2007	2.81	1.69	2.37	1.69	4.16	2.10	2.88	2.04	1.58	1.49	2.04	2.50	1.74	2.47	2.50	2.23	2.71	2.40
2008	2.63	1.71	2.28	1.64	4.25	2.10	3.04	2.04	1.56	1.43	1.97	2.44	1.74	2.48	2.48	2.40	2.66	2.34
2009	3.33	2.08	2.60	2.01	4.94	2.52	3.67	2.29	1.85	1.69	2.29	2.89	2.19	3.09	3.05	2.90	3.25	2.75
2010	3.28	2.07	2.58	1.96	5.03	2.53	3.66	2.35	1.89	1.70	2.28	2.91	2.17	3.26	3.11	2.91	3.35	2.65
2011	2.96	1.97	2.41	1.84	4.97	2.40	3.53	2.31	1.86	1.65	2.07	2.82	2.06	3.05	2.93	2.73	3.12	2.51
2012	3.00	2.09	2.48	1.96	5.18	2.51	3.64	2.41	1.97	1.77	2.13	3.02	2.17	3.15	3.07	2.84	3.13	2.56
2013	3.06	2.25	2.54	2.08	5.21	2.56	3.68	2.51	2.02	1.90	2.21	3.13	2.25	3.33	3.19	2.97	3.12	2.61
2014	3.05	2.44	2.62	2.21	5.17	2.60	3.75	2.57	2.07	1.99	2.26	3.14	2.32	3.38	3.21	3.11	3.19	2.68
2015	3.27	2.74	2.93	2.52	6.26	2.75	3.89	2.72	2.16	2.16	2.40	3.52	2.43	3.86	3.29	3.29	3.41	3.04
2016	3.29	2.92	4.06	2.63	6.05	2.82	3.84	2.72	2.22	2.28	2.50	3.60	2.52	4.15	3.25	3.35	3.48	3.09
2017	3.37	3.05	4.08	2.72	5.87	2.78	3.82	2.67	2.23	2.30	2.59	3.57	2.76	4.16	3.26	3.31	3.42	2.97
2018	4.87	3.52	4.36	3.57	5.40	2.81	3.83	2.39	2.61	2.28	2.42	3.53	2.88	3.75	3.40	3.09	2.84	2.99
2019	4.82	3.62	4.51	3.63	5.57	2.93	4.06	2.42	2.69	2.35	2.46	3.72	2.93	3.63	3.24	3.12	2.78	3.03

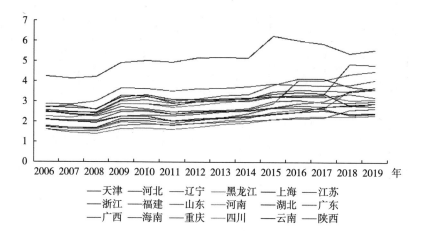

	年
——天津 ——河北 ——辽宁 ——黑龙江 ——上海 ——江苏
——浙江 ——福建 ——山东 ——河南 ——湖北 ——广东
——广西 ——海南 ——重庆 ——四川 ——云南 ——陕西

图 2.6 各自贸试验区 FIR 变化趋势

自贸试验区这一指标则较低。浙江自贸试验区金融存量指标仅次于上海自贸试验区。大多数自贸试验区这一指标值集中在 1.5 至 3 之间。

（二）金融深化流量指标的比较

金融深化流量指标（*FINDEV*）≈（固定资产投资－财政支出）/生产总值，表 2.4 和图 2.7 分别为金融深化流量指标的计算结果和变化趋势。

从表 2.4 计算结果中可以看出，除上海自贸试验区之外，其他自贸试验区的金融深化流量指标大体上都呈增长趋势，而上海自贸试验区不仅是所有自贸区中最低的，而且呈现下降趋势。另一个金融深化流量指标较低的是广东自贸试验区，一方面可能是由于其对金融领域的投资不足，另一方面则可能是上海、广东生产总值较高，使它们这一指标较小。相比之下，陕西自贸试验区的金融深化流量指标则一直较高。

从图 2.7 中可以更加直观地看出上海自贸试验区金融深化流量指标呈现下降趋势，并且该指标显著低于其他所有自贸试验区；广东自贸试验区金融流量指标一直很平稳，只有微弱的增幅；辽宁自贸试验区在 2013 年之前这一指标增速较快，但是在 2013 年之后则开始出现下降。其他自贸试验区大体上都呈现明显的增长趋势，且增速都较快，可以看出在 2019 年这一节点上广西的 *FINDEV* 指标最高，说明经济相对落后的自贸试验区金融深化、发展程度较高。

表 2.4 各自贸试验区 2006—2019 年金融深化流量指标

FINDEV	天津	河北	辽宁	黑龙江	上海	江苏	浙江	福建	山东	河南	湖北	广东	广西	海南	重庆	四川	云南	陕西
2006	0.29	0.37	0.46	0.20	0.20	0.37	0.39	0.30	0.42	0.36	0.30	0.20	0.31	0.23	0.46	0.35	0.33	0.35
2007	0.32	0.40	0.51	0.23	0.18	0.37	0.35	0.37	0.40	0.41	0.33	0.19	0.34	0.21	0.5	0.37	0.34	0.41
2008	0.38	0.44	0.58	0.25	0.16	0.39	0.33	0.38	0.41	0.46	0.35	0.19	0.35	0.23	0.51	0.33	0.35	0.44
2009	0.48	0.58	0.63	0.37	0.14	0.43	0.35	0.39	0.47	0.55	0.45	0.22	0.47	0.30	0.60	0.55	0.42	0.54
2010	0.53	0.60	0.70	0.44	0.11	0.44	0.33	0.44	0.49	0.57	0.49	0.22	0.53	0.36	0.63	0.52	0.45	0.57
2011	0.47	0.52	0.62	0.37	0.05	0.42	0.32	0.44	0.48	0.50	0.48	0.19	0.46	0.35	0.49	0.45	0.37	0.52
2012	0.45	0.59	0.7	0.48	0.05	0.44	0.39	0.50	0.51	0.56	0.53	0.20	0.52	0.43	0.50	0.49	0.41	0.60
2013	0.46	0.66	0.73	0.56	0.05	0.48	0.43	0.56	0.54	0.64	0.60	0.22	0.60	0.53	0.58	0.53	0.50	0.69
2014	0.49	0.75	0.69	0.43	0.05	0.51	0.48	0.62	0.59	0.71	0.66	0.25	0.66	0.57	0.63	0.58	0.55	0.75
2015	0.52	0.80	0.47	0.41	0.01	0.52	0.48	0.67	0.64	0.78	0.69	0.24	0.72	0.60	0.67	0.60	0.65	0.79
2016	0.51	0.80	0.10	0.42	-0.01	0.51	0.49	0.66	0.66	0.81	0.72	0.25	0.75	0.62	0.68	0.63	0.75	0.85
2017	0.43	0.79	0.08	0.42	-0.01	0.50	0.47	0.68	0.63	0.81	0.72	0.25	0.84	0.63	0.68	0.63	0.81	0.87
2018	0.57	0.85	0.07	0.47	-0.02	0.48	0.44	0.64	0.71	0.78	0.68	0.26	0.89	0.41	0.7	0.59	0.72	0.87
2019	0.61	0.83	0.05	0.47	0.00	0.47	0.44	0.62	0.73	0.77	0.69	0.27	0.90	0.29	0.63	0.61	0.70	0.82

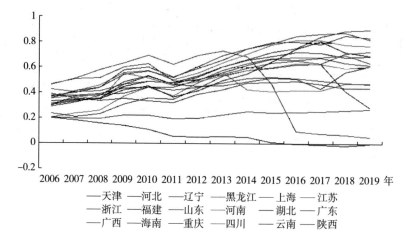

—— 天津　—— 河北　—— 辽宁　—— 黑龙江　—— 上海　—— 江苏
—— 浙江　—— 福建　—— 山东　—— 河南　—— 湖北　—— 广东
—— 广西　—— 海南　—— 重庆　—— 四川　—— 云南　—— 陕西

图 2.7　各自贸试验区 FINDEV 变化趋势

五、实证研究

（一）单位根检验及模型确定

单位根检验是检验统计序列中是否存在单位根的有效方法。如果数据序列存在单位根，那么它就是非平稳序列；如果数据序列不存在单位根，那么它就是平稳序列。如果存在单位根，有可能会使接下来的回归分析出现伪回归问题，为了避免伪回归现象的产生，应首先进行数据的单位根检验。将各省 *RGDP*、*FIR* 和 *FINDEV* 数列分别在 Eviews 中进行单位根检验。通过检验，得到的结果为 18 个自贸试验区的数据序列均不存在单位根，属于平稳序列，可以进行回归分析。由于篇幅有限，现将天津自贸试验区的检验结果列出。

表 2.5　　　　　　　　　　各变量的单位根检验结果

变量	ADF 检验	检验类型	滞后阶数	显著水平（临界值）
RGDP	−3.04	含趋势项和常数项	1	−4.99（1%）
Δ*RGDP*	−3.31	不含趋势项和常数项	0	−2.77（1%）
FIR	−0.30	含常数项	0	−4.05（1%）
Δ*FIR*	−3.46	不含趋势项和常数项	0	−2.77（1%）
FINDEV	−2.78	含常数项	2	−4.20（1%）
Δ*FINDEV*	−2.80	不含趋势项和常数项	0	−2.77（1%）

从表 2.5 可以看出，三个有关变量的一阶差分在 1% 的显著性水平下显著，表明这三个变量都是平稳的，可以继续进行实证研究。

由于我们要研究的是自贸试验区金融深化对经济增长的影响，我们把经济增长设为因变量，代表金融深化的两个指标 FIR 和 FINDEV 设为自变量。根据相关经济学原理，确定模型为

$$RGDP_t = C + \beta_1 FIR_t + \beta_2 FINDEV_t + \varepsilon_t$$

其中，ε_t 为随机扰动项，服从均值为 0，方差为 δ^2 的正态分布；C 是常数项，β_1、β_2 分别是金融存量指标和金融流量指标的系数。

（二）回归分析

依次对上海、广东、天津、福建、辽宁、浙江、河南、湖北、重庆、四川、陕西等 18 个自贸试验区的相关数据进行回归，回归结果如表 2.6 所示。

表 2.6　　　　　　　　　　回归结果

自贸试验区	β_1	t 值	P 值	β_2	t 值	P 值
天津	−2.71	−1.80	0.0991	−4.54	−0.39	0.7024
河北	0.95	1.03	0.3266	−16.67	−4.62	0.0007
辽宁	−6.18	−1.75	0.108	−6.65	−0.60	0.5582
黑龙江	−3.49	−4.03	0.002	−6.04	−1.10	0.2935
上海	0.59	0.41	0.6923	9.88	0.79	0.4477
江苏	−7.87	−3.45	0.0054	−6.36	−0.52	0.6132
浙江	−5.37	−5.15	0.0003	2.83	0.45	0.6621
福建	2.07	0.71	0.4925	−20.75	−4.06	0.0019
山东	1.11	0.39	0.7029	−27.45	−3.15	0.0093
河南	2.03	0.73	0.4807	−21.88	−3.82	0.0028
湖北	−2.46	−0.67	0.5194	−14.22	−3.11	0.0099
广东	−4.10	−1.94	0.0785	−1.66	−0.05	0.9611
广西	11.98	1.71	0.116	−39.70	−2.95	0.0132
海南	−4.48	−2.04	0.0663	2.33	0.29	0.7793
重庆	−3.15	−0.69	0.5018	−17.44	−1.00	0.3402
四川	−8.07	−0.89	0.3911	5.08	0.16	0.8768
云南	2.10	1.65	0.1274	−10.48	−4.89	0.0005
陕西	−7.54	−2.57	0.0259	−8.27	−2.02	0.0689

通过 2006—2019 年我国天津、河北、辽宁、黑龙江、上海、江苏、浙江、福建、山东、河南、湖北、广东、广西、海南、重庆、四川、云南、陕西这 18 个自贸试验区的面板数据，分析金融深化对经济增长的影响，可以看到，无论是金融深化存量指标 *FIR* 还是金融深化流量指标 *FINDEV*，其对经济增长的影响在不同自贸试验区的情况不同，有些存在促进作用，而有些则存在抑制作用。总体上来说，我国 18 个自贸试验区的金融深化存量指标 *FIR* 和金融深化流量指标 *FINDEV* 对经济增长的影响一半显著，一半不显著。而从系数值来看，金融深化存量指标 *FIR* 和金融深化流量指标 *FINDEV* 对经济增长大多具有抑制作用。在一定的范围内，随着金融深化的发展，金融发展整体态势良好、市场繁荣，金融深化对自贸试验区经济增长存在促进作用；但是如果金融深化只有速度而无质量，或者政府的过少干预，很可能使其对经济产生抑制作用。结合各自贸试验区现状进行具体分析，可以得出以下结论。

有的自贸试验区金融深化存量指标 *FIR* 和金融深化流量指标 *FINDEV* 都对经济增长存在明显的抑制作用，如陕西自贸试验区。一定程度的金融深化会促进经济增长，但是与经济发展不相匹配和过度的金融深化则会阻碍经济的发展。政府过少的干预使这些自贸试验区的金融行业存在盲目发展的现象，对实体经济的发展不利，对于符合这种情况的自贸试验区，应该减少金融资产存量，减少固定资产投资和金融资产投资，调整金融深化的方向，使金融深化和经济增长稳步进行。

有的自贸试验区金融深化存量指标 *FIR* 对经济增长具有明显的抑制作用，而金融深化流量指标 *FINDEV* 对经济增长影响不显著，符合这一特点的自贸试验区为天津、黑龙江、江苏、浙江、广东和海南自贸试验区。符合这一特点的自贸试验区应适当减少金融存量，调整金融深化的方向和结构，使其更加协调，更加配合经济发展需求。

有的自贸试验区金融深化存量指标 *FIR* 对经济增长影响不显著，而金融深化流量指标 *FINDEV* 对经济增长具有明显的抑制作用。符合这一特点的自贸试验区为河北、福建、山东、河南、湖北、广西和云南自贸试验区。这说明金融深化和经济发展的匹配程度不高，应提高金融深化的质量，加大对服务行业和高新技术产业的支持。

有的自贸试验区金融深化存量指标 FIR 和金融深化流量指标 FINDEV 都对经济增长的影响不显著，符合这一特点的自贸试验区为上海、辽宁和重庆和四川自贸试验区。

基于前面的相关研究分析，提出以下政策建议。

第一，应加快金融改革速度，转变金融发展方向，减少政府的过度干预，使金融市场化发展，同时也要不断减少不同自贸试验区金融深化程度的差异。进行利率市场化改革，防范系统性金融风险，实施稳健的货币政策，逐渐形成一个以央行基准利率为基础、以货币市场利率为中介，由市场供求关系决定金融机构存贷款利率的市场利率体系。

第二，应完善相关法律法规，健全国家信用体系，加大监管力度，大幅降低金融交易成本、促进自贸试验区经济发展，完善金融经济体系的建设，促进金融深化。鼓励金融产品创新，推广自贸试验区金融可复制的发展模式，形成多元化、多层次的金融体系。

第三，各自贸试验区应依据自身的经济地理条件、金融生态环境、政策法律法规和自身的定位与目标，结合其他自贸试验区的发展经验和可复制、可推广的金融发展模式，探索出一条适合自身的金融深化发展之路。

第四，自贸试验区作为新时代的新政策、国家经济的新引擎，不仅要推动本地区的快速发展，更要发挥经济示范效应和辐射带动效应，带动周边国家整体的快速发展，使经济建设接轨国际，金融发展更加开放自由、更加全球化。

六、自贸试验区金融深化对比

（一）第一批自贸试验区的发展经验

2013 年 9 月 27 日国务院批复成立第一个自贸试验区——上海自贸试验区，作为最早成立的自贸试验区，上海自贸试验区金融深化的发展历程以及发展经验有很多值得我们思考和借鉴的地方，充分研究上海自贸试验区金融深化的相关政策、战略定位、实施办法、遇到的问题等，探讨可复制的金融深化模式，可以为后面新成立的自贸试验区的金融深化和经济发展提供指导。

自由贸易区作为一种促进经济发展的工具，具有鲜明的外向型特征，其目的是促进经济发展、贸易繁荣、服务地方经济发展和支持国家整体战略布局。上海自贸试验区成立以来，充分发挥制度创新优势，不断探索扩大对外开放的改革创新之路，在对接国际市场、融入经济全球化的同时，以开放创新促发展，重点推出了四项制度创新和三大保障体系，使金融深化不断增强，带动上海经济飞速发展。

上海自贸试验区"金融改革40条"是党中央、国务院在我国经济步入新阶段的关键时点上下发的纲领性文件，是对上一阶段上海自贸试验区改革工作的延续与完善，起到了承前启后的作用，具有多方面的意义。第一，其多项金融改革都紧紧围绕为实体经济发展提供与时俱进的金融环境的中心点，促进贸易投资自由化和便利化；第二，为区内企业提供完备的发展环境；第三，结合上海国际金融中心建设与自贸试验区金融改革试点，为前者的发展构建了理想的框架与大方向；第四，统筹推进上海自贸试验区与国际金融中心、科创中心三者协调联动发展；第五，为我国全面建设开放型经济积累金融监管、风险防御方面的相关经验。"金融改革40条"主要为未来自贸试验区金融开放创新试点的推进提供了思路。在金融深化改革的过程中，金融自由化和市场化进展明显，金融国际化步伐加大，金融深化发展成为带动上海经济增长的新引擎。同时，上海自贸试验区尚处于发展阶段，在金融深化改革的过程中和经济发展建设中，也暴露出许多问题，如自贸试验区的监管模式滞后、负面清单门类模糊等，因此，最大的挑战是如何在金融深化改革过程中审时度势，通过具体的方法分析出哪些政策是安全有效的，及时过滤或改善不科学、冒进的举措，精准复刻并发扬科学、稳健的政策；加快结构调整的步伐、增加科技投入、积极推进信息化进程，以更新的硬件设施，来适应不断改变的新政策。

上海自贸试验区在金融领域的相关政策制度上进行了很多创新性变革，将原有的自由贸易账户体系改进为分账核算式体系、投融资汇兑更加便利化、在人民币跨境使用上不断推广、在利率方面进行市场化试点、在外汇管理上不断优化改革。在上海自贸试验区金融创新制度的实施和试点中，金融深化水平不断提高，金融自由化程度增强，金融发展不断刺激着经济进步。

（二）第二批自贸试验区的发展经验——以天津为例

2015 年 4 月 20 日我国批复成立了第二批自贸试验区——广东、天津、福建 3 个自贸试验区。由于有上海自贸试验区的发展经验，第二批自贸试验区的发展可以有所参考和借鉴，在此以天津为例进行分析。

天津自贸试验区积极参照上海自贸试验区建设经验、注意其曾出现的问题，如期取得了一定的成效。然而，由于地理位置与历史积淀等原因，天津自贸试验区的经济现况在诸多方面有所不同，有特殊的问题，也有独到的优势和战略定位，因此，天津自贸试验区在借鉴上海成功经验的同时，要有所取舍、有所创新和突破。天津自贸试验区依托京津冀一体化、海滨新区开发和开放及金融示范区等国家发展战略，以及天津作为第一大工业城市的重要角色，金融服务与实体经济齐头并进，形成其特有的发展优势。

天津自贸试验区的建设强调以制度方面的改革为着力点，聚焦于构建可供其他地区参考、复制的普适性发展模式，力求建设成为贸易自由化、投资便利化、金融服务全面完善、高端产业集聚发展、法律环境规范、监管高效便捷、辐射带动效应明显的国际一流自由贸易园区。自成立以来，天津自贸试验区在制度创新成果落实、金融创新和市场主体集聚方面表现显著。

《进一步深化中国（天津）自由贸易试验区改革开放方案》《进一步深化中国（福建）自由贸易试验区改革开放方案》《进一步深化中国（广东）自由贸易试验区改革开放方案》是国家为天津、福建、广东自贸试验区在新阶段的建设绘制的蓝图，三地的方案各有侧重，广东以金融科技为主、天津以融资租赁为首、福建以征信产品为重。具体来说，广东以创立发展金融业对外开放的"试验田"作为首要任务，推动金融信用体系的发展，鼓励智慧金融的发展，积极投入并应用区块链、大数据技术；天津聚焦于在公共信用与金融信用之间实现信息的有机统一，通过积极为金融租赁、融资租赁等业务提供政策等支持，鼓励有发展潜力的相关企业在票据、债券、外汇等市场发行各类证券化产品；福建则继续利用其地理位置的优势，以征信产品在两岸间互认程序的简洁化、金融对接工作的流畅化为手段，加强两岸间，尤其是福建与台湾两省间的金融合作，实现共赢。

积极有序地实施天津的"金融改革30条"对天津自贸试验区的金融深化改革起到了重要的推动作用，其主要措施可分为两个方面。在贯彻落实天津自贸试验区金融深化改革方面，扩大人民币跨国流通规模、推进跨国融资自由化、加强外汇管理、实现金融监管制度的创新；在融资租赁等新兴领域的发展方面，以融资租赁业为核心，提高商业保理的条理性和规范性以及互联网金融的整体质量。此外，鼓励政策性金融、科技金融、航运金融、普惠金融和绿色金融的发展，鼓励直接融资，筑牢风险防线，扩大法人金融机构的规模，拓宽并优化要素市场，促进形成京津冀金融业联动发展的局面。

（三）第三批自贸试验区的发展经验——以重庆为例

2017年3月31日我国批复成立了第三批自贸试验区——辽宁、浙江、河南、湖北、重庆、四川、陕西7个自贸试验区。由于有第一批和第二批共四个自贸试验区的发展经验和可复制的推广模式，第三批自贸试验区的建设取得了不错的成绩，本书以重庆为例进行相关分析。

重庆作为西部地区的门户城市、国家"一带一路"和长江经济带的重要枢纽、西部大开发战略的重要支点，在自贸试验区的建设和发展上，以自身地理位置和区域优势为支点，以国家大的发展战略规划为框架，以自身的经济建设为基础，结合之前自贸试验区可复制、可推广的发展经验，探索出了一条适合自身不断发展的创新之路，并在积累了一定的改革经验后，努力建成投资贸易便利、高端产业聚集、金融服务全面完善、监管高效便捷、法治环境规范、辐射带动效应突出的高水平的自由贸易园区。

重庆市政府印发的产业规划框架提出，重庆发展的主要任务是于2020年大致实现"一枢纽三中心一基地"的建设："一枢纽"是以多种交通工具衔接运输为特色服务的内陆跨境货运枢纽；"三中心"是打造基于有形商品贸易的跨境商业中心，致力于建成结算业务流畅化的境内功能性金融中心，聚焦于协调联动的第三产业发展中心；"一基地"是以前沿技术为驱动力的国家核心信息化制造业基地。在金融服务业的改革中，在注重实体经济发展的基础上，积极促进金融改革，加快实现投融资便利化、贸易自由化，带动以国际商贸为核心的金融产业集聚，鼓励新型金融产品的发展，提高金融行业的运作效率，增添金融服务的功能。

1. 国际金融服务

主要发展跨境人民币结算、跨国公司本外币资金集中运营、跨境电子商务结算、离岸结算等业务。在加强风险防御的同时，促进金融企业规范、转型与升级，鼓励国际间金融结算业务多种形式的改革。鼓励保险、投资、债券等相关企业依法运营国际汇兑、国际信用等业务。

2. 国际要素市场

大力引导自贸试验区内各企业发展双向跨境人民币贷款、跨境双向投资。在遵循法律和法规的前提下，借助金融开放改革方案，促进功能型平台、金融市场、劳动力市场、技术市场等向着吸引境外客户与资本的方向转型升级，推动以人民币计价结算的各类交易平台开展大宗商品跨境交易。推动重庆金融资产交易所、各大电子商务交易平台，以及服务于试剂、汽配、农产品等各类产品市场的交易平台发展，以吸引境外资本与客户。

3. 专业金融

专业金融的建设与改革有三个重点方向：一是以提高航运资金流转效率、合理分配航运资源、放大航运业整体价值为宗旨的航运金融；二是以贸易融资为核心，以贸易结算基础，以避险保值、财务管理等为特色的贸易金融；三是以互联网、电子通信等高新技术为增值手段的互联网金融。

4. 金融机构体系

鼓励各种类型、规模及构成的金融企业在重庆发展业务，为闲散资本、国外资本在重庆创立和入股金融企业提供政策支持与保护。引导证券公司等按照规范扩充渗透范围，促进证券公司之间合作，发展规模经济。鼓励发展再保险、相互保险、外资保险等现代化保险形式，以及保险中介、保险经纪公司等保险服务组织，壮大保险行业。支持金融租赁公司和融资租赁公司设立专业子公司，打造融资租赁跨境资产交易平台。引导跨国企业各分部资金集中运营和统一管理，增设更多的财富监管机构，扩大资产管理的应用领域。

第二节　重庆自贸试验区金融深化现状分析

一、重庆自贸试验区基本情况与金融深化背景分析

（一）重庆自贸试验区基本情况

重庆自贸试验区于 2017 年 4 月 1 日正式挂牌，是国家批准设立的第三批自贸试验区，总面积为 120 平方公里。根据国务院对重庆自贸试验区的总体方案规划（见表 2.7），可以将重庆自贸试验区的发展目标概括为：经过 3 ~ 5 年的改革探索，努力把重庆自贸试验区建成投资贸易便利、监管高效便捷、集聚高端产业、金融服务完善、法制环境规范、利用辐射效应带动区域经济发展的高水平、高标准的自由贸易区，成为"一带一路"倡议和长江经济带发展的国际物流枢纽中心和口岸高地，形成促进全方位建设西部地区门户城市的新格局，努力带动西部大开发战略的实施。

表 2. 7　　　　　　　　　　　重庆自贸试验区建设规划

片区	范围	发展重点	建设目标
两江新区片区	66.29 平方公里（含重庆两路寸滩保税港区 8.37 平方公里）	重点发展高端装备、电子核心部件、云计算、生物医药等新兴产业及总部贸易和现代服务业，增强要素资源的辐射能力	建设成为功能性金融中心，着力打造高端产业与高端要素集聚区
西永片区	22.81 平方公里，（含重庆西永综合保税区和重庆铁路保税物流中心 B 型）	重点发展电子信息、智能装备等制造业及保税物流中转分拨等生产性服务业，优化加工贸易发展模式	建设成为加工贸易转型升级示范区
果园港片区	30.88 平方公里	重点发展国际中转、集拼分拨等服务业，探索先进制造业创新发展	建设成为多式联运物流转运中心

资料来源：重庆自贸试验区官方网站。

（二）重庆自贸试验区金融深化背景分析

1. 政策优势明显

重庆作为西部地区唯一的直辖市，西南地区的中心，充分享受到国家的政策红利。重庆政府的"十三五"规划的目标是将重庆建设成为国内重

要的功能性金融中心。而自贸试验区作为金融改革先行先试的试验田，各项金融深化改革政策将优先在这里展开，这对自贸试验区金融深化具有重大的促进作用。

金融领域的深化改革是自贸试验区建设的重要方面，自贸试验区挂牌以来，国家和重庆政府各部门出台了一系列的政策来推动自贸试验区的金融改革，具体如表2.8所示。

表 2.8　　　　　　　　　重庆自贸试验区金融深化的相关政策

时间	重庆自贸试验区金融深化举措
2017 年 4 月	重庆自贸试验区正式挂牌，国务院关于印发《中国（重庆）自由贸易试验区总体方案》的通知（国发〔2017〕19 号）
2017 年 5 月	中国银行监督管理委员会（以下简称银监会）重庆监管局发布《关于积极做好中国（重庆）自由贸易试验区银行业金融服务的指导意见》
2017 年 7 月	重庆市国家税务局发布《服务中国（重庆）自由贸易试验区税收优惠政策指引》
2017 年 7 月	银监会重庆监管局网站公布《关于印发简化中国（重庆）自由贸易试验区银行业机构和高管准入方式的实施细则（试行）的通知》
2017 年 7 月	重庆市政府办公厅印发《中国（重庆）自由贸易试验区深化金融领域开放创新若干措施》
2017 年 10 月	人民银行重庆营业管理部、国家外汇管理局重庆外汇管理部联合发布《关于金融支持中国（重庆）自由贸易试验区建设的指导意见》
2017 年 11 月	银监会重庆监管局发布《关于试行中国（重庆）自由贸易试验区银行业务创新监管互动机制的通知》
2017 年 11 月	银监会重庆监管局发布《关于做好中国（重庆）自由贸易试验区业务风险评估的通知》
2017 年 12 月	中国保险监督管理委员会（以下简称保监会）重庆监管局印发《中国（重庆）自由贸易试验区保险机构和高级管理人员备案管理办法》
2018 年 2 月	人民银行重庆营业管理部《推进中国（重庆）自由贸易试验区外汇管理改革试点实施细则》
2018 年 3 月	重庆市人民政府印发《中国（重庆）自由贸易试验区产业发展规划（2018—2020 年）》
2018 年 9 月	重庆市人民政府印发《中国（重庆）自由贸易试验区管理试行办法》
2019 年 3 月	重庆市人民政府发布《关于贯彻落实国务院支持自由贸易试验区深化改革创新若干措施的通知》
2019 年 9 月	重庆市第五届人大常务委员会通过《中国（重庆）自由贸易试验区条例》

资料来源：根据网上公布资料整理。

根据以上资料可以看出，重庆自贸试验区金融深化改革举措紧紧围绕三个方面进行：简政放权、丰富金融服务和强化事中、事后监管。

在简政放权方面，银行或中小金融机构在自贸试验区设立分支机构和支行的高管任命不需要报银保监会事先审批，事后报备即可；设立网点的数量也不受规划网点数的限制，且事后报备即可。对保险行业进一步简化行政审批，放宽保险行业准入条件。

在丰富金融服务方面，重庆政府印发了"金融改革36条"，这些措施包含了各行业内可以创新的举措，有助于为企业提供更好的金融服务，形成贸易便利化、投融资高效化的成果。例如，开展境外人民币借款业务、设置商业银行分账核算单元、鼓励在自贸试验区设立保险资产管理公司和保险资产交易平台等。

在强化事中和事后监管方面，可以看到几乎每一份文件最后都会强调管理监督的内容。这说明自贸试验区转换了监管的角度，着力从后台监控出发，激发企业的创新、创造能力，营造一种有利于金融深化改革的环境。

2. 实体经济发展迅速，带动金融业发展

金融深化是实体经济在发展过程中对金融服务不断提出新的要求，金融中介、金融工具和金融市场不断进行创新，市场可以运用的资金潜力不断被挖掘，市场不断走向专业化和复杂化的过程。实体经济的迅速发展将对重庆自贸试验区金融服务提出更高的要求，有助于自贸试验区的金融深化。

整个重庆市经济运行情况表现出以下四个特点。

一是宏观经济快速发展。重庆市自从1997年被划为直辖市以来，经济得到了充分的发展。重庆经济总量每年保持高速增长，生产总值从1997年的1509.75亿元，增长到了2019年的23605.77亿元，年平均增长率为13.65%，遥遥领先于国内平均水平，尤其是2017—2019年在国内经济下行、增长受阻的情况下，重庆经济依然能维持高速增长实为难得。重庆产业结构不断优化，第一产业占比逐年降低，第二、第三产业保持高速增长，经济结构持续向好发展。

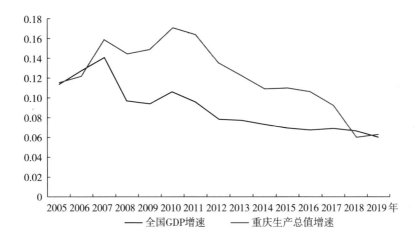

图 2.8　全国以及重庆生产总值增速比较

（资料来源：Wind）

从图 2.8 可以看出，从 2007 年开始到 2017 年，重庆生产总值增速都远远高于全国平均水平，2014—2016 三年的生产总值增速更是位居全国第一名。2018 年生产总值增速略低于全国平均水平后，2019 年生产总值增速又回升至全国平均水平以上，表现出了良好的发展态势。经济高速发展下的重庆也缩小了与北京、上海、广州、深圳这些城市的距离，截至 2019 年底，重庆生产总值相当于北京的 66.7%，上海的 61.9%，经济总体实现稳步增长。

二是对外贸易持续增长。自 2010 年重庆成立第三个国家级新区——两江新区以来，重庆对外贸易发展突飞猛进，尤其是在 2011—2014 重庆对外贸易实现翻倍式增长，两大保税港区——两路寸滩保税区和西永综合保税区的成立更是对重庆对外贸易增长起到了巨大的推动作用，二者的对外贸易额合计占重庆市对外贸易的一半以上。2014 年由于国内经济形势开始下滑，两江新区政策红利逐渐消减，重庆市对外贸易额出现了一定的下滑，但是在 2017 年重庆市申请建立自贸试验区获得国务院批准后，各项促进对外贸易的政策开始出台，重庆对外贸易额不断增加，这直接促使 2017 年重庆市对外贸易额由降转升。从图 2.9 可以看出，2017 年以来，重庆进出口稳步提升，2019 年进出口总额达到了 839.5 亿美元，同 2017 年相比，增长了 26.1%，未来几年，相信在自贸试验区的带动下，重庆市对外贸易额一定会继续保持上升姿态。

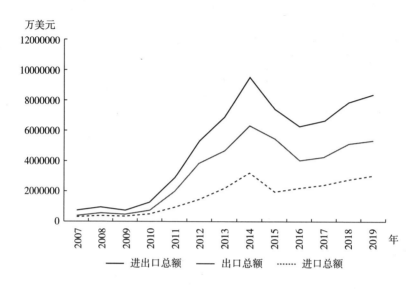

图 2.9　重庆市对外贸易走势

（资料来源：Wind）

三是外资利用规模不断扩大。伴随着我国经济体制的不断完善、投资回报率的逐渐提高以及外资政策的优惠，越来越多的境外投资者选择到我国进行投资。2013 年以来，重庆实际利用外资额逐年增加，并在 2016 年达到顶峰，在 2017 年出现小幅回落后，其金额一直保持较高水平，重庆市使用外资的情况如图 2.10 所示。

自重庆自贸试验区设立以来，区内新增注册企业（含分支机构）36385 家，注册资本总额为 4658.94 亿元，全域引进项目 2670 个，签订合同（协议）总额为 8693.52 亿元。在 2019 年，重庆自贸试验区新增注册企业（含分支机构）13345 家，注册资本总额为 2155.37 亿元。其中，新增注册外资企业（含分支机构）156 家，注册资本为 3.3 亿美元，引进项目 980 个，签订合同（协议）总额达到了 2551.42 亿元，覆盖大数据、大交通、大健康、总部经济、文化旅游、教育、农业农村、扶贫、环保等领域。截至 2019 年底，百度、阿里巴巴、腾讯三大互联网巨头先后落户重庆自贸试验区。此外，德国埃马克机床总装及集成基地、德国博世工业 4.0

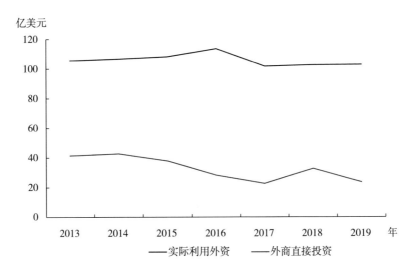

图 2.10　重庆市使用外资情况

（资料来源：Wind）

创新中心、韩国 SK 海力士二期项目、中欧数字生态城、奥特斯 IC 载板三期、紫光集团存储芯片产业基地、万国数据重庆中心等大批标志性项目也已经在重庆落地。这些企业在自贸试验区注册成立，一方面，需要区内的金融机构为其提供金融服务，另一方面，其本身的发展也促进了金融机构的发展。这是一个相互促进的过程，这些都是重庆自贸试验区进行金融深化改革的优势。

四是多个对外开放平台是金融深化改革的基础。重庆目前已形成由重庆两路寸滩保税港区、西永综保区、江津综保区、涪陵综保区和 4 个保税物流中心组成的"4 + 4"海关特殊监管区域功能平台体系，万州综保区申报计划也已上报国务院。2019 年，这些开放平台共计实现进出口 3938.1 亿元，增长 24.1%，占重庆外贸总值的 68%。可以说重庆海关特殊监管区域功能平台体系是重庆带头开放、带动开放的"主载体"和"火车头"。此外，重庆拥有"水陆空"三个国家一类口岸，是中国唯一达到此标准的城市。此外，重庆还是国内重要的铁路枢纽中心，"中欧（重庆）班列"开通列车次数不断上升，对增加两地的贸易往来起到了积极作用。

从图 2.11 可以看出，重庆自贸试验区保税监管场所进出境货物额自

2017 年以来开始稳步提升，在 2019 年，进口金额达到了 123.2 亿美元，同比增长 45.3%，出口金额达到了 26.1 亿美元，同比增长 132.6%。这说明，自由贸易区的设立为重庆保税物流的发展提供了充足的条件。

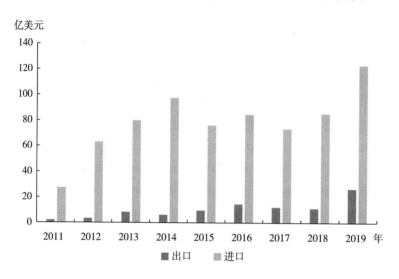

图 2.11　重庆自贸试验区 2011—2019 保税监管场所进出境货物额

（资料来源：Wind）

经济的发展对金融发展具有推动作用，而金融的发展反过来会促进实体经济的发展。在对外贸易的过程中，涉及的投融资问题、贸易结算问题、税制改革以及汇率等问题都是可以通过金融深化来解决的。重庆三大保税港区以及港口口岸大量的对外贸易对重庆自贸试验区的金融深化具有巨大的促进作用。

二、重庆自贸试验区金融深化的目标和内容

（一）重庆自贸试验区金融深化的目标

金融深化是我国进行现代化经济建设，促进改革创新的重要方面。金融深化需要通过金融改革创新的方式，创新金融产品、提升金融服务水平，使金融更好地为实体经济服务。自贸试验区自身开放多元的特点决定了其进行金融深化具有无法比拟的优势，有助于在自贸试验区形成成熟的推广经验，最后扩展到一般地区，促进我国经济金融的发展。

从国务院和重庆市政府的规划方案来看，重庆自贸试验区的金融深化将围绕国家金融开放创新的方向进行，使其服务于"一带一路"和长江经济带建设，充分发挥自贸试验区制度创新的优势，推进金融服务现代化、金融结算便利化，为投资自由化、投资便利化、贸易便利化提供金融支撑，助力重庆建设成为国内重要的功能性金融中心。同时，关注中新（重庆）项目互联互通建设，结合实体经济发展需求，对接全球综合服务网络和服务理念，探索金融开放创新来大力促进实体经济的发展。与此同时，要防范金融风险，使经济健康发展。

（二）重庆自贸试验区金融深化的主要内容

自贸试验区金融深化改革的主要目的是通过金融相关领域的开放创新来达到提升金融服务水平，促进贸易结算、投融资便利化以及建设成为重要的金融中心。以这一核心目标为方向，自贸试验区金融深化主要包含以下内容。

1. 完善金融体系的构建，提升金融服务水平

金融体系的构建是提供金融服务、创新金融产品的基础，重庆自贸试验区自成立以来就积极引进各类金融机构，包括银行业金融机构、证券业金融机构、保险业金融机构、担保公司、金融租赁公司、小贷公司、信托公司等（见表2.9）。与此同时，重庆打造移动金融平台和物流金融服务平台，推动自贸试验区跨境物流贸易融资及物流业发展。

表2.9　　　　　2015—2019年重庆市金融机构设立情况

金融机构	2015年	2016年	2017年	2018年	2019年
银行法人机构	48	53	56	55	55
银行市级分行	56	53	54	54	55
保险公司法人机构	3	4	5	5	5
保险省市级分公司	37	40	51	52	56
证券公司	1	1	1	1	1
证券分公司	17	23	37	39	41

资料来源：《2015—2019年重庆市统计年鉴》与中国银行保险监督管理委员会（以下简称银保监会）重庆监管局网站。

除了在自贸试验区内设立各种类型的金融机构，还可以与境外金融机构展开合作，进行境内外金融机构互设，形成金融机构网络化布局。同时可以依托于中欧（重庆）班列的国际物流带动效应，实现境内外金融机构跨境提供服务的可能性。

2. 扩大人民币跨境使用范围，促进贸易结算便利化

重庆自贸试验区的建立将大大提高重庆地区对外贸易的水平，其中，使用人民币进行贸易结算，将大大降低我国企业的汇率风险，使贸易结算更加便捷。要想实现这一目的，首先应建立自由贸易账户体系，形成与自贸试验区相适应的本外币账户管理体系，促进跨境贸易；同时开展跨境双向人民币资金池业务，引导自贸试验区内企业根据自身情况开展人民币双向资金池业务。在自贸试验区企业和境外企业进行贸易往来时，应丰富结算方式，简化经常项目下外汇收支手续，为跨境贸易提供便利。此外，应依托我国先进的电子商务发展水平，深化支付机构跨境电子商务支付业务试点，促进服务贸易发展。

3. 逐渐放开利率管制，推动资本项目有序开放，促进境内外企业投融资便利化

利率市场化改革一直是我国金融深化改革的重要组成部分，而自贸试验区更应该发挥制度创新的优势，先行先试，探索利率市场化的道路。应进行利率改革使金融机构在竞争市场中自主定价，从而实现资源的优化配置。通过汇率制度改革，推动资本项目有序开放，放宽境内外资金的流进和流出比例限制，从而更加方便跨国企业在境内外配置资金。同时，也应丰富企业的融资渠道和投资标的。境内资金可以更好地出境投资，而境外资金也可以投资境内优质项目，带动我国经济的发展。

在利率市场化以及资本项目自由流动后，符合条件的企业和个人可以投资于境外资本市场，包括证券市场、股权基金市场以及多种多样的资管产品等。与此同时，境内外企业也可以通过境内外的金融机构进行境外融资，不但可以通过境外上市，而且还能通过境外发行债券的方式进行筹资。投融资渠道的拓宽将大大提升企业资产的配置效率和降低企业融资成本，这对于自贸试验区企业将是重大利好。

三、重庆自贸试验区金融深化行业实践与风险分析

重庆自贸试验区自 2017 年 4 月 1 日挂牌以来，促进自贸试验区金融深

化的各项措施在紧锣密鼓地推行，且有些已经取得了不错的成果。下面对银行业、证券业和保险业在自贸试验区金融深化的实践情况加以分析，以总结其在发展中的经验和不足之处，为下一步的金融深化改革提供借鉴。

（一）重庆自贸试验区金融深化行业实践

1. 自贸试验区银行业

自贸试验区作为对外开放的门户，其金融的发展程度至关重要，而银行业的支持更是对自贸试验区的建设起到巨大的推动作用，且金融深化创新尤其是银行业的创新是自贸试验区的重要职能。与此同时，自贸试验区的建设对银行发展也有促进作用，自贸试验区政策落地可以促进银行在经营模式、业务范围、风险管理、产品设计等方面的改革创新。

（1）自贸试验区银行业设立情况。我国的主要银行在重庆自贸试验区均设有分支机构，为了更好地支持自贸试验区的发展，有些大型银行还专门在自贸试验区设立分行。截至 2019 年底，已经有交通银行、重庆农村商业银行、中国农业银行在自贸试验区设立分行。此外，渤海银行重庆分行在自贸试验区的开业，实现了股份制银行在重庆设立的全覆盖。中信银行、建设银行、交通银行、浦发银行、平安银行等在自贸试验区设立了总行级的国际业务运营中心、跨境金融服务中心、离岸业务中心等专业机构。随着自贸试验区业务的增加以及与境外机构合作更加频繁，将会有越来越多的银行选择在自贸试验区设立分行，形成自贸试验区银行业独有的服务体系。

（2）自贸试验区银行业改革创新措施。为支持重庆自贸试验区经济的发展，推动金融领域的改革创新，促进贸易投资便利化，发挥银行服务实体经济的作用，重庆市政府的相关机构出台了很多政策和指导意见。这些指导意见是重庆市自贸试验区建设和金融领域改革的重要参考，是实施相关政策的纲领性文件。

人民银行重庆营业部和国家外汇管理局重庆外汇管理部在 2017 年 10 月 30 日正式公布《关于金融支持中国（重庆）自由贸易试验区建设的指导意见》，该指导意见充分阐述了自贸试验区金融深化的问题，以期金融更好地发挥为实体经济服务的作用。该意见共包括 8 个方面、36 条措施，被称为重庆"金融改革36条"。两部门的这些改革措施，对促进重庆自贸试验区金融深化改革具有重大的指导意义，是重庆银行业重点关注的方面，且其按照相关规定进行了一定的改革创新。

一是跨境人民币结算。重庆自贸试验区内银行积极探索人民币跨境结算方式、提升结算效率。具体到银行跨境结算创新业务，重庆银行业在自贸试验区内率先推出"出口双保通"产品，促进中小外贸企业发展；开展中西部地区首笔跨境债券转让业务，并在全国率先推出了陆运单证的国际信用证业务。与此同时，重庆银行业开展人民币跨境电商外汇支付结算试点工作，鼓励区内开展跨境结算工作。工商银行重庆分行为重庆对外贸易有限公司办理了自贸试验区内首笔资金池归集和调拨的业务，同时为中国香港某上市公司在重庆的子公司办理了自贸试验区内首笔跨境贸易项下进口信用证业务。农业银行重庆分行在自贸试验区开立了境内企业向境外企业进行资金划转、清算的账户，是对人民币跨境结算的有力探索。重庆自贸试验区银行还积极应用区块链技术，截至2019年底，15家银行已通过跨境金融区块链服务平台为52家企业办理出口应收账款融资365笔、金额合计41.0亿美元。银行办理应收账款融资材料审核仅需20分钟左右，较传统模式节省90%的核验时间，融资效率大幅提升，业务背景真实性得到强化。

二是拓展境内外企业投融资。重庆自贸试验区在设立时就一直强调促进投资贸易便利化、解决企业融资难的问题。为此重庆各银行积极创新各项业务，支持境内机构和个人境外投资，通过境外金融机构进行融资。

在投资方面，银行为个人或者机构设立自由贸易区专项账户。自由贸易账户可以打通在岸账户和离岸账户、境内和境外账户通道，为自贸试验区企业以及个人提供更加方便的投资服务以及结算服务。除此之外，自贸试验区银行还积极探索境外人民币购买境内人民币理财产品的业务，开展跨境资产管理和财富管理等业务；鼓励自贸试验区符合条件的银行发行大额存单，在自贸试验区内注册的境内外企业均可参与投资。

在拓展境内外融资方面，开展自贸试验区与境外双向人民币融资业务，符合条件的银行可以向境外放款。同时，也鼓励企业进行跨境融资贷款,从境外借用人民币资金。在这个过程中,银行业可以发挥担保职能,也可以自己开展跨境融资业务。

例如,两江金融公司下的控股子公司两江节能公司通过工商银行新加坡分行获得跨境融资3000万美元;国家开发银行重庆市分行与保加利亚发展银行签订8000万欧元贷款合同,支持在保加利亚的中资企业参与当地项目建设,成为国家开发银行倡导建立的"中国—中东欧银联体"框架下首个授信项目,进一步推进了"一带一路"建设。企业通过银行进行跨境融资,一方面丰富了企业的融资方式,另一方面降低了企业融资成本,对企业长期发展具有重大利好。

三是扩大与境外金融机构合作。重庆自贸试验区内的银行与境外建立了多领域战略合作关系。例如,重庆银行和重庆农村商业银行与新加坡星展银行、重庆航交所和新加坡再保险集团在战略互信、产品合作创新以及合作培养人才等方面达成合作。外国金融公司也相继来到自贸试验区建立分公司,或者与境内银行开展战略合作,共同建立村镇银行。例如,新加坡富登公司控股重庆的银行新设了3家村镇银行;新加坡银丰金融公司与重庆宗申集团合作设立了融资租赁公司。此外,重庆银行业还积极推动了中西部地区第一单跨境房地产投资信托基金(REITs)产品,指导金融机构逐步对接中新60多个合作项目,项目金额合计约150亿美元。这些合作项目都推进了重庆自贸试验区的金融深化改革。

四是放松银行业金融监管。重庆市银行业的良好发展离不开金融主管、监管部门的政策管制,自重庆自贸试验区成立以来,银保监会重庆监管局已经出台了多项政策,助力自贸试验区银行业金融深化改革,全面促进自贸试验区建设。

在2017年7月4日,银监会重庆监管局发布了《关于印发简化中国(重庆)自由贸易试验区银行业机构和高管准入方式的实施细则(试行)的通知》,该通知进一步放开了政府对金融的管制,有助于促进金融深化。其具体内容包括:第一,自贸试验区内的中资商业银行、农村中小金融机构以及外资银行在区内设立支行,不需要经过银监会重庆监管局的事先审批,事后报备就行。第二,自贸试验区内银行需要增加营业网点或者分支机构，也可以采取事后报备的方式，且不受年度规划网点数量的限制。第三，自贸试验区银行的分支机构的高管的任职资格不需要银监会重庆监管局事先核准，采用事后报备的方式。此外，银监会重庆监管局还发布了《关于试行中国（重庆）自由贸易试验区银行业务创新监管互动机制的通知》，其目的是充分发挥银行自身的创新优势，对监管未覆盖的区域进行监管互动，在法律法规允许范围内开展相关创新业务。

2. 证券和保险行业

（1）自贸试验区证券和保险行业机构情况。重庆自贸试验区在批准设立以后，除了银行业争先入驻以外，非银行金融机构也看到了自贸试验区相对明确的政策红利，开始在自贸试验区布局，自贸试验区的金融机构的数量和种类实现快速增加。分行业来看，其中证券公司在自贸试验区承担着重要角色，无论是境内企业跨境股权融资，还是债券融资，都需要证券公司作为经纪人。同时，证券公司可以设立国际化的交易平台，逐步允许境外合格投资者参与境内商品期货交易、证券交易；逐步允许境外企业在境内资本市场上市融资等。重庆作为国内准一线城市，经济总量和金融发展程度都比较高，但相对来说证券业的发展却稍显落后。总部设立在重庆的证券公司只有西南证券股份有限公司一家，截至 2019 年底，重庆全市共有证券分公司 42 家，证券营业部 205 家（见表 2.10）。2017 年 7 月，具有全牌照的证券公司——申港证券公司正式在重庆自贸试验区两江新区成立分公司，并在当年年底开始办理业务。除了申港证券公司，相信以后会有越来越多的证券公司入驻自贸试验区。

表 2.10　　　　　　　　重庆证券公司和期货公司数量　　　　　　单位：家

金融机构	2015 年	2016 年	2017 年	2018 年	2019 年
证券公司总部	1	1	1	1	1
证券营业部	171	186	202	207	205
证券分公司	17	23	37	39	42
期货公司总部	4	4	4	4	4
期货营业部	31	32	32	32	32
期货分公司	0	0	1	3	4

资料来源：中国证券监督管理委员会（以下简称证监会）重庆管理局网站。

重庆的保险业务具有扎实的根基，保险业务快速发展。2019 年全市保费收入为 916.5 亿元，同比大幅增长 13.7%（见图 2.12）。经营财产险的中资保险公司有 22 家，外资保险公司有 5 家。经营寿险的中资保险公司有 23 家，外资保险公司有 6 家。保险公司数量众多。

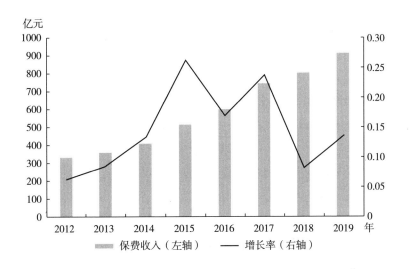

图 2.12 重庆市 2012—2019 年保费收入及增长率

(资料来源：Wind)

（2）自贸试验区证券和保险行业金融深化改革。自贸试验区建设的核心是推动投资贸易便利化，而金融在其中的重要作用不言而喻。在重庆自贸试验区中，处在两江新区片区的江北嘴金融中心是发挥金融服务功能的核心区，也是推动金融深化改革创新，助力重庆建设成为国家重要功能性金融中心的核心区。

非银行金融机构在自贸试验区的金融深化创新主要包括机构设立、创新产品和创新服务三大方面。机构的设立情况上面已经介绍过，这里不再赘述，下面主要介绍非银行金融机构在自贸试验区创新产品和服务的情况。

首先是证券行业，证券公司除了发挥传统业务的职能，还鼓励和推动证券与期货业务的发展，符合条件的重庆市证券期货经营机构可以进入银行间外汇市场，开展人民币外汇即期业务和衍生品业务。证券公司也服务自贸试验区企业境外上市，探索重庆自贸试验区的企业在新加坡交易所采用全流通方式进行上市，支持重庆市企业到境外发行 REITs 产品。在扩大融资方面，重庆市政府积极推动企业境外发行债券进行融资，通过发行债券及各种标准化金融债券的方式开展境外融资，并将资金调度到国内使用；探索开展政府和社会资本合作（PPP）项目跨境资产证券化，通过有效降低汇率波动风险，支持中小企业境外发行债券。

在保险方面，银保监会重庆监管局为推动重庆自贸试验区的建设，出台了一系列改革措施。主要包括以下五个方面：第一，允许自贸试验区内的保险机构跨境开展再保险和全球保单分入业务。第二，允许在自贸试验区设立内外资再保险、外资健康险以及国际联运物流专业保险产品。第三，鼓励在自贸试验区设立保险资产管理公司和专业性的保险服务机构。第四，在自贸试验区开展巨灾保险创新服务试点工作。第五，允许在自贸试验区建立保险资产登记交易平台。为了更好地服务自贸试验区的保险行业，自贸试验区也推动了一系列改革，充分发挥银保监会的政策支持作用，吸引境内外的保险机构来重庆自贸试验区设立再保险、保险资产管理公司、自保公司以及相互制保险机构等专业的保险机构；充分落实自贸试验区保险战略部署，发挥保险的风险管理能力，为相关企业提供优质的保险服务，促进自贸试验区经济平稳健康发展；同时加强与国内外保险机构的交流合作，共同参与重庆自贸试验区建设，服务经济发展。

2017 年 8 月 11 日，中保保险资产登记交易系统有限公司在重庆自贸试验区注册成立，该公司的成立，将搭建一个保险资产的集交易、转让、登记、结算以及征信于一体的金融市场，前景非常广阔，这对重庆自贸试验区保险业的发展又是一大促进。

（二）重庆自贸试验区金融深化问题分析

重庆自贸试验区自挂牌之日起已经有三年的时间，在这期间，自贸试验区金融深化取得了良好的成果，对经济增长起到了巨大的促进作用。但是，也应该看到重庆自贸试验区在金融深化过程中存在一些问题，下面对其进行详细分析。

1. 重庆自贸试验区利率管制有待进一步放松

金融创新是自贸试验区的重要职能，很多政策都只能在自贸试验区先行先试，最后推广复制到全国。研究发现，重庆自贸试验区针对银行业的金融深化改革措施有很多，在推动人民币汇率改革、跨境人民币使用和结算、资本项目可兑换方面作出了一些努力，但是针对利率方面的改革措施还相对较少，推动利率市场化的金融深化步伐有待加快。

利率市场化是金融深化改革的重要内容，利率管制的放松可以提高企业资金利用的效率，实现资本在全球范围的合理配置。重庆自贸试验区对利率的管制仍较为严格，需要进一步放开利率管制。对于存款利率的放开，现在应重点关注存款利率上限的放开，只有放开存款上限才意味着利率市场化的完成。现在改革存款利率管理的重要尝试是允许存款利率上浮至基准利率的 1.1 倍，但这对于整个利率市场化进程来说是远远不够的。

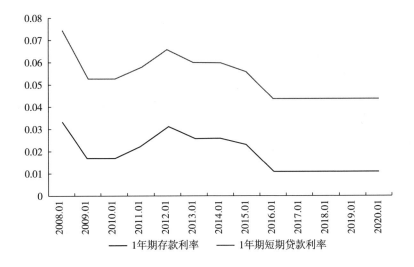

图 2.13 中国 2008 年至今中国 1 年期存贷款利率变化情况

(资料来源：Wind)

利率管制造成的影响主要包括以下几个方面：一是降低了居民的储蓄热情，造成信贷市场上资金供给不足。根据经济学理论，储蓄是利率的增函数。提升存款利率会增加居民储蓄，从而有足够的资金可供企业使用。目前我国对利率实行管制，实际上人为压低了资金的价格，其目的是企业能以较低的资金成本使用资金，但这种做法忽视了资金的可获得性，一些企业根本无法通过正常途径获得资金。如果放开对利率的管制，银行的存款利率将有所增高，这有利于提升储蓄率。二是对利率的管制造成企业资金利用率低下。目前我国有很多"僵尸"企业，它们产能落后，效率低下，但由于它们在地方市场的地位，它们还是很容易以较低的成本获得银行的贷款。而那些高新技术企业由于处于初创阶段，发展规模较小，银行为了控制信贷风险，提高贷款利率甚至不予授信。这种情况在当前我国经济发展形势下是常见的，阻碍了经济的发展。

根据麦金农和肖的金融深化理论，通过金融深化改革，在利率市场化以后，境内企业可以更加自主地选择融资方式和对象。向境外融资，不但能够有效地利用境外资金，丰富企业融资方式，还可以降低企业的融资成本，提高企业效益。

2. 重庆自贸试验区银行业同质化程度较高，且面临较大的风险管理压力

目前，自贸试验区集聚了大量的银行业金融机构，加快了自贸试验区金融业的发展，对实体经济具有良好的促进作用。然而，自贸试验区银行之间业务同质化较高，产品和服务的同质化导致银行间竞争加剧。例如，自贸试验区银行设立自由贸易账户（FT账户）用来支持跨境结算，很多中资银行和外资银行对这类业务都有涉及，但这些业务大同小异，具有较高的相似性。此外，银行业为了更好地进行跨境融资，推出了一些面向国际的业务和创新产品，而这些业务和产品自然增加了与外资银行竞争的风险。如何创新研发出具有特色化的服务和产品是自贸试验区银行需要考虑的问题。

自贸试验区的银行既要创新又要防范风险，自然面临着更大的风险管理的压力。由于金融深化改革本身就充满风险，再加上自贸试验区作为"试验"基地，有很多业务都是在先行先试的过程中不断改革，自贸试验区银行业面临的风险问题还是相当突出的。重庆银行业在自贸试验区中要服务于"渝新欧"铁路大通道的很多国家，但是其对一些地区的政策并不是非常熟悉，贸然创新某些对外开放的业务可能对自身乃至整个银行业形成冲击，因此，在业务创新中，一定要注意防范风险，在风险可控范围内开展业务。

3. 证券机构和保险机构数量还较少，且受到严格监管，提供的服务和产品种类有待进一步扩大

与其他几个自贸试验区相比，重庆的证券业发展程度相对不足。首先，体现在证券公司数量上，总部设在重庆的证券公司只有西南证券一家，在重庆具有分公司的证券公司只有23家。证券公司数量较少，不利于形成竞争机制及提供更好的金融服务。其次，从质量上来看，重庆的证券公司虽然有较强的业务能力，但是自主创新能力明显不足，向投资者提供的产品不足，尤其在投资境外证券市场和期货业务上，发展更是不足。如何推动重庆自贸试验区内证券公司开展境内外双向证券和期货市场双向投资业务，成为自贸试验区证券公司的任务之一。重庆市的保险业务发展水平相对处于高位，无论是财产险还是寿险的保险金额都很高，国内各大保险公司在重庆都设有分公司，但同时我们也必须注意到保险行业发展的不足。自贸试验区的保险公司数量截至2020年还相对较少，无法充分满足自贸试验区企业保险方面的需求。最后，尽管国务院对自贸试验区保险机构予以扶持，但是自贸试验区内的保险公司的保险产品和服务创新还有待进一步提升。保险公司提供的保险产品对企业或者个人吸引力略显不足，对于吸引境外投资者购买境内保险更是后劲不足。因此，如何创新保险产品，加大对自贸试验区企业的服务力度，是保险公司亟须解决的问题。

自贸试验区是金融深化改革的试验田，在某些领域的开放有助于金融机构创新产品和服务，更好地服务于自贸试验区建设。但是对于证券行业的监管，从公布的政策文件来看还是相对严格，尤其是新股发行方面。最近中国证券监督管理委员会（以下简称证监会）加大了新股发行的审核力度，过会率直线下降。这样做有助于为市场提供更加优质的上市公司，减少投资风险。但从另一方面来说，国内公司上市都面临如此严格的要求，对于那些想在中国上市的境外企业更是难上加难。跨境双向证券、期货投资的设想恐怕只能停留在构想上了。自贸试验区作为深化改革的中心，应更好地发挥先行先试的作用，放松金融监管，给予证券公司充分的自主权，让其发挥自身优势，丰富自身的产品和服务，积极拓展海外业务，加大国际化的布局。

4. 金融服务体系的落后和监管不足导致金融深化进程缓慢

金融服务体系的不健全导致金融改革深化难以推进。在本国货币与他国货币实现贸易兑换的过程中，清算机构、评级机构、会计师事务所等各种金融中介机构都是必不可少的一个环节。而重庆自贸试验区的金融服务体系还处在初级阶段，难以像发达国家那样完善，因此，在金融深化的推进过程中必须防范风险，且不能操之过急，这对于推进重庆自贸试验区金融深化的进程造成了很大的影响。此外，由于无法预料放开监管后的结果，自贸试验区的金融机构只能在严厉的监管之下进行金融创新和改革，同样，政府也不敢轻易放开各种限制，否则将对现阶段的金融市场产生重大冲击，不单单自贸试验区的企业会受到损失，区外企业甚至全国都有可能受到影响。

重庆自贸试验区在金融深化过程中存在的这些问题，多是由于其处于改革的初级阶段。这些问题会在以后的金融深化的进程中逐渐得到解决。

（三）重庆自贸试验区金融深化过程中面临的风险

自贸试验区的金融深化改革是自贸试验区建设的重要内容之一，然而在改革的过程中如何把控风险，在风险可控的范围内深化改革，是自贸试验区金融机构需要关注的重点。由于重庆自贸试验区成立时间较短，自贸试验区金融体系的建设还不够完善，金融机构在进行创新改革的过程中面临着各种各样的风险，总结来看主要可以分为金融深化改革中的固有风险、放开外汇管制的风险、资本自由流动的风险和境外金融机构对自贸试验区内机构造成冲击的风险这四个方面。

1. 金融深化改革中的固有风险

自贸试验区的金融深化政策要从方方面面进行先行先试。尽管重庆自贸试验区可以借鉴国内其他自贸试验区的成熟经验，但由于不同自贸试验区具有自身的特色，不可能照搬各种政策措施，重庆自贸试验区需要进行本土化的创新。同时，为了促进自贸试验区自身的发展，其需要不断进行各种改革的尝试，这就需要从中央到地方真正地将权力下放，放开政府手中的审批权。如果仍然使用政府干预的手段，那么自贸试验区的金融深化改革是不可能成功的。其中最关键的是处理政府与市场之间的关系，要明确自贸试验区的定位，自由贸易是试验区，而不是经济特区，不是为了出台更多的优惠政策进行招商引资，而是要在这里试验新的制度的可行性，用真正的制度红利去吸引资本。如果在这点上本末倒置，那么自贸试验区在起点就已经输了。

由于我国金融体系不够完善，再加上重庆本身金融发展在国内处于较低水平，其在进行金融深化的过程中难免会因为监管不够完善、服务不够到位等问题使自贸试验区在金融深化过程中遇到一定的风险，这是在改革中不可避免的固有风险。但是不能因为这种风险的存在而在金融深化改革中畏首畏尾，停止改革创新的步伐。只要在改革深化的过程中坚持审慎的态度，控制好改革的方向和力度，逐步推进金融深化，就可以将这种风险降到最低。

2. 放开外汇管制的风险

重庆自贸试验区外汇制度的改革是其进行金融深化改革的重点之一，是便利重庆自贸试验区境内外企业贸易的重要手段。外汇管制的放开，意味着自贸试验区汇率将由外汇市场中人民币的供求关系来决定，并随市场进行调整和波动。对于目前重庆地区金融市场的发展程度来说，过快地放开外汇管制，可能会引起区内经济发展的波动，使贸易竞争力减弱。

外汇制度改革可以促进名义利率接近于实际利率。但是由于现阶段我国金融体系不完善，允许资本跨境自由流动会使境外资产过快涌入我国资本市场，导致人民币资产需求增加，造成货币升值，从而使我国的国际收支失衡。在这种情境下，人民币的升值导致我国出口难度增大，出口作为我国目前主要的经济增长方式之一，若出现问题，将极大地影响我国经济的发展。因此，应该谨慎地进行汇率制度改革，逐步实现汇率的市场化。

3. 资本自由流动的风险

重庆自贸试验区在金融深化改革方面，积极鼓励银行业等金融机构进行跨境的投融资以及鼓励境外金融机构来渝建立金融交易中心，这些措施会大大提升重庆金融的发展水平，使金融更好地为自贸试验区建设服务。但过度地放开对资本的监管，让其自由流动，也会带来很大的风险。

一方面，目前我国的利率水平明显高于国外，如果贸然开放自贸试验区资本市场，使人民币自由兑换，则由于国外金融机构的贷款利率较低，自贸试验区内金融机构为了提高竞争力而降低贷款利率，这样就形成了自贸试验区内外不同的贷款利率，自贸试验区区内利率较低而区外利率较高，会导致大量的区内外的套利行为，造成自贸试验区资金外流，影响金融系统的稳定。此外，在自贸试验区存贷款利率依然较高的情况下，境内外的利率差会导致大量的套利行为，使大量境外资金进入自贸试验区的资本市场，从而对区内金融市场造成极大的冲击。

另一方面，存贷款利差是我国银行收入的主要来源，如果放开监管使资本自由流动，则境外金融机构较低的资金成本会大大影响境内银行业的生存。如果境内银行不能及时开发创新中间业务，改善银行的盈利结构，充分提高银行的竞争力，那么其在自贸试验区的生存将会遇到很大挑战。自贸试验区贷款利率的下降将会同时影响存款利率。较低的投资收益将会造成大量的资本外流，对自贸试验区内金融体系形成冲击。

因此，自贸试验区在金融深化改革过程中，尤其在资本项目的自由流动方面一定要逐步放开，加强监管，促进改革稳步进行。

4. 境外金融机构对自贸试验区内机构造成冲击的风险

重庆自贸试验区在建设过程中积极引进境外先进的金融机构来区内开展业务，效果显著，吸引了很多外资银行和非银行金融机构在重庆设立分公司。引进境外金融机构可以给自贸试验区内金融机构提供一个学习先进管理方法和创新产品的机会，促进境内金融机构的发展。不过，境外金融机构来中国并不是为了帮助我国经济增长、服务自贸试验区经济，它们的根本目的是盈利，这就不可避免地给自贸试验区内的金融机构带来一定的风险。

重庆市外资金融机构的数量的逐年增多尽管会有利于本土金融市场的建设，但同时也会加剧本土金融机构的竞争。如果本土银行不能很好地应对外资金融机构带来的风险，将会面临重大的经营挑战。

由于整体发展水平有限，重庆自贸试验区内的金融机构提供的金融服务和产品种类还较少，管理和控制风险的能力还有待提高。而境外金融机构由于建立时间长，各项服务措施完善，对风险的控制能力较高。在这样的情况下，在自贸试验区开展业务时，境外的金融机构会凭借其优势对境内金融机构造成冲击。

此外，由于重庆自贸试验区刚成立不久，各方面的监管措施还不够完善，贸然引进大量的境外金融机构有可能造成监管疏漏，而且中国的体制决定了"外来的和尚好念经"，在这种情况下很有可能造成对境内外金融机构监管不一的现象，对境内金融机构造成不利影响。

四、自贸试验区金融深化的相关措施建议

重庆自贸试验区的健康快速发展离不开金融的促进作用。金融的深化改革，可以使金融更好地为实体经济服务。自贸试验区的金融深化只是一个开始，更重要的是通过自贸试验区的先行先试，探索可推广、可复制的经验来带动非自贸试验区的金融改革，最终促进我国经济的发展。

金融深化对经济发展具有重要的促进作用。金融深化体现在很多方面，包括金融体系的完善、金融制度的改革、金融产品的创新、金融服务的提高等，这些方面的优化将大大促进实体经济发展。重庆自贸试验区自挂牌以来，积极推动金融深化改革，不断为实体经济发展提供必要的金融支持，这也成就了现在重庆自贸试验区高速发展的局面。

重庆自贸试验区金融深化改革虽然取得了丰硕成果，但离最终目标仍有较大差距。重庆自贸试验区在挂牌以后，政府各部门积极响应自贸试验区建设方案，并为自贸试验区金融深化改革制定了相关措施。截至2020年，重庆自贸试验区金融深化改革已经在多个方面取得了不错的成果，如人民币跨境使用和结算方面、拓展企业融资渠道方面以及金融市场建设方面等。但同时我们应看到重庆自贸试验区金融深化的不足，例如，在利率、汇率以及资本自由流动等多个方面监管过严，影响了金融深化改革的速度。这种管制尽管从防范风险角度考虑很有必要，但还是应该逐步放松管制，在风险可控的范围内进行金融深化改革。

通过对自贸试验区金融深化的分析与研究，我们对重庆自贸试验区提出以下建议。

（1）加快自贸试验区金融体系的构建，提升金融服务水平。

重庆自贸试验区的金融深化，最需要做的就是完善金融体系，提升金融服务水平。经过研究可以发现，重庆地区的金融发展程度还相对较低，银行业提供的服务和产品较为单一；证券、保险类金融机构数量较少，开展的业务只是面向国内，缺少跨境业务；信托基金业务起步较晚，目前的发展水平与一线城市比起来还有不少差距；金融租赁业务也是新兴业务，各方面的经验和制度还不成熟。总之，重庆的金融体系还不完善，需要加大建设力度。

尤其需要加大力量建设重庆自贸试验区的金融体系，使其发展成为西南内陆的离岸金融中心。自贸试验区是改革创新的舞台，各种优惠政策都会向自贸试验区倾斜，在风险可控的范围内，金融监管也会放松，这对自贸试验区金融深化改革是非常有利的。重庆建设成为西南内陆的离岸金融中心有很多好处，首先就是可以促进自贸试验区的贸易发展，发挥"一带一路"和长江经济带中重庆自贸试验区的战略支点的作用。此外，重庆自贸试验区与新加坡的第三个政府间合作项目以及"渝新欧"联运大通道的运营，都要求重庆自贸试验区的金融深化改革达到新高度，从而能够更好地为境内外的企业提供服务。

（2）推进利率市场化建设，拓展投融资方式。

通过对重庆自贸试验区金融发展现状以及相关政策解读可以发现，重庆自贸试验区在利率市场化改革方面所做的工作较少，在这方面缺少相关的政策支持。利率市场化作为金融深化改革的必然选择，自贸试验区需要做的还有很多。

重庆自贸试验区内的银行应加快制度的创新，调整盈利结构，加大中间业务的投入，促进银行业的转型升级，改变银行业依赖利差生存的局面。同时银行业应加大利率产品的创新，推动利率衍生品业务。此外，企业也应丰富融资方式，增加直接融资的比例，加快债券市场的建设，在提高债券融资比例的同时，扩大债券融资的范围，增加债券品种，以应对利率变化的风险。在利率市场化以后，境内企业可以更加自主地选择融资方式和对象。向境外融资不但能够有效利用境外资金，丰富企业融资方式，而且可以降低企业的融资成本，提高企业效益。

利率市场化的推进需要稳步进行，否则风险巨大。因为我国利率长期处于管制状态，利率畸形状态严重，市场利率与法定利率之间差距较大，应遵循先外币后本币、先贷款利率后存款利率以及先小额后大额的顺序进行改革。

（3）推进自贸试验区汇率制度改革，促进资本项目兑换。

针对重庆自贸试验区汇率改革，中国人民银行重庆营业部、银保监会重庆监管局、证监会重庆监管局以及重庆市地方金融监管局都发布了相关的改革措施，通过汇率制度的改革，促进人民币资本项目可兑换，加快我国资本市场的建设进程。自贸试验区作为金融深化改革的试验田，承担着探索金融制度改革的重任。重庆自贸试验区在汇率方面的创新有很多，例如，开展人民币双向资金池业务，加快推动降低市场的准入门槛，引导和鼓励重庆自贸试验区内的企业按照自身经营管理需要开展跨境双向人民币资金池业务。通过汇率制度的改革，放宽境内外资金的流进流出比例，可以便利跨国企业在境内外配置资金，也会丰富企业的融资渠道和投资标的。境内资金可以更好地出境投资，而境外资金也可以投资境内优质项目，带动我国经济的发展。

（4）扩大人民币跨境支付和结算使用范围，逐步推进人民币国际化。

随着我国国际地位的提升和经济发展水平的提高，人民币的国际地位也在逐渐升高，越来越多的对外贸易开始采用人民币支付。这不单单会使支付更加便捷，更重要的是使用人民币进行结算，降低了我国企业面临的汇率风险，有助于企业提升风险管理水平；此外，使用人民币进行跨境支付和结算，能提高我国在对外贸易中的自主权，降低对外贸易的风险，这是我国为推进人民币国际化而不断努力的原因。

目前，重庆自贸试验区内银行积极探索人民币跨境结算的方式、提升结算效率，取得了不错的效果。但综合来看，自贸试验区在对外贸易过程中还需要扩大人民币跨境支付和结算的使用范围，使人民币成为常规结算货币。重庆自贸试验区的建设，应着力于发挥"一带一路"和长江经济带中重庆自贸试验区的战略支点的作用。重庆自贸试验区与新加坡的第三个政府间合作项目以及"渝新欧"联运大通道的运营，充分体现了重庆自贸试验区对周边经济的辐射带动能力。在与境外进行贸易往来的过程中，扩大人民币跨境使用和结算的范围，可以有效地便利境内外企业的结算，避免汇率风险。同时，通过与周边国家的贸易，推广人民币的使用，可以逐步推动人民币国际化的进程。

第三章 中国自贸试验区金融创新及重庆探索

第一节 中国自贸试验区金融创新研究

当今世界，在经济全球化和区域经济一体化这两大经济发展趋势下，WTO 成员几乎与其他国家和地区建立了自由贸易关系，以抵御全球经济的变动对本国经济的负面影响。如今有较多的国家互相签订自由贸易协定，这些国家除了相互给予 WTO 最惠国待遇，更进一步地相互开放市场，降低或者取消大部分进口货物的关税和非关税壁垒，同时开放海外投资渠道，促进国家或者地区之间资本、商品、服务、劳动人员、技术等生产要素的自由流动，形成了共同发展的良好局面。

改革开放以来，我国的经济局势逐渐向攻坚期和深水区迈入。近年来，我国进一步改革贸易体制，大力实施自由贸易区战略。自 2013 年 9 月国务院批复的中国（上海）自由贸易试验区成立以来，截至 2019 年共规划五批自贸试验区，2015 年成立中国（广东）自由贸易试验区、中国（天津）自由贸易试验区和中国（福建）自由贸易试验区，浙江、重庆、辽宁、四川、河南、陕西、湖北 7 个自贸试验区于 2017 年正式挂牌运营，海南作为第四批自贸试验区于 2018 年被正式批复，2019 年国务院批复了山东、江苏、广西、河北、云南和黑龙江设立自由贸易区的总体方案，2020 年 9 月北京、湖南、安徽自贸试验区总体方案及浙江自贸试验区扩展区域方案也获得国务院批复。截至 2020 年，自贸试验区已覆盖全国 21 个省份。

当前发展中国家普遍存在金融抑制，即政府部门对金融市场进行各种行政干预。在这种情况下，发展中国家有必要用金融自由化政策促进国家经济发展，而在这种金融自由化的政策中，金融与创新之间的紧密联系是一国经济发展的关键性因素。我国自由贸易区的主要任务是试验和探索，致力于国家战略对接、政府职能转变、金融开放创新、贸易自由化和投资便利化。以"一线放开，二线管住"为原则，金融制度创新是建设自贸试验区的重要部分，引领着全国金融领域的深化改革和对外开放。截至2020年，我国已开放六批自贸试验区，不同的市场环境和发展基础使不同区域金融制度创新的内容有所差异，及时发现总结已成立的自贸试验区的不足与经验，有助于帮助其他自贸试验区探索未来经济创新改革方向。

一、金融创新理论

金融创新概念最早由熊彼特提出，其指出金融创新是关于新产品的生产、新技术或生产方法的应用、新市场的开辟、新的原材料来源和新的生产组织方式。对于现代社会，简单而言，金融创新是为了获取现在无法取得的潜在利润，而改进现有的金融体制和增添新的金融工具。

金融创新需从宏观和微观两方面进行，即金融监管和金融企业。一般而言，金融企业作为市场经济下的微观企业，是推动金融创新和金融业发展的强大力量。但当金融市场的微观力量不足以掌控全局，例如，发生市场发展不充分、私有组织存在准入障碍、金融收益外部性强、金融收入再分配和创新成本过大的情形时，就需要金融监管方对金融制度进行更迭甚至重构。

在当今经济大环境中，金融发展的每一步都与金融创新脱不开关系，可以说金融创新就是在金融领域内建立新的生产函数，是为了追求利润机会而进行的金融要素重新组合的市场化改革。金融创新就像其他商业领域的创新，是经济部门对经济发展过程中或循序渐进或突飞猛进的金融改革做出的反应，其实质是生产出创新型的金融产品以及提供创新型金融服务。显然，金融业的发展对经济增长起着不可替代的重要作用，而金融创新又是促进金融发展的重要的推动力量。

需要明确的是，金融创新并不直接促进经济增长，且金融创新与经济增长之间存在非常强烈的双向因果关系，即金融创新间接促进经济增长，经济增长也会反过来影响金融创新，推动金融创新的发展。由于金融创新并不直接促进经济增长，而是通过两者的中间桥梁——金融发展，在研究金融创新对经济增长的影响时，首先应分析金融系统的基本功能对经济增长的促进作用，然后再研究金融创新如何增强金融系统的基本功能和改善金融系统的交易效率。有学者指出，金融创新其实是加强对企业技术进步的激励，借助企业进步增加社会总体财富从而促进经济增长。

在中国自贸试验区方面，至今的研究更多的是针对上海自贸试验区的研究，其他研究中的大部分集中于第二批自贸试验区，即广东、天津和福建自贸试验区。对前两批四大自贸试验区的探索可以给后来者提供借鉴与经验帮助。

在国内外对金融创新的研究中，学者首先基本肯定了金融创新对经济增长的正向影响，但也提出了两个问题：金融创新对经济增长影响的两面性和金融创新影响经济增长的传导路径。

二、自贸试验区金融创新对地区经济增长的影响

中国自步入经济新常态后，经济增长的主要驱动力从要素与投资转变为创新。显然，技术创新离不开金融支持，以金融发展促进技术创新，以技术创新带动金融发展，发挥二者的协同效应，进而促进经济的内涵式增长，才能使经济真正地获得"创新红利"。由此可以确定，金融发展是经济增长的正向推动力。加强一国或地区金融发展的关键性动力是增加金融发展份额。而增加金融发展份额的关键在于推动金融创新。由此可见，金融创新应当是促进经济增长的重要因素。本部分将根据"金融创新促进金融发展，金融发展又促进经济增长"的思路，通过实证研究方法印证此章节的假设，即 H－4a：在自贸试验区施行金融创新能够促进所属省份经济增长。

（一）变量和数据

1. 变量选取

（1）金融创新指标：FIL。

本书中金融创新程度通过金融资产总量（FA）与交易性金融资产的比值衡量。其中，地方性金融资产总量将采用各省银行存贷款总额、证券交

易总额和保险收支总额之和进行衡量，交易性金融资产用狭义货币供应量（M_1）衡量，即

$$FIL = FA/M_1$$

（2）金融发展指标：FIR。

金融发展指标用金融相关比率表示，金融相关比率是金融资产总量与该地区生产总值（GDP）的比值，即

$$FIR = FA/GDP$$

（3）金融创新与金融发展的交乘项：$FIL \times FIR$。

本书借鉴孙浦阳和张蕊（2013）的做法，选取金融创新和技术进步的交乘项作为解释变量，研究金融创新通过促进技术进步来达到经济增长的目的这一课题。由于金融创新是通过推动金融发展来促进经济增长，设置金融创新与金融发展的交乘项作为解释变量，其系数表明在控制其中一个自变量的条件下，另一个自变量对被解释变量的影响，研究当控制金融发展这一自变量时，金融创新对经济增长的影响。

（4）控制变量。

为避免回归方程的估计误差，在回归方程中引入影响经济增长的产业结构（IS）、财政自由度（FF）和开放程度（OT）作为控制变量。其中，产业结构用第二产业占该地区生产总值的比重和第三产业占该地区生产总值的比重的比值来表示；财政自由度用地方一般性财政预算支出与地方一般性财政预算收入之比表示；开放程度采用地区对外贸易总额，取其对数表示。

2. 数据采集

本书选取了2008—2019年全国18个省（上海、广东、福建、天津、浙江、重庆、辽宁、四川、河南、陕西、湖北、海南、山东、江苏、广西、河北、云南、黑龙江，即18个自贸试验区所在省份）的相关数据作为分析的样本。银行存贷款总额、证券交易总额、保险收支总额和狭义货币供应量（M_1）来自国家统计局官网、地方统计局官网、海关、人民银行官网、银保监会官网、Wind数据库、choice数据库等，证券交易额利用上海证券交易所和深圳证券交易所的交易额计算。各地区人均生产总值以及产业结构、财政自由度和开放程度相关数据来自国家统计局官网、各地统

计局官网。2018 年各省生产总值和产业结构经过第四次经济普查有所调整，但重庆及天津未公布经过调整后的产业结构数据，故采用之前公布的产业结构数据。相关信息汇总如表 3.1 所示。

表 3.1　　　　　　　　　　变量描述性统计

变量类型	变量表示	衡量方式	均值	标准差	最小值	最大值
被解释 变量	EG	人均生产总值的对数	10.7441	0.5115	9.4391	11.9659
解释 变量	FIL	$FIL = FA/M_1$	0.6218	0.8048	0.0411	4.6290
	FIR	$FIR = FA/GDP$	8.0615	9.6765	2.2235	73.8760
	$FIL \times FIR$	金融创新与金融发展的交乘项	11.4411	39.5057	0.1945	341.9735
控制 变量	IS	产业结构，第二产业占该地区生产总值的比重和第三产业占该地区生产总值的比重的比值	1.0562	0.3373	0.3512	2.0119
	FF	财政自由度，地方一般性财政预算支出与地方一般性财政预算收入之比	1.9349	0.6329	0.5538	3.9692
	OT	开放程度，对外贸易总额的对数	8.5429	1.2973	5.0664	11.1795

对 18 个省份 2008—2019 年金融创新和经济增长的数据进行初步的统计与观测，可以得到以下发现。

第一，对于被解释变量人均生产总值的对数，其在 2008—2019 年总体呈现上升的趋势，但辽宁、天津、山东等省份在这一期间人均生产总值的对数的数值出现过下降趋势，原因是第四次经济普查对地区生产总值进行了调整，但在 2019 年就有所回升。

第二，对于解变量金融创新，18 个地区的数据走向基本相似。2015 年金融创新指标都处于较高点，且大部分省份这一年的金融创新处于最高点。2015 年之后大部分省份的金融创新数值均下跌，但 2018—2019 年出现了上升趋势。

第三，各省份金融创新的波动幅度大于人均生产总值对数的波动幅度，主要体现在 2015 年金融创新的波动幅度较大。

上述结果与 2015 年股票市场交易较为活跃有关。金融创新指标在这一年处于历史高位，而伴随着股票市场交易活跃度下降，金融创新指标的数值开始下跌。在这一期间，人均地区生产总值的对数总体呈现上升趋势，并没有发生较大波动。金融创新指标相对于金融发展指标走势，波动较大。基于以上几点观察，本部分提出的假设 H – 3a 还完全不能被有效验证，因此还需要进一步进行回归分析。

（二）金融创新与经济增长的实证分析

首先不考虑变量的内生性问题，初步将自贸试验区金融创新对地区经济增长的影响方程式设定如下：

$$EG_{it} = \beta_0 + \beta_1 FIL_{it} + \beta_2 FIR_{it} + \beta_3 FIL_{it} \times FIR_{it}$$
$$+ \beta_4 IS_{it} + \beta_5 FF_{it} + \beta_6 OT_{it} + \beta_7 T + \varepsilon_{it} \tag{3.1}$$

其中，EG 是各地区人均生产总值的对数，用以度量地区经济发展状况；ε 是随机扰动项；i 表示城市，t 表示时间。此外，由于在检验金融创新对自贸试验区经济增长的影响时，考虑到时间趋势效应，设定 T 为时间趋势变量，T 的数值自 2008 年起每年以 1 递增（2008 年 $T=1$）。

接下来基于 18 个自贸试验区所在省份 2008—2019 年的面板数据，对自贸试验区金融创新对地区经济增长的影响进行回归分析。此次回归分析分别采用短面板固定效应模型和随机效应模型，并依次加入时间趋势进行估计，采用聚类稳健型标准误。估计结果如表 3.2 所示。

表 3. 2 　　　　自贸试验区金融创新对地区经济增长的影响
固定效应和随机效应估计

变量	固定效应		随机效应	
FIL	0. 2170 ***	0. 0756	0. 0510	0. 0543
	(0. 0685)	(0. 0650)	(0. 0499)	(0. 0541)
FIR	0. 0240 **	– 0. 0145 *	0. 0180	– 0. 0056
	(0. 0106)	(0. 0069)	(0. 0131)	(0. 0066)
FIL × FIR	– 0. 0062 ***	0. 0014	– 0. 0034	0. 0002
	(0. 0018)	(0. 0010)	(0. 0023)	(0. 0009)
IS	– 0. 4640 **	0. 3281 ***	– 0. 6075 ***	0. 2550 ***
	(0. 1737)	(0. 0982)	(0. 1330)	(0. 0964)

续表

变量	固定效应		随机效应	
FF	-0. 2154 *	-0. 1429 **	-0. 1627 **	-0. 1875 ***
	(0. 1072)	(0. 0624)	(0. 0828)	(0. 0725)
OT	0. 4022 ***	0. 1532 ***	0. 2712 ***	0. 1616 ***
	(0. 0932)	(0. 0466)	(0. 0617)	(0. 0458)
常数项	7. 9572 ***	8. 7629 ***	9. 2463 ***	8. 8564 ***
	(1. 1005)	(0. 5089)	(0. 7304)	(0. 5683)
R^2	0. 7522	0. 9294		
时间趋势	否	是	否	是

注：括号内数值为稳健标准误；*** 表示 $p < 0.01$，** 表示 $p < 0.05$，* 表示 $p < 0.1$。

在本次回归分析中，当对时间趋势变量进行控制时，自贸区金融创新（*FIL* 的系数）对经济增长的影响为正但不具有显著性，金融发展（*FIR* 的系数）对经济增长的影响为负但显著性无法确定（第 3、第 5 列）。自贸区金融创新与金融发展对经济增长的影响结果（*FIL* × *FIR* 的系数）在固定效应模型和随机效应模型中均不显著。然而，当不对估计的时间趋势变量加以控制时，自贸区金融创新（*FIL* 的系数）和金融发展（*FIR* 的系数）对经济增长的影响为正，在固定效应模型下显著，但在随机效应模型下不显著（第 2、第 4 列），解释变量 *FIL* × *FIR* 在固定效应模型中的系数为负且在 1% 的水平上显著，但在随机效应模型中系数为负且不显著。从控制变量来看，产业结构（*IS* 的系数）和财政自由度（*FF* 的系数）对经济增长有负向影响，而对外开放水平（*OT* 的系数）的提高有助于经济增长。

基于此可以分析：从短期看，自贸试验区实施金融创新对当地的经济增长是否有直接的促进作用还不能确定；但自贸试验区的金融创新通过金融发展而服务于实体经济这一传导路径对自贸试验区所在省域的经济增长是具有积极促进作用的。回归模型不加入时间趋势项，自贸试验区金融创新对经济增长的影响结果（*FIL* × *FIR* 的系数）在固定效应模型中系数为负且在 1% 的水平上显著，这与本部分所提出的假设 H - 3a 正好相悖。

（三）系统 GMM 估计

在前文对自贸试验区金融创新对地区经济增长影响的验证过程中，未考虑金融创新与经济增长两者之间的双向影响关系，即选择性地忽略了经济增长对金融创新的影响。但是，一般而言，金融创新与经济增长的关系并非是单向的而存在双向因果关系。或者说，金融创新与经济增长的系统性相互关系可能表现为经济增长对金融创新显著的反馈效应、二者间的多重的互动性、金融创新作用于经济增长的时滞性和动态关系的非线性。具体来说，金融创新通过金融发展、机构创新、产品创新和制度创新等路径作用于经济增长；相反，经济增长又会通过门槛效应、专业化分工、政府管制等途径反作用于金融创新。因此，上文中自贸试验区金融创新对地区经济增长的影响不显著，是在不考虑内生性的情况下得出的结论。一旦考虑内生性，得出的结果可能与上述结果有所偏差。

现在加入对内生性的考虑，采用系统 GMM 模型对金融创新对经济增长的影响重新分析。这次设定的回归方程式如下：

$$EG_{it} = \beta_0 + \beta_1 EG_{it-1} + \beta_2 EG_{it-2} + \beta_3 FIL_{it} \times FIR_{it} + \beta_4 FIL_{it-1} \times FIR_{it-1}$$
$$+ \beta_5 FIL_{it-2} \times FIR_{it-2} + \beta_6 FIL_{it} + \beta_7 FIR_{it} + \beta_8 IS_{it}$$
$$+ \beta_9 FF_{it} + \beta_{10} OT_{it} + \mu_i + \varepsilon_{it}$$

$$(3.2)$$

其中，变量 IS 为外生解释变量，FF 和 OT 为内生解释变量；核心解释变量 $FIL_{it} \times FIR_{it}$ 及其滞后一阶项 $FIL_{it-1} \times FIR_{it-1}$ 为前定解释变量。估计结果如表 3.3 所示。

表 3.3　　　　　　　　　系统 GMM 模型估计结果

变量	不加入时间趋势项		加入时间趋势项	
	（1）	（2）	（3）	（4）
$L(1).EG$	0.9182 ***	0.9975 ***	0.8943 ***	0.9661 ***
	(0.1367)	(0.0875)	(0.1570)	(0.0891)
$L(2).EG$	− 0.0564	− 0.1095	− 0.0651	0.0253
	(0.1380)	(0.0946)	(0.1877)	(0.2394)

续表

变量	不加入时间趋势项		加入时间趋势项	
	（1）	（2）	（3）	（4）
$FIL \times FIR$	− 0.0001	− 0.0009 ***	− 0.0005	0.0010
	（0.0025）	（0.0003）	（0.0039）	（0.0024）
L（1）. $FIL \times FIR$	0.0004 **	0.0006 **	0.0004 **	0.0005 ***
	（0.0002）	（0.0003）	（0.0002）	（0.0001）
L（2）. $FIL \times FIR$	0.0002	0.0001	0.0002	0.0003
	（0.0003）	（0.0001）	（0.0004）	（0.0002）
FIL	− 0.0145	0.0366 *	− 0.0231	0.0032
	（0.0266）	（0.0195）	（0.0363）	（0.0454）
FIR	0.0001	0.0007	0.0026	− 0.0068
	（0.0105）	（0.0029）	（0.0173）	（0.0107）
IS	0.0104		0.0058	
	（0.0555）		（0.0865）	
FF	− 0.0135		− 0.0212	
	（0.0138）		（0.0149）	
OT	0.0297		0.0392	
	（0.0208）		（0.0256）	
常数项	1.3349 ***	1.2616 ***	1.6051 ***	0.3021
	（0.2720）	（0.1490）	（0.3961）	（1.6565）
AR（1）	0.0437	0.0577	0.0355	0.0707
AR（2）	0.8829	0.7587	0.8081	0.7242
Sargan 检验 p 值	0.3583	0.8137	0.2616	0.2129

注：括号内数值为估计系数的标准误；*** 表示 $p < 0.01$，** 表示 $p < 0.05$，* 表示 $p < 0.1$。

通过系统 GMM 模型的估计，可以发现，在整个回归过程中，不加入时间趋势且不加入控制变量时，解释变量 FIL 的系数为正且在 10% 的水平上显著，不加入时间趋势但加入控制变量时，解释变量 FIL 的系数为负且不显著；当加入时间趋势时，FIL 的系数为负，但仍不显著，因此无法确定自贸试验区金融创新对地区经济增长的影响效果。此外，在整个回归过程中，自贸试验区金融创新通过金融发展促进所在省份经济增长的滞后一阶（L（1）. $FIL \times FIR$）系数为正，且分别在1%和5%的水平上显著，这证实了自贸试验区金融创新的确通过金融发展这一传导途径促进所在省份的经济增长，且这种影响具有滞后性。可以肯定从长期来看，自贸试验区金融创新确实通过金融发展这一传导路径促进了所在省份的经济增长，且这种影响在长期是稳健的。

结合以上两点发现，可以得出判断：自贸试验区实施金融创新方针并不直接影响该地区的经济增长，而是通过一定的传导路径发挥其促进所在省份经济增长的作用，在本书中，这种传导途径指金融发展。至此，本部分的假设 H－4a 得到验证。自贸试验区金融创新能够通过金融发展促进地区经济增长，但这种促进作用存在滞后性。

导致以上这种结论的原因可能有两点：一是金融创新对经济增长的影响方式可能与货币传递机制类似。当局的货币政策要想最终影响经济发展，需要经过货币政策→货币供给量→利率→Tobin Q→投资→整体经济这一漫长的传导机制，才能真正发挥货币政策的作用。同样的，当与某次金融创新内容相关的金融工具诞生并投放到市场，此后发现相关金融风险→引发金融监管与政府管制→相关规范性政策制度的建立与实施等每一步之间都需经历一定的时间，才能使该项金融创新得以成熟并有效影响市场。二是与金融创新者的影响力有关。目前金融创新项目的开发者多是一些企业与金融机构。作为经济个体，它们想要影响宏观市场必须要经历一个质与量的积累，而这样一个积累过程不无例外地将导致金融创新对经济增长影响的滞后性。

除此之外，本部分通过实证分析还可以得到其他变量的估计结果。首先，地区经济增长的滞后一期都会对当期的经济增长产生正面的影响，且这种影响在1%的水平上显著。其次，对于变量自贸试验区的金融发展（FIR），不加入时间趋势项时，其系数为正且不显著；加入时间趋势项但不加入控制变量时，其系数为负但不显著，加入时间趋势和加入控制变量时，其系数为正但不显著，这说明自贸试验区的金融发展能否促进该地区的经济增长是还需要进一步验证。最后，对于本次系统 GMM 模型中的三个控制变量，可以从估计结果中看出它们分别对自贸试验区所在省份经济增长的影响。对于控制变量产业结构（*IS*），在回归结果中系数为正，但不具有显著性。对于第二个控制变量财政自由度（*FF*），其系数都为负值且都不显著。对于第三个控制变量开放程度（*OT*），在回归结果中系数为正但不显著。

本部分通过采集 2008—2019 年 18 个自贸试验区所属省份的金融创新、金融发展与经济增长相关数据，对假设 H－4a：在自贸试验区施行金融创新能够促进经济增长进行了验证。在第一次的回归分析中，不考虑模型内生性，直接通过固定效应模型和随机效应模型探索金融创新对经济增长的影响，结果并不符合预期，即金融创新对经济增长不存在明显的促进作用。随后加入对内生性的考虑，采用系统 GMM 模型继续进行验证。这是由于金融创新与经济增长存在双向因果关系，即金融创新在促进经济增长的同时，经济增长反过来作用于金融创新，促进金融创新。经研究发现，自贸试验区实施金融创新可以通过金融发展这一传导机制促进所属省份的经济增长，但是这种影响存在滞后性。同时，还发现自贸试验区金融创新对地区经济增长的影响具有时间趋势效应，表明这种作用力从长期来看是稳健的。因此，在自由贸易区内实施金融创新能够有效促进该区域的经济增长。

由此，重庆市作为正式挂牌运营的第三批自贸试验区，应该实施金融创新，推动重庆市的经济增长。

三、自贸试验区负面清单管理模式

（一）负面清单渊源

近年来，负面清单模式在自由贸易协定（FTA）和双边贸易协定（BIT）中越来越广泛地被运用。美国是最先开始采用该模式的国家，至今，已有许多经济体在其签署的大部分自由贸易协定中都采用了负面清单模式，如欧洲自由贸易联盟、日本、新加坡等。负面清单模式将大大提高未采用负面清单模式国家融入区域经济一体化进程的难度，也将进一步影响全球价值链分工格局和贸易利益分配格局。中国此前尚未将负面清单模式应用在国际经贸协定中，为应对这种局势，目前中国将外商投资负面清单应用于外商投资的管理制度，将其列入自贸试验区的试行项目。

上海自贸试验区是中国建设的第一批自贸试验区，也是负面清单管理模式最早的试点地区。2013 年 9 月 30 日，上海正式公布了中国（上海）自由贸易试验区负面清单，根据《国民经济行业分类及代码》，以"保留行业＋特别管理措施"为主要结构，制定的管理措施共 190 条，限制字样共 152 条，禁止字样共 38 条。

在通读上海自贸试验区负面清单后，可以发现，与国际上发展较为成熟的负面清单相比，上海的清单仍旧存在一些不足。第一，制定的负面清单体系过于繁杂与庞大，导致开放程度较低，缺乏实践上的指导意义。第二，负面清单的法律地位模糊，属于地方政府规章的负面清单与上海自贸试验区排除适用的《外商投资产业指导目录》存在法理上的冲突，后者属于国家政策文件，这就无法保障负面清单受到法律保护。第三，该负面清单的内容较为笼统，具体限制措施不明确，操作性不强。之后上海自贸试验区虽对此清单进行了修改与"瘦身"，上述提到的不足逐渐减少。

从 2015 年至 2017 年，前两批的四大自贸试验区（上海、天津、广东、福建）均在市场准入负面清单的实行上作出了积极贡献。2019 年经党中央、国务院同意，我国发布了《自由贸易试验区外商投资准入特别管理措施（负面清单）（2019 年版）》，自 2019 年 7 月 30 日起施行。2018 年 6 月 30 日国家发展和改革委员会、商务部发布的《自由贸易试验区外商投资准入特别管理措施（负面清单）（2018 年版）》同时废止。2019 年党中央、国务院各部门总结了以前自贸试验区负面清单制定的经验，制定的负面清单更具有针对性、明确性和操作性。

（二）负面清单限制措施的统计分析

1. 限制措施的行业分布

为探索负面清单在自贸试验区如何因地制宜地试行，接下来选取部分在较有代表性的国际自由贸易协定中签订的负面清单进行分析，对比中国统一负面清单中所列出的限制措施的行业分布情况（见表 3.4）。

表 3.4　　　　　　　　　　限制措施的行业分布　　　　　　　　　单位：条

签约方（甲/乙）	美国/新加坡	美国/智利	美国/澳大利亚	美国/韩国	澳大利亚/新加坡	澳大利亚/智利	加拿大/智利	日本/智利	日本/印度	中国
签约时间	2003－05－06	2003－06－06	2005－01－01	2007－06－30	2003－02－17	2008－07－30	1996－12－05	2007－03－29	2011－02－20	2019－07－30
第一产业	0/0	0/3	0/1	0/2	2/0	2/3	3/3	3/2	3/12	3
第二产业	2/7	2/3	2/0	2/8	2/6	1/3	7/5	7/2	7/14	6
水电气供应	0/5	0/1	0/0	0/4	0/5	0/1	5/2	4/1	2/0	2
采矿业	1/0	1/1	1/0	1/0	1/0	1/0	1/1	1/1	1/6	1
制造业	0/1	0/0	0/0	0/1	0/1	0/0	1/2	2/0	2/7	3
第三产业	29/68	28/57	30/27	29/94	44/97	37/40	29/33	47/26	19/7	28
专业服务业	1/0	1/5	1/4	6/2	6/2	8/5	1/9	14/5	0/0	3
通信服务业	3/4	2/3	3/1	2/5	2/5	1/3	4/5	3/4	3/0	3
社会服务业	1/15	1/3	1/5	8/19	8/19	8/3	1/5	9/3	2/2	3
航运服务业	4/7	4/5	4/6	7/16	7/16	7/5	13/6	15/5	11/1	6
金融服务业	17/23	17/32	18/5	16/24	16/24	1/15	1/1	0/1	1/0	3
商贸服务业	2/12	2/3	2/0	0/21	0/21	1/4	5/3	1/4	0/0	4
文化服务业	0/2	0/3	0/5	3/5	3/5	3/2	1/1	0/2	0/1	7
房地产业	0/0	0/0	0/0	1/0	1/0	1/0	0/0	3/1	1/2	0
其他特殊服务类型	1/5	1/3	1/1	1/7	1/5	1/3	3/2	2/1	1/1	0

分析其他国家自由贸易协定中所签订的负面清单，由统计结果可得出以下四个结论。

一是负面清单所列出的限制措施主要针对两类行业：一类是涉及国家公共基础建设与国家安全的产业，如采矿业、交通运输服务业等；另一类产业则是对国家具有战略意义，如社会服务业、金融服务业等。换一个角度而言，限制措施针对的行业一类是本国竞争力较为薄弱的产业，另一类则是该国较强势的产业，如美国的金融服务业、印度的农业等。

二是负面清单所涉及的行业主要属于第三产业。如美国对第一产业和第二产业的限制措施分别为零条和 2 条，而对第三产业则有将近 30 条的限制措施。新加坡对第三产业制定了 97 条限制措施。而印度是这些国家中的例外，其制定的限制措施分别涉及第一产业 12 条和第二产业 14 条，而第三产业仅 7 条。这结合了印度人口总量居世界第二位，具有丰富的矿产资源和廉价劳动力的特点，是因为印度的农业、采矿业和制造业是其主要产业。

三是在第三产业中，除加拿大和日本外，各国集中针对金融服务业制定了限制措施。这是由金融服务业对国家经济发展较强烈的双面影响所决定的，金融业的发展对经济起到支持性的作用，能够在很大程度上促进本国经济和外商投资的发展，同时金融的高风险与巨大冲击也会为这些国家带来更大的挑战和风险。

四是一个国家在与不同国家分别签订的自由贸易协定中，负面清单所涉及的行业是不同的。如智利在对美国、澳大利亚、加拿大和日本签订的协定中，负面清单涉及的第三产业限制措施分别为 57、40、33 和 26 条，日本在第三产业中分别对智利和印度制定了 47 条和 19 条限制措施，类似的明显差距在统计中频繁出现。

将中国《自由贸易试验区外商投资准入特别管理措施（负面清单）（2019 年版）》与以上几个国家所签订的负面清单相比较，可以得出以下结论。

一是中国统一负面清单的限制措施总数与美国对新加坡的签约限制措施数量、美国对智利的签约限制措施数量、美国对澳大利亚签约的限制措施数量、澳大利亚对智利签约的限制措施数量、加拿大对智利签约的限制措施数量、智利对日本签约的限制措施数量以及日本对印度签约的限制措施数量相近。

二是中国所制定的限制措施也大部分针对第三产业，针对第一产业和第二产业也分别有 3 条和 6 条，其中涉及农林牧渔业、制造业的限制措施各有 3 条，这与中国目前农业、制造业发展状况不无联系。

三是其他国家的限制措施较多的是针对金融服务业和航运服务业，也是中国统一负面清单中的重点内容。而区别于他国对第三产业的限制，中国对交通运输、仓储和邮政业类以及文化服务业文化、体育和娱乐业类的限制非常突出，限制措施分别为 6 条和 7 条，限制措施的数量相较于其他行业较为突出。

2. 限制方式和限制原因

进一步统计分析了以上负面清单中制定的限制措施采用的限制方式以及限制原因（见表 3.5），得出以下结论。

表 3.5　　　　　　　　限制方法和限制原因　　　　　　　单位：条

签约方（甲/乙）	美国/新加坡	美国/智利	美国/澳大利亚	美国/韩国	澳大利亚/新加坡	澳大利亚/智利	加拿大/智利	日本/智利	日本/印度	中国
一、水平限制	5/11	5/6	5/6	5/5	8/8	12/6	9/5	4/5	3/11	21
并购	0/0	0/0	0/3	0/1	1/2	1/0	1/0	0/0	0/1	0
审批	5/9	5/5	5/3	5/2	5/3	4/4	3/3	3/1	1/3	0
新建	0/0	0/0	0/1	0/1	1/0	1/0	1/0	0/0	0/0	0
租用	0/0	0/0	0/2	0/0	1/0	1/0	1/0	0/0	0/0	0
直接投资	0/0	0/0	0/3	0/0	1/0	2/1	0/0	3/4	2/5	21
融资	0/1	0/0	0/0	0/0	0/1	0/0	0/0	0/0	0/0	0
国有股权、资产的转移或处置	0/0	0/0	0/0	0/1	0/1	0/0	0/0	0/0	1/1	0
政府实体或资产的私有化	0/0	0/0	0/0	0/0	1/0	1/1	0/0	0/0	0/0	0
董事会成员、高管	0/1	0/2	0/0	0/0	1/1	2/1	0/0	0/1	2/1	0
二、行业限制	31/75	30/63	32/28	31/104	48/103	40/46	39/41	56/31	29/33	18
股份比例限制	4/5	4/8	4/5	4/16	6/3	4/7	5/3	6/5	1/7	14
投资总额限制	0/0	0/0	0/0	0/1	0/1	0/0	0/0	0/0	0/0	0
自然人移动限制	0/0	0/1	0/0	0/1	1/1	0/4	0/1	1/1	0/0	0
从业限制	21/55	22/68	22/19	22/101	47/76	36/44	35/41	70/43	32/16	0
董事会成员、高管	4/5	4/6	4/0	4/13	5/9	8/9	3/2	6/9	1/1	3
未列明具体条件	11/20	10/15	11/10	10/36	12/76	11/18	10/11	8/14	7/19	1
三、限制原因										
国防安全	1/3	1/4	1/0	1/2	2/4	0/2	1/4	6/5	7/6	2
经济安全	20/53	20/33	21/17	21/35	25/41	28/38	14/7	42/19	8/12	0
保护本国资源	2/4	2/8	2/2	2/11	5/9	2/9	8/10	8/7	8/19	3
保护本国产业	10/19	9/14	10/12	9/45	23/39	13/9	17/19	32/30	19/20	18
保护本国居民利益	3/10	3/11	3/4	3/11	10/22	11/8	5/12	12/8	1/7	14

第一，当签订负面清单的双方国家发达程度相似时，制定的限制措施的方式和原因也相近，如美国和澳大利亚制定的限制措施数量分别为37条和34条，同时它们的限制方式也相差无几。而当负面清单签订在两个发展程度有较大差异的国家之间时，发展程度较低的国家会对对方国家制定更多的限制措施。这是由于这两个国家在签订自由贸易协定时，是基于不平等的政治和经济关系，弱国需要在为强国提供市场投资机会的同时，以负面清单的方式保护自己国家的安全和利益。

第二，负面清单中限制措施所采用的方式可以分为水平限制和行业限制，其中行业限制的方式更加细化。国家在采用行业限制这种方式制定限制措施的过程中，划分的行业领域越细致，则其负面清单所限制的范围就越窄，该国的市场就越开放。从统计结果可以看出，这些国家的限制措施大部分以行业限制为主，在行业限制中，限制措施又主要集中在从业限制上。这说明以上这些相互之间签订自由贸易协议的国家，都在较大程度上进行了市场的开放，以促进外商投资的自由化。

第三，分析各国采取限制措施的原因可以发现，大部分国家以保护经济安全和保护本国产业为限制措施的出发点。这是由于引入外商投资，拉动国内经济增长，必须建立在该国经济安全有效发展的基础上。

对比以上国家采取的限制方法，可以看出中国统一负面清单在限制措施的方法上与其他国家有一定差别。

第一，从限制方法上看，中国统一负面清单采用水平限制和行业限制的数量相差不大，限制总数为37条，但是其中有两条分别对持股比例和董事会、法定代表人等同时做出限制。中国主要采取禁止投资和股份比例等限制的方式，两者分别为21条和14条，其中限制直接投资的方式中，多为禁止投资的措施。

第二，中国采取限制措施的主要目的在于保护本国产业，而其他国家更为重视经济安全，主要与中国目前的发展状况相关，中国正处于产业结构调整时期，有的产业基础薄弱，抵御外资冲击的能力弱，更需要保护。

由以上分析可以看出，中国统一负面清单所制定的限制措施逐年减少，2019版负面清单只有37条，有水平限制和行业限制，涉及的相关产业与国外负面清单相比有一定差异，该差异主要表现在中国的限制措施更多以保护本国产业为出发点。中国自贸试验区负面清单的限制措施的减少使市场开放程度与广度不断提高，负面清单的行业细分和透明度进一步提升。在实行负面清单管理的同时，还需特别注意对国内的经济安全的有效保障。

（三）自贸试验区引入负面清单管理模式的背景分析

一是重庆经济的持续高速发展。目前来看，重庆整体处于持续的高速发展阶段，同时其生产总值、工业产值、进出口、财政收入等项目绝对额的排位也在跃升。2019 年全市实现地区生产总值 23605.77 亿元，按可比价格计算，比上年增长 6.3%。分产业看，第一产业实现增加值 1551.42 亿元，比上年增长 3.6%；第二产业实现增加值 9496.84 亿元，比上年增长 6.4%；第三产业实现增加值 12557.51 亿元，比上年增长 6.4%。从吸引外资方面看，全市实际利用外资 103.1 亿美元，比上年增长 0.4%。2019 年全年全市规模以上工业增加值比上年增长 6.2%，较上年提升 5.7 个百分点。[①] 2019 年全市经济运行态势良好，主要经济指标保持平稳，供给侧结构性改革深入推进，新动能不断累积，经济发展的活力和韧性不断增强，为全市经济转入高质量发展阶段奠定了良好的基础。

二是"非禁即入"管理原则。重庆市于 2013 年推出"非禁即入"的负面管理原则，主要运用于固定资产投资领域，以充分发挥市场在资源配置中的决定性作用。在该项管理原则下，以重庆市五大功能区为背景，参考《产业结构调整指导目录》，重庆市制定了《重庆市产业投资禁投清单》。从概念上看，该禁投清单类似于负面清单管理，但实质上与国家统一负面清单仍存在一定的区别。

禁投清单与负面清单的区别表现在适用范围、制定依据、清单内容上。从适用范围来看，禁投清单主要用于阻止投资行为，而负面清单不仅针对投资行为，同时面向生产经营活动。从制定依据来看，禁投清单依据《产业结构调整指导目录》，而负面清单的制定依据是综合中国对市场准入的相关管理措施。从内容来看，虽然两者都区分了禁止和限制，但禁投清单的

---

① 资料来源：重庆市统计年鉴。

限制项目是规定不可新建或者进入市场，只接受在原本基础上改造或者异地置换，而负面清单的限制允许项目进入市场，只是需要经过事先审批程序，只有负面清单明确界定为禁止类的事项才是不得进入市场的。因此，重庆市禁投清单在一定程度上与负面清单的作用与意义相似，但其更多地是以保护地方生态安全、控制产能过剩为目标，是在原有产业基础上进行改造。

三是负面清单在重庆的适用性。在经济全面发展和市场开放的大背景下，重庆自贸试验区引入负面清单管理模式是打造内陆开放高地，推动经济增长的重要举措。一方面，负面清单管理制度有助于重庆进一步提高市场开放水平，通过区域市场的建设与外商投资的引入促进与国际的接轨，加速国内及国际生产要素的流动。重庆作为国家"一带一路"倡议和长江经济带的重要关节，应顺应国家对于内陆沿边地区的开放要求，负面清单的引入正好对口其日渐增长的开放需求。另一方面，负面清单这种管理模式也有助于重庆市激发市场活力。负面清单的管理模式跳出以往政府管理市场的机制，将更多的决策权力下放给市场，这有利于各市场主体挣脱束缚，放开手脚，同时鼓励市场创新和创业，激发了市场活力。

（四）负面清单在重庆自贸试验区的具体实施

经过上文的比较分析，负面清单在行业细分和透明度方面得到了提升，在经济安全性方面还有待提高。将负面清单引入重庆自贸试验区，更需要在总体施行的基础上，根据重庆自贸试验区的实际情况，对负面清单的限制措施进行具体的分类实施，并与重庆本地现有的经济形势合理衔接。下面将从分类准入，负面清单与地方法规的衔接，以及负面清单的实施细则方面对此进行分析。

1. 如何分类进行准入

目前负面清单对市场的准入主要有两种方式：禁止和限制。重庆自贸试验区在实行全国统一负面清单时，应根据负面清单对相关行业的要求，对市场主体进行细分，并对其采取不同的准入方式。对于负面清单中列为禁止准入的，政府无须审批，直接拒绝该行业相关市场主体的进入。对于负面清单中制定相关限制措施的，政府应当针对市场主体制定进入市场的条件、方式与规范，市场主体按照政府规定的要求进入市场；对于特殊行业以及负面清单中列明必须审批进入的，政府应予以额外审批才能使相关市场主体进入。对于未列入负面清单的行业与相关业务，政府只需放开手脚将决定权交予市场，为市场主体提供平等进入的机会。

2. 负面清单与地方相关法规的衔接

重庆自贸试验区引入的负面清单必然会与现有的法律法规有所冲突或者不适应之处，这便需要重庆政府正确处理负面清单与现行法律法规的关系。对于现行法律法规中与负面清单冲突的事项，需要判断在重庆自贸试验区的背景之下，该项法律法规条文是否依然确有必要性。若不是确有必要性的条文，则要根据负面清单的实施情况进行删减或修改；若为确有必要性的条文，则需经过评估与审批之后，合理纳入负面清单的禁止项目或者限制项目，对于评估审批后无须纳入负面清单的事项，按照相关程序进行删减或修改。对于现行法律法规中没有，而存在于负面清单中的事项，在经过评估其必要性之后，对现有法律法规进行增添或修改。

重庆政府针对自贸试验区的发展及负面清单的顺利实施，对现有法律法规进行合理修订，并补充市场主体准入后的监管法规，不仅要确保准入、审批等的法律保障，更要确保在后期监管时有法可依。

3. 负面清单实施细则

制定细则是为了更快更好地确保负面清单在重庆自贸试验区的有效实施，主要包括三项工作：一是对负面清单做加法，结合重庆自贸试验区的实际情况，在清单中增加需要进行禁止或限制的事项，或者合理添加限制措施；二是对负面清单做减法，如果全国统一的负面清单存在事项或措施不适用于重庆自贸试验区的，则在不影响全国经济形势的前提下，对该事项或措施进行删减或修改；三是针对全国统一的负面清单中的限制范围，根据重庆自贸试验区实际情况，在细分行业、业务、限制力度等方面进行缩放，以适应重庆自贸试验区的实际情况。

四、金融创新对自贸试验区中小企业融资的影响研究

（一）重庆中小企业融资现状

1. 中小企业融资难问题

工业和信息化部数据显示，截至 2019 年末，中国中小企业的数量已经

超过了3000万家，个体工商户数量超过7000万户，在全国企业中的占比在90%以上，且贡献了全国近50%的税收，60%以上的GDP，70%的技术创新成果和80%的劳动力就业。就目前形势而言，中国中小企业依旧处于蓬勃发展的成长期，然而中小企业融资难依然是它们面临的巨大难题。当前中小企业很难通过股票或债权的形式获得直接融资，其主要的融资渠道仍然是向银行贷款，但是中小企业由于可抵押财产、自身财务状况和信用评级的不足，往往难以在银行取得其所需的授信。中小企业从银行得到信贷的比例只占其活动资本的12%，该比例远低于与中国处于相同发展水平的国家。

中小企业面临融资难的主要原因如下：第一，中小企业大部分分布在非垄断性、竞争较充分的行业，竞争的激烈性直接导致其利润低，市场风险较高；第二，中小企业往往流动资产和无形资产在资产中所占的比例较高，而固定资产占比较低，这使中小企业缺乏足够的抵押，难以满足银行的授信要求；第三，中小企业在公司治理上，制度还不够健全，缺乏足以使投资者信服的财务报表和信息披露，投资者难以准确评估企业真实的经营情况和能力；第四，中小企业对资金的需求具有周期短、频率高、数额小的特点，这使投资者的收益有限。

长江商学院2019年发布的研究报告显示，中小企业融资环境继续恶化，面临着融资环境偏紧、融资成本偏高的融资困境。2020年的新冠肺炎疫情更加重了这一趋势。财务信息不透明、缺乏可靠性和企业现金流向不清晰是影响融资的主要问题。企业规模小、有效担保方式不足和融资渠道狭窄是中小企业融资存在的主要问题，而经营水平低下、银行贷款条件高、企业缺乏担保抵押物、融资成本高是融资难的主要原因。

2. 重庆市中小企业发展现状

重庆市政府对中小企业的发展高度重视，2018年5月市中小企业局、市工商局、市财政局联合印发了《关于进一步支持中小微企业发展政策措施实施细则（试行）》，这也被业内称为重庆"微企扶持新政"。该新政的出台，标志着重庆结束了普惠互助的微企时代，进入引导微企高质量发展的新阶段。2019年重庆市人民政府办公厅关于印发《进一步支持实体经济企业健康发展若干政策措施的通知》，政府各部门贯彻落实政府文件精神，推出了扶持中小企业的新政策，如4月重庆市财政局和重庆市经济和信息化委员会印发《重庆市市级中小微企业转贷应急周转资金管理办法的通知》，缓解小微企业贷款融资问题。

2010年，重庆市在全国率先将中小企业分离出来，专门出台一系列政策予以支持。2014年，重庆市将完善中小企业扶持机制纳入全市25项重点改革专项，市级政府各部门发挥职能，各区县结合当地实际，出台了一系列配套政策措施，上下联动，激发全社会创新和创业热情，成效显著。截至2019年底，全市中小企业数量超过85万家，同比增长6.5%；从业人员为858万人，同比增长1%。中小微企业孵化平台、发展载体累计达到545个，入驻企业近3万家，新增国家中小企业公共服务示范平台7家，平台网络聚集各类服务机构超过1000家。中小企业的蓬勃兴起，促进了全市市场主体数量增长，带动解决了就业问题，推进了城乡统筹和推动了经济发展。

3. 重庆中小企业融资难的表现

虽然近年来重庆市政府加大对辖内中小企业的帮助与扶持，但辖内中小企业的融资难题仍未彻底解决，不利于中小企业发展。重庆中小企业融资难主要表现在以下几个方面。

一是融资渠道较窄，融资耗费时间长。目前中小企业主要的资金来源于自有资金或向亲戚朋友筹集，而通过银行贷款获得融资的企业在中小企业总数中占比较小。这与银行贷款审批放款用时长，无法及时满足中小企业的资金需求不无关系。

二是银行贷款门槛高。银行贷款是目前大部分企业在需要债权性融资时所采取的主要融资手段，在这些向银行提出借款申请的企业中，不乏拥有大量抵押物，信用情况较好的企业。比起依靠信用申请贷款的小微企业，毫无疑问银行更加青睐抵押贷款。

三是重庆市政府对中小企业的金融服务政策落实力度不够，重庆至今尚未建立完善的银企对接平台和风险分担机制。

四是银行借款的融资成本高。中小企业向银行借款的融资成本可以分为显性成本和隐性成本。一方面是较高的借款利息，即显性成本；另一方面则是银行往往对融资企业的担保费和抵押费提出较高的要价，即隐性成本。中小企业的融资成本呈现不断上升的态势；中小企业很难从银行获得贷款，只能借入贷款利率明显高于商业银行的民间资本，导致中小企业的融资成本大幅度提高。

（二）供应链金融与企业融资

1. 供应链金融创新模式

为解决中小企业融资难的问题，供应链金融于 20 世纪末诞生，并在降低中小企业融资难度和为金融机构探寻新的利润来源的背景下蓬勃发展。供应链金融指以发生在供应链上的商品交易价值为基础，金融机构通过向供应链嵌入资金或信用，从而为供应链上下游企业提供流动资金的解决方案。

供应链金融的核心是企业获得其上下游企业的担保，以增加其融资时的信用评级等级。银行在为融资企业提供授信时，不仅可以与该企业交流，而且可以通过与该企业相关的整个供应链中的其他企业交流，解决企业信息不对称的问题，更好地了解企业经营情况和掌握企业风险，反过来融资企业也可以通过这种方式减少银行对其的授信限制，降低其融资的难度和成本。

目前主要有三种供应链金融的融资模式，分别是应收账款融资模式、保兑仓融资模式和融通仓融资模式。

应收账款融资模式针对供应链金融的销售阶段，指有融资需求的中小企业将对供应链中处于其下游的核心企业的应收账款凭证作为质押物，向金融机构申请短期融资，融资的期限不超过该应收账款的到期时间。在应收账款融资模式中，作为应收账款的债务企业承担支付责任，因此该核心企业必须具有良好的资信水平，并且最好与提供资金的金融机构保持长期稳定的合作关系，这样才能够为融资的中小企业提供担保和承兑。在融资过程中，核心企业会将其对融资企业的应付账款首先支付给金融机构，以这种方式降低金融机构对中小企业的违约风险。应收账款融资模式操作流程如图 3.1 所示。

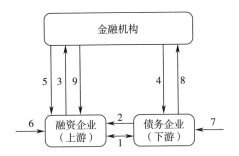

注：1. 交易；2. 发出应收账款单据；3. 质押单据；4. 付款承诺；5. 信用贷款；6. 购买原材料；7. 销货、收款；8. 支付账款；9. 完成合同内容。

图3.1　应收账款融资模式操作流程

保兑仓融资模式也被称为应付账款融资模式，其针对供应链金融的采购阶段，指作为供应链中核心企业的上游供货方签订回购协议，由第三方物流即仓储监管企业提供担保，具有融资需求的中小企业向金融机构申请获取仓单质押融资以满足其支付货款的需求，而金融机构在其中控制提货权。金融机构对商品的提货权控制表现在上游供货企业的回购协议以及第三方物流的监管，这可以使其在中小企业发生违约时减少自身的风险损失。而对进行商品货款融资的中小企业来说，保兑仓融资模式减少了其购入商品（原材料）对企业流转资金的占用，可以有效缓解因全额采购商品而造成的中小企业流动资金短缺问题。保兑仓融资模式操作流程如图3.2所示。

融通仓融资模式也被称为动产质押融资模式，其针对供应链金融的生产阶段，指具有融资需求的中小企业将其所拥有的存货（一般以原材料、半成品和产成品为主）作为增信的质押品，并且将该批存货的价值与未来收益作为该轮融资的第一还款来源。在融通仓融资模式中，融资企业将其合法资产（存货）交由融资机构指定的仓储监管方，由该仓储监管方进行保管，并且将该批存货的提货权转移给金融机构，但不转移所有权。金融机构授予融资企业的额度按该批存货公允价值的一定比例确定，旨在降低存货对中小企业有限资金的占用。当提货人将该批存货的货款支付给金融机构之后，第三方物流才能将该批存货的提货权转移至提货人。在融通仓

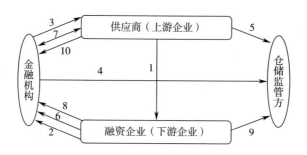

注：1. 买卖双方签订合同；2. 申请获取仓单质押贷款额度；3. 金融机构审查，签订回购协议；4. 签订仓储监管协议；5. 向指定仓库发货；6. 买方向金融机构缴纳承兑手续及保证金；7. 质押仓单，金融机构开立汇票；8. 向金融机构缴纳保证金，释放提货权；9. 去仓库提货；10. 循环8和9。

图 3.2 保兑仓融资模式操作流程

融资模式中，金融机构一般会与作为核心企业的提货人签订担保或者回购协议，若融资企业发生违约，则该提货人负债偿还债务或者回购该批存货。融通仓融资模式操作流程如图 3.3 所示。

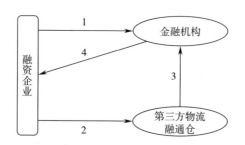

注：1. 融资企业向金融机构申请贷款；2. 融资企业将现有存货质押给第三方物流企业；3. 第三方物流企业对质押物验收、价值评估、监管并向金融机构提供评估证明；4. 银行给予授信额度，通过贷款审批。

图 3.3 融通仓融资模式操作流程

上述三种供应链金融的融资模式都加强了处于供应链中的各家企业之间的合作，同时加深了金融机构对融资企业的了解。采用供应链金融的融资方式，融资企业能够更快地获得资金的回流，缓解其流动资金的压力；以银行为主的金融机构得以增加经营利润的来源；而第三方物流公司则拓展了单一的物流服务范围，获得了由供应链金融业务提供的价值。

2. 重庆中小企业供应链金融应用现状

重庆市银行业金融机构自 2009 年开始供应链金融的营销工作，此后各商业银行陆续针对小微企业融资开展此项业务。2019 年重庆市人民政府办公厅还印发了《关于加强金融服务民营企业的具体措施》，文件指出，要积极支持供应链金融业务的发展。目前供应链金融在融资过程中对法律政策、地区经济环境、银行和企业等参与者要求较高，供应链金融在重庆的发展仍处于初级阶段。从贷款投向的细分行业类别看，重庆市银行业供应链金融主要为汽车、钢铁、纺织等具有较强实力的传统行业提供贷款支持，且获得供应链融资的企业仍以市内规模较大的企业为主，而对于其他大部分行业以及大部分新兴的中小微企业而言，供应链金融还处于探索试点阶段。

目前这种局面表明重庆市缺乏一个比较完善的供应链金融体系。在运用供应链金融为企业融资的过程中，银行的授信过程存在流程、环节繁多的缺点，这与中小企业融资周期短、频率高、使用快的特点相悖，极大地影响了重庆市供应链金融的发展效率。此外，现阶段供应链金融在重庆市中小企业中推广较难还与这些企业的负责人中一大部分受教育程度较低，缺乏对金融知识的系统性了解有密切关系。

（三）供应链金融对中小企业融资约束的影响

1. 投资—现金流敏感性模型

企业内部人员与投资者之间的信息不对称会导致外部融资的风险溢价，使公司投资更多地依赖内部资金，从而外部融资约束较大的公司的投资—现金流敏感性较高，因此，可以用投资—现金流敏感性模型（FHP 模型）来衡量企业的外部融资约束程度。该模型经学者的进一步验证和研究，被划分为外部和内部的融资约束。以现金股利支付率为度量指标的公司的外部融资约束，与投资—现金流敏感性呈线性变化的趋势。研究表明该模型也可用以衡量中国企业的外部融资约束。

基于投资—现金流敏感性模型，经济学家陆续考察了中国区域金融发展对上市公司债务融资决策的影响，金融发展和市场化程度对企业外部融资约束的缓解作用，金融发展对无政治关联的中小企业融资影响等。根据投资—现金流敏感性模型，分析供应链金融对中小企业外部融资约束的缓解作用，发现这种影响体现在减弱投资—现金流敏感性上。基于此可以提出两个假设：其他条件不变时，中小企业存在较为明显的投资—现金流敏感性；其他条件不变时，供应链金融可以降低中小企业的投资—现金流敏感性。

基于研究，本部分将提出两个假设并对其进行实证分析：

H-4b：中小企业普遍存在较为明显的投资—现金流敏感性，即中小企业经常以企业自有资金进行投资。

H-4c：在重庆自贸试验区，发展供应链金融模式有助于缓解中小企业的外部融资约束，减轻中小企业的融资困难。

2. 变量选取

（1）被解释变量——企业投资比率（IR）。

以企业固定资产净值、在建工程净值和工程物资在当年的增加值之和与当年期初固定资产净额之比，即企业的投资比率作为被解释变量。

（2）解释变量——现金流（CF）。

共设置三个解释变量，其一是现金流，以企业当期经营活动产生的现金流量净值与资产总值之比衡量。

（3）解释变量——供应链金融发展情况（SCF）。

在此分别从三个维度对供应链金融的发展情况进行衡量，分别是全国短期贷款发生额（$SCF1$），全国商业汇票发生额（$SCF2$）以及全国贴现发生额（$SCF3$）。其中，商业汇票和贴现是中国目前主要的供应链金融工具，而短期贷款则是金融机构发放的期限不足 1 年（包含 1 年）的贷款，以缓解企业资金流动性问题，对全国短期贷款发生额的统计包含了以应收账款为抵押的供应链金融贷款。这些指标分别作为应收账款融资、动产质押融资和应付账款融资的替代变量，能较好地度量我国目前供应链金融的发展状况。

（4）解释变量——现金流与供应链金融发展情况交乘项（$CF \times SCF$）。

（5）控制变量。

为避免回归方程的估计误差，在回归方程中引入以下控制变量。一是企业期初的投资机会（*INOP*），这部分由三个指标组成，分别是企业营业收入的增长率（*SAGR*）、资产增长率（*ASGR*）和托宾 *Q* 值（*TOBIN Q*）。除了企业的投资机会，还设置了企业期初的债务资产比重（*DEBT*）、货币资金占资产比重（*CASH*）、企业发展规模（*SCALE*，取企业期初总资产的自然对数）、企业最终控股人是否为国有控股（*CONTROL*，其中，若实际控制人是国有控股，*CONTROL* = 1；反之，*CONTROL* = 0）。

3. 数据采集

本次实证研究数据主要为上市公司基本情况、上市公司财务数据以及中国货币市场与政策工具相关数据。选取深圳股票交易所中小板和创业板2012 年之前上市的共 926 家企业 2012—2017 年的相关基本情况和财务数据，以及 2012—2017 年中国货币市场与政策工具数据进行考察。其中，2012 年之前在中小板或者创业板上市的企业名单通过同花顺旗下 i 问财获得，中国货币市场与政策工具来自国泰安 CSMAR 数据服务中心，上市公司基本情况和财务数据来自国泰安 CSMAR 数据服务中心和色诺芬 CCER 中国经济金融数据库。所有数据的描述性统计如表 3.6 所示。

表 3.6　　　　　　　　　　　　描述性统计

变量	变量定义	均值	标准差	最大值	最小值
被解释变量					
IR	企业投资比率	0.195	0.430	5.043	−0.593
解释变量					
CF	现金流	0.208	0.379	3.011	−1.419
*SCF*1	全国短期贷款发生额	2.546	0.222	2.789	1.587
*SCF*2	全国商业汇票发生额	1.513	0.459	2.448	0.504
*SCF*3	全国贴现发生额	1.888	0.701	3.430	0.852
控制变量					
SAGR	企业营业收入增长率	0.120	0.271	0.617	−1.204
ASGR	企业资产增长率	0.085	0.168	0.582	−0.820
TOBIN Q	托宾 *Q* 值	1.105	1.430	7.024	0.000
DEBT	企业债务资产比重	0.520	0.204	1.420	0.100
CASH	企业货币资产比重	0.164	0.102	0.530	0.005
SCALE	企业期初总资产的自然对数	21.675	1.040	24.590	18.900
CONTROL	实际控制人是否为国有控股	0.394	0.484	1.000	0.000

根据数据的描述性统计结果可以发现样本数据具有以下特点。

一是作为被解释变量的企业投资比率（IR）分化情况比较明显。对于 IR 值而言，样本中的最小值 -0.593 表示该中小企业当期固定资产净值、在建工程净值和工程物资的增加值之和仅是其期初固定资产净额的 -0.593 倍。而该变量样本中的最大值为 5.043，最大值与最小值的绝对值之间相差 7.5 倍，且该变量的标准差为 40.3%，说明各中小企业之间的投资行为具有较大的差异。

二是对于解释变量现金流（CF），最小值为 -141.9%，均值为 20.8%，而标准差为 37.9%，说明样本中的中小企业中使用企业自有现金流进行投资的波动比较小。

三是模型中设定的三种供应链金融发展指标——全国短期贷款发生额（$SCF1$）、全国商业汇票发生额（$SCF2$）以及全国贴现发生额（$SCF3$）的描述性统计都较为平稳。

四是对于企业营业收入增长、资产增长与 $Tobin\ Q$ 值这三个控制变量，它们的标准差与均值的比值基本都为 $1\sim2$，说明这三个控制变量在中小企业中表现比较平稳。

4. 实证分析

结合投资—现金流敏感性模型，构建本次分析的模型如下：

$$
\begin{aligned}
IR_{it} =\ & \beta_0 + \beta_1 CF_{it} + \beta_2 SCF_t + \beta_3 SCF_t \times CF_{it} + \beta_4 INOP_{it} \\
& + \beta_5 DEBT_{it} + \beta_6 CASH_{it} + \beta_7 SCALE_{it} \\
& + \beta_8 CONTROL_i + \beta_7 T + \vartheta_i + \xi_{it}
\end{aligned}
$$

$$(3.3)$$

其中，i 表示企业，t 表示时间；ξ 为误差项，ϑ 为企业个体效应。本次回归分析采用固定效应模型，在分析过程中，分别选用 $SCF1$、$SCF2$ 和 $SCF3$ 三种供应链金融发展情况的衡量指标及其与现金流 CF 的交乘项进行回归，同时在分析过程中，依次加入用以度量企业投资机会的不同指标（$SAGR$、$ASGR$ 和 $TOBIN\ Q$），因此共进行 9 次回归，估计结果如表 3.7 所示。

表 3.7

模型回归结果

变量	SCF1			SCF2			SCF3		
	SAGR	ASGR	TOBIN Q	SAGR	ASGR	TOBIN Q	SAGR	ASGR	TOBIN Q
CF	0.394*** (4.593)	0.395*** (4.522)	0.219*** (2.291)	0.483*** (7.983)	0.484*** (7.844)	0.275*** (3.740)	0.473*** (7.934)	0.476*** (7.844)	0.184*** (3.681)
SCF1	0.074 (0.501)	0.109 (0.940)	-0.027 (-0.114)						
SCF2				0.051 (0.481)	0.034 (0.790)	-0.076 (-1.589)			
SCF3							0.075 (0.602)	0.048 (0.870)	-0.133 (-1.411)
SCF1×CF	-0.005*** (-17.932)	-0.005*** (-17.946)	-0.002** (-1.532)						
SCF2×CF				-0.011*** (-16.966)	-0.011*** (-16.634)	-0.003** (-1.526)			
SCF3×CF							-0.009*** (-16.114)	-0.008*** (-16.104)	-0.002*** (-1.372)

续表

变量	SCF1			SCF2			SCF3		
	SAGR	ASGR	TOBIN Q	SAGR	ASGR	TOBIN Q	SAGR	ASGR	TOBIN Q
SAGR	0.060 (0.921)			0.148 (2.573)			0.184 (2.194)		
ASGR		0.357 (0.633)			0.428 (4.285)			0.369 (4.147)	
TOBIN Q			-0.023 (-0.834)			0.047 (0.394)			0.047 (0.519)
DEBT	-0.093 (-0.271)	-0.093 (-0.462)	0.056 (0.634)	-0.100 (-1.263)	-0.095 (-1.372)	0.026 (0, 384)	-0.304 (-1.482)	0.387* (-1.175)	0.037 (0.347)
CASH	0.642*** (4.481)	0.589*** (3.289)	0.389* (1.385)	0.555*** (3.485)	0.047*** (3.027)	0.319* (1.689)	0.578*** (3.851)	0.481*** (3.592)	0.385** (2.014)
SCALE	-0.074** (-2.408)	-0.195*** (-2.598)	-0.011 (0.184)	-0.011 (-0.259)	-0.024 (-0.828)	0.066 (1.495)	-0.021 (-0.478)	-0.058 (-1.592)	0.068 (1.639)
常数项	1.835*** (2.935)	2.394*** (3.932)	0.476 (0.485)	0.482 (0.852)	0.874 (1.572)	-0.935 (-1.486)	0.573 (0.833)	0.982 (1.484)	-0.985 (-1.497)
R^2	19.487	21.402	4.591	18.842	19.046	4.985	18.385	19.359	4.310

由表 3.7 展现的回归结果可得，9 次回归中现金流的系数均为正，且在 1% 的水平上显著，由此可见制造业企业具有较为明显的投资—现金流敏感性，即这类企业常以其自有的经营现金流进行投资。这表明在现有的国内企业融资环境下，中小企业存在明显的融资约束。通过观察三个供应链金融发展指标交乘项的系数，可以发现它们的系数均为负，且都在 1% 的水平上显著。这支持前文提出的假设，供应链金融的发展减缓了中国小微企业的外部融资约束。

通过分析本次回归的结果，可以得出以下结论。

在 9 次回归中，解释变量现金流（CF）的估计系数均为正，且同时在 1% 的水平上显著。由此本部分的假设 H - 4b 得证，即中小企业普遍存在较为明显的投资—现金流敏感性，即在目前的经济环境之下，中小企业多以企业自有资金进行投资。这说明这些中小企业目前在进行外部融资时，受到比较大的约束与阻力。

在 9 次回归中，现金流（CF）与三组供应链金融发展指标（SCF）的交乘项的估计系数均为负，且当使用的控制变量为企业营业收入增长率（SAGR）或者资产增长率（ASGR）时，均在 1% 或 5% 的水平上显著。由此可见，随着中国供应链金融的发展，中小企业所受到的外部融资约束将会减弱。因此本部分假设 H - 4c 得证，建议在重庆自贸试验区发展供应链金融，以缓解中小企业外部融资过程中所受到的约束。

此外，对控制变量的估计系数进行分析。首先，三个有关中小企业投资机会的指标（营业收入增长率 SAGR、资产增长率 ASGR 和 Tobin Q 值）的估计系数都不显著，因此这三个指标对中小企业的投资行为影响并不明确。其次，中小企业的货币资产比重（CASH）的估计系数均为正，且在 1% ~ 10% 的水平上显著，说明企业货币资金的增长有助于推动中小企业投资运作。而中小企业债务资产比重（DEBT）估计系数在很多情况下为负数，但并不是十分显著。这说明在一般情况下，中小企业的投资行为与其债务情况无显著相关关系。最后，中小企业期初总资产的对数（SCALE）的估计系数为负，且两次分别在 5% 和 1% 的水平上显著，说明中小企业的投资行为可能与企业的规模存在反向变动关系。

供应链金融通过整合金融机构、处于供应链中的融资企业以及第三方物流缓解了中小企业的外部融资约束，供应链融资的主要作用在于由上下游核心企业进行担保并由第三方物流加强对融资质押物的监管，这在很大程度上加强了企业进行融资时信息的传递和债权方与债务方之间信息的对称性，有助于提升企业融资的信用评定等级，降低融资风险。本部分通过投资—现金流敏感性模型，结合中小板和创业板 2012—2017 年相关的基本情况和财务数据，以及中国近年来供应链金融的发展情况，验证了提出的两个猜想，即一方面中小企业在进行外部融资时受到较强的约束，造成中国中小企业融资难的普遍问题；另一方面供应链金融的运用确实有助于缓解中小企业上述的融资难题，降低中小企业的融资成本，提高中小企业的融资便利性。

因此，重庆自贸试验区有理由加强供应链金融的发展，并通过供应链金融在中小企业在融资中的运用，健康高效地推进中小企业的发展与壮大。

为加强供应链金融在中小企业融资中的运用，重庆市政府、金融机构、融资企业以及第三方物流都需改进自己以配合和完善供应链金融的发展，建议各部门采取以下措施。

首先，政府作为中小企业发展中的推动者与服务者，应当密切关注中小企业的发展情况，并为供应链金融的健康发展搭建政策平台。政府在为供应链金融的发展制定引导机制和法律法规的规范的同时，也需建立健全供应链金融相关主体的审核以及资质的认定，明确参与主体的权责和义务，从而为供应链金融的发展扫清障碍，保障供应链金融发展快中有稳。

其次，金融机构尤其是在目前融资市场上起着重要作用的商业银行，需要跳出过去过于保守的金融风险控制体制的思维，从长远的眼光认识开展供应链金融业务的重要性。加强供应链金融的应用，有助于金融机构对其业务进行创新与扩展，这不仅能够提高金融机构的盈利能力，而且能提升其核心竞争力。

再次，对于具有融资需求的中小企业，除了加强企业自身盈利能力、还债能力等，也需同金融机构以及供应链中的核心企业加强联系，提高信息的公开程度。面对自身经营情况，中小企业有必要聘请专业咨询及财务工作人员，提高企业的管理水平；面对金融机构，中小企业应当加强对机构的融资产品尤其是创新型产品与业务的学习，与金融机构建立良好、深切的合作关系；对于供应链核心企业，中小企业应与其建立长久的合作互助关系，争取供应链融资机会，促进双方的共同发展。

最后，第三方物流作为供应链金融中的桥梁与纽带，其运作能力关系着供应链融资运作中各个重要环节物流、资金流和信息流的顺通无阻，能够保障整个供应链融资模式运转的高效和顺利。第三方物流是供应链金融运作中重要的信息与资源集合系统，在融资质押物的价值评估、仓储和监督方面起着不可替代的作用。

五、自贸试验区金融创新的相关政策建议

本部分通过总结国内外研究和应用现状，并搜集相关数据进行实证分析，得出了以下结论。

第一，在自由贸易区大力发展金融创新能够通过金融发展促进地区的经济增长。为验证该结论，本书采集了现有 18 个自贸试验区 2008—2019 年有关金融创新、金融发展和经济增长的数据进行系统 GMM 模型估计。由估计结果可得，在自贸试验区实行金融创新有助于促进所属省份的经济增长。但是，首先，这种促进作用并不是直接作用于经济增长的，而是通过金融创新→金融发展→经济增长的传导路径，间接作用于经济增长，最终推动地方经济的增长。其次，自贸试验区金融创新与经济增长的影响存在内生性，即自贸试验区金融创新促进所属省份经济增长的同时，该地区经济增长也能够推动金融创新的发展。最后，自贸试验区金融创新对与经济增长的促进作用具有时滞性，研究发现自贸试验区滞后一期的金融创新对当地经济增长具有显著的正向作用。因此，在重庆自由贸易区大力发展金融创新能够通过金融发展促进重庆地区的经济增长。

第二，在确定自贸试验区金融创新对经济增长的促进作用后，本书对金融创新措施——负面清单进行了国内外的统计对比。结果发现，对比国外已经在双边自由贸易协定中签署的负面清单，中国发布的统一负面清单

行业细分和行业透明度程度更高，在实行统一负面清单过程中，经济安全性还不能得到很好的保障。因此，自贸试验区在将中国统一负面清单引入本地时，需要根据本地真实情况，首先对个别行业领域进行进一步的细分，然后再对负面清单中针对不同行业的限制措施和限制方式进行合理修改。重庆自贸试验区需要更快更好地适应中国统一负面清单，重庆市政府需要出台与之相匹配的政策措施，制定详细的实施细则。

第三，针对自贸试验区的中小企业融资难问题，建议通过发展供应链金融缓解中小企业外部融资约束。通过对 926 家中小板上市企业 2012—2017 年的相关财务数据和企业基本情况进行分析，结合投资—现金流敏感性分析，发现在中国目前的经济环境下，中小企业存在较为明显的投资—现金流敏感性，它们在进行外部融资时往往会受到约束。而供应链金融的发展可以有效减轻这种约束，缓解中小企业的融资难问题。因此，重庆自贸试验区为加快加强本地中小企业的健康成长与发展，可以推广和促进供应链金融的发展。

通过对重庆自贸试验区金融创新对当地经济增长的影响、采取负面清单管理模式和在重庆自贸试验区实施供应链金融有助于缓解中小企业融资难问题这三个方面课题的研究后，本部分得出三个结论。现分别针对重庆自贸试验区的金融创新、负面清单管理模式的运用和供应链金融的发展提出以下建议。

1. 对重庆自贸试验区发展金融创新的建议

在自贸试验区通过发展金融创新促进经济增长时，提倡由规模扩张转向关注效率。关注金融创新的效率，要有具有足够实力的金融创新主体——一般为金融机构和企业。重庆自贸试验区相关部门及政府应当在政策和经济等方面对这些主体进行引导和帮助，鼓励它们创造出能够投放于市场的优质的金融创新产品。重庆自贸试验区可以专门划分出金融创新企业板块，给予这些企业更多的关注，并在自贸试验区范围内每年举办金融创新产品大赛，鼓励金融机构和企业积极推陈出新，并对大赛中的优质项目提供支持。

关注金融创新的效率，同时也要加快和加强政策和市场对金融创新产品的配套与提高反应速度。从前文的研究中可以发现，金融创新对经济增长作用的时滞性与中间的传导机制与宏观市场对其的反应有关。因此，在一项创新型的金融工具或金融服务被投放于市场后，政府和市场应当紧密关注并提早作出反应。一方面，政府需要加快出台与该金融创新项目相匹配的政策措施并尽早实行；另一方面，市场应对该项金融创新进行全方位的信息披露、研究以及监督，深入探索其利与弊，争取在该项金融创新的相关风险产生之前就将其规避，以防这种风险降低创新项目对经济增长的作用。

2. 对重庆自贸试验区采用负面清单管理模式的建议

重庆自贸试验区在采用负面清单管理模式时，对中国商务部所发布的全国统一负面清单要在行业细分、限制措施和限制方法上进行适量、合理的修改。

对于现有的优势产业，重庆自贸试验区在引进外商投资之前首先要做的是加强与本地高校在这些领域的合作与对接。而对于外商投资在这些领域中的准入，可以是有条件并且限量的。有条件指外商在进入重庆自贸试验区进行这些行业领域的投资时，不能仅仅停留在资金方面的投资，而是必须带着国内目前还没有的创新技术和创新理念入股，并帮助重庆自贸试验区这些优势产业的相关产品打开海外的市场。

对于重庆目前发展还较为落后的产业，其对于外商投资的准入和限制应与优势产业的限制措施相似。一方面，需要适当、合理地引进外商投资尤其是技术上的投资；另一方面，不能放松自身在国内的合作与对相关领域和技术的探索。因为对于这些弱势产业，引入的外商技术投资应该是用来学习的，而不是心安理得地照搬照套，那样在未来这些产业的根基只会被外国把控，而身为其发展母体的中国以及重庆自贸试验区在这些产业上就会处于被动地位。对于这些弱势产业，重庆自贸试验区的态度应当是"师夷长技"并通过创造属于本国自己的先进技术发展弱势产业。

对于重庆自贸试验区来说，真正可以在较大程度上放松外商投资限制的恰恰是那些开发遇到瓶颈的中等产业。在这些产业领域加大对外开放的力度，既不会将产业的主动权交到外商手中，又可以通过吸收外商投资，寻求相关产业的突破。

3. 对自贸试验区发展供应链金融缓解中小企业融资难的建议

针对自贸试验区缓解中小企业融资难题，必须要多角度地对融资企业增信，并减轻金融机构对于融资违约风险的担忧。中小企业融资难的重要原因就在于其没有足够的质押物或者信用条件。供应链金融的融资模式为中小企业添加了应收账款、应付账款和原材料形式的质押。此外，重庆自贸试验区在发展供应链金融的过程中，可以尝试开发中小企业知识产权质押、关联担保（利用融资企业母公司的资产进行担保）等新型增信方式。

在为中小企业解决流动资金融资问题的过程中，不应仅仅局限于债权融资，银行出于借款审核的谨慎性考虑，能够提供给中小企业的资金存在很大的限制。因此，在中小企业融资过程中可以采取投贷联动的方式，并且投贷联动这种方式的主体可以从"银行贷款＋其他投资机构股权投资"转变为"银行贷款＋银行旗下投行部门或投资公司"。这样做不仅有助于中小企业获取足够的流动资金，还有助于银行的盈利模式从原本的"贷款收入"转变为"贷款收入＋投资收益"。

除了对中小企业增信的措施，重庆自贸试验区还需要关注供应链中核心企业的发展和经营情况，建立对这些核心企业的评价机制。这些核心企业作为中小企业供应链融资过程中的担保方，它们的发展和经营能力更加透明化有助于金融机构更深入地了解核心企业的担保能力，从而减轻对中小企业违约风险的担忧。

第二节　中国（重庆）自贸试验区金融开放与创新现状分析

党的第十九次全国代表大会报告提出，中国特色社会主义进入了"新时代"。新时代下要推动形成全面开放的新格局。在博鳌亚洲论坛 2019 年年会上，李克强总理提出抓紧制定外商投资法配套法规，进一步放开外资市场准入，持续扩大金融业对外开放，切实加强外商合法权益保护等一系列对外开放的重大战略举措。推进自贸试验区建设，就是实现更全面、更高水平的对外开放，推进开放型经济的新举措，我们要赋予自贸试验区更大的改革自主权。中国经济要实现高质量发展必须立足于更加开放的政策环境，重庆作为直辖市以及"一带一路"沿线城市，和"渝新欧"铁路的起点，成立自贸试验区就相当于打开一条对外开放的便利通道，而重庆自贸试验区发展建设与相关金融政策配套紧密相关，研究重庆自贸试验区金融开放与创新有助于进一步理解自贸试验区在扩大对外开放中的重要性和战略意义，对全面推动重庆自贸试验区建设也具有一定的现实指导作用。但重庆自贸试验区成立时间相较于前两批自贸试验区较短，金融开放与创新仍处于前期"试水"阶段，政策释放的效益刚刚显现，加上目前国内外很少研究重庆自贸试验区金融开放与创新这一主题，其成果就更少了，而现有的少量成果也是非常简单和有限的。因此，有必要分析重庆自贸试验区的金融开放与金融创新。

一、重庆自贸试验区成立的背景和现状

（一）重庆自贸试验区成立背景

在 2015 年全国"两会"期间，重庆代表团建议提出，"重庆内陆开放高地"的建设能进一步发挥重庆在全国开放大格局中的作用，到 2017 年 4 月 1 日中国（重庆）自由贸易试验区正式挂牌，重庆开放发展步入了新的里程。重庆之所以能脱颖而出，成为继四大自贸试验区后的七个自贸试验区之一，是因为其明显的区域优势、国家政策层面优势以及经济发展优势。重庆自贸试验区的挂牌建设不仅加速了构建中国开放经济新格局的步伐，而且对重庆将来的经济发展与社会进步也有深刻的影响。

中国（重庆）自由贸易试验区主要涉足国际物流、高端制造和金融等领域，共涉及 60 个重点项目，总金额约 802 亿元。重庆自由贸易区实施范围为 119.98 平方公里，涵盖 3 个片区：两江片区 66.29 平方公里（含两路寸滩保税港区 8.37 平方公里），西永片区 22.81 平方公里（含西永综合保税区 8.8 平方公里、重庆铁路保税物流中心〔B 型〕0.15 平方公里），果园港片区 30.88 平方公里。重庆将以自贸试验区为点不断向周围辐射，起到示范带头作用，致力于打造具有国际化高标准的高端自由贸易园。

1. 地理及资源优势突出

重庆是我国中西部地区唯一的直辖市，与其他内陆城市相比，重庆具有独特的地理和资源优势，是西部大开发重要的战略支点，被中央政府定位为国家级经济地理中心。重庆不仅处在了全国的几何中心点，在以长江经济带与 21 世纪海上丝绸之路构成的"H"形对外开放新格局中，同时有"渝新欧"国际铁路对外连接，重庆处在长江经济带与丝绸之路经济带、中滇缅贸易通道交会点上，可以起到联动中西，带动南北的枢纽作用。作为"山城"，高速公路是重庆最重要的对外通道，目前重庆有 25 条省级高速公路与周边城市相连；作为我国最重要的五大铁路枢纽之一，东西、南北各大干线几乎都要路经重庆市，重庆是大通道的交汇点，肩负了支撑长江上游战略实施的重任；截至 2019 年底，重庆江北国际机场开通国内外航线 366 条，其中国际地区航线 95 条。2019 年完成旅客吞吐量 4478 万人次，货邮吞吐量 41 万吨、飞机起降 31.8 万架次，国际地区货邮吞吐量实现 15.86 万吨，继续领跑西部。随着三峡工程完工，重庆作为长江上游最大的港口，通航能力得到了极大的提升，重庆还可以通过黄金水道直接抵达江海区域。自然地理优势使重庆成为了长江上游最大的经济交流中心，同时还使之成为了我国西部内陆地区唯一集水、陆、空运输方式于一体的交通枢纽。

从资源供应看，一个城市或地区是否能够大规模开发建设必须要具备充足的自然资源。重庆地处长江上游，域内河网密布，水资源丰富，重庆年平均水资源总量在 5000 亿立方米左右，每平方公里水面积居全国第一位，水能资源理论蕴藏量为 1438.28 万千瓦，可开发量 750 万千瓦；《重庆市矿产资源总体规划（2016—2020）》显示，截至 2015 年底，重庆市已发现矿种 69 种，其中已有查明资源储量矿种 54 种，已有各类查明矿产地 974 处。这些丰富的自然资源为重庆自贸试验区的建设奠定了深厚的基础。重庆的城市化率比全国平均水平还低，拥有丰富的农村土地资源和劳动力资源，随着现代交通和通信的迅猛发展，重庆逐渐克服了原来的发展瓶颈，正在把广阔的人力和土地资源转变为竞争优势。在自然资源方面，资源数量充足、种类丰富，为重庆发展经济提供了有力的保障，同时对自贸试验区的建立提供了基础保障。

2. 国家战略规划

一方面,我国将重庆自贸试验区作为西部大开发的重要战略支点。众所周知,我国目前东西部地区经济发展明显不平衡,东部沿海地区经济发达,而西部内陆发展相对落后,随着国家改革开放的不断深入,东西部的差距有相对扩大的趋势,为了平衡东西部的发展,并缩小两者的经济和社会差距,促进我国早日建成小康社会,就目前国家规划发展而言,西部大开发一直是其中的一环。重庆自贸试验区的建立,在西部大开发战略深入实施和区域经济发展方面将发挥独特且深远的作用。其响应了全面促进贸易发展的重大号召,同时也顺应了新形势下中国深化改革开放的潮流。

另一方面,重庆自贸试验区是长江经济带和"一带一路"倡议的交汇点。自贸试验区是"一带一路"的重要节点,其中第三批成立的自贸试验区大多为"一带一路"倡议的节点地区,并且整体向西部倾斜。推进落实"一带一路"倡议,较为可行的途径是以国内外一些核心区域和重要节点作为战略支撑,这些重要节点就是自贸试验区,而重庆正是这些节点中最重要的一环。随着我国"一带一路"倡议的实施,重庆自贸试验区成为时代经济发展下的开放前沿,为了对接国家战略,重庆正以口岸经济为突破口加以实践。重庆在其独特的地理位置和特有的经济基础上,逐渐成为经济中心枢纽和产业腹地,同时也成为长江经济带的覆盖点和"一带一路"倡议发展地,已显现出非常明确的战略支点作用。在成立自贸试验区之前,重庆对外开放雏形已经基本形成,如"渝新欧"国际贸易通道的打通弥补了之前重庆不能连接国外的不足,而内陆保税区的设立,逐渐简化了通关服务,这些相关经济发展基础为重庆自贸试验区的建设带来了经验,也成为重庆自贸试验区的一大优势。

3. 经济实力不断增强

从经济总量方面来看,1997—2019 年,重庆的地区生产总值由 1510 亿元增长到 23605.77 亿元。从增速来看,增速在 1998 年和 1999 年有所调整后,一路上升,2001 年超过 10%,2008 年达到 23.90%,在国际金融危机之后,增长率放缓,但重庆仍然保持着较高的经济增长速度,2011 年更是达到 26.32%，随后增速有所放缓，但仍维持了 10% 左右的增长率，2018—2019 年经济处于转型时期，增长率为 6% 左右（见表 3.8 和图 3.4）。2019 年重庆地区生产总值、重庆市人均生产总值位居西部省份前列。区域经济持续分化和经济下行压力加大是当下中国经济发展面临的主要问题，多数地区经济发展停滞不前，相比之下重庆仍然保持着较高的经济增长速度，优势明显。

表 3.8   重庆市 1997—2019 年生产总值及增长率

年份	重庆市生产 总值（亿元）	重庆市生产总值 增长率（%）	国内生产总值 （亿元）	国内生产总值 增长率（%）
1997	1509.75	14.80	79715.00	11.00
1998	1602.38	6.14	85195.50	6.88
1999	1663.20	3.80	90564.40	6.30
2000	1791.00	7.68	100280.10	10.73
2001	1976.86	10.38	110863.10	10.55
2002	2232.86	12.95	121717.40	9.79
2003	2555.72	14.46	137422.00	12.90
2004	3034.58	18.74	161840.20	17.77
2005	3467.72	14.27	187318.90	15.74
2006	3907.23	12.67	219438.50	17.15
2007	4676.13	19.68	270232.30	23.15
2008	5793.66	23.90	319515.50	18.24
2009	6530.01	12.71	349081.40	9.25
2010	7925.58	21.37	413030.30	18.32
2011	10011.37	26.32	489300.60	18.47
2012	11409.60	13.97	540367.40	10.44
2013	12783.26	12.04	595244.40	10.16
2014	14262.60	11.57	643974.00	8.19
2015	15717.27	10.20	689052.10	7.00
2016	17740.59	12.87	743585.50	7.91
2017	19424.73	9.50	827121.70	11.23
2018	20363.19	6.0	919281	6.6
2019	23605.77	6.3	990865	6.1

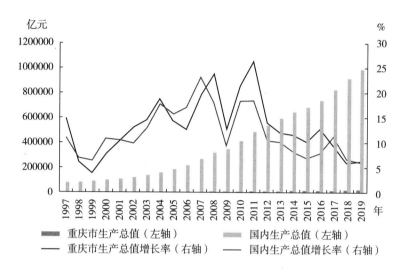

图 3.4 1997—2019 年国内生产总值增长率与重庆生产总值增长率

（资料来源：重庆市统计年鉴）

在工业基础方面，重庆的工业在新中国成立前就持续蓬勃发展，旧重庆的工业基础牢固，因而被认为是中国几大工业基地之一，而在新中国成立后重庆工业更是飞速发展，其中包括冶金、机械制造、建筑、化工和医疗等多个分类明确的体系产生和得到了进一步发展。2019 年全年，全市实现地区生产总值 23605.77 亿元，全市规模以上工业增加值比上年增长 6.2%，较上年提升 5.7 个百分点。与上海、天津等较早成立的自贸试验区相比较，重庆的生产总值与上海还存在一定的差距，在 2017 年重庆的生产总值已经超过天津（见图 3.5），2018—2019 年重庆的地区生产总值增长率有所下降（见图 3.6），重庆工业迅猛发展，为重庆建立自贸试验区奠定了扎实的基础。

重庆市统计局资料显示，2019 年全年，全市规模以上工业增加值比上年增长 6.2%，较上年提升 5.7 个百分点。分三大门类看，采矿业增长 2.6%，制造业增长 6.5%，电力、燃气及水生产和供应业增长 5.2%。表 3.9 主要反映 2019 年重庆工业产品产量的变化，2019 年重庆主要发力方向为新兴的高科技产品，其中集成电路和液晶显示屏产品增速最高，同时也

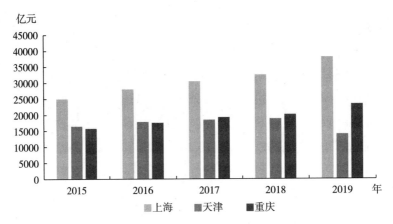

图 3.5　2015—2019 年三地地区生产总值

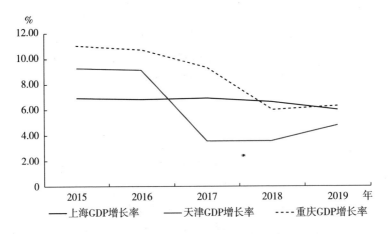

图 3.6　2015—2019 年三地地区生产总值增长率

（资料来源：各地统计局网站）

表 3.9　　　　　　　　　2019 年重庆市规模以上工业主要产品产量

产品名称	产量	同比增长
汽车（万辆）	138.3	−19.9%
新能源汽车	3.73	−3.0%
笔记本计算机（万台）	6422.31	12.1%
打印机（万台）	1365.83	−14.1%
集成电路（亿块）	33.71	523.6%
液晶显示屏（亿片）	2.18	36.4%

资料来源：重庆市国民经济和社会发展公告。

积极调整产能过剩产业。这一系列的工业发展促进了重庆新工业的诞生，而新工业的诞生在推动重庆经济快速发展的同时，也为建设重庆自贸试验区提供了有力的保障。

在国际经济合作方面，重庆对外贸易不断发展，为重庆经济发展注入了新的活力。习近平总书记在2013年提出了"丝绸之路经济带"的战略构想，此后的一段时间里，这一战略构想成为我国对外贸易投资的重大战略举措。作为中国最年轻的直辖市，重庆在长江上游乃至整个西部地区中的经济优势使其成为"丝绸之路经济带"倡议的重要组成部分。随着两江新区逐渐成熟和新欧亚大陆桥的开通，重庆已经逐步形成了内陆开放高地的局面，其进出口总额、进口总额和出口总额均已跃居西南、西北10省市前列。从增长率角度来看，2001—2019年，重庆市进出口总额年均增长率为23.669%，高于同时段内的全国年均增长率。特别是2004—2014年，有7年都保持了30%以上的较高增长率，2011年、2012年的增长率分别高达164.93%、94.43%，2001—2019年的出口额年均增长率为24.11%，2019年的出口额已达到了537.99亿美元（见表3.10和图3.7）。近年来，重庆围绕"通江达海、牵南引北、呈东启西"的定位不断加快发展速度，积极搭建国际贸易市场与中国西部内陆地区经济自由往来的开放平台，为我国能够更加深入地建设、发展自由贸易区创造了良好的条件。

表3.10　　　　　　　　重庆市2001—2019年对外贸易情况

年份	进出口总额（亿美元）	进口额（亿美元）	出口额（亿美元）	出口额增长率（%）
2001	18.34	7.31	11.02	39.49
2002	17.94	7.03	10.91	−0.10
2003	25.95	10.10	15.85	45.28
2004	38.57	17.66	20.91	31.92
2005	42.93	17.72	25.21	20.56
2006	54.70	21.18	33.52	32.96
2007	74.45	29.38	45.07	34.46
2008	95.21	37.99	57.22	26.96
2009	77.09	34.29	42.80	−25.20
2010	124.26	49.38	74.88	74.95

续表

年份	进出口总额（亿美元）	进口额（亿美元）	出口额（亿美元）	出口额增长率（%）
2011	292.18	93.80	198.38	164.93
2012	532.04	146.33	385.71	94.43
2013	687.04	219.07	467.97	21.33
2014	954.50	320.41	634.09	35.50
2015	744.77	551.90	192.87	-69.58
2016	627.71	406.94	220.77	14.47
2017	666.04	240.05	425.99	92.96
2018	790.40	276.63	513.77	20.6
2019	839.64	301.65	537.99	6.30

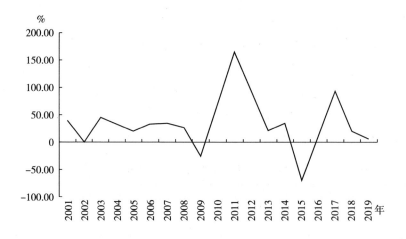

图3.7　重庆市2001—2019年出口额增长率

（资料来源：重庆市统计年鉴）

　　重庆是典型的内陆型自贸试验区，具有更加广阔的国际市场空间，在重庆内陆开放高地局面正逐步形成。重庆自贸试验区2017—2019年进出口国家和地区基本稳定，其中2019年出口主要集中在美国、德国和韩国，而进口主要集中来自韩国、中国台湾和越南等，这些与自贸试验区发展紧密相关（见表3.11）。

表 3. 11　　　　近 3 年全市货物出口前三位金额及国家（地区）　　单位：亿元

排名	2017 年		2018 年		2019 年	
	出口	进口	出口	进口	出口	进口
1	781.72 （美国）	226.92 （韩国）	1063.64 （美国）	311.43 （韩国）	926.57 （美国）	308.41 （韩国）
2	363.96 （德国）	166.91 （中国台湾）	488.21 （韩国）	212.41 （中国台湾）	391.03 （德国）	299.04 （中国台湾）
3	137.37 （韩国）	159.57 （马来西亚）	450.40 （德国）	145.24 （马来西亚）	198.13 （韩国）	268.16 （越南）

资料来源：重庆统计年鉴。

在"一带一路"倡议背景下，重庆在拥有独特的内陆型自贸试验区地理环境和其自身巨大的经济发展潜力的带动下，必将逐渐凸显其巨大的经济效益，重庆自贸试验区的设立必将带动重庆经济发展，为重庆经济增长增添新的动力。

（二）重庆自贸试验区现状

重庆自贸试验区自成立以来，在"两点"定位、"两地""两高"目标的引领下，各项改革已深入重庆经济社会的方方面面，取得了丰硕的成果。2019 年，重庆自贸试验区新增注册企业（含分支机构）13345 家，注册资本总额为 2155.37 亿元。其中，新增注册外资企业（含分支机构）156 家，注册资本为 3.3 亿美元。重庆自贸试验区引进项目 980 个，签订合同（协议）总额 2551.42 亿元，覆盖大数据、大交通、大健康、总部经济、文化旅游、教育、农业农村、扶贫、环保等领域。截至 2019 年底，百度、阿里巴巴、腾讯三大互联网巨头先后落户重庆自贸试验区。

1. 国际通道加速畅通

区域内国际通道加快建设，形成东西南北四大通道。向西，区域内顺利完成重庆至阿拉木图"关铁通"实货测试，推动中欧班列数据交换与监管互认，并在全国率先将安全智能锁运用于班列国内段途中监管，开创了中欧国际货运班列全路段运输国际邮包的先河，助推中欧班列（重庆）国际铁路联运大通道功能提升；向南，重庆与南宁、贵阳的海关、检验检疫局签订《关于支持推进中新互联互通项目南向通道建设合作备忘录》，实现"渝黔桂新"南向铁海联运通道成功开通并实现常态运行，重庆至东盟"五定"公路班车与中欧班列（重庆）无缝衔接，中欧班列（重庆）通过铁—铁联运直达越南河内，连接海上丝绸之路；向东，渝甬沿江铁海联运班列实现了"隔天班"，中欧班列（重庆）实现果园港始发，打通"长江黄金水道"和中欧班列（重庆）的最后一公里；向北，"渝满俄"班列将重庆制造送到俄罗斯市场，也将俄罗斯的更多工业原材料、特色农副产品引进来，扩大了重庆对外开放水平。中欧班列（重庆）建成以来，累计开行突破4500班，各项主要指标位居全国前列。渝满俄班列开行累计突破1000班。西部陆海新通道建设已上升为国家战略，线路延伸至全球88个国家、213个港口，重庆正按照国家要求，组建通道物流和运营组织中心，完善通道运行机制。重庆西部大开发重要战略支点、"一带一路"和长江经济带联结点正在逐步形成。

2. 新兴贸易业态大力发展

现代物流产业集聚加快，中新互联互通（重庆）物流发展有限公司和中新（重庆）多式联运物流发展有限公司相继落地。重庆还积极培育和引进具有国际物流网络资源的国际物流主体，新加坡丰树、维龙、普洛斯、嘉民等一批世界500强物流项目顺利落户重庆。为了推动产业落地，促进经济高质量发展，重庆自贸试验区推出多项制度创新，实现了多个"首次"。首票出境加工业务顺利办理，企业不但可以大大降低税务成本、提高资金利用率，而且还能更好地利用国外技术优势，提高产品竞争力；首家公用型冷链物流保税仓库验收通过，助力重庆利用中欧班列（重庆）打造进口冷链货物集散中心，重庆和周边地区迎来品种更丰富、价格更便宜的进口冷链食品；首单保税融资租赁业务顺利实施，实现金融服务和高端制造业的深度融合，重庆自贸试验区对保税融资企业的吸引力和凝聚力不断增强。2019年重庆实现进出口总值5792.78亿元，同比增长11.0%。其中，出口3712.92亿元，同比增长9.4%；进口2079.86亿元，同比增长13.8%。截至2019年底，重庆加工贸易进出口2973.39亿元，累计比上年同期增长13%，占重庆外贸进出口总值的51.3%。保税物流进出口总额为1030.82亿元，累计比上年同期增长61.9%。重庆自贸试验区创造了全市约70%的进出口贸易总额，集聚了全市约25%的实际利用外资总额。新兴贸易业态和新兴增长点增势强劲，不断为重庆对外贸易高质量发展注入新的增长动力。

3. 监管服务持续优化

重庆自贸试验区自2017年4月挂牌以来，各项工作取得了积极成效。截至2019年3月，总体方案中的151项改革试点任务已落实148项，落实率达98%；国家要求复制推广自贸试验区改革试点经验和典型案例已复制推广193项，复制推广率达94%；国务院深化自贸试验区改革创新措施适用重庆的41项措施，已落实36项。中国（重庆）自由贸易试验区挂牌运营三年来，重庆海关共推出58项自贸试验区创新支持举措，外贸企业报关成本已降低90%以上。重庆海关推出的58项创新支持举措中，共形成6项创新制度和7个成功案例。以"担保一体化管理新模式"为例，重庆海关建立了以企业为单元的涉税担保管理系统，对担保业务进行全过程智能化管理，企业凭一份保函就可以在关区范围内办理征税货物担保、减免税货物担保、保税货物担保等多种担保业务，实现关区范围内"一保通用"，在显著简化企业担保办理手续的同时，通过担保额度自动循环使用，极大地节约了企业融资成本，缓解了资金压力。重庆海关创新实施两仓监管智能化，简化货物进出仓监管流程，开展货物分送集报，实现"进、出、转、存"环节全过程智能监管，业务系统自动核准率达到90%以上。"三互"大通关建设持续发力，航空口岸启用"联合查验，一次放行"系统，实现"线上预约、指令对碰、联合查验、一次结费、一次放行"，企业业务协调时间节省一半以上，同时查验货物移箱成本却减少一半以上。

在个性化探索方面，重庆自贸试验区取得了突破性进展，开立全球第一份铁路提单国际信用证，迈出了陆上贸易规则探索"第一步"；形成"四自一简"（海关监管）、"3C免办"（检验检疫）、"创新推动国际物流大通道建设""创新实施铁路运输信用证结算"等6个全国首创的制度创新案例。随着重庆自贸试验区的支持举措红利持续释放，企业"获得感"进一步增强。

重庆自贸试验区成立以来，在经济建设方面硕果丰存，实现了自贸试验区设立的预期，并在多方面有所突破，短期效应已非常显著，然而，以上数据是成立以来的观察结果，自贸试验区发展的长期效应有待进一步检验。

二、重庆自贸试验区金融开放与创新现状分析

（一）重庆自贸试验区金融开放创新的概况和成效

1. 金融创新的基本概况

重庆自贸试验区挂牌以来，在金融领域的各项创新举措涉及政策机制、跨境融资、支付结算等多个方面。重庆自贸试验区探索完善金融支持政策体系，率先在中西部地区出台重庆自贸试验区"金融改革36条"、银行业务"两项监管新政"，一份是《关于试行中国（重庆）自由贸易试验区银行业务创新监管互动机制的通知》，另一份是《关于做好中国（重庆）自由贸易试验区业务风险评估的通知》，构建了符合重庆自贸试验区特色的"1+4"（1项指导意见，4项配套政策）监管政策体系。在2019年，市第五届人大常委会第十一次会议二次审议稿修改了部分《中国（重庆）自由贸易试验区条例（草案）》内容，经市第五届人大常委会第十二次会议表决通过。条例对重庆自贸试验区的管理、投资促进、贸易便利、金融创新、内陆开放和营商环境等方面作出了规定。在金融创新方面，对跨境金融结算、跨进人民币业务创新、跨境投融资便利化、金融机构设立、其他跨境金融服务和风险防范和监管等方面作出了具体规定。

总体来看，结合国务院批复的重庆自贸试验区方案，以及人民银行重庆营业管理部、国家外汇管理局重庆外汇管理部《关于金融支持中国（重庆）自由贸易试验区建设的指导意见》等文件，和重庆市人大常委会审议通过的《中国（重庆）自由贸易试验区条例》，重庆自贸试验区在金融领域的开放创新包括优化跨境金融结算服务、推动跨境人民币业务创新发展、探索跨境投融资便利化改革创新、增强跨境金融服务功能、完善金融风险防控体系等方面。

2. 金融开放与创新的成效

重庆自贸试验区在金融开放与创新的支持下，已然取得了一些初步成果，为自贸试验区的实体产业提供了新的思路和方法，同时改变了传统企

业的发展模式,拓宽了企业的融资渠道和提高了企业的交易便利。具体来看,成立以来,重庆自贸试验区金融领域取得了以下成效。

首先,在深化跨境金融结算服务方面取得了一定的成效。重庆市创新贸易结算支持措施,对经审核评估的重点企业,可凭单证信息汇总清单直接在银行办理跨境结算及融资业务,企业留存单证事后备查。支持国际物流电子化结算(见图3.8),积极研究解决物流平台上货代企业办理国际运输项下外汇结算时的纸质单据滞后问题,支持银行采取"先审电子单据、后补纸质单据"的方式办理结算。正式启用电子影像方式对自贸试验区企业账户进行审批,缩短企业审批时限,便利企业开户。

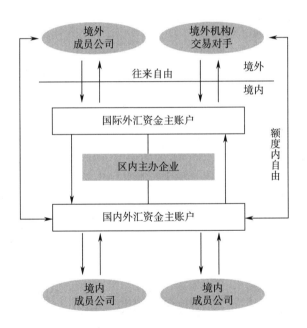

图3.8 国际物流电子化结算示意

跨境人民币服务机构增加,提供更优质的跨境金融服务。2019年1月至8月,全市跨国公司跨境资金集中调拨额达62.8亿美元;全市办理便利化进口付汇总额达156亿美元,同比增长92.59%;跨境电子商务结算量达18.8亿美元,同比增长13.3%。重庆自贸试验区20余项跨境结算和投融资创新业务试点为区内企业节省人力和资金成本超过70%,实现跨境交易结算和投融资汇率风险、汇兑成本"双降"。

其次，在推动跨境人民币业务创新发展方面取得了一定的成效。目前，重庆依托中欧班列（重庆）国际物流大通道、自贸试验区大宗商品交易市场、跨境电子商务聚集区等平台，引导企业在与"一带一路"沿线国家贸易投资中采用人民币结算（见图3.9）。支持外资股权投资基金办理相关跨境人民币结算业务。支持自贸试验区银行开展境外项目人民币贷款业务。积极推动境外企业在境内发行人民币债券。引导个人经常项下交易采用人民币结算。2019年，重庆市跨境人民币结算总额为1098.8亿元，同比增长19%，结算量居中西部地区第3位。其中，货物贸易项下结算金额达588.5亿元，同比增长86.1%，人民币跨境使用保持快速发展势头。企业使用人民币进行货物贸易结算的意愿明显增强。全市合计已有44家银行的433家分支机构开展了跨境人民币实际收付业务，参与企业达3529家，其中2019年前8个月，发生跨境人民币实际收付业务的企业有1402家，同比增长21%。市内开展跨境人民币业务的区县由试点初期的主城区扩展至除城口县外等37个区县。截至2019年8月末，重庆与"一带一路"沿线81个国家发生了跨境人民币实际收付业务，累计实现结算量2009亿元。

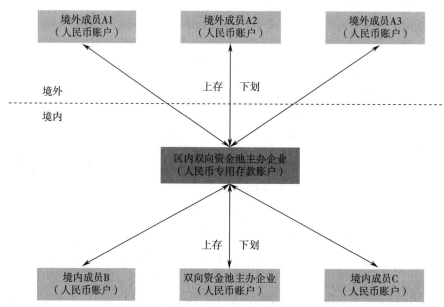

图3.9 跨境人民币业务创新

　　重庆在全国率先实现商业银行与国际贸易"单一窗口"直连并办理线上跨境人民币结算。积极开拓与第三方支付机构的合作，为跨境电商发展提供便利的人民币结算服务。成功办理全国首笔外商投资性公司人民币资本金结算业务，率先在全国开展外商投资合伙企业人民币资本金结算业务，截至2019年8月末，22家外资股权投资基金合伙企业累计办理跨境直接投资收入结算金额73.1亿元。累计完成国有产权跨境人民币结算金额33.7亿元。

　　再次，在探索跨境投融资便利化改革创新方面取得了一定的成效。在中新（重庆）战略性互联互通示范项目框架下，重庆已获准实施外债规模切块管理改革试点、全口径宏观审慎管理、银行业金融机构跨境融资担保等一系列跨境融资政策，为重庆企业实现跨境融资打通了政策通道。政策红利包括：一是拓展跨境担保主体范围，有利于降低实体企业跨境融资的增信成本。二是促进企业多渠道融资、多样化融资，降低企业融资成本，提升企业国际影响力。重庆自贸试验区成立以来，大力推进全口径跨境融资宏观审慎管理（见图3.10），统一中外资企业外债管理政策，允许企业在与其资本或净资产挂钩的上限内自主开展本外币跨境融资业务。此外，还探索基于陆上运输、多式联运的融资规则体系建设，推动"铁路运单＋动产质押贷款""铁路运单＋仓单质押贷款"等融资创新，并在全国率先推动签发具有物权性质的铁路提单试点，基于铁路提单的信用证结算取得突破，得到国务院肯定。截至2019年8月末，5家企业赴新加坡发行人民币债券29亿元，发行债券募集的人民币资金和回流金额均居全国前列。重庆个人经常项目跨境人民币收付结算额超过3亿元。5家企业集团设立跨

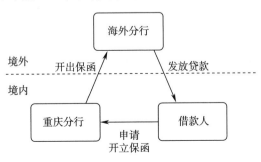

图3.10　全口径跨境融资宏观审慎管理

境双向人民币资金池，涉及成员企业近百家，跨境调拨资金55亿元。西南地区首笔熊猫债在重庆发行。

跨国公司进行资金双向融通，自贸试验区要对国有产权交易、跨境电商企业的跨境人民币融资提供支持，贯彻落实国家和重庆市政府跨境融资相关文件要求，创新跨境融资模式，为无出口业务的中资企业和中小企业申请海外直贷。重庆自贸试验区争取到20余项跨境结算和投融资创新业务试点，实现跨境交易结算和投融资汇率风险、汇兑成本"双降"，累计实现跨境融资超过100亿美元、跨境融资成本较境内低1.1个百分点。

最后，在增强跨境金融服务功能方面取得了一定的成效。重庆自贸试验区的成立推动重庆成为全国首批跨境电子商务外汇支付试点城市，试点机构成为中西部地区首家具有货物贸易、服务贸易全业务试点资质的支付机构，同时推动由外汇、经济和信息化、海关等多部门参与的重庆国际电子商务交易认证中心顺畅运行，高效办理跨境电子商务资金收付。重塑境内外银行、商业保理公司和企业在内的业务流程，在全国率先推出"出口双保通"产品，通过专业保理公司对接大量中小企业完成单证审核、境外进口保理银行提供融资支持相结合的方式，实现跨境保理业务新突破（见图3.11）。

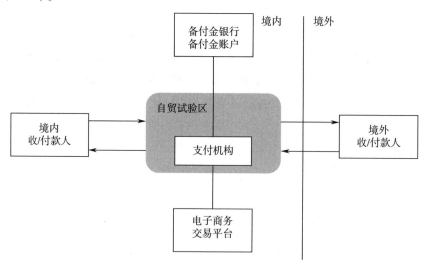

图3.11　跨境电子商务人民币支付结算

来自重庆市地方金融局的信息显示，重庆自贸试验区挂牌以来，截至2019 年 4 月，共有 32 家金融业机构落户重庆市并开业。重庆自贸试验区持续推进 27 项政策推广运用、42 个项目落地实施、32 家金融业机构落户开业，搭建了领先西部地区的跨境投融资渠道，为企业运用国内和国际两个市场，缓解企业融资难和融资贵难题做出了有益探索。重庆自由贸易区挂牌以来，实现了中西部地区首笔跨境房地产投资信托基金成功赴新加坡上市，募集资金 3.96 亿新加坡元。建设银行首创跨境保理融资、中国银行创新供应链融资 3870 万元及飞机租赁业务 20 亿元。全国首单非银金融机构借款 3.6 亿美元、中西部地区首笔跨境债权转让 2000 万元等一批创新业务成功落地。

（二）重庆自贸试验区金融开放创新案例分析

1. 案例一：申港证券重庆分公司入驻

在国内，申港证券公司地位特殊，它是自贸试验区注册的首家合资证券公司，也是自 1998 年以来首次批准新设的全牌照合资综合类证券公司，同时还是根据"内地与港澳关于建立更紧密经贸关系的安排"（CEPA）协议设立的首家合资全牌照证券公司。公司注册资本为 35 亿元人民币，共同发起机构由 11 家内地机构投资者和 3 家中国香港持牌金融机构组成，其中港资投资额占总股份的 34.86%，约合 12.2 亿元人民币。按照规划，申港证券公司将以重庆上市公司为主的实体经济作为主要服务对象，开展资产管理、投融资等相关业务，通过股权收并购、吸引战略投资人、引导企业进行新三板挂牌等多种手段进一步丰富两江新区内企业的融资渠道，结合两江新区的实际情况，通过一系列手段帮助中小企业解决融资难问题，同时也为拟上市公司的再孵化以及上市公司的再融资提供服务。

合资证券公司的引入意味着金融开放迈上一个新台阶，这是外商直接投资金融机构的开端，后续会持续放开外商直接投资金融机构，引入更多先进开放的金融政策和业务，为当地企业提供更完善的服务，但这也加剧了相关金融行业的竞争，改变了金融机构的格局。

资产证券化业务是未来重庆自贸试验区的一个重点金融拓展方向，是为重庆自贸试验区提供资本的一个重要手段。现阶段重庆自贸试验区资产证券化项目较少，品种也相对有限，这就限制了企业发展的资金使用规模，很多自贸试验区的中小企业都处于新兴发展阶段，它们需要资本去扩张和拓展，对这些企业来说资产证券化是一个重要的提供资金的方法。之前很多的资产证券化项目是由银行来完成，但是随着银行信贷的收紧，很多企业融资面临困难，在这种情况下引入证券公司就显得尤为重要。

重庆自贸试验区要大力发展，其中一个重要因素是必须引入人才。近年来重庆房价攀升，增加了安家置业成本，阻碍了人才流入，同时，对房地产的过度投资，使重庆地区经济流动性变差。重庆政府支持的公租房项目较多，但是这并不能满足越来越多的人口流入带来的居住需求，仅仅依靠政府调控租房项目是远远不够的，而现在市场的租房管理也不完善，房地产企业传统的模式是拿地—建房—出售，这样的模式资金回笼较快，而建造长期公寓初始投入太多，回笼资金时间较长，企业融资成本较高，无法大力发展长租公寓项目。

现在证券公司可以为房地产业解决这个问题，可以将长租公寓项目资产证券化，用租金收入等作为资产化的底层资产发行资产支持证券（ABS）、商业房地产抵押贷款支持证券（CMBS）、类房地产投资信托基金（REITs）等，这样就解决了企业资金回笼时间长的问题（见表3.12）。

表 3. 12　　　　　　　　　　长租公寓三种证券化融资渠道

项目	租金收益权	CMBS	类 REITs
底层资产	租金收益权（租金消费贷）	商业地产抵押贷款	商业地产产权和租金收益权
收益保障	租金及管理费等	租金及管理费等	物业增值、租金及管理费等
原始受益人是否拥有物业产权	无	有	有
专项计划是否间接拥有物业产权	无	无	有

这种资产证券化不只可以用于房地产企业的长租公寓项目，只要是有现金流入的项目，都可以使用这种方式，在现有的模式上进行金融创新。

重庆自贸试验区针对证券机构的金融政策是支持证券经营机构在区内

依法设立分支机构或专业子公司。重庆此项政策将丰富金融主体类型，提高国内证券公司的改革创新意识，推动证券行业的发展，完善配套支持，支持证券经营分支机构为企业提供跨境融资服务。这是重庆自贸试验区金融开放的结果，但引入证券公司的同时，也为重庆自贸试验区的金融创新提供了基础。支持重庆市符合条件的证券期货经营机构进入银行间外汇市场，开展人民币对外汇即期业务和衍生品交易。证券期货经营机构进入银行间外汇市场，可以提升区内证券期货经营机构的外汇风险管理水平。同时支持和推动西南证券等机构进入银行间外汇市场，开展人民币对外汇即期交易和衍生品交易。

2. 案例二：打造"美元快付"平台

"美元快付"平台由国内物流服务平台"锦程物流网"与中国银行共同搭建，用于海运费用境内美元划转的在线支付（见图3.12）。"美元快付"平台能够解决物流平台上货代企业办理国际运输项下外汇结算时的纸质单据滞后问题，重庆自贸试验区首次实现线上办理海运费用外汇结算业务，提高了重庆市国际物流外汇结算效率。

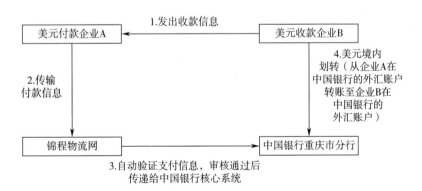

图3.12　"美元快付"平台业务流程

（资料来源：根据重庆市商务委员会内部资料整理）

相较于传统的国际物流海运费用结算，境内货代（货运）企业需要将海运货物纸质单据交给银行办理结算，由于此类交易笔数多，金额不大，企业一般要积累一定量或一定时期的业务，然后将纸质单据提交到银行柜台办理。一笔业务从企业完成单据整理到银行办结，平均花费 0.5 天；而

139

实现平台线上结算后，一笔业务完成时间缩短至 5 分钟，外汇结算效率大大提高。从运行情况看，重庆企业的参与积极性较高，与沿海海运企业的业务往来更顺畅，提高了物流产业各环节的运行效率。自 2017 年 7 月正式运行以来，"美元快付"平台步入正轨，结算量累计突破 8000 万美元。该平台注册客户持续增加，民生国际货运代理、新长丰国际物流等辖内运输及货代企业受益。

3. 案例三：探索国际"双跨境保理"业务新模式

针对中小微外贸企业出口订单笔数多、金额小，银行审核办理贸易融资成本高、收益低、持续开展贸易融资业务意愿不强，中小企业融资难、融资贵的突出问题，重庆自贸试验区在全国率先实施"出口双保通"。该业务致力于为出口中小微企业在采用赊销方式对外出口过程中向保理公司、银行等金融机构申请融资提供便利，以实现应收账款提前回笼，缓解企业资金压力（见图 3.13）。

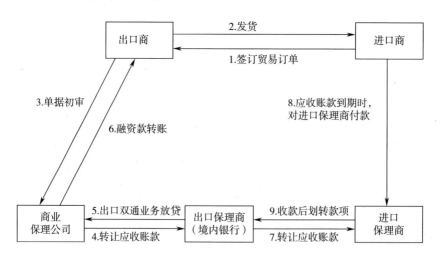

图 3.13　国际"双跨境保理"业务新模式操作流程

（资料来源：根据重庆市商务委员会内部资料整理）

"出口双保通"适用于中小微出口企业，已成功实现首笔业务的办理。此项创新通过搭建平台，借力专业保理公司，拓宽了国内中小出口商的融资渠道，提升了保理商和银行等金融机构服务中小微出口企业的能力。

4. 案例四：探索知识价值信用融资新模式

重庆自贸试验区针对科技型企业融资难和融资贵问题，积极开展知识价值信用贷款改革试点，创新性地提出并应用知识价值信用评价体系，建立知识价值信用贷款风险补偿基金，引导和激励银行业金融机构支持科技成果转化和科技型中小企业创新创业，推动技术与资本实现高效对接，取得了积极成效。具体做法分为两个方面：一是建立企业科技创新要素的知识价值信用评价体系，二是建立风险补偿基金及风险分担机制。2018 年重庆科学技术委员会发布了关于《重庆市科技型企业知识价值信用贷款体系建设方案》的通知，旨在缓解科技型企业融资难、融资贵的难题。2019 年 11 月，国务院办公厅对国务院第六次大督查发现的 32 项典型经验给予表扬，其中包括"重庆探索知识价值信用贷款改革　打开科技型企业轻资产融资之门"。

知识价值信用贷款缓解了轻资产科技企业融资难问题，提高了企业加大研发投入的积极性，促进了企业良性发展。为推进知识价值贷款改革工作，银保监会重庆监管局鼓励银行积极研发产品，主动对接知识价值贷款体系。经过对 14 家银行合作方案的比较遴选，目前，重庆银行、重庆农村商业银行、工商银行重庆市分行、农业银行重庆市分行共 4 家银行已成为试点合作机构。截至 2019 年 10 月末，重庆市累计有 4524 家企业提出贷款申请，银行审批通过 2064 家，申请通过率为 46%；累计为 1960 家企业提供了 58.97 亿元贷款（知识价值信用贷款 29.75 亿元，叠加商业贷款 29.22 亿元）。其中，563 家企业首次获得银行贷款金额 7.29 亿元，占已获贷企业总数的 29%。一批科技型企业通过知识价值信用贷款解决了流动资金紧缺难题，实现快速发展。重庆朗天制药有限公司通过知识价值信用贷款获得了 300 万元的授信额度，缓解了企业的资金压力，推动了企业发展。重庆赛恩斯环保工程有限公司是一家从事环保产业的科技企业，于 2017 年获得了 80 万元的知识价值信用贷款支持，这也是该企业首次获得银行贷款，及时缓解了流动资金紧缺难题，企业当年新增营业收入 1865 万元。2018 年，其企业知识价值信用贷款额度提升到 120 万元，主营业务收入达到 1948 万元，企业研发投入 177 万元。2019 年，该企业知识价值信用贷款已提升到 400 万元。

三、针对重庆自贸试验区金融开放与创新现状的建议

（一）重庆自贸试验区发展与金融相关的举措

首先，在政策宣导方面，开展政策解读，将自贸试验区金融创新政策利好传递到更多企业、机构。着力构建政策实施体系，市金融局会同自贸办和"一部两局"，对各项政策逐项研究和分解落实，做好政策实施的统筹协调及配套体系建设，同时做好合规指导、完善风险防控预警机制，协同中国银行、建设银行、交通银行等金融机构，根据创新政策逐条研究设计对应的创新业务及产品，形成自贸试验区金融创新产品库及工具箱，推进政策落地实施；以跨境金融结算、跨境投融资为主题，举办多场自贸试验区专题政策及业务培训会，对重点企业、金融机构、区县政府共几百家单位进行培训和互动解答；自贸试验区企业已启动跨国公司外汇资金集中运营管理、跨境人民币双向资金池、房地产投资信托基金、跨境融资租赁等创新业务及产品运用。

其次，在项目推进实施方面，与中新示范项目一体化推进，按照部门职能分工做好项目实施的配套服务，协调加快推进项目实施；强化区县配套，做好项目实施保障。会同两江新区、江北区等，谋划针对性的财政支持政策及服务保障措施，为国家开发银行、中信银行等下属的一批新机构落户自贸试验区提供办公营业用房、人才引进等配套政策支持，着力构建良好的营商环境；搭建对接平台，促进市场主体广泛对接。启动金融互联互通对接会筹备工作，联合筹办中国—匈牙利跨境投资洽谈会，成功引进中国—中东欧银联体高层联络会议，引导金融机构建立同业授信、渠道共建、资源共享等合作机制。推进与国家开发银行、民生银行等的战略合作，积极参与自贸试验区建设。从自贸试验区机构设立项目情况来看，国开证券分公司、建设银行创新中心、鉌渝金融租赁、保险资产登记交易平台、物流金融平台等一批机构已正式挂牌成立。从业务牌照及授权来看，重庆银行、西南证券公司等已向监管部门提出业务资格申请，民生银行、浦发银行、星展银行等12家在渝金融机构已向总行提出业务授权申请。从创新业务来看，西部航空飞机租赁、砂之船房地产信托、重庆银行同业授信项目等取得积极进展。

最后，谋划金融开放提档升级。按照"深化、拓展、升级、立标"要求推进金融开放创新。立足长远发展，启动金融开放创新规划。对标国际金融规则，对接开发银行、民生银行等金融机构，启动组建金融专家委员会，研究自贸试验区金融发展规划。立足重庆定位，做好政策储备谋划。围绕承接国家制度改革创新及功能性金融中心两个核心，认真谋划，初步形成一批拟持续争取的创新政策，包括跨境人民币贸易融资资产转让、PPP项目跨境资产证券化、不良债权跨境转让等11项金融体制机制创新政策；扩大离岸银行业务试点范围、区内金融机构交叉持牌试点等助推功能性金融中心建设的26项政策储备。立足政策实施，狠抓创新项目策划。坚持以项目推动政策实施，会同各区县、各金融机构论证、策划77个储备项目，52个自贸试验区金融机构设立类项目，进一步增强重庆面向国际的金融服务能力；16个业务牌照及授权类项目，有力提高金融机构产品创新及自主决策能力；9个业务创新类项目，为金融支持实体经济发展探索新路径、积累新经验。初步形成合资证券、跨境天然气交易中心等19项需争取国家支持的储备项目，以项目需求促进政策创新突破。

同时，深入推进"放管服"改革，将"分散"变"集中"，"事前"改"事后"。启动银行业行政审批事项集中受理试点，建立"一室受理、分别办理、限时办结、统一送达"的高效审批机制。将自贸试验区内银行分行级以下（不含分行）的机构和高管准入事项由事前审批改为事后报告。初步统计，自贸试验区挂牌以来，减少机构和高管准入审批事项近百件。在优化监管工作机制方面，银保监会重庆监管局搭建创新互动机制。鼓励自贸试验区内的银行业金融机构积极探索业务创新，通过"个案"方式先行先试，并建立完善风险评估、统计监测及信息交流等监管工作机制，推动构建全流程、全覆盖的风险管理体系。截至2018年3月，重庆自贸试验区共有法人及市级银行业分支机构54家，占重庆银行业的45%以上；区内银行业金融机构资产、负债规模分别达到4.11万亿元、3.95万亿元，资产和负债规模占比超过重庆银行业的80%，① 初步形成大中小合

---

① 资料来源：重庆市统计年鉴。

理分布、中外资统筹优化、金融功能丰富完善的银行业机构体系，为高标准建设自贸试验区提供了坚实的金融资源基础。

（二）重庆自贸试验区发展与金融相关的建议

首先，稳健推进金融开放，加快金融创新的步伐，合理推进金融政策落地实施。第一，在银行业方面，加快利率市场化的进程，将自贸试验区作为一个中转站，使国内、国外资金得到有效流通，防止大规模的利率套利行为发生，运用双向投、双向池、双向贷等创新业务实现资源的有效配置；第二，发展证券类产品，创新资本化项目，运用资产支持证券（ABS）、政府和社会资本合作（PPP）等加快资本化的进程，尽快推动证券类产品落地，从而将金融创新运用到实业；第三，对于融资租赁类项目，加大推动和宣传力度，一个城市的发展与基础建设和大型制造装备等息息相关，加快推动融资租赁类项目，降低企业一次性投入的成本，打造以金融为导向的自贸试验区城市；第四，大力发展自贸试验区保险功能，打造创业保险，科创企业创始人，因自身发生意外事故或其创建的企业经营不善终止经营，可获得一定的费用损失补偿，避免创业失败可能带来的生活困难，也为创业者二次创业提供物质基础；第五，建立稳定的金融环境，包括金融监管制度以及事后争端处理办法，做到事前有法可依，事中有相关法律法规可以遵循，事后也有协调处理办法，真正做到重庆自贸试验区金融持续稳健发展。

其次，结合重庆自贸试验区属于"一带一路"沿线以及"渝新欧"的始发点，制定切实可行的金融配套政策。"渝新欧"的建设与重庆自贸试验区的发展有着重要的关联，它为重庆自贸试验区打开了一条向外突破的重要道路，我们可以针对"渝新欧"项目进行一定程度的金融开放与创新，例如，将资产证券化类项目与税收政策相结合，推动"渝新欧"铁路的实际运行，有效地将"渝新欧"发展成为重庆自贸试验区向外发展的起始点。

再次，制定政策吸引更多的金融机构落地重庆。立足自贸试验区与中新示范项目一体化推进的优势，建议各区县自贸办及实体企业在实际参与自贸试验区相关工作中积极提出政策制度创新需求，进一步加强研究谋划，构建政策制度创新清单，市金融服务办公室会同一部三局，加强研究指导，加快形成自贸试验区金融配套政策体系，提升重庆自贸试验区的示范效应。建议各区县自贸办会同有关金融机构，做好金融政策及业务创新宣传培训，组织自贸试验区金融创新专题培训，增强创新政策的运用能力。要进一步完善配套保障体系，加大招商引资力度，促进其"起好步、快发展"。在风险可控的前提下，鼓励区内国有企业积极融入自贸试验区金融合作，发挥带动作用。

最后，增强个人征信管理，让更多的个人信用资料纳入个人征信报告，对征信良好的个人提供便利的融资措施，为个人创业提供资金支持。随着金融市场的发展，不仅仅是企业的信用很重要，而且个人信用也同样重要，资本市场针对不同信用评级的企业提供不同成本、不同规模的融资。在针对个人征信的评级上，重庆自贸试验区可以创新评级，将更多的个人信用资料录入征信系统，对征信评级良好的个人提供差异化的融资服务，提高重庆自贸试验区整体市场信用水平。

自贸试验区的设立和运行，将理论和实践相结合，不断完善重庆自贸试验区内的金融建设，最终使重庆自贸试验区的金融战略完美契合国家"一带一路"倡议和西部大开放战略，并以此为始发点，全面带动重庆的经济发展逐步向周边地区辐射，最终起到全面推动区域经济发展的效果。

第三节　中国（重庆）自由贸易试验区金融创新及其影响研究

中国正在寻求一种新的模式推动自身对外经济的发展，同时也在积极探索对外开放的新路径，而积极建设自由贸易区域是应对国际新形势、寻求新的利润增长点的有效的实践路径之一。随着我国经济的发展，以及在2019年8月国务院正式批复成立第五批自由贸易区，自由贸易区从沿海到中部再到西部的新战略格局形成，我国向国际高标准的自由贸易体系发起冲刺，这些条件的实现都为加快实施"一带一路"倡议打下了坚实的基础。

重庆自贸试验区金融创新以创新政府管理模式为基础，秉承着为实体经济服务的目的，稳步推动对外开放，支持创新政策先行先试，努力构建国际物流枢纽和港口高地，为"一带一路"和长江经济带的发展服务，重庆逐渐成为"内陆金融中心"。

一、重庆自贸试验区金融创新的政策体系及制度创新成果

重庆自贸试验区自挂牌以来，依托区内金融政策先行先试和重庆国家级经济地理中心的独特优势，重庆市国家税务局、银保监会重庆监管局、中国人民银行重庆营业管理部、国家外汇管理局重庆外汇管理部等监管部门积极开展金融制度创新，陆续出台多项金融改革制度以提供政策支持和指导。

（一）重庆自贸试验区金融创新政策体系

重庆自贸试验区结合自身资源优势，积极开展金融制度创新，包括《中国（重庆）自由贸易试验区总体方案》中的金融领域开放创新措施、区域税收优惠、两部门指导意见、简化银行业机构和高管准入方式的实施细则、两项监管新政等一系列金融创新制度，为重庆自贸试验区金融创新实践指明了方向。

1. 总体方案

2017年3月15日，国务院印发的《中国（重庆）自由贸易试验区总体方案》（以下简称《总体方案》）在关于深化金融领域开放创新方面，提出优化跨境金融结算服务、推动跨境人民币业务创新发展、探索跨境投融资便利化改革创新、增强跨境金融服务功能、完善金融风险防控体系等改革措施。与其他自贸试验区相比，重庆自贸试验区总体方案有以下三点独特之处。

第一，重庆自贸试验区肩负着探索陆上贸易规则的重任。为了促进对外贸易的发展，重庆开通了两条"渝新欧"国际铁路联运大通道，可以直接到达欧洲物流集散中心德国杜伊斯堡。重庆外贸企业对外货物运输量逐年提升，"渝新欧"国际铁路联运通道的建成，为外贸企业打开了除开空运、海运之外的新物流通道。

第二，重庆自贸试验区要做大做强先进制造业。重庆有辽阔的城市面积，超过了80000平方千米，国务院批复明确要求重庆自贸试验区要带动西部大开发，因此，重庆自贸试验区的一个很重要的功能是产业辐射，即通过发展、聚集高端制造业，加速产业转型升级，进而拉动周边城市的经济发展。

第三，重庆自贸试验区与中新（重庆）战略性互联互通示范项目有重合，是中新两国贸易的"2.0版本"。中新（重庆）战略性互联互通示范

项目是中国和新加坡设立在中国西部地区的第三个政府间合作项目，这一项目以重庆为运营中心，围绕航空、金融、通信、物流四个方面，进行一系列制度创新。

2. 区域税收优惠

在《总体方案》的框架下，重庆市国家税务局于 2017 年 6 月 30 日发布了 10 条有针对性的税收便利措施，简化办税程序，减轻纳税人负担；同时还出台了《服务中国（重庆）自由贸易试验区税收优惠政策指引》，梳理出 71 条税收优惠政策，包括自贸试验区适用相关税收政策及普遍性优惠、物流贸易领域税收优惠政策、金融服务领域税收优惠政策、现代服务领域税收优惠政策、高端制造领域税收优惠政策五个方面，为企业提供税收优惠政策清单。

3. 放宽银行入驻条件

在《总体方案》的框架下，银保监会重庆监管局于 2017 年 7 月 4 日公布了《关于印发简化中国（重庆）自由贸易试验区银行业机构和高管准入方式的实施细则（试行）的通知》（以下简称《实施细则》），全面放宽了银行入驻重庆自贸试验区的相关条件。与区外政策相比，重庆自贸试验区内银行机构和高管准入方式政策有三点突破：一是在重庆自贸试验区内设分支机构不受重庆市银行业金融机构年度网点规划限制；二是在重庆自贸试验区内设网点无须报监管部门事先审批，实行事后报告制；三是重庆自贸试验区内银行高管任职无须监管部门事先核准，实行事后报告制。

《实施细则》的出台意味着银行业机构在重庆自贸试验区内设立分支机构手续会更加简便，能有效地促进重庆自贸试验区内银行业的发展，从而促进重庆自贸试验区的建设与发展。但是值得注意的是，放宽条件并不意味着放任自流，发现重大风险将暂停享受政策。

4. 两部门指导意见

2017 年 10 月 30 日，中国人民银行重庆营业管理部、国家外汇管理局重庆外汇管理部联合发布《关于金融支持中国（重庆）自由贸易试验区建设的指导意见》（以下简称《指导意见》），推出了 36 条金融创新举措，共涵盖 8 个方面，其中有 4 条措施是全国首次提出，属于重庆自贸试验区独有，详情见表 3.13。

表 3. 13   36 条金融创新举措

主要方面	具体内容	重庆自贸试验区独有的措施
简化跨境收支管理，提高跨境结算效率	简化本外币账户管理；便利跨境人民币结算；优化外汇结算单证审核；深化跨境结算数据信息共享。	探索贸易结算便利化创新：在真实和合法交易的基础上，支持自贸试验区开展适应内陆一般贸易、加工贸易、转口贸易、服务贸易等多种贸易业态的结算便利化试点。支持符合条件的企业探索加工贸易项下资金收付轧差结算等业务创新，进一步提高资金运作效率。支持要素市场跨境现货交易结算：探索与要素市场跨境交易相适应的外汇收支便利化措施，支持符合条件的要素市场开展代客集中收付、境内外汇划转等业务，推动跨境现货交易业务发展。支持跨境保理业务发展：探索适合跨境保理业务发展的管理模式，支持商业保理公司与金融机构合作开展跨境保理业务，重点支持中小外贸企业跨境结算。支持贸易融资服务创新：探索基于陆上运输、多式联运的融资规则体系建设，充分利用通关便利化、贸易多元化、投资自由化等自贸试验区内有利条件，推动签发多式联运提单、标准化运单，并完善相关提货、登记查询及增信的配套机制，探索基于多种运单、提单的信用证结算、融资等金融服务创新及便利化，大力支持"一带一路"陆路跨境贸易发展。支持金融机构运用全球授信、境内外银团贷款、并购贷款、出口信贷等多种方式，为自贸试验区内企业贸易投资提供个性化、低成本的融资服务。
创新跨境结算管理方式，支持新兴业态发展	探索贸易结算便利化创新；支持跨国公司结算中心发展；推动跨境电子商务结算创新；支持要素市场跨境现货交易结算；支持融资租赁业务结算；支持跨境保理业务发展。	
扩大人民币跨境使用范围，降低汇率风险和汇兑成本	扩大与"一带一路"沿线国家的跨境人民币结算；推动跨境人民币业务发展；支持自贸试验区银行开展境外项目人民币贷款；支持个人开展经常项下跨境人民币结算；畅通跨境人民币支付渠道。	
优化结售汇管理，促进提高资金使用效率	支持资本项目外汇收入意愿结汇；扩大境内外汇贷款结汇范围；允许境外机构境内外汇账户资金结汇；丰富外汇衍生产品工具。	
拓展跨境投融资，支持用好两个市场、两种资源	支持跨境双向投资；实施全口径跨境融资宏观审慎管理；支持境外上市及债券融资；支持贸易融资服务创新；促进跨境担保业务有序发展；允许符合条件的境外投资者自由转移投资收益；探索信贷资产跨境转让。	
完善基础设施建设，增强跨境金融服务功能	健全多元化金融服务网络；简化行政许可业务办理；深化金融服务科技支撑。	
加强事中、事后监管，防范跨境资金流动风险	加强跨境资金流动监测预警；深化跨部门监管协作；深化金融外汇市场行业自律；探索事中、事后监管创新。	
保障措施	加强组织推动；健全工作机制；加强宣传总结。	

资料来源：根据重庆市金融服务办公室内部资料整理。

2019 年 7 月，国家外汇管理局重庆外汇管理部发布了《关于在中国（重庆）自由贸易试验区开展外汇创新业务的通知》，通知指出，可以开展以下外汇创新业务：在区内试点实施资本项目外汇收入支付便利化；区内企业办理境内直接投资信息便利化措施；非投资性外资企业按实际投资规模将资本项目外汇收入或结汇所得人民币资金依法用于境内股权投资；允许区内已确定选择"投注差"模式借用外债的企业，可调整为以跨境融资宏观审慎管理模式借用外债，一经调整不得变更；放宽企业跨境融资签约币种、提款币种、偿还币种必须一致的要求，允许区内企业提款币种和偿还币种与签约币种不一致，但提款币种和偿还币种应保持一致。允许区内企业的外债注销登记业务由重庆外汇管理部辖区任一银行直接办理，取消企业办理该业务的时间限定；区内企业开展跨国公司资金集中运营管理业务，其上年度本外币国际收支规模由超过 1 亿美元调整为超过 5000 万美元，其余按照《国家外汇管理局关于印发〈跨国公司跨境资金集中运营管理规定〉的通知》（汇发〔2019〕9 号）办理；适用自贸试验区外汇试点政策办理业务的企业应留存相关业务材料，以备银行和国家外汇管理局事后监督查验。除另有规定外，机构、个人应留存充分证明所涉业务真实、合法的相关文件和单证（含电子单证）等 5 年备查；适用自贸试验区外汇试点政策办理业务的银行在办理相关业务时，应遵循行业自律要求深入进行尽职调查，依法办理业务，并加强事后监督。发现相关业务或办理主体存在异常或可疑情况的，应及时报告所在地外汇管理分局。

5. 两项监管新政

为了深入贯彻落实《总体方案》，深化重庆自贸试验区金融领域开放创新，银监会重庆监管局于 2017 年 11 月 13 日公开发布了两份文件，分别是《关于试行中国（重庆）自由贸易试验区银行业务创新监管互动机制的通知》和《关于做好中国（重庆）自由贸易试验区业务风险评估的通知》，通过建立完善的自贸试验区银行业工作机制和监管政策体系，引导银行业为建设高标准自贸试验区提供优质的金融服务，提高自贸试验区内的金融创新效率。

监管互动机制适用于银行业金融机构拟通过自贸试验区金融创新试验

平台进行先行先试的各类非行政许可类新产品（业务），银保监会重庆监管局指导机构对这类新产品（业务）按照一定条件开展自评估和监管审核，根据机构提供的材料反馈评估结果，引导机构在自贸试验区开展创新业务先行先试。落实业务首单及逐月报告制度，定期开展评价，及时指导机构对存在较大风险、涉嫌监管套利或侵犯消费者利益的做法进行调整或暂停该业务。监管互动机制的建立既为自贸试验区内银行业金融机构的业务创新提供了"绿色通道"，也为探索在开放型经济体制下有效监管、防范风险夯实了基础。

业务风险评估机制是从事自贸试验区业务的银行业金融机构建立事前及持续性风险评估机制，定期对市场风险、信用风险、国别风险、流动性风险、法律合规风险等开展自评估，并将评估结果及时报告监管部门的监管制度安排。该机制的建立是银保监会重庆监管局贯彻落实中央"简政放权、放管结合，加强事中事后监管"要求的具体体现，有利于重庆银行业在开放环境中不断提高自我风险管理能力，切实守住不发生区域性、系统性金融风险的底线。

6.《中国（重庆）自由贸易试验区条例》开始施行

2019 年 9 月重庆市第五届人民代表大会常务委员会第十二次会议通过《中国（重庆）自由贸易试验区条例》。条例对管理体制、投资促进、贸易便利、金融创新、内陆开放和营商环境方面作出规定，在金融创新部分，主要对金融结算服务、跨境人民币业务、跨境投融资便利化、金融机构设立、跨境金融服务、自贸试验区金融监管协调等方面的具体措施作出规定。

一是在自贸试验区内实行跨境金融结算服务创新，主要包括多种贸易业态结算便利化、外汇收支便利化、跨境资金运营管理、跨境电商本外币结算和与支付机构合作、简化经常项目外汇收支手续等制度。二是要推动跨境人民币业务改革创新，主要包括跨境人民币双向资金池业务、跨境租赁和跨境金融产品方面的制度。三是探索跨境融资便利化措施，包括融资租赁外币租金、境外融资调回境内使用、境外金融市场的投资和保理业务方面发展的制度。四是支持自贸试验区设立金融机构，包括境内和境外资本在区内发起和参与设立的金融机构、证券机构的分支机构和子公司、货币兑换机构和征信机构以及新型保险机构。五是要增强其他跨境金融服务功能建设，包括区内银行机构资金交易、银行间外汇市场、内地与香港基金互认、期货、保险、融资租赁和金融科技方面的金融服务。六是加强风险的防范与监管，建立跨境资金流动风险监管机制，做好反洗钱、反恐怖融资、反逃税等金融风险监测、评估和防范工作。

这些金融开放和创新举措囊括我国现行金融开放政策中有利于区域金融体系构建和实体经济发展的大部分举措，形成了金融创新与实体经济融合发展的制度创新体系，惠及各类实体企业及金融机构。重庆自贸试验区的开放创新试点对扩大重庆金融对外开放和推动社会经济发展转型升级而言具有重要意义。

（二）重庆自贸试验区金融创新成果

结合自身资源优势，重庆自贸试验区积极开展金融制度创新，包括《总体方案》中的金融领域开放创新措施、区域税收优惠、两部门指导意见、简化银行业机构和高管准入方式的实施细则、两项监管新政等一系列金融创新制度，为重庆自贸试验区金融创新实践指明了方向。

重庆自贸试验区挂牌运行以来，以制度创新为核心，以项目落地为关键，深挖改革潜力，破解改革难题，在加快政府职能转变、探索投资贸易便利化、促进金融改革创新、服务国家战略等方面形成了一批可复制、可推广的改革创新成果。2020 重庆"两会""如何发挥'三个作用'"专题记者会上张智奎表示，重庆自贸试验区自 2017 年 4 月挂牌以来，总体方案中 151 项改革试点任务已落实 148 项，国家要求复制推广的自贸试验区改革试点经验已落实 172 项，落实率达 93％，国务院深化自贸试验区改革创新措施适用重庆的 41 项措施，已落实 36 项。2019 年 10 月召开的重庆市全面融入共建"一带一路"加快建设内陆开放高地推进大会指出中国（重庆）自由贸易试验区累计形成 197 项制度创新成果，在这 197 项制度创新成果中，重庆自贸试验区实施的铁路提单信用证融资结算、海关特殊监管区域"四自一简"、知识价值信用融资新模式、市场综合监管大数据平台等 12 项经验和案例已经在全国复制推广。重庆自贸试验区已累计上报制度创新成果

50 项，其中全国首创 23 项，仅 2019 年上半年，重庆向国家上报最新制度创新成果 12 项，其中全国首创 11 项，包括工程建设项目一本报告管全域、海关货物担保一体化智能管理、银行与商业保理合作新模式——出口商保通等创新。2017 年 4 月设立以来至 2019 年 11 月末，重庆自贸试验区新增注册企业注册资本总额超 4300 亿元，占全市的比重为 23.1%，新增注册外资企业 554 户，占全市的比重为 22.8%。截至 2019 年 7 月末，全域引进项目 2225 个，签订合同协议金额 6271.23 亿元人民币（见表 3.14）。

表 3.14　　　　　　　　　重庆自贸试验区制度创新成果汇总

序号	改革事项	负责单位	推广范围	创新领域	主要内容
1	海关特殊监管区域"四自一简"监管创新	重庆海关	海关特殊监管区域	贸易便利化	依托海关特殊监管区域辅助管理系统，通过强化风险参数应用和事中、事后监管替代繁杂的前置审核手续、流程，在引导企业自律和加强事中、事后监管的基础上，允许区内企业自主备案、自定核销周期、自主核报、自主补缴税款，海关简化业务核准手续。
2	多次进出境，为研发目的的，免于办理强制性认证	重庆海关	全市	贸易便利化	对列入"实施强制性产品认证的产品目录"内，且符合下列条件之一的产品，可申请办理《免于办理强制性产品认证证明》，并按照相关规定开展 CCC 免办产品的受理、审批、发证和后续监管工作。一是重庆自贸试验区内生产企业出区进口的，为科研、测试所需，且需在境内多处地点开展科研测试工作的样品。二是重庆辖区内汽车、摩托车、电子信息技术等生产企业从境外进口的，为科研、测试所需，且需多次进出口的样品。
3	两仓监管智能化	重庆海关	全市	贸易便利化	建立保税仓库和出口监管仓库辅助管理系统，将企业仓库内部管理系统和海关辅助管理系统联网，企业通过系统提交出入库、分送集报资质等申请，海关通过系统对企业的进、出、转、存等环节实现智能化监管，业务系统自动核准率达到 90% 以上，企业报关成本可降低 90% 以上。

续表

序号	改革事项	负责单位	推广范围	创新领域	主要内容
4	货物"分送集报"通关新模式	重庆海关	全市	贸易便利化	对符合条件的分批进出特殊监管区域的应检物,经重庆海关核准,可以集中申报检、分批放行。对出区进口产品按查验单进行管理,前移现场查验环节,产品在生产线上提前预约查验,企业凭查验单集中申报。
5	增值税申报"一表集成"新模式	国家税务总局重庆市税务局	全市	深化"放管服"改革	通过实行办税便利化改革,将"营改增"一般纳税人申报表的"一主表、九附表"汇总简化为一张"基础数据表",形成"十表合一"的基本构架,实现表间勾稽关系自动计算,纳税人只需填写基础数据表,系统即可将数据自动还原回"一主表、九附表"。
6	项目建设手续平息办理模式	市住房和城乡建设委员会	全市	深化"放管服"改革	除项目方案设计审查施工图审查备案—施工发包—施工许可(质量安全报监)为前后环节外,其余项目建设手续平行办理,互不为前置。
7	构建自贸试验区区域识别系统	市商务委员会	全市	深化"放管服"改革	在第三批自贸试验区中率先建成区域识别系统,为市场主体投资创业提供便利,为打造宽松的营商环境奠定基础。一是建成自贸试验区区域"全景图"。在电子地图中完成自贸试验区及各个片区的边界绘制,明晰区域范围。二是完成自贸试验区主体"全画像"。将已登记的各类主体准确定位于电子地图上。市场主体基本信息、监管信息和信用信息统一归集到同一主体名下。三是确保自贸试验区范围"全面查"。研发区域识别引擎,投资者只需"一次输入、一键点击",即可知晓所选取的注册地址是否属于自贸试验区范围。四是力促自贸试验区投资"全速办"。区域识别系统与网上行政审批平台无缝对接,可跳转至网审平台,确保随时、随地方便注册登记。

序号	改革事项	负责单位	推广范围	创新领域	主要内容
8	重点企业进口付汇新模式	人民银行重庆营管部	全市	金融开放创新	由外汇管理局确定合同、发票和报关单号等清单格式，允许重点企业采用提交业务清单的方式办理进口付汇业务，免去向银行提交全部纸质单据的流程，提升审核效率，减轻企业负担。

资料来源：根据重庆市金融服务办公室内部资料整理。

（三）重庆自贸试验区金融创新目前存在的问题

1. 重庆自贸试验区法律体系建设滞后

重庆自贸试验区没有遵循先立法、再设区的建设模式，相反，它的相关法律文件大多是伴随着自贸试验区的实践发展，根据发展需求而陆续颁布的，这种建设模式使自贸试验区缺乏一个完整的法律体系，模糊了自贸试验区的法律界定点。从目前《中国（重庆）自由贸易试验区条例》可以看出，重庆缺乏与自贸区直接相关的地方性法律法规，现有的规范与制度的位阶较低，法治体系与自贸试验区自身发展是不协调的。此外，重庆自贸试验区缺乏统一的立法，众多法律法规相互冲突、重叠，各种法律文件之间互相独立，缺乏黏性，无法很好地实现衔接，甚至出现矛盾，产生法律间隙，在法律适用性方面还存在着很大问题。由于立法不统一，各部门之间对自由贸易区的认识出现偏差，导致各部门权责不明、摩擦加剧、政策冲突，难以形成合力，进而使管理效率低下。

2. 重庆自贸试验区金融创新政策缺乏明显的比较优势

与同时期的两个同样肩负着"向西开放"使命的自贸试验区——四川自贸试验区和陕西自贸试验区相比，重庆自贸试验区的金融创新政策虽然在《总体方案》中体现了重庆自贸试验区的区域特点，但在两部门《指导意见》中，重庆自贸试验区特有的四项政策措施仅包括探索贸易结算便利化创新、支持要素市场跨境现货交易结算、支持跨境保理业务发展、支持贸易融资服务创新，而在简化跨境收支管理、扩大人民币跨境使用、扩展跨境投融资、防控金融风险等方面的具体实施细则与四川自贸试验区和陕西自贸试验区的无明显差异，导致重庆自贸试验区金融创新的政策比较优势不明显，对自贸试验区外的企业吸引力不够大。此外，相对于四川自贸试验区和陕西自贸试验区来说，重庆自贸试验区在优化金融服务，促进实体经济方面还缺乏更加具体、完善的政策措施，例如，四川自贸试验区和陕西自贸试验区在这一方面都提到了要推进自贸试验区金融 IC 卡和移动支付多应用、鼓励自贸试验区引进各类征信服务机构、健全守信激励和失信惩罚机制等，而重庆自贸试验区的两部门《指导意见》中这部分政策相对弱化，缺乏政策比较优势。

3. 重庆自贸试验区金融创新面临多种风险

首先，无论是要落实《总体方案》中优化跨境金融结算服务、探索跨境投融资便利化改革创新等任务，还是要实现两部门《指导意见》中支持境外上市及债券融资、丰富外汇衍生产品工具等措施，以及《中国（重庆）自由贸易试验区条例》中金融创新部分中的具体措施，从金融创新面临的风险种类来看，汇率风险是重庆自贸试验区可能面临的最直接的风险。若在重庆自贸试验区内推行汇率的市场化改革，那么自贸试验区区内和区外就会产生汇率差，创新力量在金融管制的长期压抑作用下逐渐累积，一旦释放将以极大的力度驱动市场寻求政策空隙，从而实现创新利益最大化目标。其次，随着重庆自贸试验区逐步落实金融创新政策，可能出现资本外逃的风险，例如，两部门《指导意见》中的简化跨境人民币结算，这一措施对境内人民币有很强的吸引力，将引导大量境内人民币流入自贸试验区账户，再通过将资金划转至境外，实现自由换汇的可能性。最后，《实施细则》简化了银行在重庆自贸试验区内设立分支机构的程序，放宽了银行入驻重庆自贸试验区的条件，促进自贸试验区内银行加快金融创新进程，这可能会加剧区内银行竞争，减少银行净利息收入。

4. 重庆自贸试验区金融创新形式单一

根据我国对金融创新的普遍定义，金融创新包括金融制度创新、金融机构创新、金融产品创新等，但是从上文叙述的重庆自贸试验区金融创新成果与金融创新实践中不难发现，重庆自贸试验区金融创新的形式大多都是监管部门在金融制度和政策方面的创新，其他形式的金融创新非常少，目前已经形成的仅有创新的金融产品"自贸通"，创新的金融业务全口径跨境融资、外汇资本金意愿结汇、跨境人民币双向资金池、跨国公司外汇资金集中运营、境外项目人民币贷款、区内机构在境外发行人民币债券（点心债）、境外机构在境内发行人民币债券（熊猫债）。虽然《总体方案》指出重庆自贸试验区的金融创新以制度创新为主，但较多的政府干预和过于单一的金融创新形式会使重庆自贸试验区在长期发展中逐渐丧失生命力与竞争力。

二、重庆自贸试验区金融创新对经济增长影响的实证分析

学术界对金融创新与经济增长之间的关系尚未形成统一定论，而拓展经济增长新空间是重庆自贸试验区金融创新一个重要目标，因此，本节重点分析重庆自贸试验区金融创新与经济增长之间的关系。首先，选取合适的变量构建重庆自贸试验区金融创新综合评价体系；然后，基于评价体系对重庆自贸试验区金融创新与经济增长的相关数据进行格兰杰因果检验和回归模型分析，考察二者关系，探讨金融创新对经济增长的影响情况。

（一）重庆自贸试验区金融创新综合评价体系

1. 金融创新变量选取

不同学者在构建金融创新指标体系时所运用的方法有所差异。根据研究思路和数据的可获得性，通过参考王芳（2004）、赵鹏（2013）、诸葛秀山（2017）、宁帆（2017）等学者在构建金融创新指标体系时的做法，从金融资产和金融结构两方面出发，选取能体现重庆自贸试验区金融创新的变量。

（1）金融相关比率。

金融相关比率（Financial Interrelations Ratio，FIR）是由美国经济学家雷蒙德·W. 戈德斯密斯（Raymond W. Goldsmith）提出的，指一定时期内社会金融资产总额与经济活动总量的比值，可以反映一个地区金融发展的总体水平和深化程度。王芳（2004）将金融资产总额用狭义货币、金融机构资金运用、债券余额、股票流通市值、保费余额之和表示，将经济活动总量用 GDP 表示。考虑到数据的可获得性，选取重庆自贸试验区金融机构

存贷款总额来近似代替金融资产总额，将经济活动总量用重庆自贸试验区的生产总值表示，记作 *FIR*。

（2）金融市场化比率。

金融市场化比率指金融机构贷款中乡镇企业贷款、私营贷款以及个体贷款三者贷款之和占金融机构所有贷款额的比重，体现了一个地区企业融资的难易程度，能在一定程度上反映一个地区金融体系的市场化程度，记作 *FMR*。

（3）金融机构运营效率。

金融机构运营效率反映了金融机构在盈利性、流动性、安全性三者之间的权衡，在一定程度上也反映了金融机构储蓄资金的投资转换率，用金融机构贷款总额与存款总额的比值表示，记作 *FOR*。从国际银行业的经验看，*FOR* 通常处于 0.5～1.0 之间，*FOR* 过高或过低都意味着金融资源配置不当。

（4）金融负债结构。

金融负债结构指金融机构存款总额中家庭储蓄所占的比例。以金融机构当期城乡居民储蓄与其存款总额的比值表示金融负债结构，记作 *FSR*。

（5）金融开放度。

金融开放度是通过考察利用外资情况来反映开放程度，记作 *FO*。综上所述，建立衡量重庆自贸试验区金融创新的指标体系，具体如表 3.15 所示。

表 3.15　　　　　　　　　　金融创新指标体系

指标	含义	公式
FIR	反映金融发展水平	金融机构存贷款总额/GDP
FMR	反映金融体系的市场化程度	金融机构贷款中乡镇企业贷款、私营贷款以及个体贷款三者之和占金融机构所有贷款额的比重
FOR	反映金融机构运营效率	金融机构贷款总额/金融机构存款总额
FSR	反映金融机构存款的结构特点	金融机构当期城乡居民储蓄/金融机构当期存款总额
FO	反映金融开放程度	实际利用外资额/GDP

2. 经济增长变量选取

在当前国内外对经济增长的各种度量方法中，常用来衡量经济增长的指标主要包括：固定资产投资、工业增加值、居民可支配收入、进出口贸易额等。由于不同的指标适用于不同的研究对象，其中一些指标只适用于研究国家层面的问题，对于重庆自贸试验区而言，基于数据的可获得性，选取居民可支配收入、民营经济占生产总值的比重、固定资产投资占生产总值的比重三个指标来表示经济增长，具体情况如表 3.16 所示。

表 3.16   经济增长指标体系

指标	表示符号	参考文献	含义
居民可支配收入	ECM	《"统计外收入"及其对居民收入与经济增长同步性的影响——两种统计口径的分析对比》（张车伟和赵文，2018）	居民可支配收入总体随经济增长而增长。居民可支配收入与经济增长同向变动。
民营经济占生产总值的比重	MCM	《东北地区经济增长动力转换背景下民营经济发展动力问题研究》（马嵩，2016）	民营经济占生产总值的比重是衡量区域经济增长的重要指标，其越大则表示市场经济活力和创新动力越强。
固定资产投资占生产总值的比重	GCM	《我国固定资产与经济增长相关关系研究——基于误差修正模型的分析》（杨笑语，2016）	固定资产投资是拉动经济增长的主要因素之一。固定资产投资对经济增长的带动作用具有乘数效应，即增加一笔固定资产投资会带来大于这笔投资数倍的生产总值增加。

3. 样本数据说明

在数据的选取方面，由于重庆自贸试验区在 2017 年 4 月才挂牌成立，成立时间较短，可供查找到的数据非常有限，并且经过问询重庆市相关政府机构，发现目前并没有具体的统计过西永、果园港和两江新区三个自贸试验区的相关数据，这些因素给指标对应的数据选择带来了较大的困难。为此，在重庆市地方金融局的建议下，本文选取重庆市渝北区、江北区、沙坪坝区三个片区 1991—2017 年的相关数据，用这三个片区数据之和来代表重庆自贸试验区整体情况，通过搜寻汇集 Wind 数据库、国家统计年鉴、国泰安数据库、重庆市统计年鉴以及金融服务办公室和两江新区现代服务业局所提供的内部数据，运用 Eviews 7.0 对各项数据进行分析处理。

（二）重庆自贸试验区金融创新与经济增长关系分析

1. 单位根检验

对于时间序列数据，建立回归模型之前，需要考虑"伪回归"问题，因此，需要对时间序列数据进行单位根检验，来判断时间序列数据是否平稳，在判断序列平稳性的基础上，对变量序列进行协整检验，判断其是否具有长期的稳定关系，最后进行格兰杰因果检验，检验两个变量之间的因果关系。在此用 ADF 检验，检验序列的平稳性，利用 Eviews 7.0 软件对表中的时间序列进行 ADF 检验。

表 3.17　　　　　　　　　　　　单位根检验

变量	ADF 检验值	临界值			检验结果
		1%	5%	10%	
ECM	−2.4099	−3.7241	−2.9862	−2.6326	不平稳
ΔECM	−3.7416	−4.3743	−3.6032	−3.2381	平稳
MCM	−1.5952	−4.5920	−3.5056	−3.0360	不平稳
ΔMCM	−4.0021	−3.6258	−2.9660	−2.6035	平稳
GCM	−2.1063	−4.5069	−3.6058	−3.3059	不平稳
ΔGCM	−4.3948	−3.6826	−2.8869	−2.6048	平稳
FIR	−1.4307	−3.7115	−2.9810	−2.6299	不平稳
ΔFIR	−3.8213	−3.7241	−2.9862	−2.6326	平稳
FMR	0.1410	−3.7115	−2.9810	−2.6299	不平稳
ΔFMR	−4.6875	−3.7241	−2.9862	−2.6326	平稳
FOR	4.7032	−3.7696	−3.0049	−2.6422	不平稳
ΔFOR	4.1867	−3.8315	−3.0300	−2.6552	不平稳
FSR	0.4207	−3.7115	−2.9810	−2.6299	不平稳
ΔFSR	−4.3297	−3.7241	−2.9862	−2.6326	平稳
FO	−3.9640	−3.7880	−3.0124	−2.6461	平稳

注：Δ 代表对原序列数据进行一阶差分。

从表 3.17 可以看出，对于原始序列，除了金融开放度以外，其余指标的 ADF 检验值均大于不同检验水平的三个临界值，因此居民可支配收入、民营经济占比、固定资产投资占比、金融相关比率、金融机构运营效率、金融市场化比率、金融负债结构均是不平稳的时间序列，而金融开放度是平稳的时间序列；在进行一阶差分后，居民可支配收入、民营经济占比、固定资产投资占比、金融相关比率、金融市场化比率、金融负债结构是平稳的时间序列，而金融机构运营效率依旧不是平稳时间序列，因此之后的协整检验与格兰杰因果检验将剔除金融机构运营效率这一指标。

2. 协整检验

根据协整理论，两个或两个以上的一阶单整时间序列进行组合可以实现平稳。从前文单位根检验可以得出，居民可支配收入、民营经济占比、固定资产投资占比、金融相关比率、金融市场化比率、金融负债结构、金融开放度序列均属于一阶单整序列，符合协整检验的前提。多个变量的协整检验一般采用 Johansen 协整检验法，本书也采用 Johansen 协整检验法考察上述序列之间是否存在长期稳定的关系。

表 3.18　　　　　　　　居民可支配收入协整检验

Hypothesized No. of CE（s）	Eigenvalue	Trace Statistic	0.05 Critical Value
None *	0.9699	167.0321	69.8189
At most 1 *	0.8381	82.9388	47.8561
At most 2 *	0.7087	39.2371	29.7971
At most 3	0.3242	9.6357	15.4947
At most 4	0.0096	0.2308	3.8415

注：None 表示不存在协整关系，At most1 表示至多存在一个协整关系，依此类推；* 表示在 0.05 的显著性水平下拒绝原假设（下同）。

表 3.19　　　　　　　　民营经济占比协整检验

Hypothesized No. of CE（s）	Eigenvalue	Trace Statistic	0.05 Critical Value
None *	0.9369	153.8829	60.5982
At most 1 *	0.8459	78.8884	46.9852
At most 2 *	0.7150	39.0001	30.5841
At most 3	0.3638	9.2587	16.9887
At most 4	0.0101	0.1908	3.6688

表 3. 20　　　　　　　　　　固定资产投资占比协整检验

Hypothesized No. of CE（s）	Eigenvalue	Trace Statistic	0.05 Critical Value
None*	0.8892	108.9521	54.5331
At most 1*	0.7521	87.9855	40.5992
At most 2*	0.7358	35.5511	10.6552
At most 3	0.3685	9.0025	15.5998
At most 4	0.0066	0.2025	3.8001

由表 3.18 可知，当假设至多存在两个协整关系时，拒绝了原假设，表明至少存在三个协整关系，并且没有拒绝至多存在三个协整关系的假设，因此居民可支配收入与金融相关比率、金融市场化比率、金融负债结构和金融开放度之间存在三个协整关系，即说明从长期来看，居民可支配收入与这些金融创新指标之间存在稳定的经济关系。同理，对民营经济占比、固定资产投资占比进行协整检验，结果如表 3.19、表 3.20 所示，同样可以得出民营经济占比和固定资产投资占比分别与金融相关比率、金融市场化比率、金融负债结构和金融开放度之间存在长期稳定的经济关系。

3. 格兰杰因果检验

变量之间高度相关不代表它们一定存在因果关系，因此在相关检验后要进一步检验变量之间是否存在因果关系，本书采用的是格兰杰因果检验。格兰杰因果检验主要用于判断自变量和因变量之间的因和果的关系，也就是检验因变量是否是由自变量的变化而引起的变化，同时也可以判断因变量的变化是否会导致自变量也发生变化。利用 Eviews 7.0 软件，居民可支配收入的格兰杰因果检验结果如表 3.21 所示。

表 3. 21　　　　　　　　居民可支配收入格兰杰因果检验

原假设	F 统计量	P – Value	因果判定
FIR does not Granger Cause ECM	12.9956	0.0015	存在
ECM does not Granger Cause FIR	0.0015	0.9698	不存在
FMR does not Granger Cause ECM	4.4101	0.0469	存在

原假设	F 统计量	P - Value	因果判定
ECM does not Granger Cause FMR	0.8020	0.3798	不存在
FSR does not Granger Cause ECM	0.0061	0.0886	存在
ECM does not Granger Cause FSR	0.0543	0.8178	不存在
FO does not Granger Cause ECM	4.1965	0.0521	存在
ECM does not Granger Cause FO	0.1040	0.7500	不存在

从表 3.21 可以看到，对于金融相关比率不是影响居民可支配收入的格兰杰原因的原假设，得到检验的 F 值为 12.9956，对应的 P 值为 0.0015，小于 0.05 的显著性水平，因此拒绝原假设，得到金融相关比率是影响居民可支配收入的格兰杰原因。同理可以知道，金融市场化比率、金融负债结构和金融开放度是影响居民可支配收入的格兰杰原因，且都是单向因果关系。综上初步可以得到结论：居民可支配收入的影响因素主要有金融相关比率、金融市场化比率、金融负债结构和金融开放度。

表 3.22　　　　　　　　　　民营经济占比格兰杰因果检验

原假设	F 统计量	P - Value	因果判断
FIR does not Granger Cause MCM	12.8807	0.0014	存在
MCM does not Granger Cause FIR	0.0015	0.9599	不存在
FMR does not Granger Cause MCM	4.3542	0.0456	存在
MCM does not Granger Cause FMR	0.8158	0.3698	不存在
FSR does not Granger Cause MCM	0.0069	0.0650	存在
MCM does not Granger Cause FSR	0.0495	0.8089	不存在
FO does not Granger Cause MCM	4.2019	0.0409	存在
MCM does not Granger Cause FO	0.1109	0.7492	不存在

表 3.22 是民营经济占比的格兰杰检验结果，从表中可以知道，金融相关比率、金融市场化比率、金融负债结构和金融开放度是影响民营经济占比的格兰杰原因，且都是单向因果关系。初步可以得到结论：民营经济占比的影响因素主要有金融相关比率、金融市场化比率、金融负债结构和金融开放度。

表 3. 23　　　　　　固定资产投资占比格兰杰因果检验

原假设	F 统计量	P – Value	因果判断
FIR does not Granger Cause GCM	12. 8359	0. 0015	存在
GCM does not Granger Cause FIR	0. 0016	0. 9356	不存在
FMR does not Granger Cause GCM	4. 3971	0. 0434	存在
GCM does not Granger Cause FMR	0. 8189	0. 3658	不存在
FSR does not Granger Cause GCM	0. 0055	0. 0629	存在
GCM does not Granger Cause FSR	0. 0498	0. 8358	不存在
FO does not Granger Cause GCM	4. 2018	0. 0556	存在
GCM does not Granger Cause FO	0. 1098	0. 7387	不存在

表 3. 23 是固定资产投资占比的格兰杰检验结果，从表中可以知道，金融相关比率、金融市场化比率、金融负债结构和金融开放度是影响是固定资产投资占比的格兰杰原因，且都是单向因果关系。初步可以得到结论：固定资产投资占比的影响因素主要有金融相关比率、金融市场化比率、金融负债结构和金融开放度。

4. 回归模型分析

由于人们对格兰杰因果关系是否是一种真正的因果关系还存在很大的争议，为了更准确地考察重庆自贸试验区金融创新对经济增长的影响，接下来将用回归模型来进一步分析各指标之间的关系。本书在研究金融创新对经济增长的影响时，以居民可支配收入、民营经济占比、固定资产投资占比作为衡量经济增长的指标。以金融相关比率、金融机构运营效率、金融市场化比率、金融负债结构和金融开放度作为自变量。分别建立多元回归模型：

$$ECM = C + \alpha_1 FIR + \alpha_2 FMR + \alpha_3 FSR + \alpha_4 FO + \alpha_5 FOR + \varepsilon \quad (3.4)$$

$$MCM = C + \beta_1 FIR + \beta_2 FMR + \beta_3 FSR + \beta_4 FO + \beta_5 FOR + \varepsilon \quad (3.5)$$

$$GCM = C + \gamma_1 FIR + \gamma_2 FMR + \gamma_3 FSR + \gamma_4 FO + \gamma_5 FOR + \varepsilon \quad (3.6)$$

其中，FIR 为金融相关比率指数，FMR 为金融市场化比率，FSR 为金融负债结构，FO 为金融开放度，FOR 为金融机构运营效率，ε 为随机扰动项。

（1）居民可支配收入。

运用 Eviews 7. 0 对居民可支配收入模型进行参数估计，得到结果如表

3.24 所示。

表 3.24　　　　　　　居民可支配收入模型参数估计结果

Variable	Coefficient	Std. Error	t – Statistic	Prob.
C	0.2039	0.0874	2.3323	0.0297
FIR	0.2079	0.1725	1.2052	0.2415
FMR	0.0003	0.0000	7.2083	0.0000
FOR	0.0000	0.0000	1.0574	0.3024
FSR	– 0.0056	0.0009	– 6.4317	0.0000
FO	0.4972	0.1036	4.7965	0.0001
R – squared	0.9693	F – statistic		132.4475
Adjusted R – squared	0.9619	Prob（F – statistic）		0.0000
Durbin – Watson stat				1.5321

从回归结果可以发现，金融市场化比率、金融开放度和金融负债结构均通过了 5% 的显著性检验，但金融相关比率、金融机构运营效率的 P 值分别为 0.2415、0.3024，高于 5% 的显著性水平，说明该指标未通过检验，可能是由于多重共线性的影响，因此选用逐步回归方法，剔除不显著的变量得到模型回归结果（见表 3.25）。

表 3.25　　　剔除变量后居民可支配收入模型参数估计结果

Variable	Coefficient	Std. Error	t – Statistic	Prob.
C	0.1557	0.0748	2.0815	0.0492
FO	0.4428	0.0903	4.9059	0.0001
FMR	0.0003	0.0000	7.4400	0.0000
FSR	– 0.0052	0.0008	– 6.8666	0.0000
FIR	0.2761	0.1605	1.7207	0.0993
R – squared	0.9676	F – statistic		164.3980
Adjusted R – squared	0.9617	Prob（F – statistic）		0.0000
Durbin – Watson stat				1.5217

剔除不显著的变量后，各经济指标参数估计均通过了 10% 的显著性检验，模型的拟合系数为 0.9676，调整后的拟合系数为 0.9617，拟合效果非常好，说明居民可支配收入的影响因素有 96.17% 可以由这四个变量解释，

该模型的 DW 值为 1.5217，查表知其在临界值区域内，表明该模型的残差没有自相关性。

同时，需要对该模型进行异方差检验，本书选用 White 检验对该多元回归模型进行异方差检验，得到结果如表 3.26 所示。

表 3.26　　　　　　　　居民可支配收入模型异方差检验结果

F – statistic	0.1041	Prob.　F（9，16）	0.5324
Obs * R – squared	3.9042	Prob.　Chi – Square（9）	0.9176
Scaled explained SS	1.2750	Prob.　Chi – Square（9）	0.9985

从表 3.26 可知，White 检验的 F 值为 0.1041，对应的 P 值为 0.5324，大于 5% 的显著性水平，因此接受该模型残差没有异方差的原假设。得到回归模型（3.7）。

$$ECM = 0.1557 + 0.4428FO + 0.0003FMR - 0.0052FSR + 0.2761FIR$$

$$(3.7)$$

由回归结果可以看出，金融开放度、金融市场化比率和金融相关比率的提高均会使居民可支配收入正向变化，而金融负债结构的提高将会使居民可支配收入反向变化。具体来说，重庆自贸试验区金融开放度的影响系数为 0.4428，说明从长期来看，重庆自贸试验区每提高一个单位的金融开放度，就会带动提高 0.4428 个单位的居民可支配收入。同样，重庆自贸试验区金融市场化率、金融相关比率和金融负债结构的影响系数分别为 0.0003、0.2761 和 - 0.0052，说明重庆自贸试验区每提高一个单位的金融市场化率和金融相关比率，就会带动居民可支配收入分别提高 0.0003 和 0.2761 个单位，而每提高一个单位的金融负债结构，将会使居民可支配收入降低 0.0052 个单位。相较于其他几个变量，金融开放度对居民可支配收入的影响系数最高，金融市场化比率的影响系数最低。随着重庆自贸试验区金融科技越来越发达，金融市场越来越开放，对外资的利用水平越来越高，重庆自贸试验区可以借助金融创新加大发展动力，提高居民可支配收入，从而促进经济增长。

（2）民营经济占比。

运用 Eviews 7.0 对民营经济占比模型进行参数估计，得到结果如表

3.27 所示。

表 3.27　　　　　　　　民营经济占比模型参数估计结果

Variable	Coefficient	Std. Error	t – Statistic	Prob.
C	0.2030	0.0807	2.8411	0.0299
FIR	0.3050	0.1258	1.0736	0.2048
FMR	0.0028	0.0000	7.4301	0.0000
FOR	0.0001	0.0013	1.0328	0.2880
FSR	– 0.0087	0.0013	– 6.2842	0.0000
FO	0.3895	0.1000	4.2888	0.0001
R – squared	0.9895	F – statistic		128.9524
Adjusted R – squared	0.9862	Prob（F – statistic）		0.0000
Durbin – Watson stat				1.6058

从回归结果可以发现，金融市场化比率、金融开放度和金融负债结构均通过了 5% 的显著性检验，但金融相关比率、金融机构运营效率的 P 值分别为 0.2048、0.2880，高于 5% 的显著性水平，说明该指标未通过检验。可能是由于多重共线性的影响，因此选用逐步回归方法，剔除不显著的变量得到模型结果如表 3.28 所示。

表 3.28　　　　　　剔除变量后民营经济占比模型参数估计结果

Variable	Coefficient	Std. Error	t – Statistic	Prob.
C	0.0401	0.0841	1.8815	0.0409
FO	0.0881	0.0675	7.8966	0.0001
FMR	0.3744	0.0004	4.0013	0.0010
FSR	– 0.0018	0.0033	– 6.7806	0.0009
FIR	0.2846	0.1722	1.7500	0.0558
R – squared	0.9352	F – statistic		138.9981
Adjusted R – squared	0.99358	Prob（F – statistic）		0.0000
Durbin – Watson stat				1.5608

剔除不显著变量后，各经济指标参数估计均通过了 10% 的显著性检验，模型的拟合系数为 0.9352，调整后的拟合系数为 0.9358，拟合效果非常好，说明民营经济占比的影响因素有 93.58% 可以由这四个变量解释，

该模型的 DW 值为 1.5608，查表知其在临界值区域内，表明该模型的残差没有自相关性。

同时，选用 White 检验对该多元回归模型进行异方差检验，得到结果如表 3.29 所示。

表 3.29　　　　　　　　民营经济占比模型异方差检验结果

F - statistic	0.1089	Prob. F (9, 16)	0.6058
Obs * R - squared	3.8932	Prob. Chi - Square (9)	0.9176
Scaled explained SS	1.3582	Prob. Chi - Square (9)	0.9905

从表 3.29 可知，White 检验的 F 值为 0.1089，对应的 P 值为 0.6058，大于 5% 的显著性水平，因此接受该模型残差没有异方差的原假设。得到的回归模型如下：

$$MCM = 0.0401 + 0.0881FO + 0.3744FMR - 0.0018FSR + 0.2846FIR$$

$$(3.8)$$

由回归结果可以看出，金融开放度、金融市场化比率和金融相关比率的提高均会给民营经济占比带来正向的变化，而金融负债结构的提高将会给民营经济占比带来反向的变化。具体来说，重庆自贸试验区金融开放度的影响系数为 0.0881，说明从长期来看，重庆自贸试验区每提高一个单位的金融开放度，就会带动提高 0.0881 个单位的民营经济占比增长。同样，重庆自贸试验区金融市场化率、金融相关比率和金融负债结构的影响系数分别为 0.3744、0.2846 和 - 0.0018，说明重庆自贸试验区每提高一个单位的金融市场化率和金融相关比率，就会带动民营经济占比分别提高 0.3744 和 0.2846 个单位，而每提高一个单位的金融负债结构，将会使民营经济占比降低 0.0018 个单位。相较于其他几个变量，金融市场化率对民营经济占比的影响系数最高，其次是金融相关比率，随着重庆自贸试验区金融市场的深化创新，民营企业融资成本将降低，民营经济占比将得到有效提高，从而达到促进经济增长的目的。

（3）固定资产投资。

运用 Eviews 7.0 对固定资产投资模型进行参数估计，得到结果如表 3.30 所示。

表 3.30　　　　　固定资产投资占比模型参数估计结果

Variable	Coefficient	Std. Error	– Statistic	Prob.
C	0.2114	0.1032	2.5521	0.0230
FIR	0.3012	0.0804	1.1907	0.2652
FMR	0.0012	0.0011	7.3206	0.0000
FOR	0.0038	0.0006	1.0333	0.3389
FSR	– 0.0039	0.0009	– 7.0101	0.0000
FO	0.3958	0.0833	4.8342	0.0001
R – squared	0.9758	F – statistic		145.8892
Adjusted R – squared	0.9789	Prob（F – statistic）		0.0000
Durbin – Watson stat				1.2898

从回归结果可知，金融市场化比率、金融开放度和金融负债结构均通过了 5% 的显著性检验，但金融相关比率、金融机构运营效率的 P 值分别为 0.2652、0.3389，高于 5% 的显著性水平，说明该指标未通过检验。可能是由于多重共线性，因此选用逐步回归方法，剔除不显著的变量得到模型结果如表 3.31 所示。

表 3.31　　　　剔除变量后固定资产投资占比模型参数估计结果

Variable	Coefficient	Std. Error	t – Statistic	Prob.
C	0.2011	0.0818	2.3601	0.0388
FO	0.3560	0.0761	6.2210	0.0001
FMR	0.0012	0.0094	7.0111	0.0001
FSR	– 0.0110	0.0001	– 7.6855	0.0000
FIR	0.1324	0.2395	1.7006	0.0907
R – squared	0.9587	F – statistic		164.3980
Adjusted R – squared	0.9598	Prob（F – statistic）		0.0000
Durbin – Watson stat				1.5882

剔除不显著变量后，各经济指标参数估计均通过了 10% 的显著性检验，模型的拟合系数为 0.9587，调整后的拟合系数为 0.9598，拟合效果非常好，说明固定资产投资占比的影响因素有 95.98% 可以由这四个变量解释，该模型的 DW 值为 1.5882，查表知其在临界值区域内，表明该模型的

残差没有自相关性。本书选用 White 检验对该多元回归模型进行异方差检验，得到结果如表 3. 32 所示。

表 3. 32　　　　　　　固定资产投资占比模型异方差检验结果

F – statistic	0. 1385	Prob. F（9，16）	0. 4498
Obs * R – squared	3. 8529	Prob. Chi – Square（9）	0. 8895
Scaled explained SS	1. 4402	Prob. Chi – Square（9）	0. 8952

从表 3. 32 可知，White 检验的 F 值为 0. 1385，对应的 P 值为 0. 4498，大于 5% 的显著性水平，因此接受该模型残差没有异方差的原假设。得到回归模型（3. 9）。

$$GCM = 0.2011 + 0.3560FO + 0.0012FMR - 0.0110FSR + 0.1324FIR$$

$$(3.9)$$

由回归结果可以看出，金融开放度、金融市场化比率和金融相关比率的提高均会使固定资产投资占比正向变化，而金融负债结构的提高将会使固定资产投资占比反向变化。具体来说，重庆自贸试验区金融开放度的影响系数为 0. 3560，说明从长期来看，重庆自贸试验区每提高一个单位的金融开放度，就会带动提高 0. 3560 个单位的固定资产投资占比。同样，重庆自贸试验区金融市场化率、金融相关比率和金融负债结构的影响系数分别为 0. 0012、0. 1324 和 - 0. 011，说明重庆自贸试验区每提高一个单位的金融市场化率和金融相关比率，就会带动固定资产投资占比分别提高 0. 0012 和 0. 1324 个单位，而每提高一个单位的金融负债结构，将会使固定资产投资占比降低 0. 011 个单位。相较于其他几个变量，金融开放度对固定资产投资占比的影响系数最大，金融相关比率次之，重庆自贸试验区可以重点通过提高金融开放度和金融相关比率来提高固定资产投资占比，从而促进经济增长。

采取衡量金融创新的不同的变量指标来讨论对经济增长因素的影响。不同变量对经济增长因素的影响是不同的，正如上文所述，五个金融创新指标剔除未通过检验的金融机构运营效率后，其他四个指标都可以在不同程度上影响居民可支配收入、民营经济占生产总值的比重、固定资产投资占生产总值的比重，其中金融相关比率、金融市场化比率和金融开放度与居民可支配收入、民营经济占生产总值的比重、固定资产投资占生产总值的比重呈正相关关系，可以通过提升以上三个指标间接促进经济增长，金融负债结构与居民收入、民营经济占生产总值的比重、固定资产投资占生产总值的比重存在负相关关系，金融负债结构的升高会间接抑制经济增长。因此，重庆自贸试验区金融创新对经济增长的影响是一个综合结果，应从整体上统筹协调重庆自贸试验区金融创新与经济增长的影响关系，针对不同的金融创新变量指标在不同的时间、领域采取对应的措施。只有综合考虑金融创新的各个方面，才能在总体上使重庆自贸试验区的金融创新得以促进经济增长。

三、重庆自贸试验区金融创新的影响

（一）重庆自贸试验区金融创新推动重庆经济增长

结合上文理论探讨和实证分析可以得出三个结论。

第一，重庆自贸试验区具有特殊性。重庆作为我国中西部地区唯一的直辖市，与其他内陆城市相比，除了有比较突出的经济实力以外，重庆还具有其独特的地理和资源优势，这就决定了重庆自贸试验区的特殊性，因此，重庆自贸试验区的金融创新建设不能照搬照抄国内外成熟自贸试验区的成功经验，要选择符合自身条件的发展路径。

第二，重庆自贸试验区金融制度创新成果丰富。重庆自贸试验区的金融创新主要围绕"制度创新"展开，重庆自贸试验区的金融制度主要包括跨境人民币业务、跨境金融服务功能、跨境投融资便利化、跨境金融结算服务、金融风险防控体系五个方面，惠及各类实体企业及金融机构，目前，重庆自贸试验区已累计上报制度创新成果50项，其中全国首创23项。部分金融机构以重庆自贸试验区内颁布的一系列金融创新政策为基础，探索自贸试验区金融服务的特点，在自贸试验区金融开放、金融服务现代化、结算便利化等方面开展金融创新尝试，取得了丰硕的实践成果，例如打造"美元快付平台"、探索国际铁路提单信用证融资、探索国际"双跨境保理业务"新模式、探索知识价值信用融资新模式等。虽然重庆自贸试验区金融创新在法律体系建设、政策比较优势、风险防范、创新形式等方面目前还存在一些问题，但重庆自贸试验区成立时间还很短，随着经济的发展和政策的完善，相信这些问题都会得到很好的解决。

第三，金融创新的经济效应。通过构建重庆自贸试验区金融创新综合评价体系，发现重庆自贸试验区金融创新可以通过影响各经济指标间接影响经济，例如影响重庆自贸试验区居民可支配收入的指标有金融相关比率、金融市场化比率、金融开放度和金融负债结构，可以通过增加金融相关比率、金融市场化比率和金融开放度和降低金融负债水平来促进居民收入增长，从而刺激经济增长。需要注意的是，重庆自贸试验区金融创新对经济增长的影响是一种多方位的、综合的影响，各金融创新指标对经济指标的影响效果和影响程度不同，甚至可能出现相悖的影响结果，因此，在考虑重庆自贸试验区金融创新对经济增长影响时，需要全面分析各创新指标对经济指标的影响情况。此外，由于重庆自贸试验区成立时间较短，相关数据不够全面，最终结果可能与真实情况存在一定的误差。

（二）重庆自贸试验区金融创新的策略

在"一带一路"政策引导下，重庆自贸试验区自成立以来，中国西部内陆城市通过重庆与全球经济贸易形成了更加紧密的联系，在推动全方位建设西部门户城市对外开放新局面、深入落实西部大开发战略的同时，也大力促进了中国贸易自由化、便利化的发展。但在重庆自贸试验区金融创新的发展过程中，仍然存在法律体系建设滞后、金融创新政策缺乏明显的比较优势、金融创新面临多种风险、金融创新形式单一等诸多问题。为了使重庆自贸试验区更好地发挥金融创新的作用，促进重庆自贸试验区的金融创新进程，提出以下几点建议。

第一，建立健全法律体系。法律体系的建设是一个自上而下的过程。因此，首先，应该由最高立法机构制定出一部完整的、能够明确阐述重庆自贸试验区相关内容的法律，以此作为重庆自贸试验区最权威的法律。其次，由于重庆各片区的自贸试验区拥有不同的任务与特点，各片区的自贸试验区应该根据自身的特殊情况，调整确立地方性法规。最后，还可以按照先行先试的方式，在一个规定的范围内先实行法律制度，再根据反应情况对法律进行调整和推广。

第二，加快金融政策创新。要提高重庆自贸试验区招商引资的吸引力，就要突出重庆自贸试验区金融创新政策的比较优势，加强政策制度方面的创新，制定差异化政策。重庆自贸试验区可以积极与外汇管理局、中国人民银行等政府部门沟通联系，根据重庆自贸试验区自身的战略定位与实体经济需求，加快金融政策创新的进度，为重庆自贸试验区争取有力的政策支持。

第三，完善金融监管制度。金融创新意味着打破甚至重建原有的制度体系。如果适用于原始制度体系的监管思路和措施不能很好地适应新的制度体系，不能被及时调整，就可能产生新的制度漏洞从而导致新的制度风险。因此，对金融制度不能进行"单枪匹马"的创新，金融监管制度的设计需要与金融制度创新同步进行，应保持两者的协调统一。重庆自贸试验区不仅需要防范利率风险、汇率风险等单一金融风险，而且还需要增强对金融综合监管制度的设计和研究，在更深层次探讨各类金融机构业务信息共享机制和业务监管体制的构建。

第四，丰富金融创新形式。就目前来看，在重庆自贸试验区内运营的金融机构基本上是商业银行，重庆自贸试验区应该积极引进各类金融机构，尤其是保险公司、小额贷款公司、证券公司等，为创新金融业务合作夯实基础。随着各类金融机构的不断入驻，重庆自贸试验区的金融集聚效应就会逐渐显现，加之金融创新政策的助力，金融机构之间合作开发新产品、新业务的动力和可行性均会得到提升。此外，随着人工智能、大数据和区块链等新兴技术的产生和运用，互联网金融已经成为一种不可忽视的全新金融业态，重庆自贸试验区作为促进金融创新的领航者，应不留余力地发展互联网金融，探索大数据金融服务、第三方资金托管、云计算共享服务等创新金融产品与金融服务。

第五，推动金融创新释放经济活力。从实证分析中可以看出，金融相关比率、金融市场化比率和金融开放度与各经济增长指标呈正相关关系，金融负债结构与各经济增长指标呈负相关关系，因此，可以通过提高金融相关比率、金融市场化比率和金融开放度或者降低金融负债结构指标，来间接促进经济增长。例如，可以通过加大金融产品或服务的创新，吸引更多的居民和企业来自贸试验区投资，促进居民把在金融机构里面的储蓄转换为投资，降低金融负债水平，从而达到刺激经济增长的目的。此外，还可以通过落实《总体方案》和两部门《指导意见》中加速贸易便利化的具体措施，加大自贸试验区开放力度，制定更多的优惠政策，在现有负面清单的基础上，进一步放开对外资企业、人才等方面的资质限制，提高实际利用外资的水平，即提高金融开放度，从而促进经济增长。

第四章 内陆开放高地
与重庆自贸试验区金融产业布局

第一节 重庆内陆开放高地建设

2019 年是全面建成小康社会的关键之年，重庆市坚持以习近平新时代中国特色社会主义思想为指导，深入贯彻习近平总书记视察重庆重要讲话精神，坚持打造重庆内陆开放高地，全面融入"一带一路"、中欧国际班列、西部大开发和"中新互联互通新通道"战略之中，推动重庆经济高质量、高效能地发展。

2016 年习近平总书记到重庆考察，先后考察了果园港片区和重庆京东方光电科技有限公司。重庆处于西南内陆地区、长江上游，水系发达，习近平听取了重庆航道中心建设情况以及重庆铁路、公路和水路的多式联运建设状况。习近平总书记指出重庆要大力发展战略新兴产业，加强战略新兴产业的创新能力。2019 年习近平总书记再次来到重庆考察，指出重庆要在新时代西部大开发战略中发挥重要支撑作用，在长江经济带绿色发展中起到示范作用，积极融入"一带一路"倡议之中，推动重庆经济高质量发展。习近平对重庆提出了"两点"定位、"两地""两高"目标、发挥"三个作用"和营造良好政治生态的重要指示要求。"两点"定位就是"一带一路"倡议和长江经济带的交汇点，是西部大开发的支撑点，"两地""两高"就是要打造内陆开放高地和山清水秀之地，要高质量发展和创造高品质的生活。

一、重庆内陆开放高地的机遇

（一）"一带一路"倡议助推内陆开放高地建设

重庆虽处于西南内陆地区，但近年来依托国家重大发展战略取得了较快发展。"一带一路"倡议为重庆提供了新机遇，重庆依托"一带一路"推动了经济高质量发展,弥补了重庆作为内陆地区的物流劣势;重庆应建设战略新兴产业,提高企业的创新能力,争取作为"一带一路"倡议的重要支撑点。重庆通过中欧国际班列与陆上丝绸之路国家相互连接,为重庆对外联通、贸易起到了重要的推动作用。长江经济带使重庆与东部地区贸易发展相互连接,同时依托铁路、公路和水路多式联运的运输方式,推动了重庆地区贸易发展。重庆在"一带一路"中拥有得天独厚的地理位置优势,这为重庆未来的发展提供了新的机遇,同时也为重庆的未来发展提供了新方向。发展战略新兴制造业,提升重庆的制造业水平,提高产品质量,依托"一带一路"倡议,对外输出高质量的产品,提升重庆的制造业竞争能力,推动重庆地区经济高质量发展,同时在发展过程中加强金融服务能力建设,为对外贸易提供支撑。2019 年重庆银行业为推动长江经济带建设提供了 9865.39 亿元贷款融资,同比增长 4.67%,主要集中在支持构建沿江优势产业集群、提升长江黄金水道功能、综合立体交通走廊建设、物流枢纽和信息枢纽建设等方面(见表 4.1);2019 年重庆市银行业支持"一带一路"建设,提供贷款融资 2316.42 亿元,同比增长 12.47%,主要集中在支持重庆内陆开放高地建设、提升"渝新欧"大通道作用和支持企业"走出去"等方面(见表 4.2)。

表 4.1 2019 年重庆银行业为长江经济带建设提供融资情况

项目	本期数(亿元)	同比变化
支持提升长江黄金水道功能	151.84	-25.15%
支持综合立体交通走廊建设	2567.05	14.47%
支持物流枢纽建设	436.51	7.09%
支持信息枢纽建设	363.90	371.93%
支持构建沿江优势产业集群	6472.49	6.51%
支持长江上游生态安全屏障建设	377.83	32.97%

资料来源:重庆市政府网站。

表 4.2 2019 年重庆银行业为"一带一路"倡议提供融资情况

项目	本期数(亿元)	同比变化
支持内陆开放高地建设	1642.36	16.12%
提升"渝新欧"大通道作用	560.17	4.85%
支持企业"走出去"	72.57	-17.09%

资料来源:重庆市政府网站。

（二）中新（重庆）互联互通项目提供新机遇

中新（重庆）互联互通项目是中国和新加坡设立的第三个政府间合作项目，运营中心为重庆。重点合作领域是金融服务、航空、交通物流和信息技术等，中新（重庆）互联互通项目在西部地区建设发展方面起到了重要的示范作用，带动了中国西部地区经济社会的发展，为重庆对外发展提供了新机遇。中新互联互通南向通道是中新（重庆）互联互通项目中国际物流通道的重要组成部分，该通道以重庆为起点，经广西等沿海口岸连接新加坡等东盟国家，规划有两种运输方式：一种是铁路和海运的联运通道；被称为"渝桂新"铁海联运通道；另一种是跨境公路运输，以重庆为起点，通过跨境公路到达新加坡等东盟国家。中新（重庆）互联互通项目对重庆具有重大战略意义，有助于服务"一带一路"倡议、西部大开发战略，促进西部地区经济发展，助力重庆打造内陆开放高地。中新互联互通项目累计签约项目 204 个，总金额超过 300 亿美元，在金融服务、航空、交通物流等方面取得了较大成就，对西部地区的经济发展起到了重要的助推作用。重庆银行业为支持重庆中新示范项目提供贷款 449.61 亿元，同比增长 37.52%，主要集中在金融领域合作、航空领域合作、交通物流领域和支持国际陆海贸易新通道建设，同时也对中新合资、合作和独资企业发展提供贷款（见表 4.3）。

表 4.3　2019 年重庆银行业为"中新重庆示范项目"提供融资情况

项目	本期数（亿元）	同比
支持金融领域合作	253.37	6.07%
支持航空领域合作	16.60	26.72%
支持交通物流领域合作	28.53	−46.61%
支持中新合资、合作及独资企业发展	21.35	26.64%
国际陆海贸易新通道（南向通道）	156.37	969.47%

资料来源：重庆市政府网站。

（三）重庆自贸试验区建设加速重庆内陆开放高地建设

重庆自贸试验区自成立以来，进一步加大了重庆地区的对外开放，在推动重庆经济发展、对外交流和贸易畅通方面取得了丰硕的成果。重庆自贸试验区设立和发展将会带动重庆地区建设内陆开放高地建设进程，在提升重庆经济发展活力和经济发展质量方面起到了重要作用，为重庆引进了各种先进技术，提高了企业的创新能力，提升了产品质量，有助于重庆地区加大对外贸易的力度。重庆地区打造内陆开放高地，必须要服务于重庆地区经济发展，要形成新的开放格局并且要发挥内陆开放高地助推区域经济社会发展的作用。

二、重庆内陆开放高地的建设原则和发展目标

（一）重庆内陆开放高地的建设原则

重庆市深入贯彻习近平总书记对重庆建设的指示，领悟习近平总书记讲话的重要精神，着力做好重庆融入"一带一路"倡议和长江经济带建设之中，建设新通道，拓展新的发展平台，加快开放性经济建设，在内陆开放高地建设方面起到示范作用。2016 年重庆市人民政府印发了《重庆市内陆开放高地建设"十三五"规划》，明确了重庆内陆开放高地的建设原则。

一是坚持以开放促进改革创新。重庆应该以更加开放的格局促进改革创新，为重庆经济提供新动能，建设开放型经济的新局面。以"一带一路"倡议和长江经济带建设、中新（重庆）互联互通项目和西部大开发战略为契机，加快开放型经济的建设进程。加强改革创新，积极借鉴外来新技术、新制度和新的管理模式，提升重庆的创新水平，提升重庆的竞争力，打造内陆开放高地的新局面。

二是坚持以开放促进结构优化。协调传统产业和新兴产业，加快引进高新技术产业，提升重庆经济发展的质量。重庆引进的战略新兴产业主要包括电子核心基础部件、物联网、智能装备、新材料、高端交通装备、新能源汽车和智能汽车、化工新材料、生物医药、能源和环保装备和智能终端产业等。加速发展这些新兴科技产业，有助于提升重庆在国际上的竞争力，为重庆建设内陆开放高地提供产业支撑。同时加强战略新兴服务业建设，包括新兴金融服务业、离岸服务外包、医疗卫生和养老等健康服务业、文化旅游服务业、研发设计和会计法律等专业服务业、国际物流及城乡配送、电子商务和跨境结算、保税商品展示及保税贸易、互联网云计算

以及总部贸易和转口贸易等产业。

三是坚持以开放促进协调发展。重庆作为"一带一路"倡议和长江经济带的交汇点，同时是西部大开发战略的重要支撑，负有促进区域协调发展的重任。重庆要提升对外开放程度，必须依靠国内、国外两个市场优化配置资源，对区域发展产生重要影响，加强区域内外各项基础设施建设，维护好重庆对外开放的大通道，促进区域协调发展。

四是以开放促进民生改善。重庆提升对外开放水平，要促进民生改善，提高人民的生活水平和质量。要坚持开放为了人民，开放取得的成果由全体人民共同享有。通过对外开放满足人民的各项需求，整合国内、国外两个市场资源，为人民提供高质量的产品和服务。不仅如此，还需要依托国家发展战略和对外开放的进程，增加人民的收入。

（二）重庆内陆开放高地的建设目标

2019 年 10 月，重庆市委、市政府召开《全面融入共建"一带一路"加快建设内陆开放高地》推进大会，重庆市委书记陈敏尔发表重要讲话，阐释了内陆开放高地建设的战略内涵，明确了内陆开放高地建设的战略任务，重庆市市长唐良智对内陆开放高地建设的重要任务进行了具体部署，并印发《全面融入共建"一带一路"加快建设内陆开放高地行动计划》（以下简称《行动计划》），掀起了内陆开放高地建设新高潮。《行动计划》指出，到 2022 年，重庆要进一步凸显在西部大开发中的支撑作用、推进共建"一带一路"中的带动作用，推进长江经济带绿色发展中的示范作用，基本形成全方位、宽领域的开放格局，投资贸易、产业发展、功能配套和集聚辐射等居于中西部前列，全面融入"一带一路"，加快建设内陆开放高地进入新阶段。全市外贸进出口总额达到 6000 亿元人民币以上，外贸依存度保持 25% 左右，服务贸易总额达到 350 亿美元以上，实际利用外资每年保持在 100 亿美元左右。《行动计划》指出了重庆内陆开放搞建设的具体目标。

第一，拓展开放大通道的互联互通作用。建立完善的开放通道设施，保障重庆对外开放的大通道，促进对外开放新格局的形成。重庆要依托中欧国际班列和中新（重庆）互联互通项目两个对外连接的大通道，同时发挥长江黄金水道的作用，依靠铁路、公路和水路等多式联运的运输方式，形成国际物流的集散中心。

第二，打造内陆开放平台，增强开放平台的集聚辐射能力。打造重庆内陆开放高地，就是要形成一个对外开放的平台，依托对外开放平台，集聚先进产业技术、管理水平和完善的制度。重庆在扩大对外开放的过程中，需要增强开放平台的集聚辐射作用，让这个平台为重庆发展提高新的动能。

第三，开展开放口岸的配套完善，形成贸易畅通的集散地。重庆在对外开放的过程中应该积极发展保税贸易和转口贸易，通过重庆的开放口岸建设，推动重庆内陆开放高地的建设。开放口岸建设主要包括提升通关效率、提高通关的智能化水平、改善通关的服务质量，实行"单一窗口"制度，大幅提升通关的效率。

第四，实施开放主体的培育行动，打造产业集聚高地。重庆要建设内陆开放高地，必须具有一批外向型的大型市场主体。重庆在对外开放的进程中，要汲取先进产业的发展经验，尤其是新兴制造业和新兴的服务业，只有具备了较多的开放性市场主体，重庆内陆开放高地建设进程才能较快发展。

第五，营造开放的营商环境。对外开放需要考虑众多国家的发展特点、法律、会计、政治制度等，重庆打造内陆开放高地应该加强商务服务业建设，为市场主体提供优质的商业服务。

三、重庆内陆开放高地的建设现状

（一）构建内陆国际物流枢纽

重庆需要连通国内外，打造国际化的物流集散中心，构建出海出境的大通道，为全世界的货物至重庆集散提供物流条件。目前，重庆东西南北四个方向均有出境出海的大通道，可以利用铁路、公路、水路和航空等多式联运方式，为重庆建设成为内陆国际物流枢纽提供通道保障，全世界的物流、商流、信息流和资金流可以在重庆聚集。重庆在建设内陆开放高地的过程中，要保证东西南北四向通道畅通，提升大通道的活力。东向的大通道是长江黄金水道，开通了集装箱"渝沪直达快线"，西向的大通道是"中欧国际班列"，南向的是西部陆海新通道，北向的是"渝满俄班列"。"中欧国际班列"功能不断拓展，2019 年开行超过 1500 班，运输重箱量和货值较上年增长均超过 48%；西部陆海新通道总体规划深入落实，推动形成西部 12 省区市和海南、广东湛江"13＋1"合作共建机制，铁海联运班列开行 923 班、较上年增长 51%；"渝满俄班列"增长迅速，全年累计开行 819 班，较上年增长超过 3 倍。① 在航空运输方面，江北国际机场国际及地区航线增至 95 条。重庆的物流枢纽功能得到强化，大通道货物运输能力增强，铁海、江海和铁公等多式联运获得较快发展。果园港获批首批国家物流枢纽，为西部地区唯一的港口型国家级物流枢纽。重庆通过多条对外连接的"大通道"，为建设内陆开放高地提供了重要保障，重庆要依托这些贸易通道，加速引进资金、技术和管理，推动建立高标准的内陆开放高地。

（二）提升开放平台承载能力

重庆要依靠对外的开放平台，吸引来自世界各地的优质企业和货物聚集，充分发挥重庆开放平台开放发展的作用。要借鉴老平台的发展经验，推动新平台发展，要将开放平台打造为引领重庆对外开放和经济发展的重要引擎。重庆可以通过以下方式提升重庆开放平台的承载能力：一是完善全市的开放平台体系，利用开放平台助推对外开放，涪陵综保区（一期）和果园保税物流中心（B 型）通过正式验收，全市形成"战略平台＋园区平台＋功能平台＋活动平台"的开放平台体系，这表明重庆开放平台体系得到了进一步完善，能够为重庆扩大对外开放提供支撑。二是不断健全开放平台的发展机制，开放发展平台建成之后，应建立健全相关制度和管理措施，重庆出台了《促进我市国家级开发区改革和创新发展若干政策措施》《重庆经开区管理体制改革实施方案》，完善开放平台联席会议、开放平台现场观摩等制度，开放平台协同发展能力不断增强。重庆应加大相关法律法规的建设，为健全开放平台的建设提供制度保障，同时规范对外开

---

① 资料来源：《全面融入共建"一带一路"加快建设内陆开放高地 2019 年工作总结》。

放平台的运行与管理，提升开放平台的效率。三是发挥重点平台的引领和带动作用，重庆要依托其建立内陆开放高地的机遇，充分利用重庆的地理位置优势和政策优势，发挥东西南北四向通道作用，充分融入"一带一路"倡议的发展进程之中。截至2019年底，中新互联互通项目累计签约项目204个，总金额超过300亿美元；自贸试验区总体方案改革任务落实率达98%，铁路提单信用证融资结算等一批创新案例在全国复制推广，累计引进项目2500多个；两江新区实际利用外资和外贸进出口均占全市的30%以上；综合保税区、保税港区、保税物流中心等平台进出口占全市比重超过六成。[①]

（三）加快建设内陆口岸高地

提升重庆口岸通关的时间和效率，有助于进出口货物的集散，推动重庆建立国际性的物流枢纽。提升重庆口岸的服务意识，以通关智能化报关和"单一窗口"等方式建立智能化、服务型口岸，有助于为重庆通关口岸树立良好的形象、提升通关口岸的效率和完善口岸开放体系。重庆通过以下方式加快建设内陆口岸高地。一是持续完善口岸体系建设。重庆获批设立"首次进口药品和生物制品口岸"，重庆港水运口岸扩大开放果园港区，全市开放口岸数量达4个，具有9类进口特殊商品指定口岸。重庆还应该继续加大开放口岸体系建设，包括开放更多的沿江口岸和机场航运，打造更高水平的口岸开放体系。二是持续优化口岸服务。智慧口岸建设深入推进，国际贸易"单一窗口"实现关区全覆盖，推动"单一窗口"与相关税务、银行、保险、物流企业的对接，7×24小时通关服务保障模式实现口岸和海关监管场所全覆盖。加强口岸监管作业改革，进出口环节验核的监管证件和企业申报内容大幅缩减，2019年重庆口岸进口、出口整体通关时间较2017年分别压缩67.96%、95.56%，水运口岸进出口环节合计降费超过1000元。[②] 重庆打造高标准的口岸开放体系，必须建立智能化的通关系统，同时需要收集整理口岸数据，为下一步工作做好准备，进一步提升口岸的服务水平。三是持续推进国际国内通关合作。推动西部陆海新通道

---

① 资料来源：《全面融入共建"一带一路"加快建设内陆开放高地2019年工作总结》。

② 同上。

沿线 15 地海关在渝签署支持通道建设合作备忘录，在全国率先实施中哈"关铁通"等多项先行先试政策，推动"中新（新加坡）"海关关际合作。成渝海关签署共同推动成渝经济区开放发展合作备忘录，共同推进成渝地区双城经济圈发展。重庆拥有多条对外连接的跨境"大通道"，口岸建设必须加强和通道沿线的通关合作，有助于大通道赋能经济发展，推动重庆内陆开放高地建设。

（四）开放型经济发展稳中有进

在经济全球化背景下，国际经贸形式和分工格局都发生了较大变化，重庆要利用开放型经济带动区域经济发展，促进科技创新，要做到稳外资、稳外贸，推动开放型经济稳中有进的发展。重庆 2019 年实现外贸进出口 5792.8 亿元，增长 11%，高于全国增速 7.6 个百分点；实现服务贸易 272 亿美元，增长 11.3%；实际利用外资保持 103.1 亿美元，外商直接投资为 23.65 亿美元；非金融类对外直接投资为 7.4 亿美元。[①] 重庆要通过以下方式推动开放型经济的发展：一是推动外贸结构持续优化。东盟、欧盟和美国成为重庆前三大外贸市场，对"一带一路"沿线国家进出口增速超过 30%，汽车平行进口、总部贸易、转口贸易等贸易新业态加快培育，"保税＋飞机租赁"进入常态化。加速打造西部进口高地，外贸发展平衡协调性提升。深化服务贸易创新发展试点，推动货物贸易与服务贸易共同发展。二是推动投资效益提升。制造业、地产、金融业、商贸服务业吸收利用外资比例更加优化，利用东盟国家外资势头强劲。以"一带一路"为重点，开展国际合作开拓有力，在"一带一路"沿线国家对外承包工程新签合同额和完成营业额均占全市 60% 以上。三是进一步壮大市场主体。各类外商投资市场主体超过 6500 家，在渝世界 500 强企业达到 293 家，备案对外投资企业达到 390 家。在发展开放型经济的过程中，要努力构建新的经济体制，推进制度创新，逐步放宽外资的市场准入标准，加强外资的投资管理，吸收外资所带来的先进的管理经验、技术和创新能力。

（五）全面优化开放发展营商环境

营商环境是引进外资和对外开放的重要抓手，重庆要以建设市场化、

---

① 资料来源：《全面融入共建"一带一路"加快建设内陆开放高地 2019 年工作总结》。

法治化、国际化营商环境为基础，为重庆对外开放和经济发展提供一个良好的发展环境。重庆要通过以下方式优化营商环境：一是市场环境更加优良，全面实行外商投资准入前国民待遇加负面清单的管理模式，促使外商投资更加便利。拓宽跨境投融资渠道，扩大人民币跨境使用，合格境内有限合伙人（QDLP）试点、本外币账户一体化试点、陆海新通道人民币国际投资基金等政策获批，国家金融科技认证中心建设获中国人民银行支持。二是政务服务高效便利，深化"放管服"，深入推进行政审批制度和商事制度改革，推进"多证合一"和"证照分离"试点，实行外商投资"单一窗口"，建立"一口受理、分工协同"的在线办事平台。三是法治环境全面提升。强化立法保障，出台《中国（重庆）自由贸易试验区条例》等法规文件。建设"诉、调、仲"一站式纠纷多元化解平台，形成陆海新通道沿线国家法律查明机制。建成市公共信用平台，在 21 个领域建立"红黑名单"制度。四是消费环境提档升级。重庆研究制定《重庆加快建设国际消费中心城市实施方案》，积极创建国际消费中心城市，着力打造国际消费集聚区，解放碑步行街被纳入全国首批步行街改造提升试点。五是人居环境持续改善。加快建设国际化现代城市，国际社区、国际购物中心、文体设施、公共交通体系等配套生活设施更加完善，全市共有外籍人员子女学校 2 所，中外合资医院 4 家。外国人"过境免签"政策延长至144 小时。重庆在优化完善营商环境的过程中，需要关注政务环境、市场环境、法制环境以及人文环境方面的建设，同时要着力打造高效的、便利化的营商环境，尤其是要注重资源整合、业务流程办理和审批程序等方面的优化，建设现代化的经济体系，推动经济高质量发展。

（六）加快打造中西部国际交往中心

打造中西部国家交往中心，就是需要提升重庆经济的对外开放水平，提升重庆的国际知名度，引进国际组织或外交机构，组织和筹办大型国际活动等。重庆应该通过以下方式加快打造中西部国际交往中心：一是精心搭建合作平台。充分发挥展会活动的桥梁纽带作用，成功举办中国国际智能产业博览会、中国西部国际投资贸易洽谈会、中新金融峰会、"一带一路"陆海联动发展论坛、市长顾问团年会等重大活动，2019 上海合作组织地方领导人会晤、中俄副外长磋商会议、亚欧合作对话会在渝成功召开。打造两江国际合作中心，已引进 15 家国际合作机构。二是积极争取增设领事机构。成功争取到乌拉圭和白俄罗斯两个国家来渝设立领事馆，其中乌拉圭驻渝总领事馆于 2019 年 12 月 20 日开馆，驻渝总领事馆数量将达 12 个，居中西部第二位。三是扩大对外交往"朋友圈"。全市国际友好城市达 48 个，友好交流城市达 105 个，与国际友好城市在教育、医疗、基建、交通、旅游等领域开展 100 余项合作。重庆在建设国际交往中心的过程中，要进一步完善国际交往的基础设施，提高国际事务和服务水平，同时应该搭建国际合作平台，积极筹办各类国际活动，助力重庆打造中西部国际交往中心。

四、重庆内陆开放高地建设的建议

(一) 自贸试验区先行先试各项政策和措施

重庆自贸试验区作为开放的前沿阵地，各项措施可以在自贸试验区内开展先行先试，为相关政策和措施在整个重庆范围内推广提供经验。改革创新的过程中会遇到各种问题，必须有相应的对策，部分应对措施的效果无法进行预测，可以经过相关讨论之后，在自贸试验区内进行试验，根据试验的效果来完善应对措施，然后形成可复制、可推广的经验。如在重庆自贸试验区内实施跨境结算、扩大人民币跨境使用、促进跨境投融资便利化以及增强重庆金融服务功能等金融创新政策，可以根据政策的实施效果，对各项政策进行评价，评价各项政策是否有助于地区经济发展和提升对外开放水平。如果政策对经济发展和提升对外开放水平有明显作用，则可以在重庆整个范围内进行推广，充分发挥自贸试验区各项政策先行先试的作用。

(二) 发挥金融服务业对内陆开放高地建设的助推作用

建设重庆内陆开放高地，打造对外开放平台，离不开金融服务对对实体产业的支持。重庆可以通过以下方式发挥金融服务业对内陆开放高地建设的助推作用：第一，要丰富银行业市场主体，支持设立银行业法人机构，提升机构的聚集和辐射力，完善功能布局，扩大金融服务的覆盖面，政府在这个过程中需要简政放权，进行市场准入管理改革。第二，推动服务方式和业态创新，依托国内、国外两个市场，稳步推进金融服务方式创新，发展金融科技服务，持续推动服务业态创新，建立监管与市场主体互动、互信的沟通渠道，加强金融服务监管。第三，金融服务机构要提升跨境金融服务水平，根据重庆对外开放的情况，精准对接金融服务需求，扩大金融服务供给，争取有利条件，推动跨境人民币业务创新，优化经营管理，提升离岸金融服务水平。第四，要强化区域风险的防控能力，关注重点风险领域，建立风险自评机制，完善监管机制，强化对风险的监管。

（三）发展新兴的商业服务业

重庆打造内陆开放高地，必然有多种多样的市场主体参与其中，不同类型的企业有不同的需求，因此需要引进各种类型的新兴商业服务业支持对外开放。一是要发展研发、设计、咨询、会计和法律等专业服务业，在实施对外开放的进程中，这些专业服务业是不可或缺的，对促进企业发展、商贸流通、争议解决等具有重要作用。二是要发展电子商务、跨境结算和国际物流，重庆具有东西南北四个大通道，大通道连接了不同的国家和地区，为满足不同国家和地区对各类型产品的需求，需要大力发展电子商务产业，同时配套相应的跨境结算方式和国际物流运输，充分满足不同主体的需求。三是要发展互联网、云计算和大数据产业，信息产业是新兴的商业服务业，能够为企业发展提供信息指引。四是要发展医疗卫生、体育和养老等健康产业，目前越来越多的人开始重视身体健康状况，健康产业有助于提升人民的生活水平和生活质量，吸引更多的人才来到重庆，助力重庆对外开放和经济发展。

第二节　重庆自贸试验区
金融产业发展布局研究

邓小平同志曾指出"金融很重要，是现代经济的核心"，深刻揭示了金融与经济的辩证关系。习近平总书记在中共十九大报告中提出"深化金融体制改革，增强金融服务实体经济能力"，进一步强调了金融的本质与改革的方向，以及对重庆提出的"两点两地"的要求。这些重要思想成为重庆自贸试验区金融产业发展布局的行动指南。

随着世界经济一体化的发展，世界各国开始重视对金融产业布局的研究，纷纷建立区域金融中心，提升金融聚集效应，以求带动地区经济发展。经过多年改革开放和市场经济的发展，区域金融聚集在我国也呈现出蓬勃生机，上海、北京、深圳等许多城市相继提出了建设区域金融中心的设想，对区域金融产业进行有效规划。我国自贸试验区战略的逐渐实施和"一带一路"倡议的推进在客观上要求对自贸试验区的金融产业进行有效布局，以促进我国的对外开放及增强金融服务实体经济的能力。

随着中国（重庆）自贸试验区的建设，金融资源、金融活动和金融机构将在自贸试验区开始集聚且程度也会不断加深。不同类型的金融机构在空间上集聚，区域性金融集群成为现代金融产业组织的基本形式。实践证明，对这些区域性的金融聚集进行合理布局，会对本区域的经济发展、对外开放和优化生产资源配置起到非常重要的作用，进而促进实体产业的繁荣。因此，对重庆自贸试验区金融产业发展布局进行研究具有十分重要的理论与现实意义。

一、全球自贸区发展经验

国外自贸区以及在自贸区内开展金融服务的经验值得我国借鉴。美国的自贸区几乎覆盖了本国全境，自贸区的设立大大促进了美国的经济增长，金融和自由贸易相辅相成，增强了美国国力。德国的自贸区由兴到衰，体现了欧洲一体化后单一市场的特点，在欧盟内设立自贸区会阻碍货物的高效流通，因而撤销自贸区后货物流动更加高效，也算是实现了成立自贸区的初衷，而且德国的金融体系严格服务于实体产业，坚持制造业立国使德国经济具有较强的抵御危机的能力。巴西马瑙斯自贸区与重庆自贸区有很多相似之处，马瑙斯自贸区和重庆自贸区都是典型的内陆自贸区，都肩负着大力发展对外贸易、引进外资、开发内地、辐射带动落后地区经济的重任。在国内方面，上海、广东、天津和福建设立自贸区的经验，对自贸区内的金融创新与投资便利化进程起到了积极的推动作用。

（一）国外主要自贸区发展经验与实践

1. 美国纽约港自贸区建设经验与实践

（1）美国自贸区发展历程。

美国对外贸易园区（U.S Foreign Trade Zones）指在美国海关和边境保护局（Bureau of Custom and Border Protection，CBP）的监督下，由美国对外贸易委员会（Foreign Trade Zone Board）授权建立的一个安全区域。1934年美国国会通过了《对外贸易区法》（Foreign Trade Zone Act of 1934），皆在促进和鼓励美国的对外贸易，其内容包含了美国经济和贸易政策以及与国际竞争相关的各个因素。1936年1月30日，美国对外贸易委员会授权在纽约市的布鲁克林区设立了美国第一个对外贸易区（FTZ No.1 New York City）。分区可以设在主区内。根据美国海关和边境保护局的记录，截至2019年9月，美国共设立了300个主区（其中活跃的有177个）和大约600个分区，遍布各州。

以美国纽约自贸区为例。20世纪60年代末期到70年代初期，随着布雷顿森林体系崩溃，美国在国际经济体系中的霸主地位逐渐下降，引起美元大幅贬值以及美国失业率上升。为了促进国内对外贸易的发展和经济发展转型升级，美国政府启动了建设自贸区的相关政策措施，于1979年成立纽约港自贸区。纽约港自贸区是一个综合性的自由贸易园区，区内产业包括制药业、化学品、手表分销、香水进口、石油产品等，现在已经成为美国200多个自贸区中面积最大的自贸区之一，是美国与其他国家经济贸易往来的重要枢纽，其港口排名位列东海岸榜首。

（2）金融业在美国自贸区高速发展时期的经验总结。

如今，自贸区遍布美国东南西北所有区域，尤其在边境口岸城市。自由贸易使美国的商品遍布世界各地，助推了美国经济增长，同时，美国作为市场经济最为发达的国家，拥有规模庞大、功能完备的金融体系。美国的金融市场不仅市场结构健全、交易规模巨大，而且金融创新工具不断涌现，是世界上最发达、最多样化的金融市场。

美国自贸区的发展和美国金融业的繁荣相辅相成，并且健全的法律法规和金融市场有效的监管确保了美国经济的有效增长，使美国金融体系成为国民经济的神经中枢和社会经济的调节器，在美国经济运行中发挥着十分重要的作用，金融系统每年直接创造的产值占美国国民生产总值的五分之一，而且其金融体系对世界经济运行仍然具有十分重要的影响力。

以纽约自贸区为例。为了吸引外资，进一步促进自贸区的建设和发展，纽约港自贸区进行了一系列的金融制度创新，例如倒置关税、放宽或取消对银行支付存款利率的限制、降低或取消对银行贷款规模的直接管制等（见表4.4）。其中，值得一提的是倒置关税制度，这是纽约港自贸区税收制度中最为重要的一环，可供我国借鉴、学习。倒置关税指原材料进口关税高于成品进口关税，例如精油的关税为4.6%，而制作精油的一种原材料氮杂原子的杂环化合物的关税则高达9.5%。通过这一政策，自贸区内的企业可以自由选择支付原材料的税率还是支付成品的税率，从而选择其中税率低的支付。此外，在纽约港自贸区任何商品进入自贸区时都不存在贸易壁垒，商品在美国国内各自由贸易区之间进行运输、买卖时也不需要缴税，只有最后从自贸区转移进入美国销售的时候才需要缴税。需要大量进口原材料的生产性企业往往都会倾向于在自贸区内投资建厂，在自贸区内将进口原材料制成成品后再销入美国市场，以此获得更高的利润。

表4.4　　　　　　　美国纽约港自贸区主要政策法规

类别	主要措施
关税类	无关税出口；国际退货免收再次入关关税；延缓缴纳进口关税，除非货物进入美国流通才支付关税；展览品免关税；倒置关税；节省为废品支付的关税；自贸区之间转移的产品免关税；储存的未来有可能用到的进口备件，若最终未使用可以免税退回或销毁；区内加工消耗的商品一般免关税；产品可以先免税入区，质检合格才需缴税，否则免税退回。
其他税收、费用类	在园区销售的商品不用标记原产地；无须为人力和行政开支付税；投保价值不用包含应缴税额部分；区内企业可以一次性按季度支付港口维护费；大多数州和县税务机关免除区内库存税。
其他类	区内企业无须花费保险和保安费用；区内企业有优先进入美国市场的权利；简化进出口流程；园区内企业每周享受只用申报一次过关记录、缴纳一次货物处理费的特殊政策；区内企业可以享受24小时无限制通关福利；区内实行严格的库存控制以降低错误发货概率；在没有销售和零售的情况下，商品可在区内自由买卖。

纽约港位于美国东北部哈德逊河河口，腹地广大，具有四通八达的铁路网、公路网、航空网以及内河航道网，而重庆自贸试验区的两江片区同时拥有水、陆、空三大交通枢纽，果园港片区是我国最大的内河水运、铁路、公路联运枢纽港，因此两个自贸区都拥有相似的地理优势。此外，美国成立纽约港自贸区是为了适应美国经济转型的需求，拓宽美国与其他国家的贸易渠道，引入外资带动发展区域经济，这在一定程度上也符合重庆自贸试验区发展的目标和定位：探寻经济发展新模式、构建对外贸易新格局、带动周边地区经济发展。因此，美国纽约港自由贸易园区的发展经验对重庆自贸试验区的建设发展来说具有一定的参考意义。当然，对于我国来说，适用于美国的政策不一定适用于重庆，我们需要结合重庆自贸试验区自身情况，有选择地借鉴纽约港自贸区税收、法律等方面创新的成功经验，制定更加具有吸引力的税收政策以吸引外资的进入。

2. 德国汉堡自贸区建设经验与实践

（1）德国汉堡自贸区的发展历程。

最初，汉堡对转运货物只减免关税，1727 年开始实行免去除部分特色商品外的全部关税。到 1874 年，免除所有关税，1888 年，汉堡自由港正式成立。在关于"汉堡加入德国关税同盟"的协议中，汉堡市申明愿意将港口一块特定区域以外的全部领地划入德国海关管辖范围。该协议指明"这块港口的特殊区域将辟为永久性自由港，并归汉堡市所有。在该自由港范围内，过往船只及货物不受海关控制，仅仅接受海关监督"。

汉堡自由港最初以发展转口贸易为主，后来逐渐拓展到综合贸易，主要囊括货物中转、仓储、流通、加工和船舶建造业务。汉堡港凭借税收减免、手续简化等优惠政策为贸易提供了充分的自由和便利，促进了自身的繁荣。

为适应自由港拓展，海关办事处也相应增加。后来为了控制走私，建立了海关检查总局以集中海关监管，到 1919 年，德国在第一次世界大战中战败，中央政府对汉堡自由港地位的承认始终没有发生变化。港口经济稳步向前从未停止，直到大萧条和第二次世界大战，自由港货物减少、业务停顿，很多拥有现代化设备的关口关闭。第二次世界大战结束后，1949 年

9 月联邦德国成立，随后的"经济奇迹"使自由港恢复生机，作为德国最大的港口和货物集散中心，汉堡港业绩和实力蜚声世界，在当时享有"欧洲门户""世界市场"的美誉。

1957 年欧洲共同体（以下简称欧共体）成立后，德国海关法逐渐向欧共体海关法靠拢，从而导致汉堡港内部分条款被禁止。20 世纪后期，汉堡的加工业发展面临严峻挑战，区域内加工业萎缩，业务减少。此外，由于德国加入欧盟，从 1994 年起，汉堡自由港成为欧共体和欧盟的"关内"，改称为"自由加工贸易区"。按照欧盟规定，此区域属于欧盟关境内享受特殊政策的区域，不再被视为第三国。

美国"9·11"事件后，各种货物入区均需要申报。更重要的是，欧盟内部统一关税，大幅下调关税；再加上欧盟不断扩张成员，内部大部分货物实现免税流通，形成单一市场，使自贸区关税减免的优势渐渐弱化和非欧盟货物量严重减少。此外，自贸区内 90% 以上的杂货实现了集装箱化，仓库城变得可有可无，因而在 2003 年，仓库转变为保税仓库，转口贸易的企业无须依靠自由港就可以实现保税。而与之形成鲜明对比的是，原有进入自贸区的手续优势会导致交通拥堵，影响物流进度。最终，在 2013 年 1 月 1 日，汉堡自由港关门。

汉堡自贸区 125 年的变迁，折射出欧洲一体化道路下，不断演进的共同市场政策对城市的影响，汉堡自由港的优势逐渐被削弱并最终消失是欧洲市场自由化的必然结果，在区域经济一体化和经济全球化的发展趋势下，依靠关税优惠吸引贸易的时代已经过去，自贸区应该考虑如何重新定位，积极创新改革，从服务效率、物流条件等其他方面打造港口的竞争力优势。

（2）德国金融业在自贸区发展期的经验总结。

汉堡自由港曾跻身世界上规模较大的经济自由区之一。随着欧洲一体化程度的加深，以"关税同盟"为特征的模式逐渐演变为"单一市场"。加上世界贸易组织和其他多个双边贸易协定的影响，货物关税显著下降，自贸区豁免关税的优势渐渐弱化，原有进入自贸区的手续有时会导致交通堵塞，影响物流进度。可以说，德国汉堡自由港的取消体现了区域一体化和经济全球化的发展趋势，也算是实现了成立自贸区的初衷。

汉堡自由港的末期，正值"欧债危机"爆发后的经济复苏期，德国几乎凭一己之力带领欧盟走出"欧债危机"的阴霾，德国不但没有衰退，反而经济实力越发稳健，这与德国强大的实体产业是分不开的，德国的金融体系几乎完全依附于该国的实体经济。

德国强大的制造业实力使其经济具有较强的抵御危机的能力，持续的技术创新是德国制造业长盛不衰的根源。第二次世界大战后，德国共经历了六次经济衰退，包括两次石油危机和美国次贷危机，但每次衰退的时间均不超过 1 年，特别是在"欧债危机"中一枝独秀，德国率先复苏，显示出较强的抵御危机能力。相比之下，美国战后共经历七次衰退，且在 20 世纪 70 年代石油危机和次贷危机中恢复了较长时间；日本在东南亚金融危机与次贷危机中经历了较长的衰退期；英国虽然衰退次数少于德国，但在两次石油危机与次贷危机中，均经历了较长的衰退期。五国中，仅有法国经历的危机和衰退次数要少于德国。

德国经济优异的表现主要建立在五大支撑体系——社会市场经济模式、制造业强国战略、审慎的金融体系、稳健的房地产市场、完善的社会保障制度之上。

德国以服务实体经济为目标发展虚拟经济，适度发展房地产业，并不以高杠杆撬动金融行业的短暂繁荣。与美国、日本、英国、法国等主要发达国家相比，德国金融市场规模并不领先，2019 年德国股票交易额占 GDP 的比重为 43.65%，显著低于日本的 115.49%，2018 年德国股票交易额占 GDP 的比重为 40.44%，显著低于美国的 161.15% 和日本的 126.82%。2017 年德国的股票交易额占 GDP 的比重为 42.38%，远远低于美国的 205% 和英国的 95%。从间接融资来看，2019 年德国国内信贷投放额占 GDP 的比重只有 134.44%，也低于日本的 287.19%。虚拟经济的适度发展还表现在广义货币供应规模（M_2）上，德国的货币供应 M_2 在 2019 年 12 月约为 3.51 万亿美元，2019 全年德国的 GDP 为 3.85 万亿美元，广义货币占 GDP 的比重较低。德国的这种经济发展特点显示了其实体经济发展对资本和货币增长的依赖度低，也体现出其资本利用和金融运转的高效性。

德国的金融业是伴随国家工业化进程逐渐发展起来的，以扶持制造业发展为中心。德国在不断的发展过程中，逐渐形成了持续稳健的货币政策、以全能银行为主的银行体系，以及以严格有序的金融监管为特征的金融模式。

3. 巴西马瑙斯自由贸易区建设经验与实践

（1）巴西马瑙斯自由贸易区的发展历程。

马瑙斯市位于巴西北部，是亚马逊州首府所在地。20 世纪 60 年代，当时政府为了拉动当地经济发展，鼓励更多内陆居民迁移到该市居住，于是给予当地特别的税收政策。1951 年，巴西政府提出了马瑙斯自贸区的相关理念，但是该自贸区的成立并没有对巴西的经济产生很大的推动作用，直到 1967 年，巴西总统签署了与马瑙斯自贸区相关的法案，并颁布了许多优惠政策后，马瑙斯自贸区才得以迅速发展起来。马瑙斯自贸区由工业区、商业区和农牧业区组成，三个区域各有分工，并设立了马瑙斯自由贸易区管理局对其进行统一监管。根据人民日报的报道，2014 年马瑙斯自由贸易区占地面积就超过了 10000 平方公里，是拉丁美洲最大的自贸区，马瑙斯自贸区在 2013 年的总产值就已经超过 380 亿美元，几乎赶上了整个巴拿马当年的国内生产总值。

马瑙斯自贸区与重庆自贸试验区有很多相似之处。首先，与中国一样，巴西幅员辽阔，各区域之间的社会、经济发展存在严重失衡，都出现内陆地区发展落后于沿海地方发展的情况，马瑙斯自贸区和重庆自贸试验区都是典型的内陆自贸区，都肩负着大力发展对外贸易、引进外资、开发内地、辐射带动落后地区经济的重任。其次，二者都有得天独厚的地理及资源优势；马瑙斯是亚马逊河的重要港口，万吨货轮可直达马瑙斯市，这里还有丰富的水资源、森林资源和矿产资源，而重庆是长江上游最大的港口，区内河网密布，同样拥有丰富的水资源和矿产资源。在这两地建设自贸区可以充分发挥二者的海河运输优势，方便将内陆和境外联系起来。最后，与重庆自贸试验区相同，马瑙斯自贸区的金融创新也主要体现在金融制度创新上，为了推进自贸区的建设与发展，政府都采取了一系列的政策与措施。

（2）巴西马瑙斯自由贸易区的经验总结。

马瑙斯自贸区有三方面的经验值得借鉴：一是建立了一个独立的拥有自治权的机构——马瑙斯自由贸易管理局，以加强对自贸区的管理，且其负责研究拟定自贸区的指导方针以及相关发展政策，同时分析和审批发展项目和进口计划，分配进口份额，并且负责协调整个亚马逊地区的发展；二是马瑙斯的利用外资政策也包含着对民族工商业的保护，规定自贸区内的所有企业都要尽量利用本国的设备和零件、在合资企业中一定要有巴西人参加企业监督和管理、全部从业人员和工资巴西人必须占到三分之二、在自贸区内的合营企业必须有明确的国产化目标等，通过这种方式来提高国产化率和加速经济本国化；三是制定了许多优惠条件，马瑙斯自贸区吸引企业投资的主要手段是税收减免政策，例如进口税率减免88%，所得税率减免75%等，通过给出众多优惠条件来吸引大量外资，并积极发挥其作用以促进自贸区经济发展（见表4.5）。

表4.5　　　　　　　　　巴西马瑙斯自由贸易区主要优惠条件

类别	主要措施
税收优惠	免除企业劳务税；免除工业产品税；免除商品流通税；降低金融营业税。
出口奖励	自贸区内生产用于出口的产品不缴纳出口税；自贸区运往巴西其他地区的产品缴纳的关税税率低于巴西从国外直接进口商品的税率；外国商品再出口不缴纳关税。
进口优惠	在自贸区建立的最初十年内，进入自贸区的外国商品一律免缴进口税、免除进口许可证；在没有类似国产品情况下进口生产材料，自贸区免除进口关税和工业制品税。
产品进入自贸区的优惠	巴西国产产品进入自贸区免商品流通税和工业产品税；在工业区内建立加工企业收取较低的土地税。
外资汇出利润及区内再投资优惠	降低奢侈品消费和服务部门投资的外商每年汇回额占登记资本的比例（最低时为5%）；鼓励在自贸区内再投资，免除有关用利润或公积金进行增资的法人税。

（二）国内自贸区发展经验与实践

在我国，较早采用自由贸易政策的地区是香港，香港在19世纪40年代就开始推行自由贸易政策。2015年4月8日，国务院批准了上海、广东、天津、福建自由贸易试验区总体方案。当前，探索符合本地实际情况的区域经济合作新模式，进一步进行制度创新，强化法治建设，是创建自贸区的重要命题。自贸试验区作为贸易自由化、投资便利化的试验田，正在发挥辐射效应，带动国家区域发展战略、"一带一路"倡议的同步实施，在全国各地生根发芽，成为中外合作、互利共赢的崭新载体。

1. 香港自由贸易港的发展经验与实践

（1）香港自贸区发展历程。

香港是亚洲的金融中心，也是全球最开放的自由港之一，香港在19世纪40年代开始推行自由贸易政策，然而当时香港地区政府并未采纳划设特定区域和制定特别法令来建设单个或多个自由贸易园区的建议，而是致力于将整个香港打造为一个完整的自由贸易港。经过长时间的探索、升级，香港自由贸易港从一个只进行转口贸易的港口演变成为经济结构多元化的自由港，并连续23年被美国传统基金会评为全球最自由的经济体。香港之所以能够成为目前为止全球最开放、最自由的自由贸易港，不得不提到其得天独厚的地理位置——香港位居亚太地区的要冲，是通往东南亚的门户要塞，同样也是欧洲、非洲和南亚的交通要道，不仅仅是东南亚与美洲之间的重要纽带，也是日本、欧美、东南亚进入中国南部的重要门户，搭建了中国内地与国际经济贸易之间的桥梁。

（2）香港自由港发展经验总结。

香港自由港的发展经验主要包括四个方面：一是任市场自由调节，二是开放金融市场，三是商品自由贸易，四是资金自由进出及企业自由经营。就市场自由调节方面来说，香港坚持完全自由的市场经济体制，让资源配置、劳动力供给、商品价格完全受供求规律的影响，且全部依赖于市场的价格调节机制，地区政府一般不再对市场现行的价格体系进行干预；就开放金融市场方面来说，香港赋予各金融机构平等的权利，对本地银行和外资银行一视同仁，两者享受完全平等的待遇，香港在1972年和1973年分别取消了对外汇、黄金的管制，允许外汇自由兑换，1983年完全放开对外资银行的限制，采取更加自由的金融政策；就商品自由贸易方面来说，香港一直倡导自由贸易政策，贸易结算自由，对出口贸易不设置管制、不设关税壁垒，进出口环节手续简便，没有主动的配额限制；就企业经营自由方面来说，香港奉行"自由竞争，适者生存"的原则，对本地企业和外商均实行少干预、无补贴政策，对大多数外来投资项目不设任何管制，对企业经营进出口贸易没有限制。但自由港并不是说对市场上所有经济行为都不加约束，香港具有比较完善的自由港经济政策体系，被称为"积极不干预主义"，主要由完全不干预政策、直接干预政策及临时性干预政策构成（见表4.6）。

表4.6　　　　　　　中国香港自由港"积极不干预主义"

政策类别	主要制度
完全不干预政策	自由贸易制度：对进出口贸易不设置管制；不设置关税壁垒；进出口手续极为简单；外来船舶免于办理进港申请及海关手续，实行非强制引水，关检及卫检手续简便，并豁免港口行政费，物流体系流畅。 自由企业制度：自由进入及经营制度；企业进入及经营门槛低；国民待遇制度。 金融自由制度：解除外汇及黄金管制；"解冻"银行牌照；取消存款利息税。 自由出入境制度：香港特区政府与众多的外国政府签有协议，持特区护照的香港居民赴海外旅游或办理商务，可享受免签证入境的待遇（境外人员进出香港也享受同等待遇）。
直接干预政策	对土地一级市场进行干预：主要在批地数量、土地的定向开发管制方面。 对关键金融活动的干预：主要集中在建立港元和美元的联系汇率制、指定发钞银行及控制发钞银行的发钞行为、推行"金融三级制"方面。 对贸易领域的干预：对大米进口实行经营许可证制和预储制，以防个别商贩囤积居奇，哄抬米价，影响民生；对若干碳氢油类（汽油、飞机燃油和轻质柴油）、酒精浓度以量计多于30%的饮用酒类、甲醇及烟草等（不论是进口还是香港本地制造）均征收关税。 此外，香港政府也直接干预若干影响国计民生的商品价格的形成。
临时性干预政策	按揭率管制；房屋预售许可证（楼花）转让管制；动用外汇管理基金干预金融市场等。

香港用以支撑自由港公平竞争的经济环境的健全、完善的法律体系是非常值得借鉴的。香港非常重视对经济法律体系的完善，在香港的成文法中，接近二分之一都是经济法，它们制定了较为完善的市场自由竞争规则，为实现真正的自由和公平竞争提供了有力的保障。除此之外，香港也为企业提供了一系列稳固而公平的法律制度，建立了完善的产权制度，能够有效保护私人财产权。完善的法律体系、在制度层面上支持市场经济以

取代政府对市场的过度干预，不但可以保证市场的有效运行，还能帮助重庆自贸试验区进一步完善金融创新的措施。

2. 上海自贸试验区发展经验与实践

（1）上海自贸试验区发展历程。

上海自贸试验区的战略定位为适应全球经贸发展新格局，对接跨太平洋伙伴协议（TPP）、跨大西洋贸易与投资伙伴协议（TTIP）、双边投资协定（BIT）新规则，按照"境内关外"和贸易投资自由化、便利化的目标要求，加快综合保税区转型升级，全面深化贸易功能、提升投资功能、拓展离岸功能，成为贸易业态模式创新、投资开放创新、离岸功能创新、政府管理服务创新的试验田和示范区。

上海自贸试验区总面积为120.72平方公里，涵盖陆家嘴金融片区、金桥开发片区、张江高科技片区，以及上海外高桥保税区、上海外高桥保税物流园区、洋山保税港区和上海浦东机场综合保税区四个海关特殊监管区域。

陆家嘴金融片区是上海国际金融中心的核心区域、上海国际航运中心的高端服务区、上海国际贸易中心的现代商贸集聚区。这里将探索建立与国际同行规则相衔接的金融制度体系，与总部经济等现代服务业发展相适应的制度安排，持续推进投资便利化、金融国际化和监管制度创新，加快形成更加国际化、市场化、法治化的营商环境。

金桥片区是上海重要的先进制造业核心功能区、生产性服务业集聚区、战略性新兴产业先行区和生态工业示范区。这里将以创新政府管理和金融制度、打造贸易便利化营商环境、培育能参与国际竞争的战略性新兴产业为重点，不断提升经济发展活力和创新能力。

张江高科技园区是上海贯彻落实创新型国家战略的核心基地。这里将推动上海贸易试验区建设与张江国家自主创新示范区建设深度联动，提升张江园区创新能力，重点在国家科学中心，发展新技术、新产业、新业态、新模式的"四新"经济，以及在科技创新公共服务平台、科技金融、人才高地和综合环境优化等重点领域探索创新。

上海自贸试验区在四个方面取得了显著成效：以负面清单管理为核心

的外商投资管理制度基本建立；以贸易便利化为重点的贸易监管制度有效运行；以资本项目可兑换和金融服务业开放为目标的金融制度创新有序推进；以政府职能转变为核心的事中、事后监管制度初步形成。

上海自贸试验区主要可推广的创新经验体现在以下方面：简化审批流程，通过网络管理企业纳税和信用评级等；通过一系列措施使贸易便利化；通过外商投资企业外汇资本金意愿结汇以及大宗商品衍生品柜台交易的结售汇等，逐渐开放人民币可兑换业务，推进人民币结算业务的发展；允许融资租赁公司兼营与主营业务有关的商业保理业务、允许设立外商投资资信调查公司、允许设立股份制外资投资性公司、融资租赁公司设立子公司不设最低注册资本限制、允许内外资企业从事游戏及游艺设备生产和销售等；采用信息共享、社会信用体系等一系列措施完善监管制度，并创新了海关监管和检验检疫制度。

（2）上海自贸试验区的金融创新与投资便利化进程。

按照国家对于自贸试验区推进金融开放创新，更好地服务于实体经济和贸易投资便利化的要求，上海自贸试验区在金融领域的开放创新取得了积极进展，主要表现在以下五个方面。

第一，金融制度创新框架体系基本形成。《中国（上海）自由贸易试验区分账核算业务实施细则》和《中国（上海）自由贸易试验区分账核算业务风险审慎管理细则》已于 2014 年 5 月 22 日发布实施，6 月 18 日自由贸易账户正式启动。2015 年 10 月国务院常务会议批准上海自贸试验区实施"金融改革 40 条"，为在试验区先行先试资本项目可兑换等金融领域改革提供了工具和载体。投融资汇兑便利、人民币跨境使用、利率市场化、外汇管理改革等也进入实际操作阶段，一批金融创新业务启动实施。

第二，金融服务功能初步显现。2014 年 2 月 21 日，中国人民银行上海总部发布《关于支持中国（上海）自由贸易试验区扩大人民币跨境使用的通知》，该通知明确了扩大人民币跨境使用简化流程的具体内容，不仅使区内经常和直接投资项下跨境人民币结算更为便利，而且明确区内个人可以办理经常项下跨境人民币结算业务。同时，该通知在深化金融支持实体经济方面提出了四项具体措施：一是明确人民币境外借款相关事项；二是支持上海地区总部经济发展；三是推动试验区跨境电子商务发展；四是支持中国外汇交易中心和上海黄金交易所在区内提供跨境人民币交易服务。

第三，金融平台建设初见成效。上海期货交易所在自贸试验区内设立了国际能源交易中心；上海国际黄金交易中心开板运作，上海证券交易所拟在自贸试验区内设立国际金融资产交易平台。中国金融期货交易所、中国外汇交易中心、上海清算所、上海股权托管交易中心等金融要素市场也都在积极研究如何利用自贸试验区优势设立面向国际市场的金融平台或开发面向国际投资者的金融交易业务。

第四，金融监管和风险防范机制加快推进。自贸试验区积极探索适应新形势的金融风险管理模式和方法，"一行两会"驻沪机构和上海市建立和完善了监管协调机制和跨境资金监测机制，中国人民银行上海总部和自贸试验区管理委员会建立了"反洗钱、反恐怖主义融资、反逃税"监管机制。同时，进一步完善了金融宏观审慎管理措施以及各类金融机构风险防范工作机制。

第五，金融改革进一步深化。根据提交国务院审议的《进一步推进自贸试验区金融开放试点、加快上海国际金融中心建设的方案》，深化金融改革的主要措施包括：一是在自贸试验区内推进资本项目可兑换的先行先试，逐步提高可兑换的程度；二是在上海自贸试验区启动个人境外投资试点；三是进一步扩大人民币的跨境使用，实现贸易、金融投资、实业投资并重，使人民币成为全球主要的支付、清算、储备和定价货币；四是探索金融服务业准入前国民待遇加"负面清单"模式，积极推动金融服务业对外、对内的开放；五是推进面向国际的金融平台建设，进一步提升市场配置境内外资源的功能；六是结合上海科创中心建设，进一步加强金融对科技的服务。

上海自贸试验区积极进行金融创新，进一步加强金融对经济发展的支持保障作用，上海自贸试验区金融创新主要可以分为八个类别，包括分账核算单元建设、自由贸易账户功能、金融衍生品交易、外汇管理改革、金融交易平台建设、投贷联动、保险产品监管创新和企业融资服务。这些金融创新案例为之后建立的其他自贸试验区提供了重要的经验借鉴。上海自贸试验区金融创新案例如表4.7所示。

表 4.7　　　　　　　　　上海自贸试验区的金融创新案例

类别	创新案例
分账核算单元建设	财务公司分账核算单元金融服务
	境外发行大额同业存单补充分账核算单元流动性
	商业银行分账核算单元境外融资业务
自由贸易账户功能	自由贸易账户本外币跨境融资服务
金融衍生品交易	分账核算单元外汇自营掉期
外汇管理改革	投资型跨国公司外汇资金集中运营管理
金融交易平台建设	大宗商品现货交易市场一站式金融服务
	黄金"沪港通"
投贷联动	商业银行投贷联动模式创新
保险产品监管创新	航运保险产品注册制改革
企业融资服务	"走出去"企业融资服务

3. 广东自贸试验区发展经验与实践

（1）广东自贸试验区发展历程。

广东自贸试验区实施范围是 116.2 平方公里，涵盖三个片区：广州南沙新片区、深圳前海蛇口片区、珠海横琴新片区。其中，广州南沙新片区由海港区块、明珠湾起步区区块、南沙枢纽区块、庆盛枢纽区块、南沙湾区块、蕉门河中心区块、万顷保税港加工制造业区块组成；深圳前海蛇口片区分为前海区块和蛇口区块，分为前海金融商务区、深圳西部港区、蛇口商务区三个功能区；珠海横琴新区片区由临澳区块、休闲旅游区块、文创区块、科技研发区块、高新技术区块组成。

从整体上看，面向港澳进行深度融合，是广东自贸试验区的主要特色。2003 年内地与港澳关于建立更紧密经贸关系的安排（CEPA）签署后，粤港澳融合再上新台阶。广东自贸试验区将通过在 CEPA 框架下扩大对港澳开放，破除准入后的隐形壁垒和政策障碍，利用自贸试验区自身机制的创新，进一步推动粤港澳服务贸易自由化。

从具体举措上看，广东自贸试验区将指定港澳投资准入特别管理措施（负面清单）、规划建设港澳现代服务业聚集区；先行先试推进服务行业管理标准和规则衔接；建设粤港澳创新型产业发展基地；支持港澳专业服务业企业拓展内地市场；推进建设统一高效的口岸管理机制，从而在广度上拓宽粤港澳合作领域，进一步取消和放宽港澳投资者准入限制；深度创新粤港澳合作机制，在规则标准对接、项目资金互通、要素便捷流动等方面先行先试，打造粤港澳联手参与国际竞争的合作新载体。

（2）广东自贸试验区的金融创新与投资便利化进程。

在金融创新领域，广东自贸试验区围绕人民币国际化，通过利率和汇率市场化改革，积极推进人民币成为港澳、国外跨境大额贸易和投资计价、结算的主要货币，并进一步建设人民币离岸业务在岸结算交易中心，构建以人民币结算为主的大宗商品和碳要素交易平台，巩固和提升粤港澳地区在人民币国际化中的战略地位，构建与国际规则接轨的金融服务体系。

目前，广东自贸试验区正积极推进的金融创新平台有：支持跨境支付工具的创新；在自贸试验区设立以碳排放为首个品种的创新型期货交易所，并研发其他新兴期货交易品种；支持在南沙新区片区发起设立大宗商品仓单登记交易中心，推进大宗商品仓单的管理和交易；在前海蛇口片区设立广东自贸试验区金融仲裁中心；推动全国中小企业股份转让系统有限公司在广东自贸试验区横琴片区设立新三板区域中心；推动广东金融资产交易中心升级为国际金融资产交易中心，积极探索开展跨境金融资产交易业务；研究设立横琴国际知识产权交易中心，重点探索知识产权金融创新以及跨境知识产权交易等特色业务；争取尽快研究设立创新型互联网保险平台，设立再保险中心和深圳保险交易所。广东自贸试验区可复制可推广的改革创新经验包括以下内容。

在投资便利化领域：建立"一口受理，同步审批"的"一站式"服务模式；在实施企业等级注册"三证合一"的基础上实行"多证合一"；制定行政违法行为提示清单；电子营业执照和全程电子化登记管理；"互联网＋"税收服务；税务网上区域通办，税银合作"税融通"；网上申领普通发票速递免费配送。

在贸易便利化领域：国际转运自助通关新模式；加工贸易手册管理全程信息化改革；海关原产地管理改革；征免税证明无纸化改革；企业注册

登记业务"关区通办";跨境电商商品溯源平台;进口食品快速放行模式;进口酒类分类管理;检验检疫原产地签证清单管理;入境维修"1+2+3"监管模式;进境动物检疫许可流程再造;检验检疫无缝对接内陆"无水港";建立检验检疫"电子证书"模式。

其他可复制推广的改革事项:如陆路跨境快速通关;国际中转食品监管;自贸试验区港区一体化运作;小规模纳税人简并征期。

4. 天津自贸试验区发展经验与实践

(1) 天津自贸试验区发展历程。

根据《中国(天津)自由贸易试验区总体方案》,天津自贸试验区的发展目标为:经过3~5年改革探索,将自贸试验区建设成为贸易自由、投资便利、高端产业集聚、金融服务完善、法制环境规范、监管高效便捷、辐射带动效应明显的国际一流自贸试验区,在京津冀协同发展和我国经济转型发展中发挥示范引领作用。

天津自贸试验区的实施范围为119.9平方公里,涵盖三个片区:天津港片区、天津机场片区、滨海新区中心商务片区。

天津港片区重点发展航运物流、国际贸易、融资租赁等现代服务业,已形成航运、物流、租赁、航运融资、贸易结算等特色产业集群;天津机场片区重点发展航空航天、装备制造、新一代信息技术等高端制造业和研发设计、航空物流等生产性服务业,该片区在航空航天、电子信息、装备制造、软件外包、总部经济方面已形成规模;滨海新区中心商务片区重点发展以金融创新为主的现代服务业,该区定位为我国北方金融改革创新基地、总部经济区、商业贸易中心和现代服务业集聚区,目前天津港保税区已形成国际贸易、现代物流和出口加工三大主导产业。

作为我国开放经济的高地,天津自贸试验区着力成为区域协同新平台、制度创新高地、开放经济动力、转型升级新引擎,随着一批制度创新举措的落地实施,区内投资领域扩大开放,贸易转型持续升级,金融领域开放深化创新,服务京津冀地区外向型经济发展成效显著。目前可供借鉴的自贸试验区建设经验包括以下内容。

第一,创新审批服务机制。在行政管理体制改革方面,在天津自贸试验区成立之初，天津市下放 220 项市级行政许可权限，2019 年 2 月，天津市委市政府出台《加快推进新时代滨海新区高质量发展的意见》，一次性向滨海新区下放 622 项市级权力事项。目前企业设立、贸易服务、资质资格等审批事项全部被纳入自贸试验区行政服务中心办理，建立了综合受理单一窗口，提供审批全流程便利化服务，审批效率提高了 75％，大大节约了企业成本。

第二，贸易便利化程度大幅提升。自贸试验区的重要特征就是贸易便利化，贸易便利化将减少通关时间，从而降低货物成本，最终降低进口商品的价格，企业、市民都将受益。天津自贸试验区设立后，天津海关、检验检疫局分别出台三批 29 项、四批 48 项通关通检便利化措施，大幅提高了通关、通检效率，提高了口岸监管服务效率。同时，跨境电商试点城市、汽车平行进口试点政策获批，也进一步促进了贸易转型升级。

第三，在金融开放创新方面全面推进。在金融开放创新方面，备受关注的"央行 30 条"支持天津自贸试验区金融改革政策出台，涉及扩大人民币跨境使用、促进租赁业发展、支持京津冀协同发展、完善金融服务功能等方面众多具有含金量的金融创新举措，目前的成就有：自贸试验区内的企业和金融机构按规定在境外发行人民币债券，募集资金可调回区内使用；区内符合条件的跨国企业集团可以开展跨境双向人民币资金池业务；租赁业和商业保理得到发展；金融资本项目逐步开放等。

第四，服务京津冀协同发展。在各项创新举措的推动下，天津自贸试验区利用区域特有的功能、政策、区位和港口资源优势，充分发挥自贸试验区政策外溢、辐射带动作用，让更多的京津冀的居民分享自贸试验区体制机制创新带来的红利。目前天津自贸试验区推出服务京津冀协同发展的八项举措，包括：进一步完善京津冀通关通检一体化，支持企业利用自贸账户开展境内外融资，发挥融资租赁优势助推产业转型升级，为企业"走出去"搭建高水平服务平台，在京津冀地区复制推广进口商品保税展示交易模式等。

（2）天津自贸试验区的金融创新举措。

天津自贸试验区在金融领域的开放创新体现在以下几个方面：一是在

投资便利化上，投资项目按照负面清单管理，在清单之外的投资项目不需要再审批、备案，外汇资本金可按直接到银行登记，资本金可以意愿结汇；二是在融资便利化上，企业可以到海外进行融资，降低了企业成本，同时放宽了区内企业境外发行债券的审批、规模等方面的限制；三是在贸易便利化上，降低了跨国公司资金交易成本，提高集团内部的资金使用效率；四是在机构和业务开放上，自贸试验区内在一定程度上放开了金融机构的设立限制；五是在政策优化上，将统一内资和外资政策，也将统一融资租赁和金融租赁的政策，支持租赁业的国际化发展。

天津自贸试验区金融创新的具体表现包括：融资租赁助推高端制造业发展；设立产业引导基金，通过市场化、专业化优势发挥金融服务的作用；优化跨境投资管理模式；探索创新有利于风险管理的账户体系；探索开展人民币跨境投融资试点；探索建立以人民币计价结算的跨境资产交易平台；建立中外资银行入区发展引导机制；推动设立非银行金融公司；推动民间资本进入银行业；探索开展多种形式的跨境投融资服务；推进金融离岸业务发展；创新银行业准入方式；完善银行业监管服务体系；继续推行商业保理发展试点；拓宽保险业服务领域；推动专业性保险机构创新发展；探索实施企业外债规模比例自律管理；探索开展大额可转让存单发行试点；探索实施资本项目限额内可兑换业务（直接投资、并购、债务工具等）；支持区内企业境外融资；试行机构自主开展人民币外汇衍生品交易；探索建立中国天津租赁平台；设立中国金融租赁登记流转平台；建立租赁企业服务体系；创新融资租赁公司业务发展模式；促进金融租赁公司专业化发展；扩大租赁公司外币使用范围；扩大租赁企业经营范围；支持租赁企业开展跨国公司外汇资金集中运营管理；探索推进各类租赁公司扩大跨境人民币资金使用范围；探索推动股权投资基金创新发展；实施资产证券化产品创新；提高证券期货业金融机构开放度；完善中小微企业贷款和保险风险补偿机制；创建中国北方国际航运融资中心；探索PPP投融资新模式；推动区域金融市场一体化；推动科技金融创新发展，完善科技金融对接平台，探索建立金融服务联盟；开展科技企业跨境收购兼并业务制度创新；探索开展碳排放权交易试点，争取设立全国性的碳排放权交易市场。

5. 福建自贸试验区发展经验与实践

（1）福建自贸试验区发展历程。

福建自贸试验区的战略定位为：围绕立足海峡两岸、服务全国、面向世界的战略要求，充分发挥改革先行先试优势，营造国际化、市场化、法治化的营商环境，把自贸试验区建设成为改革创新的试验田；充分发挥对台优势，率先推进与台湾地区投资贸易自由化进程，把自贸试验区建设成为深化两岸经济合作的示范区；充分发挥对外开放前沿优势，建设21世纪海上丝绸之路核心区，打造面向21世纪海上丝绸之路沿线国家和地区的开放合作新高地。

福建自贸试验区的实施范围为118.04平方公里，涵盖三个片区：平潭片区、厦门片区、福州片区。

按海关监管方式划分，自贸试验区内的海关特殊监管区域重点探索以贸易便利化为主要内容的制度创新，开展国际贸易、保税加工和保税物流等业务；非海关特殊监管区重点探索投资体制改革，推动金融制度创新，积极发展现代服务业和高端制造业。

福建自贸试验区经过几年的发展取得了丰硕的成效：在重点产业发展领域，跨境电商、保税展示交易、融资租赁、商业保理、闽台物流、整车进口以及海产品交易等方面都有不同程度的发展；在促进贸易便利化方面，通关效率明显大幅提升，监管模式更加科学，有效减轻了企业负担；在功能性平台建设方面也成效显著，例如，台湾青年创业营地、海关监管平台、大宗商品交易和资源配置等平台的建立有效地促进了福建自贸试验区的发展；同时深化了对台交流合作，两岸合作不断拓展。

福建自贸试验区可复制推广的改革经验包括：实行商事主体名称"自主查重、自主选用"；实行企业联络地址登记制度；企业设立实行"一章审批、印章即刻、当日办结"的服务模式；创新台湾省输大陆商品快速验放机制，除国家禁止、限制进口的商品、废物原料、危险化学品及其包装、散装商品外，区内进口原产于台湾省的工业品简化手续；试行"台商协会总担保制度"；建立海关、国检"一站式"查验平台；实施卡扣智能化管理，对智能化卡扣识别条码系统进行改造升级；建设自贸试验区综合服务平台，为企业提供投资设立、工商变更、纳税服务、社保交纳、海关检验检疫登记、进出口经营权备案、"多规合一"、申报、信用查询、公章刻制、报关报检、金融服务等全方位、"一站式"服务（办事审批不出区）；创新区域管理，推行"多规合一"的城市治理体系，促进统筹城乡规划、土地利用总体规划、国民经济和社会发展规划，以及环境保护规划等基于自贸试验区内空间布局的衔接与协调；深化外债比例自律管理试点，区内中资企业借用外币外债资金可按规定结汇使用；试点海运快件进出境业务；出入境船舶检疫全程无纸化。

（2）福建自贸试验区的金融便利化进程。

福建自贸试验区主要为推进闽台金融合作先行先试，重点发展跨境金融、专业金融和融资租赁，建设两岸区域性金融服务中心。2015年7月29日，中国人民银行授权发布的《厦门跨境人民币贷款业务试点暂行办法管理》正式落地，厦门全面启动对台跨境人民币业务试点。金融创新主要表现在以下方面。

一是跨境金融。推进人民币自由贸易项目自由兑换，汇率和利率自由浮动，加强闽台合作，重点发展跨境银行业务、跨境保险业务和跨境证券业务。

二是航运物流金融。重点发展船舶融资、船运保险、资金结算、航运价格衍生产品以及供应链金融。鼓励金融机构开发符合市场需求的航运融资产品，支持平潭、厦门和福州片区设立航运产业基金，对船运企业的在建船舶和购置船舶进行融资，并在自贸试验区设立专业性的航运保险机构。

三是贸易金融。重点发展贸易结算、贸易信贷、信用担保、风险管理和财务管理服务。

四是互联网金融。重点发展支付结算、融资业务和投资理财业务。

五是融资租赁。福建人民政府颁布《关于支持福建自贸试验区融资租赁业加快发展的指导意见》，积极发展融资租赁业务，支持金融租赁公司在区内设立专业子公司，探索建立融资租赁产权交易平台等。

二、金融业在自贸试验区发展中的核心作用与地位

重庆自贸试验区设立后，自贸试验区内各项产业将迎来快速发展的重

大机遇，尤其金融业将会收获巨大，融资租赁业的全面改革发展、各大国有银行及其他商业银行的进驻，将会进一步提升自贸试验区金融业的地位和发展前景。要实现重庆自贸试验区金融业的健康发展，就必须充分了解重庆自贸试验区金融业的发展优势所在，并加以充分利用；掌握重庆自贸试验区内各主要地区产业现状和金融业发展状态，结合实际情况，妥善提出金融业发展和完善的建设性意见，在试点试验成功后向全区推广。这样重庆自贸试验区金融业的发展才能拥有更广阔的空间。

（一）金融业在自贸试验区发展中的核心作用

重庆市致力于建设一批具有鲜明特征的服务业聚集区，为金融业的发展壮大提供良好的物质平台，实现重庆自贸试验区由产业金融向服务型、投资性金融产业的跨越，逐渐面向服务和投资，拓宽自身业务范围，最终实现金融业的长远发展。同时，金融业会反作用于服务行业，为其提供充足的后备资金，带动服务行业的发展，推进重庆经济转型计划的实施。

1. 金融业对贸易的促进作用

一是有利于拓展贸易金融业务客户群。重庆自贸试验区在制度创新方面具有比较优势，商品物流、维修服务、服务贸易、对外担保、金融租赁等企业在自贸试验区云集，形成了自贸试验区内特有的客户群。同时，重庆自贸试验区贸易金融服务实体经济的属性，决定了更多的中小企业将入驻自贸试验区，它们将被纳入自贸试验区贸易金融服务体系。此外，随着"走出去"的中国企业数量进一步上升，这些"走出去"的企业越来越看重自贸试验区这个广阔的平台，借助这个平台实现贸易与投资便利化。重庆自贸试验区注册的企业是商业银行贸易金融方面稳定的客户群基础。

二是有利于贸易金融产品研发与运营一体化。自贸试验区贸易金融中的供应链融资已经形成典型的"1＋N"模式，银行需对产业链上下游关键节点的供、产、销活动进行统筹，在此基础上研发一揽子融资、结算服务以及账户管理和财务顾问等衍生服务。自贸试验区内资本流动的逐步放开便利了资金跨地域周转，为贸易金融产品的创新、管理和风险控制开辟了境内外一体化运作的新空间。重庆自贸试验区贸易金融的规模化发展，要求其实施贸易金融产品一体化管理，以提升效率，节约成本。金融机构加强了自贸试验区贸易金融产品的指导与统筹，以标准化产品、差异化组合的策略实现对中小企业和大型企业的全覆盖。自贸试验区贸易金融服务的后台作业和处理流程整合完成后，企业在自贸试验区设立区域性的财务中心和运营中心的条件日渐成熟，全球贸易金融服务将获得一体化的运营支持保障。

三是自由贸易账户体系为贸易金融业务创新开辟了新空间。重庆自贸试验区可以采用分账核算方式，允许自贸试验区内居民开立居民自由贸易账户，非居民开立非居民自由贸易账户，重庆地区金融机构设立试验区分账核算单元，从而构建自由贸易账户体系。在账户体系管理方面则坚持"一线放开、二线管住、有限渗透"的原则。金融机构通过人民银行的分账核算审慎合格评估系统验收，并接入人民银行自贸区资金监测系统，为自贸试验区主体和境外机构开立自由贸易账户并提供相关金融服务。上述体系的建立更好地满足了银行境内机构服务非居民更广泛的金融需求，为银行扩展跨境投融资服务领域、开展业务创新提供了新通道，也对银行国际化经营能力提出了更高的要求。自贸试验区内银行、企业和非银行金融机构可以根据核定的规模自主开展境外融资活动，自主权衡境外融资的结构，扩大了经济主体从境外融资的规模与渠道，为自贸试验区企业通过自由贸易账户从境外融资提供了更多的自主选择权，有效降低了企业融资成本和管理成本。同时，外币自由贸易账户业务的启动，进一步丰富和完善了自由贸易账户的功能，为企业提供了账户内本外币资金兑换便利，有利于更好地管理汇率风险，提升了自贸试验区的金融服务水平。

四是"境内关外"的贸易方式，促进新型贸易方式试点。促使贸易更加自由是重庆自贸试验区建立的基本功能和定位，贸易制度的自由化是制度创新的基石。重庆自贸试验区允许企业"先入区，再申报"，在自由贸易区实现"境内关外"。"境内关外"可以简化国际贸易手续，降低国际贸易成本，提升物流效率，极大地提升产品进出境便利程度和物流效率，最大限度地提升国际贸易的便利程度和开放程度。除了本地交易，一些新型的贸易方式如转口贸易、离岸贸易、期货交易乃至保税期货交易都在重庆自贸试验区进行试点。在离岸贸易方式下，贸易的主体一方是在重庆自贸试验区注册的企业，另一方是别国，贸易通关、验收、交割均在异国异地进行，但会计和税收却在重庆自贸试验区进行。在条件具备时，如果重庆自贸试验区可以进行离岸贸易，将会为重庆及周边地区的经济发展提供新动力。

五是推动长江经济带贸易更加开放。由于金融、外汇管制以及市场准入限制，长江经济带过去的贸易方式非常传统，这些传统的贸易方式在某种程度上甚至阻碍了资源的快速、有效流动，从而在某种程度上阻碍了经济快速方展。重庆自贸试验区在贸易自由化方面的有效探索，将改变这种态势，引起国际高端资本流动，使长江经济带地区的经济更加开放，资源流动更加快速和高效。长江经济带的外向型经济经过前一阶段高速发展后，亟需新的动力。重庆自贸试验区的贸易自由化举措将使长江经济带企业进入国际市场的信息搜寻成本大幅度降低，进入国际市场变得更容易，获得国际人才、国际资本、国际企业服务的渠道更加畅通和便捷，从而更好地促进长江经济带地区的进出口贸易。

2. 金融业对实体产业发展的促进作用

金融是为实体经济发展的需要产生的，随着金融的不断发展和完善，金融服务实体经济的作用日益增强，现已成为实体经济发展不可或缺的重要工具。当前我国正处于经济转型的关键时期，金融作为服务实体经济的工具，更应当努力满足实体经济发展的现实需求，充分地发挥自身的作用，加大支持科技创新和经济结构调整的力度，服务和促进实体经济转型。如果金融市场投机交易过度膨胀，金融行业与实体经济、实业部门和产业资本渐行渐远，甚至凌驾于产业发展之上，便会造成金融自我循环，形成泡沫经济，对我国经济健康发展造成重大冲击和严重损害。

一是金融业应不断满足实体经济发展的资金需要。商业性金融、开发性金融、政策性金融、合作性金融分工合理、相互补充的金融体系可以吸引自贸试验区的沉淀资本，通过股票、债券、票据、金融衍生品进入实体经济，优化资源配置和重组自贸试验区的资源。自贸试验区金融业改革创新可以全面清理金融自我服务业务，限制金融机构自营交易特别是衍生品交易，实现金融行业从自我循环向服务实体经济的转变，提高金融资源配置效率。落实金融支持实体经济的政策，增强金融服务能力，鼓励金融向经济发展的薄弱环节特别是基础设施建设、产业结构调整、创业创新领域倾斜，缓解实体经济融资难、融资贵问题，支持传统产业转型升级和新兴产业发展，切实提升服务实体经济的质效。

二是多元化金融供给主体可以促进技术进步。充分发挥银行业产品创新研发优势，创新金融工具，引导银行业重视金融工具的创新，拓宽金融资本支持实体经济的渠道；消费金融、绿色金融、文化金融、科技金融、服务金融等多元化融资工具的快速发展顺应了消费信贷和第三产业特点，稳步推进了非耐用品消费信贷、分期付款的稳定发展。一方面，有效的金融体系可以更好地分配资金，促进经济增长。另一方面，金融也推动和促进了技术和资本的结合。新技术的诞生往往伴随着高风险，而金融体系与金融工具的发展可以起到分散投资风险的目的。金融的发展使通过投资组合降低风险，从而使投资高风险产业成为可能，而高新技术产业的发展将进一步推动技术发展。

三是金融对实体经济增长具有调控作用。在金融助力实体经济转型过程中，必须强化彼此之间的社会责任，帮助实体经济提高发展的质量和效益。提高实体经济经营者的环境保护意识需要内部和外部的双重约束。实体经济的内部约束来自公司治理，而公司治理往往通过各式各样的金融手段提供激励措施，如股权激励、贴息等。因此，多层次的金融市场建立后，就可以通过各种金融手段，从内部来约束实体经济经营者的经营行为，使其认真关注环境损害成本。实体经济的外部约束来自金融业的社会责任，金融如果能全面提倡低碳金融、绿色金融、生态金融等发展理念，资金向这些领域倾斜就能使高污染、高能耗和资源性的实体经济陷入资金困境。而金融能贯彻这些理念的前提是金融多样化的发展，金融的盈利渠道不再单一，这样才有能力承担更多的社会责任。总之，金融可以从内外两个方面来约束实体经济经营主体，促使实体经济向高质量、高效益的发展模式转变。

四是金融促进"四化"协调发展，实现经济结构调整。工业化、信息化、城镇化和农业现代化齐头并进才能保证经济协调发展。要想在经济转型中协调"四化"的发展，需要通过金融来重新配置资金。应合理分配"四化"建设的资金投入，保证实现均衡发展。金融业通过资产"瘦身"，可以摆脱对大项目的依赖，使其可以轻装上阵服务"四化"建设。金融通过自由化的改造，可以促进实体经济转型，并鼓励创新，为转型后以创新驱动经济发展模式的形成创造条件。

3. 金融业对投融资的促进作用

一是有利于创新分账核算业务。区内企业通过开立本外币体的自由贸易账户，可以开展包括经常和直接投资项下跨境资金结算、投融资汇兑等各项创新业务，通过自由贸易账户与区内同名账户的划转，在资金使用方面由原先的事前审核向事后资金监管过渡，资金使用效率和快捷程度大幅提高。海外企业也可以在自贸试验区内银行开立非居民自由贸易账户，按准入前国民待遇原则享受相关金融服务。金融机构也可以通过建立自贸试验区分账核算业务体系，融入国际金融市场，进一步参与国际化经营。同时，自贸试验区分账核算单元为自贸试验区金融机构提供了"电子围网式"的金融环境，有利于商业银行在风险可控的前提下推进自贸试验区金融创新，从"系统创新、制度创新、产品创新"等环节将自贸试验区分账核算业务打造成为创新引领和风险可控的金融业务。

二是有利于建立跨境人民币资金池。跨境人民币双向资金池的政策优势在于资金跨境不设额度管理，但需为不同性质的资金贴上标签，能被归集的资金仅限于经营活动和投资活动产生的现金，融资活动产生的资金不得纳入被归集对象。跨境双向人民币资金池可以轻松实现总部对资金的集中管理，使集团资金发挥最大的效用。跨国集团公司可以将中国公司与境外的结算币种调整成人民币，再利用跨境双向人民币资金池产品，使人民币成为其全球资产配置的组成部分。

三是有利于实现跨境融资便利化。鼓励企业充分利用境内外两种资源、两个市场，实现跨境融资自由化。中国对资本项目实行严格管制，企业的跨境融资受到严格监管，一直以来只有外资企业在"投注差"（注册资本和投资总额的差额）范围内可以借入外债资金，中资企业除非获得国家发展和改革委员会的特许一般无法获取境外资金，正是这种严格的资本管制造成境内外资金价格的巨大落差。

自贸试验区内注册的法人企业可以在实缴资本一倍的额度内从境外借入人民币资金，供自身经营之用，打破了外资企业借用境外资金的特权，使中资企业获取外债资金成为一种制度安排，企业可以根据自身财务需要，合理安排权益资金和债务资金的比例，有效降低财务成本。跨境人民币境外借款的境外资金，可以用于包括区内生产经营、区内项目建设、境外项目建设等实体经济用途。境内企业可以利用境外资源，实现跨境融资便利，降低融资成本，从而在更高水平上参与国际合作与竞争。积极联动境外资源，创新推出人民币"跨境直贷"、跨境联动"银租保"和账户贷款等跨境融资业务，尝试通过金融产品的创新组合来降低企业融资成本，促进自贸试验区实体经济的发展。

（二）自贸试验区金融业的发展目标与定位

重庆自贸试验区金融业既要展现城市的特色，又要起到辐射长江上游地区的作用。同时，重庆自贸试验区应考虑到自身条件，借鉴国内已有的先进经验，利用自身的特色和优势，发展成具有明显功能定位的区域金融中心。

1. 重庆自贸试验区金融业的发展目标

第一，优化跨境金融结算服务。支持自贸试验区开展适应内陆加工贸易、转口贸易等多种贸易业态的结算便利化试点。探索与要素市场跨境交易相适应的外汇收支便利化措施，支持在区域要素市场开展国际贸易业务。支持发展总部经济，放宽跨国公司外汇资金集中运营管理准入条件。允许重庆市内银行业金融机构与自贸试验区内持有支付业务许可证且许可业务范围包括互联网支付的支付机构合作，按照有关管理政策为跨境电子商务（货物贸易或服务贸易）提供跨境本外币支付结算服务。进一步深化支付机构跨境外汇支付业务试点，在保证交易真实性的基础上，逐步扩大服务贸易业务范围。

第二，推动跨境人民币业务创新发展。推动自贸试验区与境外开展双向人民币融资。自贸试验区内企业可根据自身经营和管理需要，开展集团内跨境双向人民币资金池业务。允许在自贸试验区内注册的融资租赁企业开展跨境双向人民币资金池业务。允许自贸试验区内租赁企业在境外开立人民币账户用于跨境人民币租赁业务。支持自贸试验区内保险机构开展跨境人民币再保险和全球保单分入业务。研究探索区内金融机构在依法合规、风险可控的前提下向境外销售人民币理财产品、开展人民币项下跨境担保等业务。鼓励在自贸试验区内设立人民币海外投贷基金。在自贸试验区开展人民币基金投资境外项目试点政策下，开展区域性净头寸总规模约束管理试点。允许外资股权投资管理机构、外资创业投资管理机构在自贸试验区发起管理人民币股权投资和创业投资基金。鼓励自贸试验区内金融机构积极创新面向国际的人民币金融产品，扩大境外人民币投资境内金融产品的范围。支持自贸试验区内符合条件的企业按规定开展人民币境外证券投资业务。

第三，探索跨境投融资便利化改革创新。探索建立与自贸试验区相适应的本外币账户管理体系，促进跨境贸易、投融资结算便利化。进一步简化经常项目外汇收支手续，在真实、合法的交易基础上，自贸试验区内货物贸易外汇管理分类等级为 A 类的企业的外汇收入无需开立待核查账户。银行按照"了解客户、了解业务、尽职审查"的展业三原则办理经常项目收结汇、购付汇业务。允许自贸试验区内符合条件的融资租赁业务收取外币租金。支持自贸试验区内企业和金融机构通过境外上市、按照有关规定发行债券及标准化金融证券等方式开展境外融资并将资金调回境内使用。支持自贸试验区内符合条件的单位和个人按照规定双向投资于境内外证券市场。逐步允许境外企业参与商品期货交易。支持商业保理业务发展，探索适合商业保理业务发展的监管模式。

第四，增强跨境金融服务功能。支持符合条件的民间资本、境外资本在符合现行法律法规及政策导向的前提下，在自贸试验区内发起和参与设立金融机构。在遵循机构总部统一的业务管理政策的前提下，赋予自贸试验区内银行业金融机构更多业务自主权，在风险可控的前提下自主开展资金交易业务。支持证券经营机构在自贸试验区内依法设立分支机构或专业子公司。支持在自贸试验区内设立货币兑换、征信等专业化机构。支持符合条件的重庆市证券期货经营机构进入银行间外汇市场，开展人民币兑外汇即期业务和衍生品交易。支持自贸试验区符合互认条件的基金产品参与内地与中国香港基金产品互认。支持符合条件的银行业金融机构在自贸试验区内发行大额存单，区内注册的内外资企业均可参与投资。支持在自贸试验区设立内外资再保险、外资健康保险、国际多式联运物流专业保险等机构。鼓励在自贸试验区设立保险资产管理公司、自保公司、相互制保险机构等新型保险组织，以及为保险业发展提供配套服务的保险经纪、保险代理等专业性保险服务机构。探索在自贸试验区开展巨灾保险服务创新试点。支持在自贸试验区内建立保险资产登记交易平台。鼓励国内期货交易所在自贸试验区的海关特殊监管区域内开展期货保税交易、仓单质押融资等业务。在总结期货保税交割试点经验基础上，鼓励国内期货交易所在自贸试验区的海关特殊监管区域内开展业务，扩大期货保税交割试点的品种。进一步推进内资融资租赁企业试点，注册在自贸试验区内的内资融资租赁试点企业由自贸试验区所在省级商务主管部门和同级国家税务局审核；加强事中、事后监管，探索建立融资租赁企业设立和变更的备案制度、违反行业管理规定的处罚制度、失信和经营异常企业公示制度、属地监管部门对企业定期抽查的检查制度。支持自贸试验区发展科技金融，按照国务院统一部署，积极争取被纳入投贷联动试点。

第五，逐步完善科技金融的投贷联动机制。科技金融是高端技术与金融资本的创新融合，其风险的累积是几何式的。对此，自贸试验区科创服务体系建设要满足多层次科技金融服务需求，其核心功能表现在三个方面：一是知识要素与金融要素低成本匹配。自贸试验区通过将资本供给方、专业中介服务（会计、律师、税务）与资本需求方有机结合，建立"专业的意见与高效的融资"齐头并进的科创服务机制。二是定制式的金融产品创新体系。一流、优质的科创中心，意味着各类型企业在成长的不同阶段都能获得差异化的综合性融资解决方案。三是常态化的科技成果转化机制。自贸试验区可以打造"科技成果超市""科技成果转化基金"，突破当前在成果转化中资金来源的单一性和风险聚集性。

第六，积极探索"消费金融"的落地机制。自贸试验区应率先构建金融服务消费的创新型产品生态，集中体现为及时、高效、合理的资金扶持和财富管理规划。在产品体系方面，考虑到经济主体差异化的金融消费需求和面对金融风险的态度与能力，自贸试验区的金融机构可率先开发以境外货币计值的理财产品。在机构体系方面，可建立跨境消费性联合金融公司；在服务模式方面，可开发面向国际市场的金融集成卡，这种基于各类专业服务便利性的"同城化金融集成卡"，将教育、医疗、物业管理、房屋租赁等业务集中于移动互联平台，通过提供分期支付、信用贷款或者提供支付结算方面的便利化服务，为居民解决"最后一公里"服务难题。

第七，全力打造"走出去"金融服务的新局面。自贸试验区作为改革开放的前沿阵地，对接国际标准的一线平台，理应在打造便捷、高效的企业"走出去"金融服务新局面中积极作为。为此，要加速推进重庆自贸试验区资本项目深度开放，面向国际金融市场筹集资金，形成企业跨境运作的双向、多币种资金池，建立企业"走出去"的资金通道。此外，依托重庆自贸试验区资金、信息和高端人才资源聚集的优势，打造专业性的投资云服务平台，针对存在法律风险、汇率风险、会计风险、文化风险等的对外投资软环境，进行专业性的辅助与对策设计，促进形成"一站式"的对外投资综合服务平台。

第八，完善金融风险防控体系。落实风险为本原则，探索建立跨境资金流动风险监管机制，强化反洗钱、反恐怖融资、反逃税工作，防范非法资金跨境、跨区流动。探索建立综合性的金融监管协调机制，开展跨行业、跨市场的金融风险监测评估，加强对重大风险的预警防范，切实防范开放环境下的金融风险。

2. 重庆自贸试验区金融业的发展定位

到2020年，把重庆自贸试验区建设成为投资贸易自由、规则开放透明、监管公平高效、营商环境便利的国际高标准自由贸易园区，健全各类市场主体准入和有序竞争的投资管理体系、促进贸易转型升级和通关便利的贸易监管服务体系、深化金融开放创新和有效防控风险的金融服务体系、符合市场经济规则和治理能力现代化要求的政府管理体系，率先形成法治化、国际化、便利化的营商环境和公平、统一、高效的市场环境。

一是建设成为区域性资金聚焦中心。重庆自贸试验区金融业必须集银行、证券、保险、外汇、信托等金融业务为一体，通过市场机制的作用，迅速地集中和扩散大额的资金。

二是建设成为金融对接中心。重庆自贸试验区金融业要实现对接我国东部、中部和西部区域金融中心的功能，在资金的集散中加速东部经济向西部地区扩散和辐射。同时，重庆自贸试验区金融业应该积极地参与国际金融市场活动，加快国外机构和企业入驻重庆，提高重庆自贸试验区金融业的影响力。

三是建设成为金融创新中心。重庆自贸试验区对金融创新有着特殊的要求。资本稀缺是欠发达地区农村经济发展的最主要障碍，解决资本投入问题，需要重庆自贸试验区金融业优化资源配置，积极进行金融创新。特别是积极开发适合农村金融发展现状的金融产品，为农村金融的发展提供金融支持，从而对中西部广大地区起到示范作用。

四是建设成为区域性的信息集散中心。重庆自贸试验区是金融交易的清算中心和信息集散中心。建立高效快速的结算中心可以提高资金运用的效率。通过信息集散中心对信息进行收集、储存、发布和处理，可以为各金融机构提供决策的参考和依据，使市场上金融产品定价建立在可靠的信息基础上，为重庆自贸试验区的进一步发展作出贡献。

三、重庆自贸试验区金融业的布局与创新型金融机构的设置

根据国务院印发的《中国（重庆）自由贸易试验区总体方案》，重庆自贸试验区的实施范围为 119.98 平方公里，涵盖 3 个片区，包括两江片区 66.29 平方公里（含重庆两路寸滩保税港区 8.37 平方公里），果园港片区 30.88 平方公里，西永片区 22.81 平方公里（含重庆西永综合保税区 8.8 平方公里、重庆铁路保税物流中心［B 型］0.15 平方公里）。

《重庆市人民政府关于印发重庆市建设国内重要功能性金融中心"十三五"规划的通知》（渝府发〔2016〕60 号）文件对重庆市金融产业的发展目标作了详细规划。本章根据该文件精神，以及金融集聚理论和金融区位理论对重庆市自贸试验区金融产业的布局提出规划建议。

在当前经济全球化的格局中，中心城市与区域协同化发展逐渐成为城

市提升自身实力的重要方式，是未来经济发展的必然趋势。在这一背景下，金融成为经济活动的核心，自20世纪90年代后期以来，"金融强市，区域发展"已成为我国诸多城市发展的战略目标，区域性金融中心成为城市金融发展的强大驱动力，区域金融中心是一个区域内金融业高度密集和发达、资金融通与集散能力强，金融业务辐射半径远超出本区域范围的经济中心城市（金融中心类别划分见表4.8）。本章首先根据金融区位理论对重庆市各个自贸试验区的金融业进行功能定位，然后列出各个区块的金融创新业务。

表4.8 金融中心类别划分

功能定位	功能说明
金融信息中心	信息处理中枢、业务系统运行中枢、网络安全保障中枢，例如中国人民银行。
金融服务中心	金融服务中心是金融机构和实体经济的日常对接场所，为实体经济提供业务咨询、融资方案、理财服务、风险管理等综合性金融服务。例如银行、保险公司、信托公司、证券公司等。
金融市场中心	其功能有融通资金、积累资金、降低风险和为金融管理部门进行金融间接调控提供条件，例如房市、汇市、股市。
金融创新中心	金融创新指金融内部通过各种要素的重新组合和创造性变革所创造或引进的新事物。可归为七类：金融制度创新、金融市场创新、金融产品创新、金融机构创新、金融资源创新、金融科技创新、金融管理创新。在本书中主要指互联网金融公司和使用金融衍生工具的企业的常驻区域。
金融清算中心	一般指办理系统内各经办行之间的资金汇划、各清算行之间的资金清算及资金拆借、账户对账等账务的核算和管理的部门。例如中国农业银行总行资金清算中心。
金融决策中心	我国的金融业受政府严格管控，本书指能够通过发布政策文件影响区域货币市场、债券市场等金融市场的政府机构。例如，地方政府、地方财政局、人民银行分支机构等。
金融监管中心	金融业是外部效应和信息不对称性均十分突出的公共行业，因而需要政府管制，有效的金融监管能够改进公司治理，促进经济发展，降低道德风险。例如中国人民银行、银保监会、证监会。
金融管理中心	在北京、香港、澳门等国际金融中心设立金融管理局，其主要职能是协助行政长官制定及实施货币、金融、外汇及保险政策，监管货币、金融、外汇及保险市场的运作。

（一）两江片区金融业的布局与创新金融机构设置

1. 两江新区概况

重庆两江新区于 2010 年 6 月 18 日挂牌成立，是国务院批准的内陆第一个国家级开发开放新区。两江新区位于重庆主城区长江以北、嘉陵江以东，包括江北区、北碚区、渝北区 3 个行政区部分区域（见图 4.1），规划总面积为 1200 平方公里，可开发面积为 550 平方公里，常住人口有 250 万人。

图 4.1　重庆市两江新区规划布局

国务院赋予两江新区五大功能定位：统筹城乡综合配套改革试验的先行区，内陆重要的先进制造业和现代服务业基地，长江上游地区的金融中心和创新中心，内陆地区对外开放的重要门户，科学发展的示范窗口。根据战略布局和功能定位，两江新区产业布局总体为"一心四带"："一心"，即以江北嘴为主体的金融商务中心，主要集聚银行、证券、保险等机构区域总部，各类新型金融机构，金融及大宗商品交易市场。"四带"，即以直属区和悦来、两路为主体的都市功能产业带，重点布局总部经济、会展旅游、文化创意、服务外包等产业；以两路寸滩保税区为主体的物流加工产业带，重点布局加工贸易、保税贸易、现代物流、临空经济；以水土工业开发区和蔡家为主体的高新技术产业带，重点布局电子信息、生物医药、新材料、机器人、科技研发服务等高新技术产业；以鱼复、龙兴为主体的先进制造业产业带，重点布局汽车、高端装备、通用航空、节能环保等先进制造业。

2. 两江新区金融业的功能定位

从功能上看，两江片区着力打造高端产业与高端要素集聚区，重点发展高端装备、电子核心部件、云计算、生物医药等新兴产业及总部贸易、服务贸易、电子商务、展示交易、仓储分拨、专业服务、融资租赁、研发设计等现代服务业，推进金融业开放创新，加快实施创新驱动发展战略，增强物流、技术、资本、人才等要素资源的集聚辐射能力。两江新区将按照国务院赋予的"建设长江上游地区金融中心"的功能定位，大力发展金融产业，发展金融结算业务，打造长江上游金融核心区——江北嘴中央商务区，努力提升金融业的区域集聚力和辐射力。

根据两江新区的功能定位，建议规划其金融产业布局为：金融服务中心、金融市场中心、金融创新中心、金融清算中心、金融监管中心、金融信息中心（见表4.9）。

表4.9 两江新区的金融中心定位

功能定位	建议设立的金融机构
金融服务中心	银行、保险公司、信托公司、证券公司、投资管理公司、基金公司园区
金融市场中心	债券市场、股票市场、外汇交易市场、期货交易市场（成立重庆西部证券交易所）
金融创新中心	互联网金融（P2P）、金融衍生品交易市场、人民币跨境交易中心、第三方支付
金融清算中心	人民币以及其他国际货币结算中心
金融监管中心	证监会、银保监会等分支机构
金融信息中心	人民银行支行

3. 两江新区的金融创新业务

根据两江新区的功能定位，建议开展的创新业务如表4.10所示。

表4.10　　　　　　　　　　　两江中心的金融创新业务

创新金融业务	业务说明
跨境人民币贷款业务	跨境人民币贷款业务指，在两江新区内注册成立并在区内实际经营或投资的企业，从境外（包括中国香港）经营人民币业务的银行借入人民币资金，以供自身经营使用。
区内跨境双向人民币资金池	分为人民币国际主账户和人民币国内主账户。人民币国际主账户用于归集经认定的集团内境外成员资金，人民币国内主账户用于归集经认定的集团内境内成员资金。
跨国公司外汇资金池	国内外汇资金主账户，集中运营管理境内成员企业外汇资金，并可办理经常项目外汇资金集中收付汇、轧差净额结算等业务。
赴国外发行人民币债券	向"一带一路"沿线国家发行以人民币计价的债券。
西部特色证券交易及要素交易	设立重庆西部证券交易所为注册在西部地区的公司提供融资平台；设立大宗商品期货交易平台，为实体产业提供套期保值与规避风险服务。
产业转移引导及房地产私募与公募股权基金	设立产业转移引导基金，促进优势产业和创新高科技产业的发展；房地产私募与公募股权基金专项服务于自贸试验区及"一带一路"国家与地区的开发建设。
融资租赁	促进融资租赁行业的发展，更好地服务实体经济。其目的是缓解企业融资难、融资贵的问题，拉动企业设备投资，带动产业升级。
在岸金融交易中心	其目的是推进人民币国际化，增强人民币在"一带一路"国家的影响力，扩大人民币的使用范围。
互联网金融业务	利用互联网的优势开展金融业务，为实体产业募集资金。
第三方支付业务	以开展跨境人民币第三方支付业务为主，在促进人民币国际化的同时，第三方支付业务还能提高金融服务的效率和精度。
知识产权运营基金	2016年5月，国家知识产权局批复重庆开展重点产业知识产权运营基金试点，目前投资的产业为生物医药方向。

（二）果园港片区金融业的布局与创新金融机构设置

1. 果园港区概况

果园港位于两江新区，总占地面积约4平方公里，岸线长度为2.8公里，建有16个泊位，是国家发展和改革委员会、交通部和重庆市重点打造的第三代现代化内河港口、国家级铁路、公路、水运多式联运的综合交通枢纽，是重庆规划布局的"1+3+9"的现代化港口群中的主枢纽港，是重庆建设长江上游航运中心的重要载体。港区总投资约105亿元，设计年通过能力为 3000 万吨，分为港口功能区、铁路功能区和仓储配套功能区（见图 4.2）。2019 年 1 月至 9 月，果园港完成货物吞吐量 995 万吨，同比增长 37%，完成集装箱吞吐量 35 万标箱，同比增长 10%。据两江新区党工委副书记王志杰介绍，两路寸滩保税港 2019 年实现了规模以上工业总产值超过 900 亿元，同比增速达到 20%；进出口总额超过 1200 亿元，同比增速达到 15%。进出口总额目前位列全国 14 个保税港区的第一名。海关监管的货值达到了 283 亿美元，占全市的 43%；跨境电商交易额是 32 亿美元，占全市的 2/3，特别是依托寸滩保税港，正在加快建设"一带一路"国际商务中心。

图 4.2　果园港自贸试验区规划布局

习近平总书记在 2016 年 1 月考察调研果园港时强调："一带一路"建设为重庆提供了"走出去"的更大平台，推动长江经济带发展为重庆提供了更好融入中部和东部的重要载体，重庆发展潜力巨大，前景光明。重庆要完善各个开放平台，建设内部国际物流枢纽和口岸高地，建设内陆开放高地。把港口建设好、管理好，以一流的设施、一流的技术、一流的管理、一流的服务，为长江经济带发展服务好，为"一带一路"建设服务好，为深入推进西部大开发服务好。

2. 果园港区金融业的功能定位

从功能上看，果园港片区着力打造多式联运物流转运中心，重点发展国际中转、集拼分拨等服务业，探索先进制造业创新发展。果园港布局"前港后园"，实现港口、产业、物流三者结合。果园港被规划为长江上游最大的集装箱集散中心、大宗散货集散中心、汽车商品集散中心、大宗生产资料交易中心和综合配套服务中心。

根据区果园港区的功能定位，建议规划其金融产业布局为金融服务中心、金融市场中心（大宗商品交易为主）（见表4.11）。

表4.11　　　　　　　　　　果园港区的金融中心定位

功能定位	建议设立的金融机构
金融服务基站	保理公司、融资租赁企业
金融市场基站	大宗商品交易平台（期货期权）
金融创新基站	互联网金融（物联网）、金融衍生品交易市场

3. 果园港区的金融创新业务

果园港作为多式联运物流转运中心，随着相关金融市场的发展，不仅会产生极化效应，而且还会对周边地区产生扩散效应，提升在区域中的整体形象和辐射能力，带动整个区域经济的发展和现代化进程。根据果园港的功能定位，建议开展的创新业务如表4.12所示。

表4.12　　　　　　　　　　果园港区的金融创新业务

创新金融业务	业务说明
物联网金融	依托多式联运物流运转中心优势，结合金融信息化发展，开展物联网金融服务，建议以电商平台为依托开展创新型金融业务。
在自贸试验区设立专业性的航运保险机构	保证物流运转正常，帮助企业有效规避风险。
保理业务	利用保理业务确保供应链的正常运转，促进实体产业的发展。
金融衍生品交易	设立碳排放权交易试点，以减少工业污染。良好的自然环境能有效加快人民币的国际化进程，增强人民币的信用背书。

（三） 西永片区金融业的布局与创新金融机构设置

1. 西永片区概况

西永自贸试验区片区位于西部新城，总规划面积为 22.81 平方公里（含重庆西永综合保税区 8.8 平方公里、重庆铁路保税物流中心［B 型］0.15 平方公里）。而重庆西部新城位于重庆市中梁山脉和缙云山脉之间，城市规划面积约 150 平方公里，人口有 150 万人，主要由重庆大学城、西永微电子产业园（西永综合保税区）、重庆西部现代物流园和西永商务中心区等功能片区构成，是重庆市 6 个城市副中心之一，是距重庆主城最近、面积最大、基础条件最好的都市拓展区域，也是重庆主城西进的主要载体（见图 4.3）。

图 4.3 西永自贸试验区规划布局

其中，重庆西永综合保税区规划面积为 10.3 平方公里，分为 A、B 两个区块，分别位于沙坪坝区西永和曾家，是我国规划面积最大的综合保税区，于 2010 年 2 月经国务院批准并于同年 2 月 26 日正式挂牌成立。重庆自贸试验区设立后，西永片区会逐渐成为重庆对外开放的高地、城市风貌对外展示区、现代产业集聚区与新型城市中心区。

2. 西永片区金融业的功能定位

西永片区着力打造加工贸易转型升级示范区，重点打造电子信息、智能装备等制造业及保税物流中转分拨等生产性服务业，优化加工贸易发展模式。

西永片区重点发展总部经济、离岸金融、跨境金融、供应链金融、商业保理及融资租赁等金融服务功能，建设大宗商品和国际贸易商品展示平台，开展转口贸易、综合性批发零售、电子商务、仓储分拨与检验维修等生产性服务业。

根据西永片区的功能定位，建议规划其金融产业布局为：金融服务基站、金融市场基站、金融创新中心、金融清算基站、金融管理中心、离岸金融服务中心（见表4.13）。

表4.13 西永片区金融中心定位

功能定位	建议设立的金融机构
金融服务基站	银行、保险公司、保理公司、融资租赁公司、股权投资公司
金融市场基站	债券市场、外汇交易市场、大宗商品期货交易市场
金融创新中心	供应链金融机构、跨境人民币贷款机构
金融清算基站	人民币以及国际货币结算分支机构
金融管理中心	设立重庆自贸试验区金融管理局
离岸金融服务中心	规划专门的服务区，开展离岸金融业务

3. 西永片区的金融创新业务

根据西永片区的功能定位，建议开展的创新业务如表4.14所示。

表4.14 西永片区的金融创新业务

创新金融业务	业务说明
供应链金融业务	是银行将核心企业和上下游企业联系在一起，提供灵活的金融产品和服务的一种融资模式，是一种将风险控制在最低范围的金融服务，是自贸试验区企业重要的融资模式。
融资租赁业务	该模式应大力推广，是自贸试验区企业融资的重要模式之一，可有效降低企业融资成本。

续表

创新金融业务	业务说明
保理业务	保理是商业贸易中以托收、赊账方式结算货款时，卖方为了强化应收账款管理、增强流动性而采用的一种委托第三方（保理商）管理应收账款的常用做法，是自贸试验区企业融资的重要模式之一。
跨境人民币贷款业务	指在自贸试验区实际经营或投资的企业，从境外（包括中国香港）经营人民币业务的银行借入人民币资金，以供自身经营使用。
股权投资业务	指通过投资取得被投资单位的股份。其业务在私募行业较为盛行，配合并购业务能获取更大收益，但承担的风险也相应增加。
外汇交易业务	人民币的国际化需依托外汇交易平台进行自由兑换，通常来讲外汇交易属于场外交易，需注意把控好资本流动等风险。壮大实体产业、高科技产业才是开展外汇交易的立足之本，才能为人民币提供强力的信用支撑。
人民币结算业务	自贸试验区的设立会极大增加对人民币结算业务的需求，这将扩大人民币在国际贸易体系中的使用范围和提高人民币的国际地位。
发行人民币债券	在国际上发行以人民币计价的债券，定期获得利息、到期归还本金及利息皆以人民币支付。这是人民币国际化的必经之路。
离岸金融业务	离岸金融指设在某国境内但与该国金融制度无联系，且不受该国金融法规管制的金融机构所进行的资金融通活动。宽松自由的离岸金融环境是建设金融中心必不可少的一环。

四、重庆自贸试验区金融业的开放与创新业务的发展

重庆正处于建设自贸试验区的起步阶段，应当充分利用自贸试验区建设和发展的契机，倒逼金融体制改革，创新金融监管体制，推进自贸试验区的金融开放与创新。

1. 启动自由贸易账户（FT账户）的各项业务，推进金融市场开放

以自贸试验区建设为契机，继续推进重庆自贸试验区金融市场开放，建立国际化的金融服务市场势在必行。自贸试验区是重庆进一步融入经济全球化、金融全球化的重要载体，应当在宏观审慎、风险可控的原则下，积极稳妥、循序渐进地推进自贸试验区金融市场的开放程度。

第一，加快推进资本项目可兑换，支持开展经济活动的自然人和法人主体通过自由贸易账户开展涉外贸易投资活动，启动自由贸易账户本币、

外币一体化等各项业务。

第二，放宽跨境资本的流动限制，健全和完善外汇资金均衡管理体制，提高个人可兑换限额。根据主体监管原则，在重庆自贸试验区内实现非金融企业限额内可兑换。逐步扩大本外币兑换限额，率先实现可兑换。

第三，扩大人民币的跨境使用范围，充分利用人民币加入 SDR 货币篮子后全球流动性加强、汇兑成本及汇率风险降低的发展契机，不断深化和推动债券市场的发展和改革，推进贸易、实业投资与金融投资三者并重，促进人民币的国际化发展，建设面向国际的金融市场，实现中国经济与全球金融体系的融合。

2. 开展绿色金融、微型金融等创新业务，助推产业优化升级

在重庆自贸试验区的建设过程中，应在加快金融领域开放的同时进行创新，以金融创新推动产业结构优化升级。可以从以下三个方面开展金融创新业务。

第一，促进金融服务内容多样化。鼓励绿色金融、科技金融、微型金融等新型金融业务的创新与发展，尽快建立健全的普惠金融体系。支持具有开展离岸业务资格的商业银行在自贸试验区内扩大相关离岸业务。在风险可控的前提下，支持外国投资者在我国自贸试验区内设立金融机构并从事创新性的金融业务和服务。

第二，实现金融投资主体多元化，支持各类符合条件的投资主体设立创新型金融机构，不仅支持民营资本进入创新型金融机构，而且鼓励外国投资者作为投资主体在我国境内设立创新型金融机构。

第三，支持金融机构存在形式多样化。对于自贸试验区内符合条件的金融服务投资者，无论采取何种存在形式，都应当得到支持。例如，符合投资条件并依法设立的民营银行、金融租赁公司、消费金融公司等民营金融机构或者外国投资者通过新设法人机构、独立的子公司、专营机构、办事处、分支机构等方式进入自贸试验区从事经营活动等。

3. 促进互联网金融创新发展，建立金融混业监管模式

重庆自贸试验区应尽快建立健全适应现代金融业混业经营发展模式和国际金融规则的监管体系，实现对跨行业、跨市场等交叉性金融业务监管

的全覆盖，提高抵御系统性金融风险的能力。具体而言，可以从以下方面着手进行改革。

第一，树立金融治理现代化的理念，加强金融宏观审慎管理。目前，借鉴广东、福建、天津自贸试验区实行限额内资本项目可兑换以及上海自贸试验区试行的全口径跨境融资宏观审慎管理经验，可以考虑进一步扩大试点范围；同时，建议央行根据宏观调控的需要设置和调节相关参数，对境外投资者在境内设立的金融机构的跨境融资实施逆周期调节，控制杠杆率和货币错配风险，完善自贸试验区金融宏观审慎监管架构。

第二，建立健全自贸试验区金融监管配套法律法规，实现金融监管"有法可依"，将自贸试验区的金融监管纳入法治框架之中；同时，加强自贸试验区不同金融监管部门之间的协调与配合，探索金融监管协调的新机制，加强跨部门、跨行业、跨市场金融业务监管协调和信息共享。

第三，推动金融数据信息的共建共享，促进互联网金融的监管与发展。对金融数据进行监管，建立可靠的数据监控机制，协调个人信息保护与金融信息流通之间的关系，在保证个人信息安全的同时实现金融信息共享，这是互联网金融发展的重要保障，不仅需要互联网信息技术的支持，而且需要政策法律的支撑和相应的监管机制作为保障。总之，应当在风险可控的前提下，完善自贸试验区金融监管机制，支持互联网金融在自贸试验区的创新发展。

4. 发展房地产私募股权基金，设立公募房地产投资信托基金（REITs）

在自贸试验区内发展房地产私募股权基金，利用自贸试验区资本开放政策优势，面向"一带一路"国家及地区进行基础设施及房地产的投资与开发具有重要的现实意义。针对重庆自贸试验区房地产私募股权基金的发展提出以下建议。

第一，由市国有企业牵头，在自贸试验区尽快成立适当规模的房地产私募股权基金或相关私募基金的子基金。尽可能地以混合所有制形式设立基金，并积极吸引"一带一路"国家或地区的资本参与其中，为服务"一带一路"或"渝新欧"沿线国家或地区基础设施建设或房地产开发打好基础。第二，加大政府对房地产私募股权基金的投资力度。通过财政拨款、发行债券及融资担保的方式引导或参与房地产私募股权基金项目的风险投资。第三，加快自贸试验区金融创新步伐，推进公募房地产投资信托基金（REITs）设立，形成私募与公募基金协同满足企业投融资需求、服务实体经济的新局面。撬动社会资本参与重庆市自贸试验区及"一带一路"国家与地区的开发建设。第四，从社会层面入手，建立健全相关信用体系，同时创新监管模式，以规避基金投融资过程中的道德风险。

5. 设立重庆证券交易所，引领西部特色资本市场发展

党的十九大报告指出："深化金融体制改革，增强金融服务实体经济能力，提高直接融资比重，促进多层次资本市场健康发展。"目前我国资本市场发展很不平衡，东部沿海地区与东南部珠三角地区直接融资及资本市场发展较快，对其实体经济的发展起到了很好的服务与推动作用，而整个西部地区则相对落后。例如，从上市公司的数量来看，截至2019年12月，重庆有53家、内蒙古有25家、贵州有29家、青海有12家、宁夏有14家、广西有38家、云南有36家、甘肃有33家、西藏有19家、新疆有55家，这西部的十个省市共计有314家上市公司。而深圳市上市公司数量达298家，广东省达317家（不包括深圳），上海市达304家。西部地区经济要发展，就要提高整个西部地区的直接融资比重，从而必须要发展具有西部特色的资本市场。重庆是西部地区的直辖市，也是国家"一带一路"倡议的重要支点，以及长江经济带发展战略与新型城镇化战略中的重要城市，对我国西部地区的经济发展有很好的示范作用与辐射效应，因此在重庆自贸试验区设立重庆证券交易所，通过制定合理的上市交易条件，建立一个有西部特色的资本市场，为在西部地区注册的公司提供融资平台及为投资开发西部的资本提供一条退出渠道，对于西部地区经济的发展与"一带一路"倡议具有非常重要的意义。同时，这样的一个市场也是我国多层次资本市场健康发展的重要补充。

6. 创新供应链金融模式，加速"一带一路"货物贸易

供应链金融模式成为新经济环境下重要的创新模式，这种创新模式的核心是结合产业运行的特点，在全球产业分工的大形势下，将金融资源和产业资源高度结合，特别是在互联网新技术不断涌现的时代，供应链金融

将为服务全球贸易、促进全球经济一体化创造条件。重庆作为"一带一路"和长江经济带互联互通的重要枢纽、西部大开发战略的重要支点，供应链金融模式在重庆有广阔的发展空间。伴随着重庆自贸试验区成立的战略契机，西永片区可依托供应链金融搭建跨地域、跨行业、跨平台、跨资金来源的金融生态圈，融合"互联网＋产业链＋金融"三个要素；在供应链应收账款融资模式、预付款融资模式、存货融资模式等基础上进行再创新，如保理池融资、反向保理、静态或动态抵质押授信模式等。

7. 实行国有金融机构竞争中立，完善市场竞争机制

金融资源是现代市场经济发展过程中的核心资源，应当深化金融市场体制改革，充分发挥市场在资源配置中的决定性作用。

一方面，对于金融市场主体而言，应当尽快健全金融机构市场管理体系和现代化的金融管理制度，形成商业性金融、政策性金融、开发性金融、合作性金融分工合作、相互配合的良性发展局面。在风险可控的前提下，应当尽可能地发挥市场在金融资源配置过程中的调节作用，全面推进汇率、利率等市场化进程，引入市场竞争机制，减少国有金融机构的垄断性竞争优势，给予民营金融机构及外国投资者投资的金融机构平等的竞争机会。

另一方面，完善国有资本管理制度，优化国有金融机构股权结构，逐步在国有金融机构引进竞争中立原则，改善金融机构公司治理机制，引导其参与市场竞争，增强金融服务市场的活力，从长远来看，这样可以增强国有金融资产的影响力、竞争力和控制力，提高我国抵御金融风险的能力，进而可以使我国掌握更多的国际金融话语权，参与国际金融规则的制定和金融秩序的构建过程，争取在国际金融市场的竞争中立于不败之地。

五、重庆市自贸试验区金融业发展的措施保障与政策建议

习近平总书记在党的十九大报告中提出："转变政府职能，深化简政放权，创新监管方式。"政府职能转变与制度创新是提升自贸试验区金融业发展活力的必要条件，并且在自贸试验区开展金融业务需以实体产业作

为支撑，同时对金融风险进行识别与管理，从而促进自贸试验区的有效运行。鉴于此，本部分从这三个角度提出相关建议。

（一）政府职能转变与制度创新的建议

1. 政府管理体制存在的问题

党的十八大之前，中国的政府管理体制存在四大问题：一是重集权轻分权。中国已经由高度集中的管理逐步过渡到实行各种形式的在中央统一领导下的分级管理，但是中央集权仍然是中国政府管理体制最重要的特点。这表现为在中央与地方的关系上，中央政府起主导作用；也表现为在政府机构中，权利集中于高层。这种体制设计保证了国家的统一和中央政策的顺利执行，但也在一定程度抑制了地方政府的积极性和创造力。二是重经济指标轻社会指标。中国政府干预经济始于计划经济时期对经济的全面控制。政府是经济的参与者，目前政府仍掌握着一定数量和相当规模的国有企业，这些国有企业对民营资本产生了挤出效应。政府对微观经济运行管制过多，有进一步放松管制的必要。最重要的是，中央政府曾经把GDP增长作为主要政绩目标之一，导致地方政府"唯GDP是瞻"，这样做的直接后果是资源的浪费和经济发展的畸形，社会问题频发。三是重审批轻监督。我国政府在从事经济社会管理中，长期以来存在着"重审批轻监督"的情况。四是重统治轻服务。中国政府提出了构建服务型政府的目标，但仍然更多表现出统治而不是服务的特点。在权力的运用方向上是自上而下而不是自下而上，权威的基础来自政府法定的权力。在政府部门和私人部门的关系上，政府部门居于支配地位，私人部门要顺应政府的要求才能得到发展。

党和政府意识到了上述问题及其带来的潜在挑战，深刻认识到"政府职能配置呈现出高度集权、社会萎靡、政企不分、政事不分、机构臃肿、人浮于事、效率低下"等特点导致的"官僚主义严重、效率低下等弊端，极大地阻碍了生产力的发展"的后果，1978年改革开放后，我国逐步推行社会主义市场经济体制，先后进行了六次较大规模的行政体制改革，并于2013年提出了转变政府职能的新路径。具体来说，2013年3月，第十二届全国人民代表大会第一次会议审议通过《国务院机构改革和职能转变方案》，打出机构改革与职能转变同步进行的"组合拳"，推进政府由"全能型"向"服务型"转变。通过职能的重新配置和结构优化，促使更多的权力回归市场。自贸试验区的设立和有效运行，需要政府转变职能和定位，并在此基础上进行制度创新优化。

2. 政府职能转变的政策建议

重庆政府应当大力简政放权，发挥市场对资源最有效率的配置作用，通过宏观调控与微观规制，解决市场失效问题。自贸试验区的推出正是重启新一轮改革的标志，是为了更好地融入全球市场，而创建的具有竞争力的跨境服务业市场的先行阵地。为此，重庆自贸试验区的政府职能亟须从以下几个方面进行转变。

第一，简政放权，实行"负面清单"管理。重庆自贸试验区采用"负面清单"管理外商对华投资，按照"非禁止即开放"的原则，清单之外的行业及项目全部开放。"负面清单"划定禁区制度与投资审批制度相比，有利于形成一个各类投资者平等准入和公平竞争的市场环境，不仅能给企业明确的导向，而且在外资准入方面将更加透明。这对于鼓励、吸引外商投资都将起到积极的作用，对"负面清单"之外的领域，自贸试验区将按照内外资一致的原则，将外商投资项目由核准制改为备案制。"负面清单"管理模式既与国际惯例接轨，又有效增强了行政的公开透明度，减少了行政成本和寻租空间，将从根本上和制度上实现简政放权，真正把权力一放到底，为政府管理体制变革迈出重要的一步，具有重大意义。

第二，由注重事先审批，转为注重事中、事后监管。行政审批制度的不断改革是政府职能转变、政府权力调整过程的必然要求，是从全能政府向服务型政府过渡的必然产物。行政审批制度改革应以充分发挥市场在资源配置中的决定性作用为基点，把制度创新摆在突出位置，努力突破影响生产力发展的体制性障碍，加强和改善宏观调控，从而建立结构合理、管理科学、程序严密、制约有效的行政审批制度。

建立集中统一的市场监管综合执法体系，在质量技术监督、食品药品监管、知识产权、工商税务等管理领域实现高效监管，积极鼓励社会力量参与市场监督。这是对事后监管采取的具体措施，事后监管必须体现科学性与合理性，符合重庆自贸试验区建设的总体方案和改革精神，强化监管协作，发挥社会组织在市场监督中的作用，这样更有利于节省行政成本，转变政府职能。

第三，提高行政透明度，完善信息公开机制。政府信息公开指行政机关在行使行政管理职权的过程中，通过法定的形式和程序，主动将政府信息向社会公众或依据申请向特定的个人或组织公开的制度。政府信息公开条例及其他法律、法规和规章有关政府信息公开的规定，构成了政府信息公开或行政公开制度。政府信息公开是实现公民知情权的主要途径，行政公开化不仅是行政过程的公开化，而且应是行政主体有关情况的公开化。

自贸试验区管理委员会及时公布自贸试验区发展过程中必须公开的管理信息，从而有效促进投资者参与自贸试验区管理，使投资者了解行政权力行使的状况，为评价自贸试验区管理机关的管理行为提供基本的信息支持；投资者在了解自贸试验区的管理动态后，也可以向管理委员会提出意见和建议，进而影响政府决策。

第四，完善投资者权益保障机制，切实维护投资者权益。在重庆自贸试验区试点过程中，相关法律法规需要对投资者的权益作出相应规定，这些权利条款旨在吸引投资者，促进对外贸易的开展。但在自贸试验区综合执法过程中，有关执法方式不规范，执法程序不正当，执法效果不显著等问题大量出现，投资者的合法权益或多或少地受到侵害。为此，自贸试验区管理委员会在执法过程中必须最大限度地保护行政相对人的合法权益，树立程序法治理念，除传统的立法权、司法权对行政权的控制外，还增加了行政程序对行政权的控制。管理委员会在作出不利于行政相对人的行为之前，应及时告知其依据、事实和理由。在作出对行政相对人权益有重大影响的决定时，应当给予相对人听证的权利等。

3. 制度创新的政策建议

第一，制度创新应以政府职能转变为重点，推进自贸试验区制度创新，关键是处理好政府与市场的关系，加快政府职能转变。据了解，上海自贸试验区在未来的政府治理方面的制度创新主要包括以下几个方面：进一步转变以行政审批为主的行政管理方式，制定发布政府权力清单和责任清单；进一步厘清政府与市场的关系，充分发挥市场在资源配置中的决定性作用和更好地发挥政府的作用；进一步推进跨部门信息共享、综合办理和协同管理，鼓励社会力量参与，推动政府管理由注重事前审批转为注重事中、事后监管。重庆自贸试验区应该借鉴上海自贸试验区在政府治理方面的经验，加快转变政府职能，创新制度和管理措施，推动服务型政府建设，以制度创新和政府治理方式转变带动重庆自贸试验区经济增长。

第二，制度创新以可复制、可推广为目标。从某种意义上讲，衡量上海自贸试验区建设是否成功，就是要看能否形成更多在全国可复制、可推广的制度创新成果。经过国家有关部门的大力推进，自贸试验区已有一大批制度经验可在全国复制推广，取得了良好的效果。上海自贸试验区提出：要进一步深挖改革潜力，拓宽改革领域，继续成为国家改革开放新理念的发源地和输出地，充分发挥制度创新的辐射效应。重庆自贸试验区应该大力学习上海自贸试验区在建设过程中的制度创新，上海自贸试验区是国家第一批自由贸易区，形成了较多可复制、可推广的制度建设经验，重庆自贸试验区可以结合自身实际情况，对上海自贸试验区的制度创新举措进行复制推广。

第三，以更开放的心态进行政府治理方面的创新。市场的自由程度与市场经济成熟度、开放度密切相关，一般而言，进入市场的要素越多、进入限制越少，市场经济的自由化程度越高，市场经济也就越成熟。长三角地区经济发达，某些经济状况与重庆有一定的相似性。因此，对于在重庆自贸试验区内试点成功，不需要国家另行批准的政策，可以立即利用；对于那些在重庆自贸试验区内行之有效，但需要国家批准方可推广的政策，要积极向国家申请试点。

第四，完善金融专家陪审制度，为业务纠纷处置奠定专业基础。重庆自贸试验区金融创新环境下的金融案件纠纷，不可避免地呈现出专业性、新颖性、疑难性、国际性的特点。如招商银行利用独特的"本外币、境内外、离在岸、投商行"四位一体的国际化经营能力，首次推出"跨境金融·自贸通"服务，为跨境企业以及高端私人客户提供了跨境"商贸通、资本通、财富通"三大产品体系。这样的创新服务体系涉及外币结算、融资、投资、交易理财等多种金融服务，不同服务的特性、体系、权利义务关系都极具专业性和复杂性，相关纠纷的处置超出了法院和法官的专业范围，而金融专家陪审有助于法官了解相关金融产品的专业特性、交易规则，帮助法官准确界定纠纷双方争议的性质、当事人的权利义务。此外，专家陪审还有助于法官更好地理解金融政策和市场状况，有助于司法裁判正确适用国际惯例，从而更好地适应自贸试验区经济的开放性、国际性要求。重庆在建设区域金融中心的过程中，已有金融审判庭在司法实践中探索应用金融专家陪审制度，对提高金融案件审判质量、效率发挥了重要作用。基于重庆自贸试验区创新背景下的金融司法能动作用的发挥，需要专家陪审的制度化构建与完善，从而探索适用于自贸试验区金融创新需要并具有现实性、可操作性、科学性的金融司法裁判规则，为未来的金融立法、司法积累可借鉴的宝贵经验。

第五，加强行政调处、仲裁裁决的协调与沟通，发挥司法能动作用。倡导多元纠纷解决机制，强调审判与和解、调处、仲裁等纠纷解决途径的协调与沟通，这种观念是建立在实用主义和功利主义基础之上的，一定程度上契合了司法能动的理念。就民事审判而言，能动司法就是要构建调判结合、调解优先、诉讼与非诉讼相结合的矛盾纠纷解决格局，化解社会矛盾，实现社会管理创新。建立多部门共享的信息监测平台，构建法治环境规范的重庆自贸试验区经济体系。为此，司法裁判权的行使应保持对行政调处、行业自律、仲裁裁决的谦抑，同时司法权的独立性不应受到危害；更应确立明确的多元化纠纷解决机制间的衔接程序规则，避免不同纠纷解决途径之间的不相协调甚至冲突，保障市场主体的正当权益。

（二）促进金融业的产业支撑保障措施

随着重庆自贸试验区贸易自由化程度加深，自贸试验区优势产业得到快速发展，同时弱势产业受到巨大的冲击。因此，重庆自贸试验区需要通过贸易自由化扩大产业发展的空间，加快重庆产业结构升级，培育新兴产业，增加重庆自贸试验区金融业的国际竞争力。

1. 建立跨境金融发展新平台，促进产业转型升级

重庆自贸试验区将成为商业银行跨境金融业务发展的新平台。与境外或传统业务相比，其不同之处在于：一是自贸试验区面向的客户包括区内居民和非居民；二是自贸试验区业务种类相对于境内区外更加丰富；三是自贸试验区区内与境内区外可以有限渗透。自贸试验区自由贸易账户体系的建立，旨在实现"一线放开、二线管住、有限渗透"，为商业银行提供了自贸试验区、境内区外、境外三个市场平台。商业银行可以更加充分地利用三个市场的资源，加强与联行、代理行的合作，有效突破境内资金与融资规模的限制，为企业提供成本更低、效率更高、能更有效地规避汇率风险的结算、表内外融资、避险保值、资金管理、财富管理与增值等方面的一体化综合服务，从而为自贸试验区内外企业搭建内外联动发展的跨境金融服务平台。

重庆自贸试验区的改革重点在于优化银行结构，促进金融服务转型升级；建立多层次的资本市场，拓宽融资渠道，培育并完善直接融资体系；培育新的金融要素，开发新的金融工具；制定以技术进步和产业升级为导向的金融政策，提高资金使用效率。通过诸多金融改革措施解决重庆自贸试验区金融创新动力不足、金融创新层次不高、金融业市场化程度低等问题。这些改革开放措施，不仅会加快金融业结构的优化升级，大力推进新兴服务产业的发展，而且会有效促进农业和制造业的技术进步和结构优化升级。

2. 加强服务贸易建设，推进对外贸易转型

重庆自贸试验区服务贸易相比于货物贸易来说发展晚、起点低，在国际竞争中处于不利位置。然而重庆自贸试验区服务贸易的发展潜力很大，可以通过税收优惠政策对服务产业进行松绑减负，鼓励服务贸易发展；对于创新创业的服务贸易，设立基金进行扶持，方便中小服务企业进行融资；完善服务贸易政策体系，培育大型的跨国服务品牌，引进国外先进的服务标准和服务技术，加快培育自贸试验区的服务产业，通过竞争提高服务业水平，促使国外的先进的生产性服务业带动自贸试验区金融业优化升级。

3. 合理利用外资，优化产业结构

在重庆自贸试验区大力发展的背景下，重庆的行业过度集中，目前与

大部分国家的进出口贸易多以技术含量不高的中低端产品为主。因此，重庆自贸试验区的贸易发展的质量和效益不高。重庆自贸试验区需要对中低端产业进行改造，加大科研开发力度，培育高新技术人才，提高科技水平和国民素质水平。重庆自贸试验区可以通过引进、消化、吸收、再创新的方式利用外资来提升重庆的产业发展水平，特别是包括制造业在内的传统优势产业，应加大技术引进力度，加大研发投入等，形成国内企业技术溢出的比较优势，进一步推进重庆自贸试验区金融业的发展。

4. 鼓励跨境电商发展，创新贸易方式

互联网与人们的生活密不可分，互联网带来了新兴产业革命，"传统企业＋互联网"模式可以降低成本、提高效率、提升企业的竞争力，重庆自贸试验区可以采用"互联网＋贸易"模式做线上线下（O2O）模式，尽可能地满足消费者对进口商品的网购需求。跨境贸易电子商务大大提高了贸易自由化的开放程度，扩张了市场边界和路径。开展自贸试验区跨境贸易电子商务试点，支持出口企业建设"海外仓"模式，完善跨境电商的监管政策，将跨境电商的产业价值、传播价值和创造价值三者有机地结合，促进产业升级，进一步深化重庆自贸试验区金融业的创新与改革。

（三）金融风险防范与管控的措施建议

防范化解金融风险，特别是防止发生系统性金融风险，是金融工作的根本性任务，也是金融工作永恒的主题。维持金融体系安全、高效、稳健地运行，为自贸试验区的发展创造有利的环境，必须做好金融风险防范工作。

1. 国别风险的防范与管控

国别风险指由于某一国家或地区经济、政治、社会等方面出现变动，该国或地区借款人或债务人没有能力或拒绝偿付银行业金融机构债务，或使银行业金融机构在该国或地区的商业存款遭受损失，或使银行业金融机构遭受其他损失的风险。跨国投融资是重庆自贸试验区金融创新的重点之一，银行业金融机构大量参与跨境金融业务，业务范围涉及多个主权国家，国别风险发生的可能性大大增加。因此，自贸试验区金融机构应切实做好国别风险管理，尽量规避或降低国别风险。

针对国别风险，建议采用评级机构的评级体系，建立国别风险识别体系。该体系应重点关注直接投资，同时兼顾主权债务投资，指标体系应全面覆盖经济、社会、政治、偿债能力和对华关系。在传统由经济和金融指标构成的定量评估的基础上，增加社会弹性、政治风险、与重庆市的经贸关系等定性评估指标。同时，监管部门应指导自贸试验区银行业金融机构按照《银行业金融机构国别风险管理指引》文件要求，尽快建立与自贸试验区业务性质、规模和复杂程度相适应的国别风险管理政策，以有效识别、计量、评估、监测本机构所面临的国别风险，并计提国别风险准备金。

2. 资本流动风险防范与管控

伴随着人民币自由兑换和跨境资本流动的常态化，虽然人民币自由兑换和跨境资本流动可以让企业进行直接投资，跨境投融资活动更加便利，但是人民币资本项目可兑换和跨境资本流动的放开可能吸引大量境外人民币回流至我国投机市场，由此加剧市场价格波动。一旦境外资本大规模撤出中国，必然带来人民币资产价格的下跌，股市、债市、汇市和楼市都将承受巨大的下跌压力。由此可见，人民币自由兑换和跨境资本流动最可能带来的风险就是资产价格泡沫化以及游资的套利行为。在现代电子通信技术下，作为游资的国际资本转移非常迅速，能对任何瞬间出现的暴利机会作出快速反应，从而造成金融市场的动荡。针对资本流动的风险管控措施包括以下三点。

第一，加强对涉及自贸试验区人民币银行结算账户的管理，确保区内机构及企业从境外融入的人民币都在相应的人民币银行结算账户内存放，确保境外融资专用账户单独设账。要严格规范涉及自贸试验区人民币银行结算账户内资金的运用。要加强和改善对自贸试验区内主体经常项目下资金收支活动与实际贸易行为的真实性和一致性审核，强化对自贸试验区账户跨境资金交易使用情况的监测和分析，监测大额可疑交易，阻止资本项目下境外资金的大规模渗透。

第二，完善外汇监管体系，建立包含外汇市场监测体系、资本流动管理框架等在内的外汇审慎管理体系，并纳入宏观审慎监管框架。在资本大规模流动之际，采取一般性应急管制措施进行初步控制，在分析流动原因后，采用更有针对性的资本流动管制工具并根据实施效果及时调整，为宏观政策调控和巩固与恢复经济增长争取时间。此外，还可以单独对资本流出、流入进行管控，如调整直接投资资本金意愿结汇比例及条件，对居民持有外币存款设定限额等。

第三，加强培训，加强对银行从业人员尤其是基础从业人员的政策引导，把风险防范措施落实到位，确保相关银行机构的从业人员都掌握自贸试验区银行业务的相关政策。

3. 利率市场化风险防范与管控

人民币市场利率化就是取消各期限存、贷款的央行基准利率，由市场自行决定利率水平。如此一来，可能会出现两方面的问题：一是重庆自贸试验区放开利率后，会吸引大量资金流向自贸试验区，过多的资金可能在金融行业内部空转，导致制度套利，引发利率风险；二是利率放开后，银行可能延续目前高息揽储的理财产品，如果竞争激烈导致业务失败，会使部分中小银行面临破产风险，从而可能引发系统性金融风险甚至社会风险。

因此，重庆自贸试验区内的所有商业银行应当制定针对利率风险的事中和事后风险防范措施。一方面，可以由中国人民银行在重庆自贸试验区内举办利率风险管理培训班，邀请专家学者讲解利率风险管理理论；另一方面，重庆自贸试验区内的商业银行可以考虑建立相关的利率风险管理部门，配合其他相关部门做好利率风险的防控准备。

4. 洗钱风险防范与管控

目前国际上主要的洗钱路径是离岸金融和离岸贸易，其中大部分洗钱行为都需要经过离岸金融业务来进行资金流转。综观国际洗钱案例，离岸业务、离岸账户、离岸地区等往往是洗钱发生的重灾区，因此，重庆自贸试验区开展外币离岸业务需密切关注洗钱风险。针对洗钱风险的应对措施主要有以下三点。

第一，建立风险为本的反洗钱制度。通过洗钱风险评估，摸清自贸试验区面临的洗钱威胁及洗钱风险防控薄弱环节，根据洗钱风险状况配置反洗钱资源，建立有针对性的反洗钱、反恐怖主义融资、反逃税制度体系。

第二，建立有效的反洗钱资金监测体系。设计有效的资金监测指标，创建以高科技作为支撑的反洗钱资金监测平台，通过各类反洗钱数据库的建立，进行可疑交易数据挖掘工作和高风险客户甄别工作，实施对相关交易的有效监测。

第三，加强反洗钱监管工作，搭建基于系统集成的"反洗钱社区"。对义务主体提出有针对性的反洗钱监管要求，指导义务主体针对自贸试验区的新产品、新业务做好洗钱风险防控工作，确保自贸试验区不出现洗钱监管盲区。加强反洗钱知识的宣传，加大对反洗钱从业人员的培养力度，动用媒体力量进行洗钱警示教育及反洗钱知识普及，集合金融、贸易、海关、税务、公安、国安等众多自贸试验区反洗钱力量，搭建"反洗钱社区"。

5. 外商投资商业保理风险防范与管控

从事商业保理业务的外商投资企业可能从事吸收存款、发放贷款或受托发放贷款业务，或专门从事或受托开展与商业保理无关的催收业务、讨债业务、受托投资等业务。

针对外商投资商业保理方面的风险，可规定从事商业保理业务的企业在中国人民银行征信中心应收账款质押登记公示系统进行网上注册；规定从事商业保理业务的企业委托自贸试验区内已加入国际性保理企业组织的银行作为托管银行，并在该银行开设商业保理运营资金的专用账户；要求从事商业保理业务的企业建立有效的法人治理机构，健全内控机制，依法合规经营；自贸试验区管理机构应对区内从事商业保理业务的企业进行有效管理和监督，定期或不定期对其进行现场检查和非现场检查；根据监管需要，自贸试验区管理机构有权要求企业提供专项资料，或约谈企业董事、监事、高级管理人员，并提供整改意见。

习近平总书记在党的十九大报告中指出：推动新型工业化、信息化、城镇化、农业现代化同步发展，主动参与和推动经济全球化进程，发展更高层次的开放型经济，不断壮大我国经济实力和综合国力。全面实施市场准入负面清单制度，清理废除妨碍统一市场和公平竞争的各种规定和做法。

随着新兴经济体及发展中国家在国际金融活动中的参与度提升，全球金融治理呈现出治理主体多元化、治理结构多层化、治理过程合作化的特征。利用"一带一路"建设的发展契机，以自贸试验区作为试点和依托，加快金融开放与创新、完善金融监管体系、深化金融体制改革，提升重庆自贸试验区金融业在国际金融市场的竞争力，争取在国际金融体系中获得更多的话语权，参与全球金融治理过程。

结合重庆"十三五"发展战略及"6＋1"支柱产业等发展规划布局，加强金融机构与重点企业和项目的信息对接。创新产融合作形式，完善产融合作对接服务平台，政府做好投融资信息的及时发布工作，帮助金融机构投融资行为的分类推进，实现对重点企业和项目的精准支持，完善产业链的金融服务，通过企业管理信息化程度的提高，提升企业融资、用资能力，提高资金利用效率。

随着互联网技术对金融业产生重大影响，以互联网为代表的新技术将对社会生产和居民生活产生深远影响，重庆自贸试验区金融行业创新也应该紧跟这一时代变化，通过大力发展新型金融机构，在满足市场对特殊金融服务需求的同时，接受市场对新型金融机构创新的检验。与其他地区相比，重庆金融创新水平还明显不足，重庆金融的创新应该通过学习—模仿—创新的循环模式不断推进，政府在这个过程中，应该在保护相关机构利益的前提下，做好金融行业规划，为金融创新提供交流和分享平台。

党的十九大报告强调，要深化金融体制改革，增强金融服务实体经济能力，提高直接融资比重，促进多层次资本市场健康发展。健全货币政策和宏观审慎政策双支柱调控框架，深化利率和汇率市场化改革。健全金融监管体系，守住不发生系统性金融风险的底线。这为中国（重庆）自由贸易试验区金融产业的发展布局提供了清晰的行动指南。

第五章　重庆自贸试验区
特色片区发展的金融支持与创新

第一节　中国自贸试验区
特色片区发展的金融支持与创新

一、中国自贸试验区建设的金融支持与创新相关经验

第一批和第二批中国自贸试验区立足国家战略，围绕制度创新，抢占制度高地，充分借鉴国际经验，紧跟世界先进，牢牢把握世界通行规则，着重突出企业主体地位、开放红利、制度红利和溢出效应，取得了丰硕的改革成果。仅以中国（上海）自由贸易试验区为例，2016年中国（上海）自由贸易试验区以上海1/50的面积，创造了上海1/4的生产总值，40%的外贸进出口总额。为此《国务院关于做好自由贸易试验区新一批改革试点经验复制推广工作的通知》（国发〔2016〕63号）出台，要求在全国推广中国（上海）自由贸易试验区、中国（广东）自由贸易试验区、中国（天津）自由贸易试验区和中国（福建）自由贸易试验区的改革试点经验。

在自贸试验区战略实施过程中，制度创新是核心目标，首要任务是对接国际投资贸易通行规则，然后建立投资核心管理制度——负面清单管理制度，建设贸易便利化重点制度——大通关体系制度，完善金融制度——以深化金融领域开放和创新为目标的新制度，并且建设事中、事后监管制度——以转变政府职能为导向的制度，以形成国际化、市场化、法治化的营商环境，其中自贸试验区金融创新是下一步金融体制改革方面的重点内容。各个自贸试验区的发展基础不同，因此各自贸试验区的金融定位不尽

相同。例如，国家要求上海 2020 年基本建成与中国经济实力和人民币国际地位相适应的国际金融中心，基于这个目标，上海自贸试验区要扩大金融创新开放力度，加强与国际金融中心的联动建设。对于重庆自贸试验区，《中国（重庆）自由贸易试验区产业发展规划（2018—2020 年）》提到：到 2020 年，重庆自贸试验区力争新增银行业金融机构法人、市级分支机构和功能性总部机构 10 家，新增证券、期货、基金法人和市级分支机构 20 家，新增保险法人、功能性总部和市级分支机构 10 家，其中新增外资金融机构及外资参股的金融机构 10 家，各类金融机构达到 1300 家，初步形成完善的金融机构体系，各类金融结算总额超过 5 万亿元（含离岸结算、跨境人民币结算、跨国公司总部结算、跨境电子商务结算、金融要素市场结算），国内重要功能性金融中心建设取得显著的进展。

（一）自贸试验区账户体系创新——上海自贸试验区经验

自贸试验区成立后，自由贸易专用财务核算体系（FTU，见表 5.1）由上海银行业建立，其主要作用是为区内机构及个人设立自由贸易账户，开展分账核算业务，实现与其他业务的分离。

表 5.1　　　　　　　　　　自由贸易账户体系

账户名称	适应对象	账户前缀标识	开户银行
区内机构自由贸易账户	区内依法成立的企业	FTE	上海地区金融机构
	境外机构驻试区内机构		
	区内注册个体工商户		
境外机构自由贸易账户	境外机构	FTN	区内金融机构
同业机构自由贸易账户	境外金融机构分账核算单元	FTU	上海地区金融机构
	境外金融机构		
区内个人自由贸易账户	区内个人	FTI	上海地区金融机构
区内境外个人自由账户	区内境外个人	FTF	区内金融机构

上海自贸试验区账户体系改革创新为跨境投融资便利化、资本项目开放创新提供了有利条件，在账户设置、账户业务范围、资金划拨和流动监测机制方面探索账户管理新模式，通过自由贸易账户和其他风险可控的方式，开展跨境投融资创新业务。下一步上海自贸试验区要建立与自贸试验区相适应的账户管理体系，以完善人民币涉外账户管理模式，简化人民币涉外账户分类，促进跨境贸易、投融资结算程序便利化。目前，重庆自贸试验区将复制上海自贸试验区分账核算业务及自由贸易账户经验，但方向略有不同，尤其是重庆自贸试验区还将探索建立多币种国际账户体系，提升现有涉外账户的功能。

（二）跨境本外币融资创新——上海自贸试验区经验

上海自贸试验区跨境融资业务创新主要是分账核算境外融资。在跨境融资功能方面，自由贸易账户与人民币专用账户的差别很大：人民币专用账户是为自贸试验区内企业及非银行金融机构设立的，该账户从境外借入人民币资金，然后再用于境外或区内，使用对象主要包括区内项目建设、区内生产经营、境外项目建设等，其优点是具有 1 倍或者 1.5 倍实际缴纳资本的杠杆；通过自由贸易账户开展本外币境外融资业务，可以融入本外币资金，合并计算余额，然而其局限在于各种境外融资模式中只有一种能被区域机构选用，机构选用后还必须报至中国人民银行上海总部进行备案，而影响最大的是融资上限，其上限是资本境外融资杠杆率宏观审慎调节参数。

综上所述，不难发现上海自贸试验区分账核算境外融资，不管是在适用对象和融资规模方面，还是在资金币种和借款期限方面都强于人民币账户境外融资，因此，利用自由贸易账户开展跨境融资是区内企业优先考虑的选择。

对于重庆自贸试验区而言，其跨境本外币融资创新是在总结其他自贸试验区经验的前提下，完善宏观审慎管理机制的基础上提出的，其内容包括：允许自贸试验区银行机构与港澳同业机构开展跨境人民币借款业务，适时允许自贸试验区企业在一定范围内进行跨境人民币融资，允许自贸试验区金融机构从中国港澳地区及国外借用人民币资金；同时探索自贸试验区企业在香港股票市场发行人民币债券，放宽区内企业在境外发行本外币债券的审批和规模限制，所筹资金根据需要可调回区内使用。通过比较重庆自贸试验区和上海自贸试验区的跨境融资方案发现，上海方案区域性特征不明显，针对所有离岸人民币市场，侧重于从境外借入本外币资金，而重庆方案则重点加强了对港澳市场的利用，促进区内机构向港澳地区借入人民币资金。

（三）外汇管理体制改革

重庆自贸试验区借鉴上海自贸试验区外汇管理改革经验，在引入跨境双向人民币资金池、外汇登记改革、外汇资金意愿结汇的基础上，进一步提出新的改革思路，推动以资本项目可兑换为重点的外汇管理改革试点。重庆自贸试验区提出统一内外资企业外债政策，区内试行资本项目限额内可兑换，符合条件的区内机构在限额内自主开展债务工具、并购、直接投资等金融类交易。

重庆自贸试验区尝试多种外汇管理改革方式，试行外债比例自律政策，中资企业享受同等的外债额度管理待遇，参加试点的企业对外负债按其总资产或净资产的一定比例计算，额度内可自由向外举债。资本项目限额内可兑换的政策方案类似于台湾外汇管理及国际收支申报办法，公司每年累计购售汇金额未超过5000万美元、个人每年累计购售汇金额未超过500万美元，可在填妥国际收支申报书后向银行办理新台币的外汇收支及交易。

（四）跨境人民币信贷资产转让

上海自贸试验区提出构建自贸试验区跨境资产转让平台，区内金融机构可与境外同业机构开展人民币贸易融资资产跨境转让业务；重庆自贸试验区研究探索自贸试验区金融机构与港澳地区同业机构开展跨境人民币信贷资产转让业务，研究探索自贸试验区与港澳地区和21世纪海上丝绸之路沿线国家按照规定开展符合条件的跨境金融资产交易。上海、重庆自贸试验区关于跨境人民币信贷资产转让业务方案的不同之处在于：上海自贸试验区方案强调跨境资产及贸易项目转让，重庆自贸试验区倾向于区内资产的跨境转让，包括贸易信贷、票据及短期信贷资产。

（五）个人资本项目及经常项目开放

上海自贸试验区规定，区内银行可根据"展业三原则"凭区内个人提交的收付款指令，直接办理经常项目下和资本项目项下的跨境人民币结算业务，在区内就业并符合条件的个人可按规定开展证券投资在内的各类境外投资，个人在区内获得合法所得可在完税后向外支付，在区内就业并符合条件的个人可按规定在区内金融机构开立非居民个人境内投资专户，按规定开展包括证券投资在内的各类境内投资。重庆自贸试验区还规定，推动自贸试验区公共服务领域的支付服务向粤港澳三地银行业开放，允许区内港澳非金融机构依法从事第三方支付业务，支持自贸试验区内符合互认条件的基金产品参与内地与香港的基金产品。

（六）面向国际的要素市场

上海自贸试验区允许在区域内建立面向国际的交易平台，逐步允许境外企业参与商品期货交易，根据市场需求，探索在区内开展各类国际金融资产交易，支持银行开展面向境内客户的大宗商品衍生品的柜台交易，继黄金国际板后，建立原油期货市场，推动黄金国际板继续推出铂金、白银等产品，上海证券交易所打造自贸试验区金融资产交易平台等。重庆自贸试验区按照国家规定设立面向港澳和国际的新型要素交易平台，引入港澳投资者参股自贸试验区要素交易平台，研究设立以碳排放为首个品种的创新型期货交易所，允许自贸试验区在符合国家规定的前提下开展贵金属（黄金除外）跨境现货交易，允许区内期货交易所设立大宗商品期货保税交割仓库。在资本市场及其他要素市场建设方面，上海自贸试验区优势明显，建议重庆自贸试验区多多向其学习经验。

二、重庆自贸试验区特色西永片区发展的金融支持与创新

中国（重庆）自由贸易试验区西永片区的建设呈现以下四个特点。一是突出重庆自贸试验区战略定位，在"一带一路"、长江经济带互联互通以及西部大开发战略中发挥更大的作用；二是努力营造与高标准国际规则相衔接的国际化、市场化、法治化、便利化营商环境；三是与片区优势产业和功能定位紧密结合，巩固和增强具有西永片区特色的自贸试验区发展

优势；四是积极推进与"一带一路"倡议上其他节点国家战略融合，抓住机遇重点突破，实现自贸试验区服务辐射功能不断提升。

（一）借助"互联网＋"，推进制度创新

中国（重庆）自由贸易试验区西永片区应结合片区具体特点，以更加开放的理念，借助互联网技术、物联网技术以及移动通信技术，明确企业的市场主体地位，以投资自由化、贸易便利化、金融业态多元化、服务业开放灵活化、监管措施动态化为改革目标，探索制度创新，为企业创造更加宽松的制度环境。

在投资管理上，简化申报程序，精简审批流程，不需要到现场窗口受理的事项则通过互联网和手机端处理；在贸易上，利用互联网和物联网技术，通过"互联网＋自助报关""互联网＋提前归类审价制度""互联网＋互动查验""互联网＋自助缴税""互联网＋加工贸易"，减少等待环节，切实提高贸易便利性；在检验检疫上，实行了检验检疫网络"通报、通检、通放"一体化通关模式，建立商品全程溯源机制，努力实现检验检疫流程无纸化；利用物联网技术和互联网技术，构建智检口岸平台、重庆口岸监管服务平台，切实提高监管效率。

（二）突出优势，发展壮大主导产业

中国（重庆）自由贸易试验区的战略定位是以制度创新为核心，以可复制可推广为基本要求，全面落实党中央、国务院关于发挥重庆战略支点和连接点重要作用、加大西部地区门户城市开放力度的要求。中国（重庆）自由贸易试验区西永片区规划着力打造加工贸易转型升级示范区，重点发展电子信息、智能装备等制造业及保税物流中转分拨等生产性服务业，优化加工贸易发展模式。

1. 承接产业转移，推进产业升级

重点承接东部沿海及长江经济带产业转移，推动广东、上海、浙江等地先进制造业、战略性新兴产业、智能装备、现代服务业在中国（重庆）自由贸易试验区西永片区内集聚发展。打造电子信息生产和研发基地，加强与东部地区技术的对接，加快西永微电子产业园建设、打造芯片研发集群、做强服务外包产业；利用国际物流通道优势，推进跨境电子商务试验区发展，完善跨境电商公共服务平台，构建跨境电商邮包互递快速通道，以贸易带动产业，优化加工贸易发展；推进现代物流产业集群发展，利用国家铁路综合物流中心、综合保税区等发展海陆空多式联运。完善跨境汽车运营中心，加快汽车整车平行进出口业务，推进汽车售后服务及维修维护保养、汽车装饰等相关产业发展。

2. 扩大服务业对外开放，打造教育、文化、卫生资源名区

助力大学城，推动"一带一路"沿线知名大学的分校区和教育培训机构入驻自贸试验区，推动中外联合办学，打造园区教育产业基地；依托沙坪坝区丰富的文化产业资源和片区大型主题乐园规划，吸引国内外文化产业资金进驻园区，打造文化旅游产业和创意文化产业园；引进有实力的跨国企业、科研院所、基金会和慈善机构合作新建医疗、保健机构，提升园区乃至重庆的医疗卫生服务水平；引入国内外有实力的旅游公司、旅行社和第三方旅游平台服务公司，开发成渝旅游资源、整合"一带一路"沿途国家旅游资源，打造"一带一路旅游合作示范区"，开发境内外旅游服务特色项目；推动"一带一路"口岸、检验检疫互认，支持在自贸试验区范围内开展检验、检测认证结果互认；建立"一带一路"优势商品信息大数据库，整合"一带一路"产品信息资源，建立中国与"一带一路"沿线国家的优势商品电子档案，做大贸易总量，发展大宗商品交易，开展保税仓储、保税展示交易、保税加工、物流分拨等业务，形成面向西部的"一带一路"优势商品集散配送中心。

3. 加强对外交流，推动中新合作项目落地

重庆作为"渝新欧""渝桂新"的始发站，可以借助独一无二的区位优势成为连接内陆地区和"一带一路"沿线各国的重要枢纽。中国和新加坡发表《中华人民共和国和新加坡共和国关于建立与时俱进的全方位合作伙伴关系的联合声明》，双方同意选择重庆直辖市作为项目运营中心，将金融服务、航空、交通物流和信息通信技术作为重点合作领域，确定项目名称为"中新（重庆）战略性互联互通示范项目"。中新合作推动重庆成为区域性信息运营中心，有利于园区依托铁路口岸，建设成为国际铁路信息枢纽，实现全方位的信息互联互通，同时依托信息平台，运营中心将辐

射西南地区、国内地区，甚至是东南亚21世纪海上丝绸之路或陆上丝绸之路经济带，有利于供应链及信息服务产业的发展，促进信息共享，进而带动整个经济带的发展。

4. 推动现代管理技术，推进供应链协同制造

推进供应链协同制造，推动制造企业应用精益供应链等管理技术，完善从研发设计、生产制造到售后服务的全链条供应链体系。推动供应链上下游企业实现协同采购、协同制造、协同物流，促进大中小企业专业化分工协作，快速响应客户需求，缩短生产周期和新品上市时间，降低生产经营和交易成本。

发展服务型制造业，基于供应链的生产性服务业，建设一批服务型制造公共服务平台。鼓励相关企业向供应链上游拓展协同研发、众包设计、解决方案等专业服务，向供应链下游延伸远程诊断、维护检修、仓储物流、技术培训、融资租赁、消费信贷等增值服务，推动制造供应链向产业服务供应链转型，优化制造产业价值链。促进制造供应链可视化和智能化，推动感知技术在制造供应链关键节点的应用，促进全链条信息共享，实现供应链可视化。推进机械、汽车、轻工、食品、电子等行业供应链体系的智能化，加快人机智能交互、工业机器人、智能工厂、智慧物流等技术和装备的应用，提高敏捷制造能力。

5. 创新流通方式，提高现代化流通水平

推动流通创新转型，应用供应链理念和技术，大力发展智慧仓储、智慧商圈、智慧物流，提升流通供应链智能化水平。鼓励批发、零售、物流企业整合供应链资源，构建采购、分销、仓储、配送供应链协同平台；鼓励住宿、餐饮、养老、文化、体育、旅游等行业建设供应链综合服务和交易平台，完善供应链体系，提升服务供给质量和效率。

推进流通与生产深度融合，鼓励流通企业与生产企业合作，建设供应链协同平台，准确及时地传导需求信息，实现需求、库存和物流信息的实时共享，提升供应链服务水平。引导传统流通企业向供应链服务企业转型，大力培育新型供应链服务企业，推动建立供应链综合服务平台，拓展质量管理、追溯服务、金融服务、研发设计等功能，提供采购执行、物流

服务、分销执行、融资结算、商检报关等一体化服务。

6. 借助多式联运，构建全球供应链

积极融入全球供应链网络，加强交通枢纽、物流通道、信息平台等基础设施建设，推进与"一带一路"沿线国家互联互通，推动国际产能和装备制造合作，推进边境经济合作区、跨境经济合作区、境外经贸合作区建设，鼓励企业深化对外投资合作，设立境外分销和服务网络、物流配送中心、海外仓库等，建立全球化的供应链体系。

提高全球供应链安全水平，鼓励企业建立重要的资源和产品全球供应链风险预警系统，提高全球供应链风险管理水平，制定和实施国家供应链安全计划，建立全球供应链风险预警评价指标体系，完善全球供应链风险预警机制，提升全球供应链风险防控能力，参与全球供应链规则制定，依托全球供应链体系，促进不同国家和地区包容、共享和发展，形成全球利益共同体和命运共同体。在人员流动、资格互认、标准互通、认可认证、知识产权等方面加强与主要贸易国家和"一带一路"沿线国家的磋商与合作，推动建立有利于完善供应链利益联结机制的全球经贸新规则。

（三）发展特色金融，服务实体经济

围绕金融服务实体经济发展，推动区内企业开展跨境人民币资金集中运营业务，包括跨境双向人民币资金池业务，经常项下跨境人民币集中收付业务等；依托区内跨境电商商品交易、供应链网络建设、流通创新转型等，争取实现人民币双向贷款；引导有条件的金融机构设立离岸金融中心、海外客服中心、后台数据服务中心，方便自贸试验区企业跨境投融资、降低融资成本；建立与自贸试验区相适应的账户管理体系，完善人民币涉外账户管理模式，简化人民币涉外账户分类，促进跨境贸易、投融资结算便利化；创新面向国际的人民币金融产品，稳妥推进资本项目可兑换试点。发挥"一带一路产业基金"的功能作用，引导更多有能力的企业进入"一带一路"沿线国家的投资领域；鼓励民营企业在自贸试验区设立总部，运用人民币对外投资和投资项目备案制政策，到"一带一路"沿线国家投资办厂；利用自贸试验区关于支持构建对外投资合作服务平台和对外投资便利化等政策，鼓励本土企业走出去进行海外并购、承揽海外业务，做大服务贸易。

1. 创新金融管理理念，推进金融市场开放

按照"先交易、后汇兑"原则，稳妥推进资本项目可兑换试点，鼓励在渝企业做大跨境人民币投融资规模，继续扩大外资企业人民币投融资业务规模，积极推进资本项目下跨境人民币业务创新。加快建设人民币离岸中心，实现与在岸中心联动发展。要进一步加快发展离岸金融业务，打造人民币离岸金融中心；放宽国内外金融机构开展离岸金融业务的准入资格；做大做强离岸银行业务和期货保税交割等业务，逐步拓展离岸保险、离岸证券、离岸基金、离岸信托、离岸货币、离岸同业拆借等离岸金融业务；加快推进金融市场开放，在完善制度设计和做好风险防范的基础上，进一步扩大境外机构投资证券市场规模，推动债券市场对外开放，稳妥推动衍生品市场开放。为深化国际金融合作，提升金融市场国际化水平，要大力向国家相关部门建议在西永设立有西部特色的证券交易所或板块，并向"渝新欧"沿线国家与地区开放，以提高区域内企业的直接融资比重。支持自贸试验区开展适应内陆加工贸易、转口贸易等多种贸易业态的结算便利化试点。支持物流、仓储、跨境电商企业的融资模式改革创新。探索与要素市场跨境交易相适应的外汇收支便利化措施，支持区域要素市场开展国际贸易业务。支持发展总部经济，放宽跨国公司外汇资金集中运营管理准入条件。允许重庆市内银行业金融机构与片区内持有支付业务许可证且获得互联网支付许可的支付机构合作，按照有关管理政策为跨境电子商务（货物贸易或服务贸易）提供跨境本外币支付结算服务。进一步深化支付机构跨境外汇支付业务试点，在保证交易真实性情况下，逐步扩大服务贸易业务范围。

2. 推动跨境人民币业务创新，优化跨境金融结算服务

推动自贸试验区与境外开展双向人民币融资。自贸试验区内企业可根据自身经营和管理需要，开展集团内跨境双向人民币资金池业务。允许在自贸试验区内注册的融资租赁企业开展跨境双向人民币资金池业务。允许自贸试验区内租赁企业在境外开立人民币账户用于跨境人民币租赁业务。支持自贸试验区内保险机构开展跨境人民币再保险和全球保单分入业务。

探索区内金融机构在依法合规、风险可控的前提下向境外销售人民币理财产品、开展人民币项下跨境担保等业务。鼓励在自贸试验区内设立人民币海外投贷基金。在自贸试验区开展人民币基金投资境外项目试点政策下，开展区域性净头寸总规模约束管理试点。允许外资股权投资管理机构、外资创业投资管理机构在自贸试验区发起管理人民币股权投资和创业投资基金。鼓励自贸试验区内金融机构积极创新面向国际的人民币金融产品，扩大境外人民币投资境内金融产品的范围。支持自贸试验区内符合条件的企业按规定开展人民币境外证券投资业务。

3. 加强金融后台建设，构建完整的金融生态圈

随着中国金融市场开放程度加深，本土的金融机构面临着更严峻的竞争，金融外包已经成为提高运营效率的有效手段，国内许多金融机构已经加入金融外包行列。金融后台的建设能够有效服务片区金融体系：国家政策大力支持国内金融后台与服务外包业务以及园区的建设。金融后台位于城市远郊，对西部物流园区片区金融业形成支撑后台。片区可以从以下几个方面加强金融台后建设：基于提供方式角度，可以采取自建与外包部分流程相结合的模式；基于业务层级分布角度，积极建立西部物流园区金融机构自身的后台服务中心；基于产业结构角度，在以银行业务后台服务为主的基础之上，进一步推进保险、证券等后台业务的协同发展。

4. 加强征信管理，发展供应链金融

推动供应链金融服务实体经济。推动全国和地方信用信息共享平台、商业银行、供应链核心企业等开放共享信息。鼓励商业银行、供应链核心企业等建立供应链金融服务平台，为供应链上下游中小微企业提供高效便捷的融资渠道。鼓励供应链核心企业、金融机构与人民银行征信中心建设的应收账款融资服务平台对接，发展线上应收账款融资等供应链金融模式。

有效防范供应链金融风险，推动金融机构、供应链核心企业建立债项评级和主体评级相结合的风险控制体系，加强供应链大数据分析和应用，确保借贷资金是基于真实交易。加强对供应链金融的风险监控，提高金融机构事中、事后的风险管理水平，确保资金流向实体经济，健全供应链金

融担保、抵押、质押机制，鼓励依托人民银行征信中心建设的动产融资统一登记系统，开展应收账款及其他动产融资质押和转让登记，防止重复质押和空单质押，推动供应链金融健康稳定发展。

（四）及时总结片区做法，形成可复制的改革试点经验

虽然中国（重庆）自由贸易试验区西永片区成立时间尚短，但重庆西部物流园区、重庆西永微电子产业园区已经运营了较长时间，重庆西部物流园更是被赋予了国家"一带一路"建设节点、"渝新欧"国际贸易大通道起点、西南地区保税物流分拨中心以及内陆地区铁路枢纽口岸四大功能定位。2011年3月"渝新欧"国际铁路大通道全线开通。重庆开通首条中欧班列后，8年以来，全国共有59个城市开通了中欧班列，运行线已达65条，通达15个国家、49个城市。截至2019年8月末，中欧班列（重庆）累计开行超过4100班，成为亚欧之间重要的国际物流陆路运输骨干，被称为现代铁路版"丝绸之路"，是"一带一路"建设中最扎实成熟的典范。

西永微电子产业园区正探索以"整机＋核心零部件＋原材料"为龙头的全流程产业链，探索"产业链＋价值链＋物流链"的内陆加工贸易发展新模式，推动园区加工贸易由水平分工变为垂直整合，向产业链、价值链高端拓展，提高附加值。助推机器人项目、微软智慧产业生态圈、晶圆制造、芯片封装测试等附加值高的项目落地投产，西永微电子产业园率先推出无纸化通关改革，大大简化了现场递单、现场审单的环节，通过海关特殊监管区域内企业"自主备案、自定核销周期、自主选择核报"和"简化海关特殊监管区域内业务核批"，有力地帮助企业提高效率，降低成本。

为促进内陆口岸建设，重庆率先在中西部省市实行了检验检疫"通报、通检、通放"一体化通关模式。为了加快国际物流中转，重庆检验检疫局目前可以签发已签署双边协定的涉及22个国家和地区的所有原产地证书，并实现原产地签证费用免费、全程无纸化。以铁路、公路及水陆运输为交通骨架，积极发展多式联运，将物流园与国内外各大城市（群）紧密连接，有利于拓展全链条物流服务，打造内陆"丝绸之路经济带"与"21世纪海上丝绸之路"区域型综合物流枢纽，完善基于多式联运系统的现代物流体系，为发展供应链集群提供必要的基础设施支持。

为鼓励跨境业务的发展，重庆在金融领域也进行了积极的探索。一是探索贸易结算便利化创新，支持自贸试验区开展适应内陆一般贸易、加工贸易、转口贸易、服务贸易等多种贸易业态的结算便利化试点，支持符合条件的企业探索加工贸易项下资金收付轧差结算业务创新，进一步提高资金运作效率。二是支持要素市场跨境现货交易结算，探索与要素市场跨境交易相适应的外汇收支便利化措施，支持符合条件的要素市场开展代客集中收付、境内外汇划转等业务，推动跨境现货交易业务发展。目前，重庆咖啡交易中心已率先启动代客集中收付试点。三是支持跨境保理业务发展，探索适合跨境保理业务发展的管理模式，推动商业保理公司与金融机构合作开展跨境保理业务，重点支持中小外贸企业跨境结算。目前，重庆润银商业保理有限公司已推出了此项业务。四是支持贸易融资服务创新——探索基于陆上运输、多式联运的融资规则体系建设，推动签发多式联运提单、标准化运单，并完善提货、登记查询及增信等相关配套机制，探索基于多种运单、提单的信用证结算、融资等金融服务创新及便利化举措等。目前，中欧班列（重庆）已率先启动了相关试点。

（五）保障措施与政策建议

1. 切实转变政府职能，增强主动服务意识

中国（重庆）自由贸易试验区西永片区要切实转变政府职能，处理好政府与市场的关系，通过营造公平、统一、规范的营商环境，推动形成公平竞争的市场环境以加快改革，重视企业需求，明确企业的市场主体地位，激发市场主体的创新创业热情，推动片区内产业的自身发展和跨界融合，促进区内新企业、新产业、新模式、新平台的不断涌现。

中国（重庆）自由贸易试验区西永片区在制度创新的过程中，必须贴近企业的具体需要，一是在改革方案设计过程中，要善于征询企业意见，了解企业的需求。二是在政策的宣传解读上，要加大宣传力度，通过多种渠道发布相关信息，克服企业了解和咨询政策信息的困难。对于企业面临的具体问题，应有专门的部门或窗口来回应。

政府职能转变不仅体现在意识上，更要体现在实际行动中。一是政府增强主动服务意识，随着自贸试验区监管服务质量的提高，监管部门需要

朝着主动服务、延伸服务转变。二是管理、监管措施更加人性化，在注册登记方面，通过"一口受理"注册，为新进企业提供便利的一站式服务。在流通方面，通过通关措施以及商检政策创新，提高企业的生产及流通效率，跨境人民币双向资金池服务将使片区企业资金流动更为便利，降低企业的融资成本、财务成本以及人力成本。三是逐步完善配套服务，可以成立专门的综合协调处，协调城管、市容、海关、工商、税务等相关部门和物业管理公司，帮助片内企业协调与政府机构之间的事务，尽量减少影响企业正常运营的外部因素。

2. 牵头建设官方网站，合并设立西永自贸试验区服务大厅

中国（重庆）自由贸易试验区官方网站是中国（重庆）自由贸易试验区宣传对外开放的窗口和切实提高办事服务效率的重要举措。在即将投入使用的中国（重庆）自由贸易试验区西永片区办事大厅对面就是重庆西永微电子产业园区的办事大厅，这种安排容易引起投资者的混淆和办事机构之间的扯皮推诿，应考虑整合片区内的服务大厅，切实做到"一厅受理""一站服务"。

3. 优化管理结构，保障措施落地

中国（重庆）自由贸易试验区西永片区的建设是一项任务艰巨的系统工程，片区改革发展的顺利进行离不开高效运作的团队，片区管理部门要通过优化管理结构、减少管理层级，组建一支多部门协作的管理服务团队，团队成员既要分工明确、各司其职，又要协作运营，要根据给出的时间表，落实相关规章、制度、措施。

4. 放宽落户政策，鼓励人才引进

中国（重庆）自由贸易试验区西永片区的发展需要大量的人才，西永片区应发挥片区内大学城的优势，加强与在渝高校合作的同时，支持高等院校和职业学校设置相关专业和课程，培养相关人才，鼓励相关企业与国内金融机构、其他科研院所、国外研究机构的深化合作，培养专门人才，创新人才激励机制，加强国际化的人才流动与管理，吸引和聚集世界优秀人才。加大高端人才的引进力度，提供包括人才落户、专项奖励、子女教育、职称评定、社会保障手续办理等在内的人才引进政策，突破片区在制

度创新、检验检疫、通关报关、开展国际金融业务、供应链管理、智能制造、电子产品设计、仓储管理、拓展金融服务领域、提高金融服务质量、加强金融监管、行政管理等方面的人才瓶颈，切实提高中国（重庆）自由贸易试验区西永片区的创新能力和水平。

5. 加强金融监管，防控系统性金融风险

金融创新应在符合"有利于提升服务实体经济绩效，有利于防范化解金融风险，有利于保护投资者和债权人的合法权益"的前提下进行，支持银行业金融机构通过个案方式先行先试，逐步进入自贸试验区，更好地满足自贸试验区多元化的金融服务需求。针对金融创新，金融监管机构应该创新金融监管模式，建立金融风险指标监测体系，对金融创新业务进行风险评估，预防系统性金融风险的发生。创新金融监管主要是建立监管方与市场主体互动、互信的沟通渠道，实现从事前到事中、事后的全过程双向互动。

6. 建立自贸区研究院，实现协同创新

以"致力于推动中国贸易投资自由化、改革便利化，促进重庆自贸试验区建设，以'开放化、网络化'的运行机制，成为'立足重庆，面向全国'的贸易投资规则、金融及金融监管改革创新的研究基地、政策研讨交流的平台、决策支持的智库"为宗旨，成立重庆自由贸易试验区研究院，聘任国内有关领域具有影响力的专家学者为首席专家，以重庆高校现有学科为基础，以金融、国际税收、供应链、物流和国际商法等专业为重要组成部分，广泛联合相关领域的科研院所、政府机构、企业及国际学术力量，实现协同创新。重庆自由贸易试验区研究院还担负着重庆自贸试验区相关片区创新案例评选、创新方法总结、创新政策研讨交流、创新政策决策智库的重要使命。

第二节　西永片区物流产业园区供应链金融创新与发展

一、总体概况与政策支持

重庆西部物流园位于重庆自贸试验区西永片区内，被重庆市定位为国家物流枢纽、内陆开放高地及一类口岸，是"渝新欧"国际贸易大通道起始站、重庆铁路口岸所在地，是国家发展和改革委员会批复重庆设立的"三基地四港区"中的铁路物流基地、国家服务标准化试点园区和首批市级重点物流园区。

（一）总体概况

重庆西部现代物流园位于重庆市的城市功能拓展区，是重庆西部新城的重要功能区，沙坪坝区"一城三园"的主要部分，具有承接重庆内环产业转移和城市空间拓展的有利区位。园区周边主要有重庆大学城、西永微电子产业园、青凤片区、西永综合保税区、西永商务中心区、万达文化旅游城、台资信息产业园等，构建了良好的商业生态体系，有力地支持物流园的未来发展。

园区直属于重庆市领导小组，由沙坪坝区政府代管，园区的组织构架如图5.1所示。

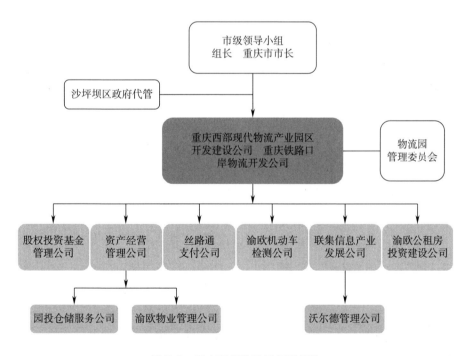

图5.1　重庆西部物流园组织架构

园区总用地面积为 35.5 平方公里（其中归属于自贸试验区的面积为 7.84 平方公里），通过市政府审批用地约为 34.8 平方公里；建设用地为 31.2 平方公里，非建设用地为 4.3 平方公里；城市建设用地为 23.9 平方公里，其中居住用地为 3.3 平方公里，商贸服务设施用地为 2.7 平方公里，工业用地为 1.8 平方公里，物流仓储用地为 6.4 平方公里。建设重庆西部现代物流园的总投入预计为 1117 亿元人民币，建成后年产值达 3000 亿元，生产总值为 800 亿元。

重庆西部现代物流园定位基于四点：（1）连接国家"一带一路"和长江经济带的综合枢纽；（2）内陆城市进出口和转口贸易中心；（3）重庆"十三五"产业转型的核心载体；（4）跨区域产业多元融合示范区。

重庆西部现代物流园拥有六大优势：（1）西部地区首个对外开放铁路口岸资源（铁路口岸、保税物流中心）；（2）国际物流通道优势，中国至欧洲常态化运行最好的铁路货运班列资源（渝新欧与渝桂新铁路、铁路集装箱中心站、铁路编组站）；（3）内陆开放高地先行先试政策资源（中新合作区、自贸试验区）；（4）区位综合交通优势（中国西部铁路集装箱运输枢纽，西南地区规模最大、设施最全、功能最先进的编组站）；（5）跨境产业聚集优势，包括进口整车全产业链、跨境电商生态圈、多元贸易集聚区；（6）商贸物流企业聚集优势，物流方面将建成重庆最大、最集中的物流仓储及分拨配送集散基地，商贸方面拟打造以商品展示展销为主，前店后仓业态的"贸易综合体"集群。

（二）政府对西部物流园区域金融业发展的扶持情况

1. "一带一路""渝新欧"金融业优惠政策

针对"一带一路"建设的金融支持政策主要是成立亚洲基础设施投资银行和丝路基金，此外"一带一路"沿线省份将推出地方版丝路基金，并出资成立其他类型的基金。金融支持"一带一路"建设的具体政策主要包括：进一步壮大开发性金融，完善多元化的筹资机制，大力发展跨境保险产业，加快推进人民币国际化，加强国际区域金融合作，加强区域金融监管合作，促进金融机构双向进入，做大做强多边金融机构。目前，国内政策性及商业性金融机构为"一带一路"提供了多样化的融资渠道，国家开发银行、中国进出口银行、中国出口信用保险公司都不同程度地为"一带一路"的大型建设项目提供低成本的融资支持以及综合化的金融服务。国家金融与发展实验室发布了《"一带一路"倡议的金融支持》报告，该报告提出"一带一路"建设中的金融市场基础设施建设，特别是支付基础设施建设，是开发性金融机构、商业银行、企业"走出去"的前提和基础。该报告鼓励越过支票、信用卡等传统交易阶段，进入基于网络的移动支付，鼓励采用平台交易模式，不仅对接现代化的大规模生产，也可对接民间手工业，局部创造适宜的小制度环境，率先发展现代产业。

《国务院关于印发中国（重庆）自由贸易试验区总体方案的通知》（国发〔2017〕19 号）指出，要深化金融领域开放创新，这包含优化跨境金融结算服务、推动跨境人民币业务创新发展、探索跨境投融资便利化改革创新、增强跨境金融服务功能、完善金融风险防控体系等内容。

2. 重庆市金融业扶持政策

2016 年 5 月，《重庆市人民政府关于印发重庆市促进融资担保行业加快发展实施方案的通知》（渝府发〔2016〕15 号）文件对促进融资担保行业的发展给出了补贴、税收等方面的优惠政策。

2016 年 10 月，重庆市财政局、市中小企业局、市工商局联合发布《重庆市小微企业贷款风险补偿暂行办法》，明确了风险补偿的额度。

《重庆市人民政府关于印发重庆市建设国内重要功能性金融中心"十三五"规划的通知》（渝府发〔2016〕60 号）发布，该文件指出支持境内外银行业金融机构来渝设立分支机构或功能性总部，争取各银行总行来渝设立离岸中心、后台业务处理中心、国际结算中心、全国性清算中心，大力发展消费金融类业务，健全全牌照金融机构体系，不断完善银行金融机构体系，优化金融资源空间布局，建设功能性金融中心核心区，为实体经济增加有效金融供给、减少无效金融供给，加快科技金融、绿色金融发展，提高金融服务实体经济的能力和质量；促进跨境金融协作。

2017 年 5 月，围绕自贸试验区"监管高效便捷、金融服务完善"的发展目标，重庆市提出 15 条金融创新支持举措，这 15 条内容包括：市场准入管理，创新业务监管的改革，推进市场准入管理改革，简化、减少事前审批，建立自贸试验区银行业机构市场准入报告事项清单，提升监管服务便利化水平；建立适应自贸试验区发展的监管体系，将成立自贸试验区创新业务风险评估委员会，建立自贸试验区业务风险评估制度，加强金融仲裁、调解等金融商事协调机制建设，强化银行业消费者权益保障机制，完善银行业从业人员行为管理负面清单，维护公平、公正、公开的金融服务及交易环境；丰富银行业市场主体、推进金融服务方式和服务新业态创新、提升自贸试验区跨境投融资便利化水平、积极防范金融风险，提升自贸试验区金融服务水平；未来还将加强统筹联动、跟踪评估、完善政策体系，持续和推动自贸试验区金融服务发展等。同年 7 月，银保监会重庆监管局印发了《关于积极做好中国（重庆）自由贸易试验区银行业金融服务的指导意见》，切实落实 15 条金融创新支持举措。

《重庆市人民政府办公厅关于印发重庆市产融合作试点实施方案（2017—2019 年）的通知》（渝府办发〔2017〕86 号）提到，要积极推进金融产品及金融服务方式创新，推动银团贷款，推广应收账款质押等融资方式，建立龙头企业产业链融资体系，创新运用货币政策工具撬动金融资源，推广跨境融资，降低融资成本。

在 2017 年 5 月"一带一路"国际合作高峰论坛的重庆记者会上，政府方面表示，重庆市大力开展创新金融服务，发展"渝新欧"跨境贸易融资，实施融资贴息和保险费用贴息，已累计发放优惠利率贷款约 50 亿元，为企业降低财务费用超过 5000 万元。在对外贸易保险保障方面，重庆市通过出口信用保险等跨境保险服务，已经为重庆企业出口"一带一路"沿线国家提供保险保障 12.7 亿美元。在实体企业"走出去"，服务"一带一路"建设方面，通过跨境直贷、内保外贷等间接融资业务，实现金融机构与企业融资需求的高效对接，在 2016 年支持实体企业及其海外子公司融入资金约 12.6 亿美元。重庆市还通过支持企业赴境外发行债券、房地产投资信托基金、首发上市等业务，提升直接融资比例，降低融资成本，支持企业融入资金约 20.6 亿美元。重庆市还为境外企业来重庆发行熊猫债券提供便利，例如支持新加坡辉联物流公司融入人民币资金，拓宽融资渠道。打通股权基金双向投资渠道是金融支持实体企业"走出去"的另外一个重要途径。重庆市正在推进金融机构和金融服务的网络化布局，实现重庆与"一带一路"沿线国家金融合作，有效调动国内和国际资源，为"一带一路"建设提供长期的、可靠的金融支持，此外，重庆市还积极支持设立合资金融机构并鼓励地方金融机构"走出去"。

2017 年 7 月，重庆市国税局发布消息，自贸区内融资租赁、金融租赁企业及其子公司，以融资租赁方式租赁给境外承租人且租赁期限在 5 年（含）以上，并向海关报关后实际离境的符合相关规定的货物，适用退税政策。同月，银监会重庆监管局发布了《关于简化中国（重庆）自有贸易试验区银行业机构和高管准入方式的实施细则（试行）》通知，指出银行在重庆自贸试验区设立分支机构无须提前审批。

2018 年 8 月，为贯彻落实全市金融工作会议精神，提高银行业服务实体经济的能力和意愿，重庆市人民政府印发了《重庆市银行业支持实体经济发展若干措施》，结合重庆市实际情况制定了以下措施。

第一，提升金融科技运行效能。银行要积极运用互联网、大数据、云计算等信息技术，促进金融与互联网的融合，充分运用企业信用信息平台和国际贸易"单一窗口"，提高风险识别和差别定价能力，建立区别于传统信贷模式的信用评价模型，开发弱担保、轻资产、信用类信贷产品；推广全流程线上操作信用贷款产品，提高贷款审批、发放的效率和服务便利度，扩大授信企业覆盖面。（责任单位：重庆市金融服务办公室、银保监会重庆监管局、人民银行重庆营业管理部）

第二，支持地方法人银行发行债券进行融资。支持有非标准化债权类资产回表需求的地方法人银行发行二级资本债补充资本，加快引导社会资金回流实体经济。鼓励地方法人银行发行小微企业金融债券、绿色金融债券和"三农"金融债券，放宽有关发行条件，加强后续督导，确保筹集资金向小微企业、实体企业倾斜。（责任单位：人民银行重庆营管部、银保监会重庆监管局）

第三，用好财税杠杆政策。加大市、区县（自治县，以下简称区县）财政资金对银行服务实体经济的贷款贴息、费用补贴、担保增信、风险补偿、奖励等支持力度。推动市级国有政策性融资担保公司整合，加大政策性担保对实体经济的支持力度，国家融资担保基金支持的融资担保公司对小微企业融资的担保金额占比不低于80%。增加中小微企业转贷应急资金额度，延长企业使用转贷资金时限，提升中小微企业的应急转贷效率，延长企业使用转贷资金时限，提升中小微企业的应急转贷覆盖面。将对外经贸优惠贷款贴息政策从贸易融资扩大到流动资金以及信用证、保函等表外业务范围。建立对小微企业贷款、信易贷、知识产权质押贷款、知识价值信用贷款、商业价值信用贷款、贸易项下保单融资、出口退税账户质押贷款等各类贷款的政策性贷款财政风险补偿机制，充分发挥再担保的引领、分散风险作用。降低与融资有关的评估费、抵押登记费、担保（反担保）小微企业融资附加费用支出。加大金融机构小微企业贷款利息收入免征增值税优惠力度，从2018年9月1日至2020年底，将符合条件的小微企业和个体工商户贷款利息收入免征增值税单户授信额度上限由100万元提高到500万元（责任单位：市财政局、市税务局、市国土房管局、市商务委、市金融服务办公室、市发展和改革委员会、市科学技术委员会、市经济和信息化委员会、市中小企业局）

为融资担保行业的监督管理提供上位法支撑，加强对重庆市融资担保公司的监督管理，规范融资担保行为，促进重庆市融资担保行业健康发展，重庆市人民政府《关于印发重庆市融资担保公司监督管理办法的通知》（渝府发〔2020〕8号，以下简称《办法》）出台，该办法已于2020年4月10日起施行。《办法》的核心内容包括以下三个方面。

第一，明确监管对象，落实监督管理责任。《办法》监管对象为在本市依法设立、经营融资担保业务的有限责任公司、股份有限公司和注册地在市外的融资担保公司在我市依法设立的分支机构。市金融监管局履行对全市范围内融资担保公司的监督管理职责。各区县（自治县，以下简称区县）政府指定的地方金融管理部门负责协助开展融资担保公司管理工作，履行属地金融风险处置职责。此外，市金融监管局还将配套出台审批、备案工作指引和行政处罚流程等系列配套制度。

第二，完善行政许可机制，落实放管服。《办法》按照国务院发布的《优化营商环境条例》规定和"放管服"要求，将重庆市原有的融资担保机构设立和变更审批事项共 14 项调整为设立和变更审批事项 5 项，备案事项 7 项。《办法》规定在重庆市内注册的融资担保公司注册资本不低于人民币 1 亿元且为实缴货币资本。同时，为确保设立变更事项符合监管规定，《办法》要求由各区县金融管理部门加强与辖区内融资担保公司的沟通，做好事前合规辅导工作。

第三，明确业务范围，引导专注主业。融资担保公司可以经营下列部分或全部融资担保业务：借款类担保业务、发行债券担保业务、其他融资担保业务。此外，经营稳健、财务状况良好的融资担保公司还可以经营下列部分或全部业务：投标担保、工程履约担保、诉讼保全担保等非融资担保业务和与担保业务有关的咨询等服务业务。

3. 沙坪坝区金融业扶持政策

为了紧紧抓住西部大开发和"一带一路"倡议的重大机遇，进一步深化供应链金融服务业体制的改革，积极引进战略投资者，不断强化供应链金融服务业的经济社会服务功能，实现供应链金融服务业、经济、社会融合协调、和谐发展，沙坪坝区政府以及相关部门制定了一系列金融产业扶持政策，主要包括以下几个方面。

（1）政府投融资体系，设立创新驱动发展资金 20 亿元，主要用于战略新兴产业发展、研发平台建设、创新创业扶持等。

（2）资本市场支持技术创新，企业成功上市或挂牌后，按市级奖励标准 1:1 的比例配套给予企业一次性奖励。

（3）贷款支持，鼓励和促进银行等金融机构加大对创新创业项目的创投扶持力度，开展"助保贷"业务，投入 1000 万元"风险补偿铺底资金"，为小微企业融资提供增信支持。

（4）创投支持，吸引社会资金投入，按照股权投资等市场化运作方式，建立沙坪坝区产业引导股权投资基金，重点支持重庆区市场潜力大、创新能力强的中小微企业发展壮大。

（5）贷款担保扶持，担保机构为引进人才，对在沙坪坝区创办的小微企业融资性贷款收取的担保费率在 2% 以下的新增担保发生额，给予担保机构 0.5 个百分点的奖励。

综上可知，沙坪坝区政府及其相关部门制定的金融产业扶持政策为西部物流园区供应链金融的发展提供了契机，不仅给予政策上的支持，而且在资金方面也提供了扶持。为此，西部物流园区可从以下几个方面积极推动供应链金融的发展：其一，积极建设物流金融中心，拓展融资渠道，加快资金的快速融通，助推供给侧结构性改革；其二，开辟新的增值服务，进一步推动园区企业开展传统业务，实现企业个性化、差别化服务，园区可以更好地融入物流企业的产业链，为企业带来新的利润增长点；其三，大力发展跨境贸易、跨境金融，联动周边园区，积极探索互联网、大数据等创新金融与新兴金融，依托优势政策，形成具备完整产业链的互联网、大数据等创新金融体系。

二、自贸试验区供应链金融发展指导思想和发展目标

《"互联网＋"高效物流实施意见》文件明确提出，要推进物流与金融等产业互动融合协同发展、探索建立全国物流金融网上服务平台、引导银行业金融机构加大对物流企业特别是小微企业和个体运输户的信贷支持力度。围绕物流产业链中关键企业，以真实贸易背景为前提，由园区自身或协同商业银行运用自偿性贸易融资的方式，通过应收账款质押、货权质押等手段封闭资金流或者控制物权，对供应链上的单个企业或上下游多个企业提供全面的金融服务，提高供应链金融的资金运作效率，促进自贸试验区供应链金融业务的稳健发展。

（一）指导思想

以党的十九大精神为指引，紧紧抓住西部大开发和"一带一路"发展的重大机遇，深化供应链金融服务业的体制改革，增强供应链金融服务业的核心竞争力，加快供应链金融服务业资源重组步伐，积极引进战略投资者，完善供应链金融服务业组织体系和市场体系。不断强化供应链金融服务业的经济社会服务功能，实现供应链金融服务业、经济、社会融合协调、和谐发展，实现"筑就内陆金融开放高地，打造国际物流智慧新城"的美好愿景。全面推动供应链金融服务业的发展，显著增强自贸试验区供应链金融服务业的综合实力、国际竞争力和抗风险能力，显著提高供应链

金融服务业实体经济的水平，着力完善供应链金融服务业宏观调控和监管体制，形成种类齐全、结构合理、服务高效、安全稳健的供应链金融服务业体系，开创供应链金融服务业改革发展的新局面，为国际物流互通和内陆开放事业提供持续稳定的动力引擎。

（二）发展目标

通过改革、开放、创新、发展，基本建成分工清晰、定位明确、功能完善、竞争充分、服务高效的现代供应链金融服务业组织架构；现代供应链金融服务业机构基本达到资本充足、内控严密、运营安全、服务和效益良好的现代供应链金融服务企业要求；现代供应链金融服务业与经济社会发展相适应，间接融资和直接融资互补，融资和服务功能统一，是对内对外区位优势明显的支柱产业；全社会形成促进现代供应链金融服务业发展的共识，积极推动现代供应链金融服务业发展，努力建成投资贸易便利、高端产业集聚、监管高效便捷、金融服务完善、法治环境规范、辐射带动作用突出的高水平、高标准自由贸易园区，努力建成服务于"一带一路"建设和长江经济带发展的国际物流枢纽和口岸高地，推动构建西部地区门户城市全方位开放的新格局，带动西部大开发战略深入实施。

1. 目标定位

立足西南内陆开放高地，依托"一带一路"、长江经济带和自贸区国家战略，围绕外贸、物流、金融、智慧互联互通等多元产业融合战略，致力于打造兼具创新性、开放性、专业化、市场化、国际化的，业务范围广泛、资产结构良好的，具有一定国际影响力的供应链金融服务业，以集中和管理供应链上各方的资源、资金、数据、功能和技术，设计和运行综合供应链的解决方案，并且依靠优秀的第三方物流供应商、技术供应商、专家群、金融机构等其他增值服务商，为客户提供供应链金融的解决方案和作业执行服务，降低物流园商贸企业、物流企业的成本，并有效整合资源，因此，园区的目标定位主要体现以下几个方面。

其一，依托园区产业聚集及开放平台优势，以贸易衔接无缝化、产业结构高端化、金融服务一体化为抓手，构建有活力、有潜力、双赢的物流产融结合生态圈，实现物流、商流、资金流、信息流的"四流合一"，将园区打造成为开放合作示范平台、产业服务升级示范平台、全国创新驱动示范平台。

其二，园区立足重庆、服务西部、辐射全国，统筹西部物流大通道建设，构建聚集重庆物流资源和公共物流服务的平台、长江上游水陆空多式联运平台、区域物资分拨分销集散平台、物流装备制造基地、物流金融和培训等综合服务平台。将园区打造成为服务和辐射西南、西北、长江中下游、华南地区的物流枢纽及分销配送中心、国内最具现代化的物流服务区和产业综合发展区。

其三，园区按9个功能区统筹规划和建设，即国家铁路综合物流中心、多式联运区、仓储加工区、货运配载区、城市配送区、保税物流区、新型物流社区、物流装备产业发展区、商贸交易区，将建成以货运交易、仓储管理、车辆调度、数据交换和物业等系统为一体的信息传输和处理中心，为园区提供物流公共信息服务。

2. 目标体系

建成多元化金融服务市场，建设金融交易平台，拓展园区产业融资渠道，拓展供应链金融平台的业务范围。供应链金融平台不仅为核心企业的上下游企业提供融资服务，而且提供了账款催收、对账、支付结算等与企业交易过程相关的其他金融服务，并且为核心企业提供账款管理、支付结算、企业资金管理等金融服务，有效地将银行、核心企业、上下游企业、物流企业联系在一起。其中，供应链金融平台业务的目标体系主要包括以下几个方面。

其一，供应商金融服务的业务体系：收取货款、定期对账、账款催收、销售分户账管理、应收账款融资。其中，供应商融资产品主要包括应收账款质押融资、应收账款池融资、国内保理、国际保理等。

其二，核心企业金融服务的业务体系：在线收款、应收账款管理、在线付款、到期自动付款、定期对账、企业资金管理、上下游企业担保融资。

其三，经销商金融服务的业务体系：支付货款、定期对账、预付款融资、存货融资等。其中，经销商融资产品主要包括差额回购、阶段性回购、厂商担保、现货质押融资、仓单质押融资等。

丰富供应链金融平台的金融产品种类，供应链金融平台主要包括预付类、存货类、应收类等金融产品，特色产品为跨贸易过程的金融产品。应收类产品主要包括传统贸易金融的保理产品和订单融资等基于应收账款的金融产品。预付类产品是基于核心企业提供担保或承担其他回购等责任，银行为经销商提供的金融服务产品。存货类产品是基于货权操作产生的金融产品。

三、自贸试验区西部物流园板块供应链金融发展策略

在产融结合、互联网思潮下，创新的金融产品将会得到快速发展，建议尽快实现人民币资本项目可兑换，进一步扩大人民币跨境使用范围，不断加强金融监管，切实防范风险，逐步建成服务功能齐全、具有"全牌照"的金融服务体系的金融中心。结合项目物流、商贸的属性，协同发展物流金融、供应链金融、消费金融、互联网金融，继续深化金融改革，充分挖掘自贸试验区西部物流园供应链金融的巨大发展潜力。

（一）供应链金融及金融重点项目

要把握和利用好西部物流园区优势制造业转型升级和战略性新兴产业加速发展带来的机遇，以采购分销、现代物流、金融服务、商务会展、创意设计、科教服务、信息服务等生产性服务业为重点，整合要素资源，促进生产性服务业和战略性新兴产业的深度融合，催生新技术、新产品和新业态，实现金融服务业与现代商贸服务业发展的互动双赢，推动西部物流园区的产业转型升级。

1. 发展金融服务平台，支持园区主导产业

以支持园区主导产业为核心，建立物流、供应链、国际贸易及大数据金融服务平台。依托园区国际贸易通道带来的人才、技术要素的流通，园区可借机打造西部国际交流合作平台，在中高端制造、技术人才培养等领域实现深入合作，互助互利。园区毗邻大学城，将为园区提供丰富的人才资源，且可结合园区自身的产业发展状况，搭建服务园区的智力知识平台。

对于物流、供应链金融服务平台，其发展方向为以支撑园区自身物流产业为基础，针对运输货物及贸易产品，通过应用和开发各种金融产品，有效地组织和调剂物流及供应中货币资金的流动；其重点招商对象为第三方物流企业、供应链管理企业、金融机构（商业银行、保险公司等）。

对于国际贸易金融服务体平台，加快完善跨境金融服务以服务园区企业，并可借力与新加坡及欧洲的紧密合作，积极引入外资金融机构等，推动本土企业发展境外业务，可重点引入商业银行、外资银行、投资机构、保险公司、基金管理公司、证券公司、信托公司等金融机构。

对于大数据金融服务平台，以支持园区信息服务产业为核心，拓展数据信息服务产业链，发展大数据金融，并逐步构建完整的大数据金融服务产业链，重点引入大数据采集平台龙头企业等，同时积极建立交易双方数据的信用评估体系，增加数据交易的流量，加快数据的流转速度，同时积极拓展数据应用领域及客群。

2. 积极探索创新金融与新兴金融，服务园区未来发展

为了加快自贸试验区西部物流园供应链金融的发展，要积极探索创新金融与新兴金融，以便更好地为园区未来发展服务。创新金融以支撑园区产业及功能为核心，打造创新型金融服务平台，以服务园区自身产业、企业为基础，园区重点发展支撑现代物流、国际贸易、信息服务等产业及企业的创新型金融服务平台，以推动园区产业链的升级。新兴金融要依托园区的自由贸易红利等政策优势，延伸金融产业链，拓展新兴金融服务，并逐步形成具有一定规模的国际贸易产业，积极拓展金融产业链，发展新兴金融，建立西部地区重要的金融创新及先行先试的重要平台。

创新金融、新兴金融为未来发展趋势，宜作为西部物流园区发展的重要方向。应借势铁路口岸，中新合作以及未来的自由贸易红利，以及西部物流园区发展跨境贸易、金融的相对优势，联动周边园区，积极探索互联网、大数据等创新金融与新兴金融。此外，依托优势政策，拓展功能，形成互联网、大数据等创新金融体系的完整产业链，以更好地服务园区未来发展。

（二）相关金融机构与载体引进

自贸试验区西部物流园板块的金融服务业要重点放宽银行类金融机

构、证券公司、证券投资基金管理公司、期货公司、保险机构、保险中介机构外资准入限制，放开会计和审计、建筑设计、评级服务等领域外资准入限制，推进电信、互联网、交通运输等领域有序开放，并积极引进这些相关金融机构与载体，最大限度地为西部物流园区服务。

推进外资跨国公司本外币资金集中运营管理改革，积极吸引跨国公司在自贸试验区西部物流园设立地区总部和采购中心、结算中心等功能性机构，允许外资跨国公司开展一定额度的本外币资金集中运营，促进资金双向流动，提高资金使用效率和投资便利化水平。完善外商投资企业外债管理制度，统一内外资企业外债管理，改进企业外汇管理，提高外商投资企业境外融资能力和便利度。支持外商投资企业积极拓宽融资渠道，外商投资企业可以依法依规在主板、中小企业板、创业板上市，在新三板挂牌，以及发行企业债券、公司债券、可转换债券和运用非金融企业债务融资工具进行融资。

（三）西部物流园区资金流和物流的全流程分析

以供应链为基础，核心企业和上下游中小企业通过银行等金融机构联系在一起，通过真实交易，借助供应链上核心企业的经济信用实力，银行等金融机构为上下游中小企业提供类型多样的金融产品服务，从而使中小企业得到融资支持。结合中小企业应收账款、存货成本、预付账款等运营阶段现金流缺口特点，可将中小企业供应链融资划分为以下几种模式。

1. 应收账款类融资模式

应收账款类融资指入驻西部物流园区的企业对采用赊销方式进行商品交易或提供劳务所形成的未到期的应收账款进行转让或者作为质押，向银行等金融机构申请贷款的融资方式，运作模式如图5.2所示。在该模式中，中小企业向银行等金融机构申请贷款，核心企业为中小企业提供信用担保，中小企业按期向核心企业提供产品，银行等金融机构以应收账款作为质押物为中小企业提供融资，满足中小企业的现金流需求。

2. 存货融资模式

存货融资指入驻西部物流园区的企业以自己拥有的存货作为质押物，并将质押物交给银行指定的第三方物流监管机构，以获取银行等金融机

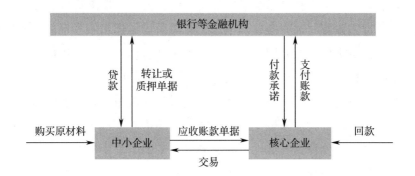

图 5.2 应收账款类融资运作模式的全流程分析

贷款的融资方式，运作模式如图 5.3 所示。在该模式中，核心企业为中小企业提供担保，中小企业将其拥有的存货转变为质押物交付给第三方物流监管机构，中小企业从银行等金融机构获取贷款，使沉淀在存货中的资金得以恢复运作。

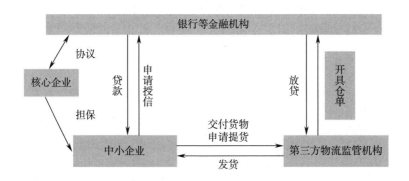

图 5.3 存货融资运作模式的全流程分析

3. 预付账款类融资模式

预付账款类融资指入驻西部物流园区的企业以其将来的提货权为担保，向银行等金融机构申请贷款的融资方式，运作模式如图 5.4 所示。在该模式中，中小企业以银行等金融机构与核心企业签订的回购协议作为担保，向银行等金融机构申请贷款，同时，银行等金融机构与第三方物流监管机构签订仓储监管协议，引入第三方物流监管机构对其进行监管。

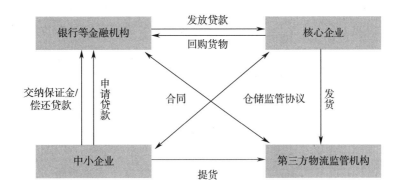

图 5.4　预付账款类融资运作模式的全流程分析

4. 线上供应链金融模式

入驻自贸试验区西部物流园区的第三方物流企业参与线上供应链金融活动，可以有效整合供应链中的生产企业和商业银行之间的物流、商流、资金流和信息流，特别是它能够准确控制生产销售活动中的相关信息，使其更加迅速便捷地掌控企业的生产经营以及资金流动等信息，有助于整个融资活动的开展。

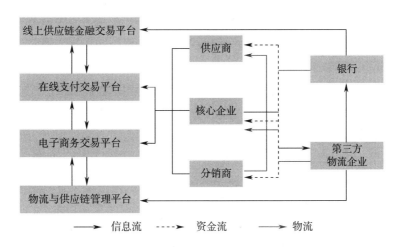

图 5.5　线上供应链金融协同运作架构的全流程分析

线上供应链金融的参与主体有核心企业、供应链上下游企业、商业银行以及第三方物流企业，通过电子商务交易平台和在线支付交易平台，上下游中小企业与核心企业进行贸易往来，在线上供应链金融交易平台向银行申请融资以及偿还贷款，利用物流与供应链管理平台跟踪存货和物流信息。核心企业凭借对上下游企业的全面了解以及自身良好的信誉，向银行提供融资担保，建立上下游企业和银行之间的合作关系。第三方物流企业利用物流与供应链管理平台为整条供应链的各参与主体提供物流信息，同时开展存货质押评估和监管等增值业务，解决商业银行和中小企业在融资过程中的信息不对称问题。商业银行通过核心企业和第三方物流企业反馈的关于上下游中小企业的经营情况，针对企业的资金需求特征，通过金融交易平台向相关企业提供融资服务，监控资金流向。

线上供应链金融的运作是基于线上交易与管理平台，以供应链企业之间的真实交易为前提设计的满足上下游企业不同融资需求的融资模式，线上供应链金融针对处于不同运行节点的企业需求，提供相应融资服务，贯穿于企业运行全过程。

图5.6将整个供应链运行全过程分为两个阶段，即供应商运营阶段和经销商运营阶段。圈号数字代表供应商运营阶段和经销商运营阶段的流程步骤。在供应链上游，供应商收到核心企业发出的产品购买订单后即可申请订单融资，为生产提供必要资金，在产品交货收到核心企业购买款项之后再偿还银行贷款，供应商也可以在生产阶段申请仓单融资，将产品存放

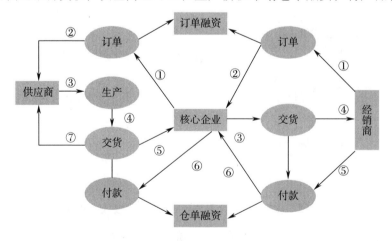

图5.6　线上供应链金融资金融通过程的全流程分析

到第三方物流企业仓库，以仓单作为抵押申请短期融资，盘活存货资金，在收到核心企业的购买款项后偿还银行贷款，处于供应链下游的经销商由于需要预先支付货款也会申请短期融资，经销商向核心企业发出购买订单后即可申请订单融资用以支付货款，待产品售出资金回笼后偿还银行贷款，经销商也可以在交货后以货物作为抵押申请仓单融资以支付货款。通过对线上供应链金融资金融通全过程的分析，发现不管是对供应商，还是对经销商而言，电子仓单融资和电子订单融资都是使用最广泛的两种融资方式。

5. 电子仓单融资模式

电子仓单融资模式指融资企业凭借有资质的第三方物流企业出具的电子仓单向线上供应链金融平台融资，有效满足融资企业的短期资金需求，电子仓单融资基于真实物流交易，其中第三方物流企业发挥着至关重要的作用。

电子仓单融资模式的具体流程可分为八个步骤，如图5.7所示。步骤一，存货所有方将货物存入与银行达成合作的第三方物流企业仓库，物流企业生成电子仓单并出具企业信用报告；步骤二，存货所有方向商业银行提出融资申请；步骤三，商业银行与物流企业进行核对，授权存货监管；步骤四，商业银行向融资企业发放贷款；步骤五，存货所有方和买方开展交易并进行在线支付；步骤六，存货所有方向商业银行还款；步骤七，银行授权第三方物流企业解除存货监管；步骤八，第三方物流企业向买方发货。

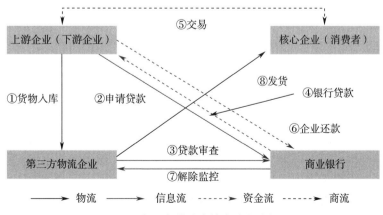

图5.7　电子仓单融资的全流程分析图

6. 电子订单融资模式

电子订单融资指处于供应链上下游的中小企业凭借有效电子订单向商业银行申请短期借款的融资行为。处于供应链上游的中小企业在核心企业下单后组织生产，需要采购生产所需原材料。处于供应链下游的中小企业在向核心企业采购商品前需要预付货款，电子订单融资服务有效解决了上游供应商生产资金和下游分销商购货资金短缺的问题，提高了供应链上中小企业的接单能力，线上电子订单融资能够及时准确地反映供应链中包括订单、生产、物流等一系列信息，比传统线下融资效率更高。

上游企业订单融资具体流程如下：步骤一，卖方企业和买方企业通过第三方电商企业达成交易，生成订单；步骤二，卖方企业向商业银行申请融资；步骤三，商业银行委托第三方电商企业审查订单，确认其可靠性；步骤四，第三方电商企业反馈审查结果；步骤五，银行发放贷款给供应商以组织生产；步骤六，第三方物流企业提供物流服务；步骤七，买方收到货物后支付货款；步骤八，供应商向商业银行还款（见图5.8）。在实际操作过程中，买方一般为信誉度高、实力强的核心企业，从而确保其如期按订单采购并支付货款。商业银行通常也会结合"电子仓单模式"委托第三

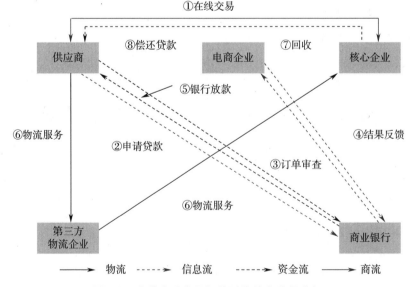

图5.8 上游企业电子订单融资的全流程分析

272

方物流企业监管货物以降低风险。

下游企业订单融资具体流程如下：步骤一，经销商和核心企业通过第三方电商企业达成交易，生成订单；步骤二，由于要预付核心企业货款，经销商向商业银行申请融资；步骤三，商业银行委托第三方电商企业审查订单，确认其可靠性；步骤四，第三方电商企业反馈审查结果；步骤五，银行发放贷款给经销商以购买商品；步骤六，经销商支付货款给核心企业；步骤七，第三方物流企业提供物流服务；步骤八，经销商向商业银行还款（见图5.9）。

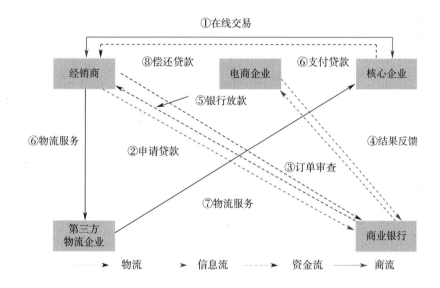

图 5.9 下游企业电子订单融资的全流程分析

（四）园区供应链金融融资模式设计

在对园区供应链金融的融资模式进行了解之前，首先明确供应链金融模式中的几个基本概念：买方（供应链下游企业，即中小企业），卖方（供应链上游企业，即供应商），中介方（物流企业），资金提供方（银行等金融机构）。园区应通过参股或控股的方式成立金融公司，例如，保理公司、融资租赁公司，以便为供应链上下游企业提供融资服务，建议园区与银行展开广泛的合作。其中，作为中介方的物流企业可以是园区自有物流公司，也可以是其他第三方物流企业。

1. 应收账款融资模式

在供应链应收账款融资模式下，园区应成立金融公司，例如，保理商（保理公司），或者和银行展开合作，为融资企业提供流动性。在该模式下，融资企业为了取得运营资金，以卖方与买方签订真实贸易合同产生的应收账款为基础，在此基础上，资金提供方为卖方提供应收账款账户管理、应收账款融资、催收等一系列综合服务。也就是说，供应商首先与供应链下游企业达成交易，下游厂商发出应收账款单据。供应商将应收账款单据转让给园区参股的保理商（或与银行合作的金融机构），同时供应链下游厂商也对园区的保理商作出付款承诺，进而保理商为供应商提供信用贷款，缓解供应商的资金流压力，当下游厂商销售货物得到资金后，再将应付账款支付给园区的保理商。

通过转让应收账款，卖方可以提前变现销售回款，加速流动资金周转。应收账款融资模式是目前国内主要的供应链金融业务模式，应收账款融资模式的主要形式有保理、融资租赁保理业务、保理池融资、正/反向保理。

（1）保理。保理业务主要针对的对象是以赊销方式进行销售的企业。园区保理商通过收购企业的应收账款为企业融资提供其他相关的金融服务。保理的一般做法是，园区的保理商从其客户（供应商）的手中买入通常以发票形式表示的对债务人（买方）的应收账款，同时根据客户需要提供与此相关的单项或多项服务，包括债款回收、销售分户账管理、信用销售控制以及坏账担保等。对于供应商（卖方）而言，转让应收账款可以加速资金周转，此外供应商（卖方）也无须提供其他质押物和担保，对供应商（卖方）来说压力较小。

保理业务也有多种分类。根据供应商是否会将应收账款转让行为通知买方，可分为明保理和暗保理。根据有无第三方担保，可分为有担保的保理和无担保的保理。根据有无追索权，可分为有追索权的保理和无追索权的保理两种形式。

园区开展保理业务的一般操作流程是园区保理商首先与其客户（融资企业，如供应商）签订一个保理协议。一般情况下，客户需将所有通过赊销（期限一般在 90 天以内，最长可达 180 天）而产生的合格的应收账款出售给园区保理商。签订协议后，对于无追索权的保理，园区保理商首先需要对与卖方（即签订保理协议后的客户）有业务往来的买方进行资信评估，并给每一个卖方核定一个信用额度，对于这部分应收账款，在买方无力偿付时，园区保理商对卖方没有追索权；而对于有追索权的保理，当买方无力偿付时，园区保理商将向卖方追索，收回向其提供的融资（见图5.10）。

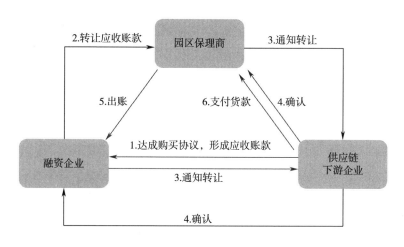

图 5.10　园区保理业务流程

（2）融资租赁保理业务。在涉及大型装备的行业，融资租赁保理是较为常见的一种模式。由于在租赁业务中，出租方需要在初期投入大量资金，而后才能从承租人处收取租金，出租方的资金压力较大，融资租赁保理业务正是为了应对这一问题而产生的。

融资租赁业务包含园区保理商、租赁企业、供应商和承租人四个主体，租赁企业可以是园区控股的租赁企业，也可以是园区参股的租赁企业，还可以是和园区展开合作的第三方租赁企业。

园区开展融资租赁保理业务的具体操作流程为：步骤一，租赁公司与供应商之间签订租赁物买卖合同；步骤二，租赁公司与承租人签订融资租赁合同，将该租赁物出租给承租人；步骤三，租赁公司向园区保理商申请保理融资业务；步骤四，园区保理商给租赁公司授信（强调项目公司）、双方签署保理合同；步骤五，租赁公司与园区保理商书面通知承租人将应收租金债权转让给园区保理商，承租人填具确认回执单交给租赁公司；步骤六，园区保理商受让租金收取权利，为租赁公司提供保理融资；步骤七，承租人按约分期支付租金给园区保理商，承租人仍然提供发票，通过园区保理商转交给承租人；步骤八，当承租人出现逾期或不能支付的情况时，如果是有追索权保理，承租人到期未支付租金时，租赁公司需根据约定向园区保理商回购保理商未收回的租赁款（见图5.11）。如果供货商或其他第三方保理商提供资金余值回购保证或物权担保的，由供货商或其他第三方保理商回购园区保理商未收回的租赁款。如果是无追索保理，则园区保理商不得向租赁公司追索，只能向承租人追偿。

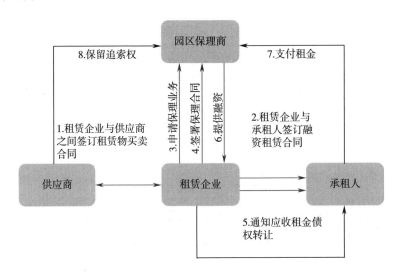

图 5.11　园区融资租赁保理业务流程

（3）保理池融资。保理池融资指将一个或多个具有不同买方、不同期限、不同金额的应收账款全部一次性转让给园区的保理商，园区的保理商根据累计的应收账款"池"余额给予卖方一定比例的融资额度，园区开展保理池融资业务的流程如图5.12所示。

在保理池融资模式下，如果供应商在授信有效期内任何时点均有足额的应收账款余额，那么其可持续使用园区保理商给予的融资额度，这样就能充分挖掘零散应收账款的融资能力，同时免去了多次办理保理的手续，

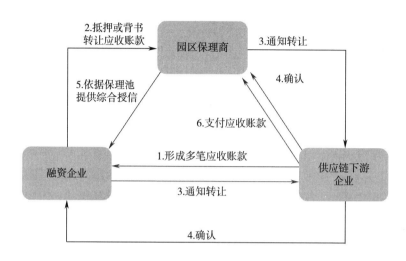

图 5. 12 园区保理池融资业务流程

大大提高了融资效率；此外，保理池融资通过多个买方的应收账款来降低单一买方的还款风险，有利于降低园区保理商对供应商的授信风险。保理池融资对园区保理商的风险控制能力提出了很高的要求。

（4）反向保理。反向保理也称为逆保理，是园区保理商与核心企业之间达成的，为其上游供应商提供的一揽子融资、结算方案。

反向保理的业务流程共有五个基本步骤：步骤一，买方（中小企业）与供应商之间达成交易关系，供应商向买方发货，产生应收账款；步骤二，买方将供应商的应收账款交给园区保理商，园区保理商对应收账款进行验证；步骤三，园区保理商对供应商进行信用核查；步骤四，园区保理商按照一定比例对供应商提供的应收账款进行贴现；步骤五，应收账款到期时园区保理商和买方进行结算（见图 5. 13）。

由于产业链上的核心企业具有较强的资信实力以及付款能力，无论任何债权人（供应商）持有该核心企业的应收账款，只要取得确认，都可以转让给园区保理商以取得融资额度。反向保理的实质是保理商对资信水平很高的买家的应付账款进行买断，核心企业作为信用基础，降低了整体的放贷风险。反向保理与普通保理的区别在于反向保理对买家（核心企业）进行信用评估，而普通保理是对卖家（上游供应商）的信用资质进行审核。

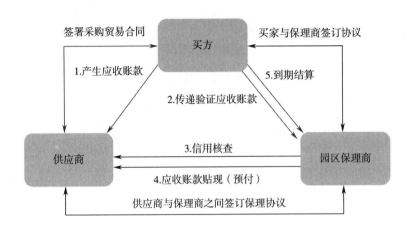

图5.13 园区反向保理业务流程图

2. 预付款融资模式

预付款融资可以理解为"未来存货的融资"，预付款融资模式指卖方（供应商）承诺回购的前提下，买方（融资企业）向保理商申请以卖方在保理商指定仓库的既定仓单为质押的贷款额度，同时由保理商控制其提货权的融资业务。

预付款融资的担保基础是预付款项下客户对供应商的提货权，或提货权实现后通过发货、运输等环节形成的在途存货和库存存货。提货权融资的情况类似担保提货（或保兑仓），指客户通过保理商融资向供应商支付预付款，供应商收款后出具提货单，客户再将提货单质押给保理商。之后客户以分次向保理商打款的方式分次提货。预付款融资模式常常应用于销售状况非常好的企业，企业的库存物资往往很少。在这种情况下，如果买方（供应链下游企业）承运，保理商一般会指定中立的物流公司（也可指定园区自有物流公司）控制物流环节，并形成在途库存质押；如果卖方（供应链上游供应商）承运，则仍是提货权质押。货物到达买方后，融资企业可向保理商申请将货物转化为存货融资，提高企业可动用资金的流动性。

预付款融资的类型可分为：先票/款后货授信、担保提货（保兑仓）授信、进口信用证项下未来货权质押授信、国内信用证。下面以常用的担保提货（保兑仓）授信的业务流程为例来对园区的预付款融资模式进行说明。步骤一，经销商（买方，即中下游企业）与生产商（卖方，即上游供应商）签订商品购销合同；步骤二，经销商向园区保理商申请开立以生产商为收款人的承兑汇票（一般是保理商开具的承兑汇票，如银行承兑汇票），并按照规定比例交存初始保证金；步骤三，园区保理商根据经销商的授信额度，为其开立承兑汇票；步骤四，园区保理商按保证金余额的规定比例签发提货通知单，并将开具的承兑汇票和提货通知单一同交给生产商授权的部门或人员；步骤五，生产商根据园区保理商签发的提货通知单向经销商发货；步骤六，经销商销售产品后，向园区保理商续存保证金；步骤七，园区保理商收妥保证金后，再次向生产商签发与续存保证金金额相同的提货通知单，保理商累计签发提货通知单的金额不超过经销商在保理商交存保证金的总余额；步骤八，生产商再次向经销商发货，如此循环操作，直至经销商交存的保证金余额达到 20/45（该比例可适当更改，但设定需满足风险控制要求）；步骤九，开具的承兑汇票到期前 15 天，如果经销商存入的保证金不足以兑付承兑汇票，园区保理商需以书面形式通知经销商备足兑付资金，如果到期日经销商仍未备足兑付资金，生产商必须无条件向园区保理商支付已到期的承兑汇票与提货通知单之间的差额以及相关利息和费用（见图 5.14）。

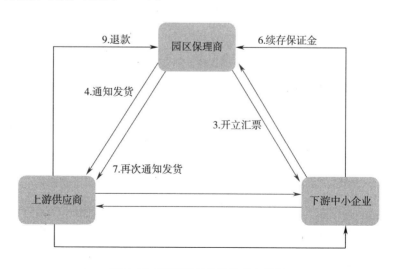

图 5.14 园区预付款融资业务流程

3. 存货融资模式

存货融资是发生在生产运营阶段的供应链融资模式，是融资方将自己的存货向金融机构质押，借助第三方物流公司或仓储公司对抵质押商品进行监管，进而金融机构得以向融资方提供流动性支持。根据我国库存融资模式的特点，园区的库存融资模式设计分为静态抵质押授信模式、普通仓单模式和标准仓单质押模式。

（1）静态抵质押授信模式。静态抵质押授信指客户以自有或第三方合法拥有的动产作为抵质押的授信业务。园区自有金融机构（或银行）委托第三方物流公司对客户提供的抵质押商品实行监管，抵质押物不允许以货易货，客户必须打款赎货。静态抵质押授信是货押业务中对客户要求较苛刻的一种，更多地适用于贸易型客户。

静态抵质押授信业务的流程为：步骤一，园区金融机构与客户和物流公司签订仓储监管协议，然后客户（融资企业）向物流公司（可为园区自有物流公司，但从风险管控角度考虑，一般为第三方物流公司）交付质押物，该质押物的归属权属于园区的金融机构；步骤二，园区金融机构根据质押物向融资企业授信；步骤三，根据质押物的价值评估，客户补交保证金或打入款项给园区金融机构；步骤四，园区金融机构向第三方物流公司发出发货指令；步骤五，物流公司放贷给融资企业（即把质押物给融资企业）（见图5.15）。

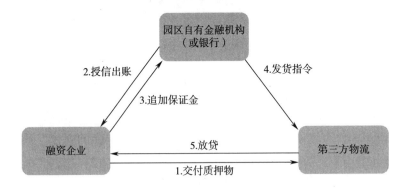

图 5.15 园区静态抵质押授信业务流程

（2）动态抵质押授信业务模式。该模式可允许客户以货易货，园区金融机构对客户抵质押商品的价值设定最低限额，在质押期间超过最低要求值的部分可自由存入或提取，这适用于库存稳定、货物品类较为一致、抵质押物的价值核定较为容易的客户，同时对于一些客户的存货进出频繁，难以采用静态抵质押授信的情况，也可运用该模式。

该模式可用在汽车生产商和销售商的合作模式中。以汽车生产与销售的供应链金融模式进行讲解，具体操作流程为：步骤一，园区金融机构（银行）、生产商和经销商共同签署三方协议，经销商就被纳入与园区金融机构和生产商合作的三方平台，然后客户（融资企业，这里指汽车经销商）向物流公司交付质押物（汽车），该质押物的归属权属于园区的金融机构；步骤二，园区金融机构根据质押物向融资企业（汽车经销商）授信，提供贷款支持，增强其采购能力；步骤三，汽车生产商收到经销商的货款后，将汽车发送到经销商所在地，和协议方对汽车进行一系列交割，并按照合同设置的最低限额存储抵质押物到第三方物流，超出最低限额的抵质押物可自由进出第三方物流企业；步骤四，根据质押物的价值评估，客户补交保证金或打入款项给园区金融机构；步骤五，园区金融机构向第三方物流公司发出发货指令；步骤六，物流公司放贷给融资企业（即把汽车给销售公司）（见图5.16）。该模式在合理设定抵质押价值底线的前提

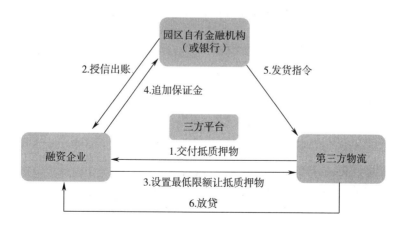

图5.16 园区动态抵质押授信业务流程

下，授信期间几乎无须启动追加保证金赎货的流程，因此对盘活存货的作用非常明显。

（3）标准仓单质押流程。标准仓单质押适用于通过期货交易市场进行采购或销售的客户以及通过期货交易市场套期保值、规避经营风险的客户。

例如，对于为公路建设提供钢材的企业来说，企业手中可能会持有一定量的钢材的期货标准仓单，用以风险对冲操作，从而缩减成本及提高利润，但是这又会在一定程度上占用企业的资金。在这种情况下，园区金融机构可以为企业提供标准仓单质押业务，用以满足企业的融资需求。该业务的操作流程为：步骤一，客户在符合园区金融机构要求的期货公司开立期货交易账户；步骤二，客户向园区金融机构提出融资申请，办理质押手续；步骤三，园区金融机构根据质押物（期货仓单）向客户授信出账，用于企业正常经营；步骤四，根据质押物（期货仓单）的价值评估，客户补交保证金或打入款项给园区金融机构；步骤五，客户归还融资款项、赎回期货仓单，或与园区金融机构协商处置期货仓单；步骤六，园区金融机构委托期货经纪公司进行期货交割；步骤七，偿还货款（见图5.17）。对于客户而言，相比动产抵质押，标准仓单质押手续简便、成本较低；对于园区金融机构而言，成本和风险都不高。此外，期货仓单的流动性很强，这也有利于园区金融机构在客户违约的情况下对质押物进行处置。

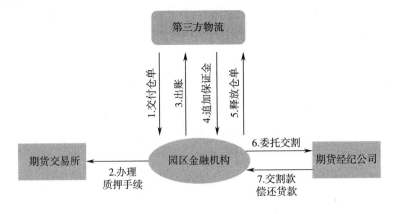

图5.17　园区标准仓单质押流程

（五）园区供应链金融创新及风险管控

1. 供应链金融创新

如今互联网已成为连接实体经济与虚拟经济不可或缺的一环，结合互联网发展供应链金融服务是目前供应链金融创新的发展趋势，拥有巨大的潜力。供应链金融若要实现物流、商流、资金流、信息流的"四流合一"，利用互联网是实现这一目标的最佳方式，基于互联网、大数据、云平台的供应链金融将为实体产业链上的生态环境注入新的活力；而且，在供需对应性营销体制下，融资企业既需要有效地满足顾客随时变化的需求，取得良好的经济效益，又需要拥有能在恰当的时间、恰当的地点，以恰当的价格、恰当的质量和恰当的数量向恰当的顾客提供产品或服务的能力，采用基于大数据的互联网金融无疑是解决这些问题的良药。把互联网与供应链金融进行结合是供应链金融创新的主要切入点，其优势主要表现在网络化、精准化、数据化三个方面，可分为电子商务平台发展模式和 P2P 网贷平台发展模式两种主要类型。

（1）电子商务平台发展模式。基于供应链金融创新的客观要求，园区应通过参股或者控股的方式建立电商服务平台，把电商服务平台引入供应链金融服务之中。电子商务平台通过获取买卖双方在其交易平台上的大量交易信息，根据客户的需求为上下游供应商和客户提供金融产品与融资服务。电商平台凭借其在商流、信息流、物流等方面的优势，扮演担保角色（资金来源主要是商业银行）或者通过自由资金帮助供应商解决融通问题，并从中获取收益（见图 5.18）。

通过电子商务平台能够便捷地获取整个供应链内部交易和资金流等信息，这是电子商务平台在供应链金融领域最大的优势所在。由于积累了大量的真实交易数据，电子商务平台通过自身不断积累的数据，分析借款人的经营与信用特征，同时利用云计算和统计分析技术，电子商务平台可以做到合理的风险定价和风险控制，大大降低相关成本。

根据电商平台供应链金融模式的特点，建议园区采用以下流程实施该模式。步骤一，通过参股或控股电商的方式，在园区内引入电商，并上线电商服务平台；步骤二，与银行等金融机构（可以是园区自有金融机构，

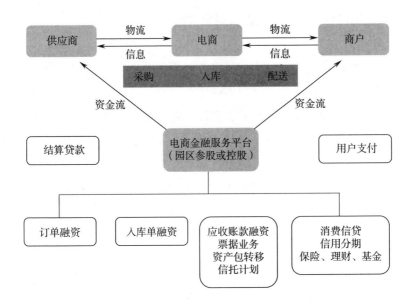

图 5.18　园区电商平台供应链金融模式

但资金一定要富足）签订战略合作协议，把供应链金融服务整合到电商服务平台之中，建议该电商平台采取专用的命名，突出园区电商的品牌价值；步骤三，鼓励园区内外的供应商、中小企业使用园区的电商平台进行生产采购或销售；步骤四，为电商服务平台的供应商和用户提供金融服务，通过对园区电商平台上采购、销售、财务等数据进行分析，完成自动化的审批、风险控制和放款。在整个过程中，平台供应商无需任何担保和抵押，几分钟内即可完成从申请到放款的全过程。

供应商在园区电商平台的贷款额度完全基于园区电商平台与供应商之间长期贸易往来以及物流活动所产生的大数据计算结果，供应商可在系统给出的额度范围之内进行灵活的融资。一般来说，平台上供应商的融资成本约为 9%（根据实际风控要求设定），最长融资期限是 90 天。贷款到期后，可以申请延期 30 天，并且贷款之后，可以随时灵活还款。同时，在贷款期间，园区电商平台给供应商结算的资金也可以随时用于还款。

（2）P2P 网贷平台发展模式。在该模式下，园区需通过参股或控股的方式引入 P2P 公司，上线 P2P 融资平台。目前，通过 P2P 平台开展供应链金融有以下三种模式。

第一种是围绕一个或者几个核心企业，利用链条上下游中小企业的短期应收账款进行融资的模式（见图 5.19）。

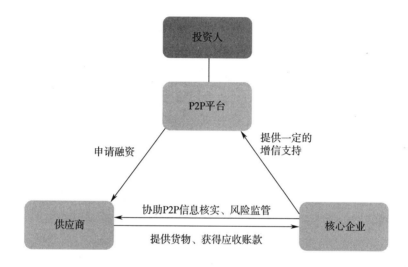

图 5.19　园区短期应收账款 P2P 模式

这种模式具体表现为：园区 P2P 公司首先选择在某条供应链上拥有较大控制权的核心企业，由于核心企业与其上游供应商之间存在真实的赊销债务关系，且核心企业基本不存在无法偿还该债务的风险，则以真实贸易合同项下的应收账款作为第一还款来源，由 P2P 平台撮合投资人与供应商达成借贷关系。在这个过程中，核心企业往往还被要求承担对供应商的信息核实、风险监督的责任，以及对 P2P 投资人本息保障等兜底的责任。

第二种是与保理公司合作，相当于一种债权转让模式（见图 5.20）。上游供应商在获得对核心企业的应收账款后，将债权转让给园区的保理公司，由保理公司向其提供融资服务；保理公司获得这笔资产后，再通过 P2P 平台将债权打包成投资标的供线上投资人投资。待原应收账款到期回收，保理公司收回本息后再支付给 P2P 投资人。

在这一过程中，园区的保理公司通常会被要求进行资产回购，或通过购买保险等方式对投资者进行本息保障。在此种模式中，由园区的保理公

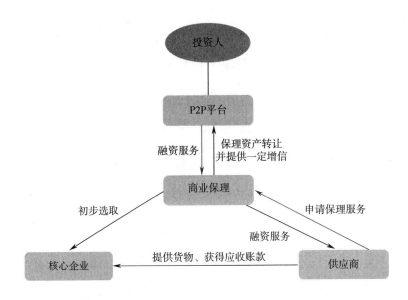

图 5.20 园区债权转让 P2P 模式

司选取核心企业，P2P 平台只需对保理公司进行筛选和授信，以控制该合作方的风险；同时对保理公司推荐的债权进行二次复核，以控制具体项目的风险，其类似于 P2P 与小贷公司的合作模式。

第三种是由物流企业作为核心企业的模式。在该模式中，P2P 平台首先与物流公司达成战略合作关系，该物流公司可以是园区自有物流企业，也可是园外的第三方物流企业。在这种供应链关系中，上下游企业之间交易的达成通常要借助物流企业提供的相关服务才能实现，包括租用仓储场地或货物运输服务。物流企业通过提供物流服务能有效地掌握上游供应商和下游经销商之间的第一手交易信息，然后将该真实的贸易信息提供给 P2P 平台，经平台审核通过后，从而为供应链上下游企业提供各种类型的信用贷款（见图 5.21）。

在此种模式下，物流企业需要协助 P2P 平台对货物进行评估与库存监管，同时为 P2P 平台投资人提供一定的增信措施。

2. 供应链金融的风险管控

良好的风险管控能够促进供应链金融的良性发展，增强整个产业链的竞争力。

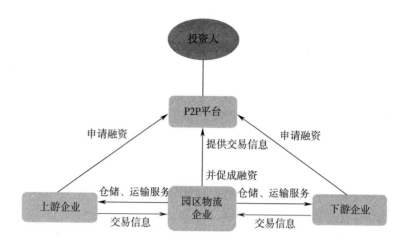

图 5.21　以物流企业作为核心的模式

（1）供应链金融的风险来源。供应链金融拥有产业和金融两大属性，因此供应链金融面临来自产业和金融领域的双重风险。由于供应链金融参与主体众多，产业链较长，各个环节彼此依赖且环环相扣，业务流程繁杂，任何一个环节出现问题，都可能影响其他环节，进而影响整个供应链的正常运行。由于供应链金融这样的特殊属性，需要对风险的来源进行鉴别，进而有效地促进供应链金融的风险管控。

一是市场风险。市场风险指因利率、汇率、股市和商品价格等市场要素波动而引起的，使金融产品的价值或收益具有不确定性的风险。市场风险主要包括利率风险、汇率风险、股市风险以及价格风险。

二是核心企业的信用风险和道德风险。在供应链金融中，核心企业掌握了供应链的核心价值，担当了整合供应链物流、信息流和资金流的角色。商业银行正是基于核心企业在供应链中的重要地位和综合实力，才对上下游中小企业开展授信业务。因此，核心企业的经营状况和发展前景决定了上下游企业的生存状况和质量。一旦核心企业信用出现问题，必然会影响到整个供应链的安全运作。

三是上下游融资企业信用风险。虽然供应链金融通过引用多重信用支持技术降低了银企之间的信息不对称和信贷风险，但作为直接承贷主体的中小企业，其公司制度不完善、技术力量薄弱、生存经营不稳定以及抗风险能力差等问题仍然存在，特别是中小企业经营行为不规范、透明度差、财务报表缺乏可信度、守信约束力不强等现实问题仍然难以解决。同时，在供应链环境下，中小企业还受供应链整体运营绩效、业务交易情况等各种因素影响，任何一种因素都有可能导致企业出现信用风险。

四是业务操作风险。供应链金融通过自偿性的交易结构设计以及对物流、信息流和资金流的有效控制，通过专业化的操作环节流程安排以及引入独立的第三方监管等方式，构筑了独立于企业信用风险的第一还款来源，但这无疑对操作环节的严密性和规范性提出了很高的要求，促成了信用风险向操作风险的位移。由于操作环节的严密性、操作要求的执行力度以及操作制度的完善性将直接关系到第一还款来源的效力，进而决定信用风险能否被规避，操作风险是供应链金融业务中最需要防范的风险之一。

五是物流监管风险。在供应链金融模式下，为发挥监管方在物流方面的规模优势和专业优势，降低质押贷款成本，银行将质物监管外包给物流企业，由其代为实施对货权的监督。但此项业务被外包后，可能会降低银行对质押物所有权信息、质量信息、交易信息动态了解的动力，并由此引入了物流监管方的风险。由于信息不对称，物流监管方可能会出于自身利益考虑而做出损害银行利益的行为，或者由于自身经营不当、不尽责等致使银行质物损失。例如，个别企业串通物流仓储公司有关人员出具无实物的仓单或入库凭证向银行骗贷，或者伪造出入库登记单，在未经银行同意的情况下，擅自提取和处置质物，或者无法严格按照操作规则有效地履行监管职责，导致货物质量不符或货值缺失。

六是贸易背景真实性风险。自偿性是供应链金融最显著的特点，而自偿的根本依据是贸易背后真实的交易。在供应链融资中，商业银行是以实体经济供应链真实交易关系为基础，以交易过程中产生的应收账款、预付账款、存货作为质押、抵押，为供应链上下游企业提供融资服务。在融资过程中，真实交易背后的存货、应收账款、核心企业补足担保等是授信融资实现自偿的根本保证，一旦交易背景不真实，伪造贸易合同，或融资对应的应收账款的存在性和合法性出现问题，或质押物权属与质量有瑕疵，或买卖双方虚构交易恶意套取银行资金等情况出现，银行在没有真实贸易背景的情况下盲目给予借款人授信，就将面临巨大的风险。

（2）供应链金融风险管理流程。供应链金融业务具有同商业银行的其他业务类似的风险管理流程，包括风险识别、风险度量（风险评估）和风险控制等环节。风险流程的实施必须建立在清晰的风险管理战略基础之上（见图 5.22）。

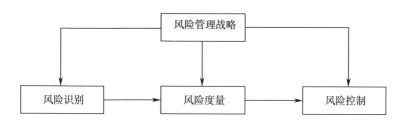

图 5.22　供应链金融风险管理流程

风险管理战略指在监管层审慎监管的要求下，根据商业银行自身的风险偏好，针对供应链金融业务的特点，制定总体的风险管理战略目标和框架。

风险识别是风险管理的基础，主要是对可能给银行（资金提供方）带来损失的各种风险因素加以判别，分析其风险性质，并对其进行分类，构建科学合理的指标评价体系。常用的风险识别方法有结构方程模型等因子分析方法。

风险度量指对供应链金融业务中的各类风险进行定量分析和描述，对风险事件发生的概率和可能造成的损失进行量化。风险评估则是在风险测度的基础上，根据银行（资金提供方）的风险承受能力，判断是否需要采取必要的风险控制措施。由于供应链金融作为一项新兴业务，缺乏数据积累，一般采用定量模型进行风险管理，近年来，定量模型中的组合信用风险模型（Merton 模型或 Vasicek 模型）以及风险价值 VaR 模型得到了学术界和实务界的广泛应用。

风险控制是继风险评估之后，对风险采取合适措施的环节。供应链金融业务不同于传统信贷业务的最大特色，即是在风险控制措施上采取了"信用风险屏蔽技术"和"信用捆绑技术"。信用风险屏蔽技术，即利用物流、资金流的控制获得授信的自偿性，并实现对主体信用等级的隔离；而信用捆绑技术，即是对授信企业所在供应链的核心企业的信用捆绑，以及通过合作方式引入第三方物流企业和担保公司，共同分担风险。但由于在降低信用风险的同时，增加了更多操作环节，复杂程度也明显高于传统信贷业务，操作风险必然增加。具体来讲，供应链金融业务风险控制主要包括风险的承担和风险回避、风险转移、风险分散等措施。

风险承担和风险回避指商业银行（金融机构）根据风险识别中的授信主体和负债项的评级来决定是否授信。其关键在于银行（资金提供方）能否制定适合供应链金融业务的准入体系。中小物流企业要对物流金融风险进行科学评估，结合自身实力，综合考虑是否可以开展物流金融服务以及服务的深入程度。在国内，物流金融服务只适合在具备较强资产规模和经营实力、拥有全国范围内的仓储监管网络和现代化的物流信息管理系统等资质的大型第三方物流企业中开展。

风险补偿是供应链金融业务中主要的风险控制方法。首先，银行通过对业务中物流、资金流和信息流的全程控制，实现贷款本息的自偿。一旦授信企业违约，银行有权处置质物，保证债权的实现。此外，风险补偿还与质押率、贷款利率以及保证金的收取比例等合约设计指标有极为重要的关系，上述变量决定了风险定价水平，理想的风险定价能够恰当反映银行的风险程度，并能缓释逆向选择和道德风险，提高业务的吸引力（见图5.23）。

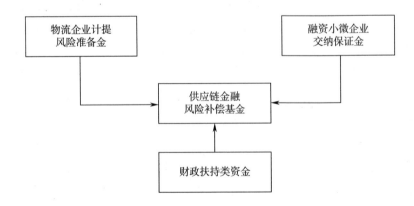

图5.23 供应链金融风险补偿机制

　　此外，整个供应链金融服务平台可以联合政府、平台内入驻的大型物流企业、小微企业等，共同发起成立供应链金融风险基金，这种引入政府信用和抱团增信的措施能够有效地降低银行等资金供给方的风险预期，充分调动其参与供应链金融的积极性，同时，借助基金杠杆，可以实现对物流企业以及小微企业行为的约束，从根本上降低风险。

　　风险转移也是一种事前风险控制方法。风险转移需要有第三方风险承担主体，常见的第三方风险承担主体有核心企业、物流监管公司、保险公司、担保公司等。供应链金融经过多年发展已经形成了一套成熟的模式，供应链核心企业和物流监管公司是局部风险承担的主体。在诸如预付类业务中，合约中往往要求核心企业承担回购风险。同时，由于供应链金融业务操作的复杂性，物流监管公司承接了更多操作风险，且在统一授信模式下物流公司还承担了授信企业的违约风险。保险公司作为天然的风险承担者，可以贯穿供应链业务的整个流程，例如，在存货质押业务中，银行要求授信企业为质物购买相应的保险品种，而对于出口信保押汇业务，银行则要求授信企业必须向中国出口信用保险公司购买保险，并将银行作为第一受益人。担保公司也日益成为供应链金融业务的重要参与方，担保公司的客户群体主要是中小企业。随着供应链金融业务的发展，业务模式将日趋多元化，将来会有更多的第三方参与进来，例如政府主导下的增信平台、信息系统开发商、期货、期权等衍生品交易所等。

　　风险分散，通俗来讲就是"不要把所有鸡蛋放在同一个篮子里"。在实践中，银行为分散风险经常要求企业在动产质押的同时，还必须有不动产的抵押；而且，在构建质物组合时，尽量选择不同行业的质物，即质物之间不存在相关性或者相关性很小。

　　（3）供应链金融的信用风险管理。信用风险是供应链融资面对的首要风险，中小企业是供应链金融风险管理的主要对象。从传统授信方式的风险管理角度来看，中小企业具有四个特点：一是信息披露不充分，对其进行风险度量和风险评估存在困难；二是中小企业审查和监控的成本过高，授信的成本收益配比不经济，融资成本可能超出中小企业的承受能力，并带来进一步的道德风险和逆向选择问题；三是中小企业通常存在不完善的企业治理结构，因而企业的决策常常具有随意性，非系统性风险高于大型企业；四是很多中小企业贷款额和资产价值的比率相对较高，企业往往也缺失社会品牌价值，在企业经营不善的情况下，违约收益往往高于违约成本，这为违约风险提供了财务合理性。

在信用风险度量中，首先要对企业的经营状况进行评估。为减少评估过程中的主观判断误差，可采用结构化的方法控制评估质量，针对供应链金融的特点，供应链金融的信用分析过程如图 5.24 所示。

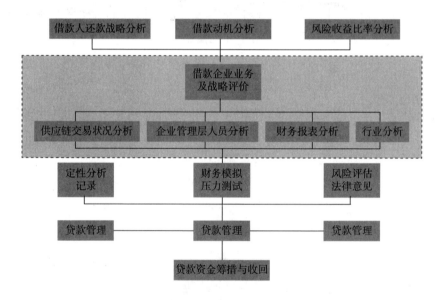

图 5.24　供应链金融信用分析过程

从风险管理角度来看，供应链金融的风险管理需要反复经过风险识别、风险度量和风险控制的风险管理战略设计流程，然后再进入实施阶段。在供应链融资中，由于多数中小企业主体信用评级无法达到融资门槛，金融机构（银行）多采用资产支持的方式将授信风险与企业主体的信用隔离，因此，供应链金融的信用评估更多地借助债项评级，评估企业偿还某笔融资交易资金的可能性。如果在供应链金融中采用了资产支持下自偿性的信用隔离，则债项评级更为准确，但债项评级必须结合主体评级，因为如果主体信用水平过低则可能产生严重的道德风险，造成债项风险的错估。

金融机构（银行）在经营中应最大化地收集如表5.2中的信息，利用收集的信息建立风险评估模型，定量化地考察信用风险对资金提供方的影响。由于我国的供应链金融产业还处于起步阶段，金融机构的数据积累有限，在目前的风险管理水平下，金融机构应该采用比较审慎的风险上限，在估计风险损失时也应采取保守的态度。

表5.2　　　　　　　　　　　　供应链金融信用风险评估

评估类型	主要内容
企业基本状况	业务内容、股权结构、设立时间、关联企业、管理人员评价等
市场地位	主要产品市场容量、市场占有率、技术水平的层次、销售网络、竞争对手状况等
供应链状况	主要供货商、主要销售对象、结算方式、技术的替代性、与交易对手的利益关联度等
企业的融资状况	申请授信的总额度、在其他银行的授信、其他方式借款等
企业财务分析	企业经营的重要财务数据、流动资产的详细状况、企业财务趋势的分析等
授信用途及资产支持	授信用途、操作模式、存货情况、应收账款结构和汇款记录、交易对手状况等

（4）供应链金融的操作风险管理。在供应链金融的信用风险管理中，常采用风险屏蔽技术来控制风险，但在实施风险屏蔽技术的过程中，由于操作环节的增加，金融机构（银行）操作的复杂度明显高于传统的流动资金贷款业务，导致操作错误、操作制度的法律不确定性和漏洞出现的概率都增加，形成较高的操作风险。供应链金融业务中的操作风险涵盖了信用调查、融资审批、授信和出账后管理等业务流程环节中由于操作不规范或操作中的道德风险所造成的损失，操作风险管理是供应链金融风险管控的重点。

对操作风险的管理首先要确保授信支持性资产的有效性和可实现性。基于这个原则，园区的金融机构（银行）在操作风险管理中需做到以下几点：第一，应当确认资产是否真实存在，授信企业是否拥有资产的完整所有权；第二，金融机构在事前要检查合同和相关协议的内容是否符合法律的规定，在签署法律文件时要保证文件的正确性、有效性、完整性和规范性；第三，金融机构要确保支持资产能充分补偿金融机构可能出现的最大损失；第四，金融机构还应当确保授信支持性资产能受到有效监控，包括现金流的管理和物流的管理等；第五，在物流和现金流的转换过程中，金融机构有可能失去对物流和现金流的控制，对于这个过程中的风险，金融机构可采用风险转移的管理方法把承运风险转移给第三方物流企业或保险公司。

操作风险的识别是操作风险管理中最关键的一个环节，根据引起操作风险的原因，可将操作风险分为四类：人员因素引起的操作风险、流程因素导致的操作风险、系统因素导致的操作风险和外部事件导致的操作风险。还有一些操作风险的识别非常困难，很多系统和流程上的漏洞经常在损失事件发生后才被注意到，因此金融机构建立自有操作风险目录是非常必要的。

供应链融资的流程可分为信用调查、产品设计、融资审批、出账、授信后管理、贷款回收等环节。金融机构（银行）可从人员因素、流程因素、系统因素和外部事件等方面分析各个环节可能导致损失的风险。在授信调查阶段，对管理人员的专业化要求较高，很可能导致客户经理疏漏和误判企业的交易信息（包括物流和现金流），因而人员因素是授信调查流程的主要的操作风险因素；在产品设计阶段，流程设计完善性的风险是最主要的操作风险，在授信合同、协议以及操作流程设计上，必须保证在可操作性条件下杜绝明显漏洞，否则就会给欺诈行为留下可乘之机；融资审批阶段的操作风险涉及人员因素、流程因素和系统因素，其中人员风险因素包括内部欺诈、越权、能力不匹配以及关键岗位人员流失等，流程风险因素包括金融机构的授信流程不合理、文件信息传递不及时等业务流程上的问题，系统风险因素主要指后台风险管理系统未能有效识别风险而导致决策失误；出账和授信后的管理是供应链融资中控制资金流和物流的核心，此环节由于操作频繁，是操作风险集中的环节，各种操作风险因素在这个环节都存在，因此，金融机构（银行）需全面分析这个环节的各个操作细节，对操作风险的来源进行风险识别。

一般来说难以定量衡量操作风险，金融机构应当收集和分析供应链融资的不同环节中各类操作风险造成的损失数据，并根据这些数据，评估供应链各项业务中操作风险的损失率，根据评估的结果，结合金融机构的战略目标，判断各项业务的操作风险是否在可承受的范围之内，供决策参考。

操作风险的控制可从以下几个方面着手：第一，完善内控体系，例如，设立独立的授信支持资产管理部门，通过对业务线的客户经理和授信支持资产管理部门人员的双重核查，来降低人员的操作风险，同时，对于存货和应收账款融资业务，还应建立定期的审核制度；第二，提高员工素质，除了培养员工的风险意识和职业道德外，对员工的专业化能力进行培养也是十分必要的；第三，降低对操作人员的依赖，建立专业的调查、审核模板和相关指引，使操作人员有章可循，严格控制自主裁量权；第四，不断完善各类产品的业务流程，定期或按需审核各类产品流程的缺陷，并进行相应的完善；第五，合理采用操作风险转移技术，通过与保险公司和第三方物流企业的合作，降低操作风险的管理成本。

（5）对园区开展供应链金融风险管控的建议。园区应利用多种渠道，强化风险控制。基于上文对供应链风险管控基本要素的说明，建议园区在以下几个方面做好风险管控。

根据《关于建设中新（重庆）战略性互联互通示范项目的实施协议》的要求，园区应积极开展信息通信技术领域的合作，汲取新加坡金融机构在构建供应链电子信息管理系统方面的经验，加快对园区电子信息系统的建设，应该把电子信息系统的建设作为园区风险管控的首要任务，园区将来对企业的风险评估、授信等都需要依赖电子信息系统的数据支持。在现阶段（起步阶段），建议园区先与银行协商进行合作，暂时试用银行的信息管理系统进行风险管控，但务必保存好历史数据（纸质报表、电子文档等），以便将来应用到园区自有的电子信息管理系统中。同时，园区应督促核心企业以及供应链上下游企业提供自身和整个供应链的运营信息以及交易记录，并对信息进行梳理和整合。

园区应把风控重点放到信用风险管理和操作风险管理上。在信用风险管理中，园区应根据前文对信用风险管理的说明，对供应链上下游企业的信用风险进行度量，对企业的基本状况、市场地位、供应链情况等进行客观评估。在操作风险管理中，根据前文对操作风险管理的说明，园区应首先做好人员培训工作，不仅要对工作人员进行专业化培训，而且还需进行职业道德方面的培训，同时还需完善园区的公司制度，优化业务操作流程，规范各操作环节职责要点，使操作人员有章可循，明确权责，若有必要，可新建监管部门，定期对关键岗位的工作人员进行审核。在信息管理系统尚未建立的阶段，园区应积极与银行展开合作，结合银行的授信情况、风险缓释条件等信息，对供应链整体运行质量加以审核，选择履约记录良好的企业开展合作，规避融资风险，守好整个供应链的准入门槛。

参与供应链服务的金融机构应做好对现金流的控制。对现金流的有效管控可以提高还款概率，引导资金回流到金融机构。在对现金流的管控方面，园区的金融机构需做到以下几点：第一，做好对现金流量的管理，重点考察现金流量与借款人的经营规模和授信支持性资产的匹配关系，以及考察借款人的采购或销售网络、上游的供货能力、下游的支付能力等因素；第二，做好对现金流向的管理，在具体操作环节上落实贷款的用途，管理好回流现金的路径、回流量和时间；第三，做好对现金流循环周期的管理，现金流周期管理需要综合考虑行业内同行的结算方式和平均销售周期，进而判断一个完整的资金循环过程，若循环周期控制不当，会导致资金提前回流或滞后回流，容易使金融机构与企业在资金使用的安全性和效率上产生冲突，甚至引发不良贷款。

成立金融联盟，共享企业信用信息。由于国内的资本市场不够成熟，根据债项评级对企业授信的可靠性不高，同时，"一带一路"倡议不仅要求国内资本进行跨国投资，还要引进国外企业进驻国内，缺乏企业的信息会阻碍整个产业链的发展，因此，园区应积极与国外政府和征信机构沟通联系，争取共建境内外企业信用信息系统，共享企业信用信息，并且汇集一批有意愿、有能力的企业和金融机构，建立"一带一路"供应链金融联盟，增强金融机构和企业成员之间的交流合作，促进信用信息公开透明，用完善的信用信息控制信用风险。

做好风险预警与应急预案，并与保险公司或第三方物流企业展开合作。中小企业的经营稳定性明显弱于大型企业，抗风险和应对危机的能力较弱，从出现经营危机到最终倒闭的周期也很短，因此，园区应做好对授信业务的及时预警。有关财务预警的方法与规程在国内金融机构（银行）的传统业务中已经非常完善，园区进行风险预警的重点可放在货押业务上（见表5.3）。

表5.3 货押业务风险预警信号分类情况

借款人及出质人经营情况	抵质物情况	监管情况
企业出现停工、停产现象	企业在质押物的数量、质量上作假，以假充真、以次充好	未办理正常出货手续的出货行为
企业有变卖资产的行为	企业产品质量不稳定，常发生退货情况	企业不配合落实监管措施
企业员工工资发放存在问题，长期拖欠员工工资	质物保管出现安全隐患，质物外包装破损，质物受潮、变形等	故意隐匿或损毁质押标识
行业政策出现变化，对企业经营形成重大影响	质押物市场价格出现大幅波动	—
企业生产不正常或出现经营亏损	企业产品销售价格低于核价	—
企业有大型项目合资	—	—

四、政策建议与措施

以推进经济转型升级为契机，围绕经济结构转型升级和产业结构调整，发展壮大新兴服务业、改造提升传统服务业；以开放创新"双轮驱动"为动力，立足西部物流园区服务业的实际发展，顺应先进制造业发展对现代商贸服务业的市场供给，建设先进制造业重要基地，加快产业结构调整，促进先进制造业与现代商贸服务业相互融合、良性互动，形成先进制造业与现代商贸服务业融合共赢的格局；以高端化、集聚化、产业化、市场化为导向，不断提高创新能力和可持续发展能力，增强核心竞争力；整合资源延伸产业链，大力发展供应链金融等产业，形成特色服务经济；以重大项目和集聚区建设为突破口，优化布局、集聚发展、增强功能、加快城市化发展进程，充分发挥城市集聚和辐射效应。

（一）服务重点金融项目

通过自贸试验区高端产业聚集，促进内陆地区现代服务业、先进制造业和战略性新兴产业加快发展。依托长江黄金水道，推进自贸试验区内沿江区域有序承接产业转移，积极发展园区口岸物流供应链金融、外贸服务平台供应链金融以及国内商贸产业物流金融，推动自贸试验区西部物流园区供应链金融的稳步、快速发展。

（1）逐步重点发展服务贸易，积极推进"5＋1"的总体战略。在推进重庆服务贸易"5＋1"的总体战略下，西部物流园区重点依托"渝新欧"铁路口岸建设，重点推进跨境电子商务、保税展示交易发展，创新贸易发展新模式、新业态，大力发展互联网、云计算、大数据产业，促使离跨境结算投融资便利化（见表5.4）。

表5.4　　　　　　　　重庆服务贸易"5＋1"发展战略

贸易发展战略	主要内容
推进跨境电子商务	减少供销的中间环节、开拓进货渠道，降低交易成本；优化跨境电商综合服务、优化流程监管、提升通关效率。
保税交易展示	充分利用保税展示交易平台，吸引国内外商家入驻，丰富展销品种；创新交易机制，做大交易规模；打破高档商品专卖的垄断局面，真正实现平行贸易。
保税贸易	推进保税区贸易方式创新，发展融资租赁、进境入区维修、加工、离岸贸易等新型业务。
离跨境结算投融资便利化	大力发展一般贸易结算、离岸金融结算、信用卡结算、保税贸易结算和跨国公司资金结算。
互联网、云计算、大数据产业	上中下游产业链同步推进，努力形成基于数据服务的产业集群。
"渝新欧"铁路口岸建设	增加"渝新欧"开行班次和集装箱运量，使之成为推动跨境电子商务和平行贸易发展的重要手段

（2）重点发展创新金融与新兴金融，拓展金融服务。延伸西部物流园区金融产业链，依托园区逐步成熟的国际贸易产业，拓展高附加值金融业务，设立以要素交易平台、期货交易平台为代表的金融衍生品及证券化平台，逐步拓展金融服务。依托园区主导产业，重点发展创新金融服务业，

其产业发展方向主要包括：跨境金融、融资租赁、物流金融、供应链金融、大数据金融、汽车金融、消费金融、互联网金融、金融后台。利用园区自由贸易红利及中国和新加坡合作优势，延伸金融产业链、价值链；重点发展新兴金融服务业，其产业发展方向主要包括：跨境投融资服务、跨境投资理财、基金、债券服务、要素交易、期货交易、衍生品及证券化交易。

（3）拓展多元后台服务，串联园区各服务功能板块。形成完善的后台服务支撑体系，串联园区各主要的服务功能板块，拓展信息服务业务，同时强化园区信息服务平台建设。

经认证的经营者（AEO）认证：目前，我国海关已签署并正式实施中新、中韩、内地香港、中欧四个 AEO 互认安排；同时，两岸 AEO 互认以及中美 AEO 互认也在合作磋商中；AEO 认证企业将获得多种通关便利措施，园区将帮助企业申请 AEO 认证服务，为企业赢得了更多商机和发展机遇。

融贷服务：本地化融资贷款及搜索、推荐与服务平台，为企业和个人消费者免费提供便捷、划算、安全的金融服务。融贷通和园区其他服务平台对接，便于金融机构审核评估，缩短经营贷款申请周期，提高融资和贷款成功率。

管理咨询：为园区企业提供战略、财务、人力、市场营销、生产运作、税务、审计、知识产权等多种管理咨询服务。

法律咨询：为园区企业提供地产、建设工程等多种法律咨询服务，以及诉讼与仲裁代理事务等。

市场服务：为园区企业提供市场拓展服务，包括营销策划、品牌运营、企业推广方案等市场服务。

个人服务：以人为核心的服务体系，为园区解决人才出行、子女教育、娱乐休闲、健康等问题。

物业服务：以园区的优质物业服务为基础，以先进的科技信息化手段，有效整合各种产业资源、商业资源、政务资源，为本地企业和个人提供便利的一站式办事服务平台。

电商服务：本地化企业采购服务电商平台，为企业提供各类商务服务，让企业能更简单、快速地采购品类齐全的办公用品、办公设备、办公家具等，提供优质的商品采购服务。

（二）发展供应链金融等产业支撑

以产业链为纽带，在西部物流园区内建立市场化运作的产业转移引导基金，促进长江经济带上各省市、成渝城市群的相关园区、企业、研发机构等在研发设计、生产销售和物流配送等环节协同配合。充分发挥长江黄金水道的重大件运输通道优势，整合内陆装备制造业优势资源，推动汽车、重型机械、船舶配套设备、轨道交通设备等向西部物流园区沿江区域集中。充分发挥西部物流园区高端要素的集聚平台作用，瞄准全球和国家科技创新趋势，重点突破创新链的关键技术、产业链的关键环节，加快形成电子核心部件、新材料、物联网、航空器及零部件研发制造、高端交通装备、新能源汽车及智能汽车、生物医药、能源环保装备、智能终端等战略性新兴产业集群。在西部物流园区设立区域联合研发和配套协作平台，提高装备设计、制造和集成能力。鼓励各地区高校、科研院所在西部物流园区打造创新创业发展平台，发展新型创业孵化机构。完善西部物流园区创新创业服务体系，大力发展创业辅导、信息咨询、技术支持、融资担保、成果交易、检验检测认证等公共服务。

（1）建立产业转移引导基金，拓展供应链金融业务。积极拓展西部物流园区供应链金融的业务类型与范畴，增强西部物流园区供应链金融服务业的综合实力、国际竞争力和抗风险能力，提高供应链金融服务业发展水平，完善供应链金融服务业宏观调控和监管体制，形成种类齐全、结构合理、服务高效、安全稳健的供应链金融服务业体系。亟须拓展与加强的供应链金融业务主要包括以下几个方面。一是拓展应收账款融资业务。在供应链核心企业承诺支付的前提下，供应链上下游的中小型企业可用未到期的应收账款向金融机构申请贷款。二是拓展未来货权融资业务。下游购货商向金融机构申请贷款，用于支付上游核心供应商在未来一段时期内交付货物的款项，同时供应商承诺对未被提取的货物进行回购，并将提货权交由金融机构控制。三是拓展融通仓融资业务。企业以存货作为质押，经过专业的第三方物流企业的评估和证明后，金融机构向其进行授信融资。

（2）利用电子信息产业发展优势，促进供应链金融快速发展。电子信息产业是重庆市的两大支柱产业之一，西部物流园区所在都市功能拓展区是重庆电子信息发展的重要基地，将打造若干个千亿级产业集群，电子信息产业未来有较大发展空间。现阶段重庆电子信息、互联网及相关服务业持续高速发展，西部物流园区要依托电子信息产业优势，抢抓全球信息产业战略资源，促进供应链金融快速、健康地发展。积极建设园区内部连接各企业、功能板块的信息互联共享系统，同时与相关外部平台加强线上互联，实现信息化、智能化管理运营，提高经营效率、降低运营成本。

（3）积极推动"互联网＋"产业发展，促进园区产业协同发展。"互联网＋"行动计划，互联网信息等新兴产业与传统产业融合发展将是信息产业未来的发展趋势。结合西部物流园区的特色，应积极推动以下"互联网＋"产业模式的发展。

"互联网＋"创业创新：众创空间，技术中心、研究中心等创新平台，互联网创业服务平台。

"互联网＋"惠普金融：金融云服务平台、互联网金融新业态、互联网金融风险防控体系。

"互联网＋"便捷交通：交通技术提升、城市交通信息综合服务平台、智慧交通新业态、智能化交通监管、交通运输信息共享。

"互联网＋"电子商务：电子商务综合服务平台、网络直销运营、跨境电子商务后援基地、电子商务公共服务平台。

"互联网＋"人工智能：关键技术研发产业化、推动传统行业与人工智能融合发展协同创新。

"互联网＋"高效物流：物流技术提升、智能物流公共信息平台、智慧物流产业链。

（4）大力推动现代物流业发展，构建国际物流网络。依据《重庆市人民政府关于贯彻落实国家物流业发展中长期规划（2014—2020 年）的实施意见》，自贸试验区西部物流园区的现代物流业发展目标主要包括："渝新欧"国际货运班列市外货运量占比达到40％，铁路货物运输量占比提高到

10%，全市物流业增加值年均增长11%左右，全社会物流总成本与地区生产总值的比率下降到16%左右。为了实现上述目标，自贸试验区西部物流园区要切实解决以下重点任务：加强物流通道建设以及完善全市物流网络布局，以"四港区"国家级物流枢纽为核心，加快推进公铁水联运基础设施建设，建设跨行业和区域的智能物流公共信息平台，大力发展冷链物流，提速发展电商物流，推进物流技术装备现代化，加快布局国际铁路沿线区域分拨集散中心，物流网络（见图5.25）。

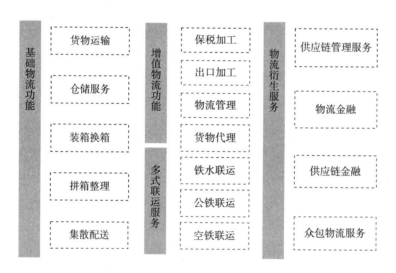

图5.25 以铁路系统为基础的现代物流产业环节

（三）完善金融产业链

长期以来我国对金融业务的管制十分严格，随着"一带一路"倡议的实施，目前已经逐渐放开各种金融业务管制，并在自贸试验区内进行试点工作，但在园区内开展金融业务仍需受政策指引。上海自贸试验区和深圳前海作为我国金融开放的前哨站，在金融产业链的建设方面积累了丰富的经验，在总结上述经验的基础上，对完善园区金融产业链提出以下建议。

（1）开展跨境人民币贷款业务。跨境人民币贷款业务指，在重庆现代物流园内注册成立并在现代物流园内实际经营或投资的企业，从境外（包括中国香港）经营人民币业务的银行借入人民币资金，以供自身经营使用。深圳前海的跨境人民币贷款流程如图5.26所示。

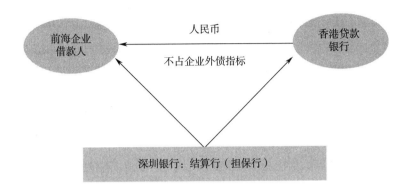

图 5.26　深圳前海跨境人民币贷款示意

　　跨境人民币贷款用于支持实体经济的发展，优先支持用于进口及其他对外支付的贷款需求。贷款资金不得用于投资有价证券和金融衍生品，不得用于购买理财产品，不得用于购买非自用房产。贷款期限及利率由借贷双方按照贷款实际用途自主确定。

　　中国对资本项目实行严格管制，企业的跨境融资受到严格监管，一直以来只有外资企业可在"投注差"范围内借入外债资金，自贸试验区成立后，可在区内开展跨境人民币贷款试点业务，使中资企业可以根据自身的财务需要合理安排权益和债务资金的合理比例，有效降低财务成本。园区应积极策划优惠措施，吸引外资银行进驻园区开展人民币贷款业务，并重视对相关专业人才的引进与培养。

　　（2）建立园区内跨境双向人民币资金池。根据物流园区企业的自身经营需要，应建立园区内跨境双向人民币资金池，为其境内外关联企业提供集中收付服务。在该政策出台之前，跨国并购的国内企业只能通过内保外贷的方式满足其资金需求，而且并购母体也无法从境外收购子公司的现金流中获益，只能依靠子公司分红获得回报，园区内跨境双向人民币资金池的结构如图 5.27 所示。

　　其中，人民币国际主账户用于归集经认定的集团内境外成员资金，人民币国内主账户用于归集经认定的集团内境内成员资金。国内主账户与国际主账户之间资金双向流动，管理集团境内外企业生产经营活动或实业投资活动（股息、红利等）产生的现金流，允许企业集团境内外成员之间办

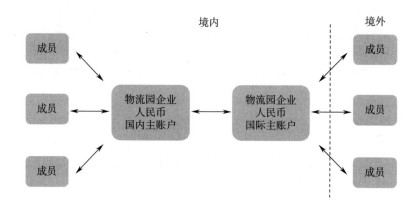

图 5.27　物流园集团内双向人民币资金池

理跨境人民币借款和放款业务。境外成员向境内成员放款的资金总额原则上不超过境外所有成员来自生产经营活动和实业投资活动的现金流入，企业可设计个性化的双向人民币资金池方案，报指定机构备案实施。

（3）设立跨国公司外汇资金池。园区内需建立跨国公司外汇资金池，参与跨国公司外汇资金池的准入条件是上年度外汇收支规模超过 1 亿美元（参加外汇资金集中运营管理的境内成员企业合并计算）。国内外汇资金主账户集中运营管理境内成员企业外汇资金，并可办理经常项目外汇资金集中收付汇、轧差净额结算等业务，国际外汇资金主账户集中运营管理境外成员企业资金及从其他境外机构借入的外债资金。

国际外汇资金主账户之间以及与境外机构境内外汇账户、境外资金往来自由，国际外汇资金主账户内资金不占用企业外债指标，但应按规定办理外债登记，国内外汇资金主账户与国际外汇资金主账户之间净融入额不得超过境内成员集中的外债额度，净融出额不得超过境内成员企业集中的对外放款额度。

（4）赴国外发行人民币债券。园区可通过跨境发行债券来募集建设资金，加强基础设施建设。按照规定的程序，发行债券需报国家发展和改革委员会核准。为满足发行债券的要求，园区企业应做好公司治理，确保融资企业资信良好，并且募集的资金需根据国家政策投资于固定资产项目。

（5）设立要素交易平台。可在园区内设立要素交易平台（柜台交易），为园区内经营大宗商品的企业提供流动性和套期保值服务。具体来说就是，园区内经营大宗商品的企业可以通过银行到境外衍生品交易市场开展套期保值（柜台交易）业务，发生的损益可以在自贸试验区内以人民币与银行进行结算。

需注意的是，由于人民币还不是国际结算货币，境外衍生品交易市场不以人民币结算，该业务在实际中应用较少，园区可根据区内企业的实际需求设立要素交易平台。

（6）开展跨境人民币第三方支付业务。园区需引入第三方支付平台（如支付宝、快钱等），并可开展跨境人民币第三方支付业务，只要第三方支付机构持有互联网支付牌照，园区内的支付机构无须办理任何额外手续就可以直接开展支付业务，园区以外的第三方支付机构需要在自贸试验区内注册一家分公司，并以分公司的名义开展业务。

（7）其他金融业务方面。园区内还应设立小额贷款公司以及外商投资股权投资企业，从多方面满足实体产业的融资需求，并引导资金流向财务稳健、有成长性的企业，配合国际化的战略目标，拓展与"一带一路"沿线国家的合作，积极吸引外资金融机构进驻园区。

此外，在园区内注册金融机构有着严格的限定条件，例如，对注册资金的来源、额度、货币形式、企业组织结构等都有严格的要求，由于这些注册条款较多，限于篇幅不再一一说明，详情请查阅《前海金融业务政策汇编及金融创新业务操作简明手册》等资料。以上所有的金融业务都需要银行、保险公司、第三方支付平台等金融机构的参与，园区在积极协作金融机构进驻园区开展业务的同时，还应构建完善的电子信息平台，加快相关配套设施的建设。未来伴随园区的发展和资金的积累，应逐步建立产业转移引导基金公司和跨国并购企业，主要投资方向为供应链相关产业。现阶段，不仅要广泛招纳高素质人才，还应积极储备相关数据资料，积累管理经验，为将来开展自有金融业务做好准备。

（四）供应链金融服务拓展

1. 拓展与欧洲的贸易，开展离岸金融业务

从 2016 年起，重庆西部物流园进口整车数量已位居内陆地区第一位，

从需求上看，平行进口车、大货车以及进口摩托车在相当长时期内还有巨大的增长潜力。为进一步发挥铁路口岸的功能，打造内陆整车进口产业链，要加强铁路口岸的硬件设施建设。同时，汽车行业作为精密的制造加工业，其技术的复杂性要求配套的物流服务必须具备极高的技术水准，工具和运输系统需要有较强的专用性，对应的人员也需要有相对专业的汽车行业知识，要加强对工作人员的培训和招募，要把西部物流园建设成为进口车领域内陆地区的集散分拨中心，加强同欧盟的合作关系。

中欧贸易关系最重要的是保持你来我往，不能只进口不出口。中欧各国之间的人文环境、资源禀赋等条件各不相同，要善于洞察对方的劣势，发挥自己的优势，要向欧洲出口本国的优势产品，例如消费类电子产品，以供应链金融服务为手段，做大做强有发展潜力的企业。目前，国内有很大增长潜力的产业有半导体行业、生物医药科技行业、电子通信信息产业等，要主动推出优惠措施吸引这些企业入驻园区，积极拓展对欧贸易，要把西部物流园打造成中欧贸易的核心城市。

国内对欧洲的肉类、奶制品等农产品有巨大需求，此外，德国、法国、英国等欧洲国家在航空航天、精密机床、机械制造等高科技领域有很大优势，要鼓励国外相关企业在园区设立分支机构，积极推进国内企业同外企在这些领域的合作。可依托产业合作的契机，吸引国外金融机构在园区开展人民币贷款业务。

随着贸易量的逐渐扩大，物流仓储等会增加对保险的需求，要鼓励入驻园区的国内企业和保险机构到欧洲及"一带一路"沿线国家开展相关业务，不仅要确保货物的正常运输，还要加强同相关国家的贸易合作，大量出口国内商品到欧洲及"一带一路"沿线国家，为人民币的国际化提供强有力的支撑。

为了便利贸易，保护环境，相关的法律法规要尽快出台，规定自贸试验区主要监管部门的职责，做到有法可依。园区还应开展离岸金融业务试点，规划设立特定的离岸金融区，在离岸金融区内进行的融资活动不受本国金融法规管制，营造宽松自由的融资环境。同时，要构建合理的管理体制，服务于离岸金融区。

2. 基于铁路运输模式的供应链融资

铁路物流是自贸试验区西部物流园流通经济中的重要一环，供应链金融对产品企业、银行、物流企业三方均有积极作用，主要体现以下几个方面：物流金融业务能够有限解决企业发展中遇到的资金问题，将企业的有限物资进行高效利用，提高资金周转率；对于银行而言，可以扩大和稳定客户群，增加新的利润源；对于物流企业而言，通过和银行的合作，监管客户在银行质押的商品，物流企业作为银行和客户信任的第三方，可以更好地融入客户的商品产销供应链中，同时也加强与银行的合作关系。

供应链金融能够发挥积极作用，其关键在于持续、稳定的资金流，为此园区企业应转换管理机制，开展多种物流金融业务，便利融资。铁路物流企业机制可以做出以下调整：第一，组建专业的物流金融公司，借助母公司对物流资源的掌控来实现成功运营；第二，与金融企业结盟提供物流金融服务，铁路物流企业可以通过与银行合作的方式开展物流金融服务，这样可以融合物流企业和金融企业各自的优势，从而保证业务的成功运作；第三，组建铁路行业专业物流金融公司。

园区企业应充分利用源于铁路的先天优势，以铁路基础物流服务为起点，围绕物流园区内货物的金融属性为客户提供多种物流金融增值服务，为在铁路上的在途货物融资提供便利。现阶段，园区物流企业重点运作的仓单质押业务和替代采购业务是在买方信贷模式延伸出的采购执行业务的基础上衍生出的业务，园区物流企业融资流程如图 5.28 所示。

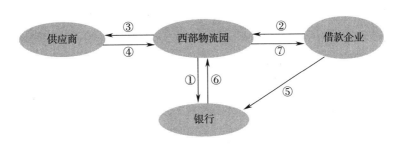

图 5.28　西部物流园物流企业融资过程

第一步，物流园为借款企业在银行担保取得授信；第二步，银行把借款企业的汇票交给物流园；第三步，物流园付款给供应商采购货物；第四步，供应商发货到物流园指定仓库；第五步，借款企业一次或多次向银行还款；第六步，银行向物流园发出发货指令；第七步，物流园根据银行的发货指令分批向借款企业交货。

3. 适时退出担保业务，提高园区企业资金利用率

担保性业务可以拓展园区企业的融资渠道，在很大程度上可以缓解园区企业的融资约束，进而可以促进园区企业进行技术创新，推动经济发展和增强国际竞争力。此外，对于担保企业而言，及时退出担保业务，一方面可以降低企业自身的风险，另一方面也可以实现合理利用园区企业资金的目的。为此，企业可以选择以下几种退出方式。

其一，采取公开上市（IPO）方式，此种退出方式是担保资金退出的最佳渠道，也是其最常见的退出方式。通过首次公开发行股票成为上市企业，担保公司所持有的公司股权以及企业创始人的部分股权随 IPO 一起，或者在随后的一定年限内获得流通地位，担保资金得以完全退出所投资的企业。公开上市的企业和担保公司既可以获得大量的收益，又可以提高风险企业的知名度和公司形象，为企业做大做强打下坚实的基础。

其二，收购与兼并（M&A）指担保公司通过由另一家企业兼并收购被担保企业，或被担保企业收购另一家企业的方法来使资本退出的一种方式。收购与兼并是与 IPO 并列的另一种重要的退出方式。对担保公司而言，只要将被担保企业出售或兼并后其资本收益率比被担保企业保持独立存在的资本收益率高，则通过兼并收购撤出投资就是合算的。当然，在进行出售或兼并时还需考虑到被担保企业未来的成长率、市盈率（P/E）、新增融资成本、适当的折现因子以及协议转让被市场接受的程度等因素。

其三，反向收购（Reverse Merge），又称买壳上市，是指一家非上市公司（买壳公司）通过收购一些业绩较差、筹资能力弱化的上市公司（壳公司）来取得上市的地位，然后通过反向收购的方式注入自己的业务及资产，实现间接上市的目的。反向收购的操作方式是：买壳公司与一家上市的壳公司议定有关反向收购的条件；壳公司向买壳公司定向增发股票；买壳公司的资产注入壳公司而成为其子公司，但买壳公司的股东是壳公司事实上的控股股东。反向收购与公开上市相比有运作成本低、办理上市的审批手续简单、经历时间短等优点，在公司刚起步没有相应的资质和业绩时，这种退出方式一般较为适用。

（五）继续实施"一带一路""渝新欧""渝桂新"合作及全市统筹

"渝新欧""渝桂新"国际铁路联运大通道是支持"一带一路"建设的重要支撑。通过共建共享"渝新欧""渝桂新"大通道、大市场互联互通，激活"一带一路"的发展潜力，赋予"一带一路"生命力，给沿线国家和地区带来发展机遇，为各国人民创造财富。结合"渝新欧""渝桂新"铁路通道推进"一带一路"建设的建议有以下四点。

（1）把握好"一带一路"建设的目标定位。"一带一路"的目标是在中国倡导下，让全世界各国参与，追求利益共享和互利共赢，实现全球资源的全球共享，让全球来共享全球的利益，这也是我国选择全球化道路最根本的目标。重庆作为长江经济带的中心枢纽、西部大开发的中心城市、"渝新欧""渝桂新"的始发站，能借助独一无二的区位优势推动世界各国参与和促进全球化进程，这就要求我们在提供供应链金融服务的过程中需具备全球化的视野，吸引海外资本进入园区市场，同时帮助优质企业走向海外进行实体投资和海外资本运作，为其提供金融服务，使其满足"一带一路"投融资需求。供应链金融应成为服务"一带一路"的重要金融模式。

（2）做好跨境融资，货币结算等基础设施建设。"中国制造""中国建造"走出去，以及沿线国家资源、能源进入中国，都离不开大量高效的投融资、结算、现金管理等金融服务；而且，"一带一路"沿线国家中，有近一半国家投资高于储蓄，且持续为贸易净进口国，说明国内资本无法满足投资需求，国内发展因依赖他国资源而产生外汇缺口，背后根本原因是相关国家资金供给不足。这就要求园区在提供供应链金融服务的过程中，做好跨境融资、货币结算等基础设施建设，储备这方面的复合型人才。考虑到重庆自贸试验区的区域优势与产业聚集优势，园区在促进全球经济增长与我国经济发展等方面大有可为，有巨大的潜力。

（3）强化"渝新欧"外向贸易供应链金融的应用。国际贸易供应链金融将供应链融资与国际贸易融资无缝整合，针对中小企业在进出口贸易中因无法提供固定资产抵押、信用担保或授信额度不足的融资困境，提供创新的融资服务。对于依托"渝新欧"铁路货运开展业务的中小企业来说，借助国际贸易供应链金融服务，可以从银行及时获得足额的信贷支持，从而得以扩大进出口规模，提升其在供应链环节中的竞争实力。

国际贸易供应链金融模式中的应收账款融资模式分为两种情况。一种情况是国内出口制造商与外商签订合同后，需购进原材料进行生产。国内原材料供应商与国内出口制造商在赊销基础上达成交易，并因此形成应收账款。原材料供应商可向出口制造商银行申请应收账款融资，或者出口商为避免其授信额度的占用，并不直接申请信用证打包贷款或流动资金贷款，而是基于供应链上下游企业的关系，由银行向原材料供应商提供融资。另一种情况是国内出口制造商与外商在远期结算基础上签订出口合同，货物运输后形成应收账款。为减少资金占压，提高资金周转速度，出口制造商向银行申请融资，将经过国外开证银行承兑的远期汇票质押给银行，以获得融资。应收账款融资模式的期限一般短于应收账款的到期期限。可见，上游企业为债权的持有者，最后资金一旦出现问题，要由处于下游的欠债企业承担责任，因此，银行在提供融资前，不仅要对上游融资企业进行资信评估，而且更多对下游债务企业的整体实力、还款能力，涉及不同国家时，所在国的社会稳定性以及汇率情况和整个供应链的运作状况进行综合评估，其融资过程如图5.29所示。

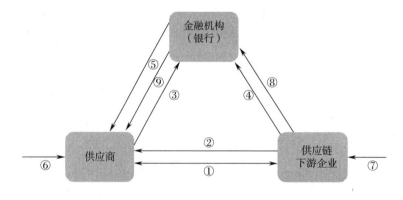

图5.29　国际贸易供应链金融主要模式

主要操作步骤为：第一步，供应链上下游企业进行交易，签订应收账款合同，上游企业把物品赊销给下游企业，并且上游企业告知下游企业融资银行；第二步，上游企业从下游企业获得应收账款凭证；第三步，上游企业把应收账款凭证抵押给金融机构；第四步，下游企业向给予上游企业融资的银行承诺付款；第五步，商业银行向上游企业提供融资；第六步，上游企业用融资获得的贷款购买货物原料，用来再次生产；第七步，下游企业通过销售产品，得到资金；第八步，下游企业将货物变现得到的资金向金融机构还款；第九步，商业银行向上游企业回馈信息，此项业务结束。

（4）积极开展和供应链核心企业的合作。"一带一路"沿线国家文化制度多样，政治经济情况复杂，很多国家难以为当地投资的中资企业提供必要的金融服务，"走出去"企业需要国内金融提供跟进服务，供应链金融与产业链联系紧密，以能更好地满足"走出去"企业的需求，较好地解决沿线国家基建等项目配套建设多、建设周期长、产业层次多和覆盖范围广等问题。这就要求园区在发展供应链金融服务的过程中，积极推进和供应链核心企业的合作，鼓励从单个企业和项目的"走出去"，向核心企业带动上下游、产业链的企业共同"走出去"转变。

第六章　国际金融中心构建
与重庆机遇

第一节　世界主要国际金融中心概况

国际金融中心（International Finance Center）指聚集了大量金融机构和相关服务产业，全面集中地开展国际资本借贷、债券发行、外汇交易、保险等金融服务的城市或地区。其能够提供最便捷的国际融资服务、最有效的国际支付清算系统、最活跃的国际金融交易场所。金融市场齐全、服务业高度密集、对周边地区甚至全球具有辐射影响力是国际金融中心的基本特征。

国际金融中心之间整体呈现竞争与合作并存的关系。各国际金融中心之间由于禀赋能力的限制，在业务内容上可能各有侧重，辐射区域也有所差别，基于业务分工和区域分工的优势互补能够产生外部经济性，在合作过程中提高各自的竞争力。例如，在欧洲内部，尽管欧盟内部各个金融中心的竞争日趋激烈，但是各国并未就此忽视合作的重要性，而是通过协调金融税收制度、组建泛欧金融市场、开展金融业务交流等途径，加强相互间多层次的紧密合作，在各自发展的基础上形成了互有分工、相互合作和有序竞争的基本格局。

金融中心的发展核心在于金融要素配置的能力与效率。金融中心能力发挥路径又可分为主导性金融供给与衍生性金融供给。如今在互联网时代背景下，金融中心应首先服务好主导性的金融需求，在此基础上，兼顾多样性衍生金融需求。

一、国际金融中心相关指标体系

（一）全球金融中心指数
全球金融中心指数（Global Financial Centers Index，GFCI）由英国智

库 Z/Yen 集团和中国（深圳）综合开发研究院共同编制，是国际金融中心地位的指标指数。2007 年 3 月开始，该指数开始对全球范围内的 46 个金融中心竞争力进行评价，并每年更新两次。该评价体系主要涵盖营商环境、金融体系、基础设施、人力资本、声誉和综合因素五大指标。

（二）中国金融中心指数

中国金融中心指数是综合开发研究院（中国深圳）结合我国统计体系实际情况编制的金融中心竞争力评价指标体系。该指数利用已经公开的统计数据，以金融产业绩效、金融机构实力、金融市场规模、金融生态环境等 5 个指标体系为考量进行排名。

（三）天府金融中心指数

天府金融中心指数由中国人民大学国际货币研究所（IMI）、四川省科技厅主办，四川省金融学会、四川天府银行为支持单位。该指数评价范围涵盖全国 4 个直辖市、26 个省会城市（除拉萨）和 5 个计划单列市，构建了金融市场、金融机构、从业环境、人力资源、科技金融、绿色金融、文化金融、农村金融八个子指数，并增加了消费金融、数字普惠金融作为新型金融业态进行观察。综合来看，该指数借鉴世界上国际金融中心指数的构建标准，结合中国国情和特点，兼顾传统金融的发展模式和新兴的金融业态，能够有效反映各中心城市金融发展整体情况和特点，对促进各中心城市互相了解、实现错位竞争和协同发展具有重要的参考价值。

二、主要国际金融中心城市概况

（一）伦敦

伦敦是欧洲最大的金融中心，长期位居国际金融中心城市排名前两位，综合来看，伦敦金融要素高度集中，金融文化悠久浓厚，金融生态环境优良是伦敦作为老牌金融中心的特点。伦敦拥有全球最具国际化的金融市场。伦敦证券交易所挂牌上市的外国企业数居世界主要证券交易所之首。2019 年，伦敦国际债券交易量与外汇交易量在全球占比中名列前茅。同时，伦敦具有富有创新精神的金融环境和前瞻性战略视角，重视亚太、中东等新兴市场金融业务，使伦敦金融市场保持长期较强的市场活力，维持了其全球领先的国际金融中心地位。

（二）纽约

纽约是全球最重要的国际金融中心之一，具有强大的国际金融资源配置能力，集中了世界金融、证券、期货及保险等行业的顶尖实力企业。华尔街是美国财富和经济实力的象征，入驻了3000多家金融和外贸机构，著名的纽约证券交易所和美国证券交易所均设于此。

美国通过纽约完备的金融市场在一定程度上控制了国际资本的流动、重要商品的定价与交易，并在全球经济金融领域取得了话语权。截至2019年，纽约货币市场在世界各主要货币市场中的交易量排名第一位，纽约外汇市场是除了美元以外所有货币的第二大交易市场，纽约证券交易所、纳斯达克的股票交易量长期居于全球前列。完备的法律制度、丰富的人才储备、与高科技相配套的融资需求造就了全球最富有活力的金融创新机制，为纽约国际金融中心的发展提供了持续不竭的源动力。

（三）香港

香港作为全球贸易自由港，因其优越的地理位置成为连接全球要素市场的关键纽带。香港金融业占生产总值的比重居全球之首，全球100家大型银行约有七成在香港设立分支机构。

在"沪港通""深港通"等金融创新带动下，香港金融市场发展迅速。香港金融市场致力于衔接资本支持与创新市场化的链条，为"同股不同权"的新经济企业打开了上市门户，2019年，中国互联网巨头阿里巴巴公司从美国退市后正式在香港交易所上市，为香港资本市场注入了新的活力。

离岸人民币业务也成为香港国际金融中心发展新引擎，2019年人民币资金池不断积累，交易活动日益活跃，产品选择日趋丰富，推动了香港外汇交易及衍生产品等市场发展，有力地奠定了其全球性金融中心地位。在国家"一带一路"建设和粤港澳大湾区建设的发展背景之下，香港将迎来更多发展机遇，为经济和社会发展注入新的动力。

（四）东京

东京金融市场结构完善合理，集中了全日本最多的银行，同时还有东京证券交易所、东京工业品交易所、东京国际金融期货市场等多个大型交易所，资金流密集且流动速度快。2017 年以来，通过加强经济政策措施提振经济，日本经济整体复苏迹象并不十分明显。日本政府正致力于改革金融制度与世界接轨、改变日本央行目前垄断债市交易的状况，提升金融业竞争力。目前，东京国际金融中心地位越来越受到来自香港、上海、新加坡等邻近地区金融中心的挑战。

（五）上海

上海国际金融中心已经形成了包括股票、债券、货币、外汇、商品期货、金融期货与场外交易（OTC）衍生品、黄金、产权交易市场等在内的金融市场体系，已建立包括商业银行、证券公司、保险公司、保险资产管理公司、基金管理公司、信托公司、期货公司、金融租赁公司、货币经纪公司、汽车金融公司、企业财务公司、银行资金营运中心、票据业务中心等在内的类型比较齐全的金融机构体系。

上海金融改革创新步伐加快、金融对外开放程度扩大、金融要素进一步聚集，金融市场竞争力和全球影响力不断增强。作为中国金融对外开放的最前沿，自贸试验区金融改革深入推进，金融对外开放领域不断拓宽，沪港通、债券通、黄金国际板、跨境交易所交易基金（ETF）等顺利推出。同时，上海不断加强与"一带一路"沿线国家和地区的金融纽带关系，致力于打造"一带一路"投融资中心和全球人民币金融服务中心，相关金融机构来沪设立分支机构意愿明显增强。

（六）新加坡

新加坡是重要的国际航运中心、国际贸易中心和国际金融中心。新加坡的经济结构以第三产业为主导，重点发展金融服务业、旅游业、商业、航运业和进出口贸易，尤其是金融服务业最为发达，是亚太地区重要的国际金融中心。

2019 年，新加坡汇集了 600 余家各类金融机构。金融机构的密集度和多样化足以满足新加坡经济社会发展对金融的各类需求。金融服务业已成为新加坡经济附加值最高的服务产业和国家税收来源的最大支柱。

新加坡不仅在贸易融资、海事金融、保险、财务运作等方面拥有领先地位,在资产及财富管理方面也是全球佼佼者,管理业的快速增长推动其全球金融中心地位的不断攀升。目前,新加坡已成为公认的新兴市场货币交易中心、领先的衍生品场外交易中心和全球领先的资产管理中心。新加坡也迅速发展成为集中服务或"共享服务"的理想地点。把资讯科技、金融及物流方面的操作集中在一起有利于企业降低运营成本、提高生产力,也有利于保持始终如一的服务水准。此外,新加坡的教育水平较高,充足的人才保证了新加坡的金融服务业稳步发展。

(七)苏黎世

苏黎世位于阿尔卑斯山北部,是瑞士的经济、金融及商业中心。苏黎世国际金融中心(Zurich International Financial Center),是欧洲最重要的国际金融中心之一。苏黎世金融业高度聚集,以离岸银行业务闻名全球,金融方面的账户流转占整个苏黎世市的经济活动比例很高。苏黎世外汇市场的交易量多年来一直排名全球外汇交易市场前列,紧随着伦敦、纽约,而近年来随着新兴经济体的崛起和银行业保密制度受到挑战的影响,新加坡外汇市场逐步超越苏黎世,成为全球第三大外汇交易市场,但这并不影响苏黎世外汇市场的进一步发展,其稳定的地缘政治、先进成熟的银行业以及完善的外汇交易程序都将继续支撑苏黎世外汇市场的繁荣发展。

(八)北京

北京明确了中国政治中心、文化中心、国际交往中心、科技创新中心的城市战略定位,将致力于构建高精尖的经济结构,加快培育金融、科技、信息、文化创意、商业服务等现代服务业。2017 年发布的《北京城市总体规划(2016—2035)》也进一步明确金融街是国家金融管理中心。北京把加强四个中心功能建设作为发展首都金融业的核心目标,通过金融业的发展丰富了"四个服务"的内涵,坚持把促进首都金融业高质量发展作为推动北京经济社会转型发展的重要内容。科技与金融的深度融合是首都金融业发展最突出的优势,基于中国科技创新中心的定位,北京也大力持续推进国家科技创新金融中心建设。

目前,金融监管机构,人民银行、证监会、银保监会,以及大型国有银行总部均在北京。在 2019 年,金融业占全市经济的比重达到 18.5%,

已成为北京的第一支柱产业，并有效带动优质资源更多地配置到高精尖产业发展的重点领域，引领北京产业的全面更新与提升。

第二节　国内外建设国际金融中心经验

一、苏黎世建设内陆国际金融中心的经验

苏黎世是欧洲最重要的国际金融中心之一，被誉为全球最大的离岸金融中心和国际资产管理业务领导者，在资产和财富管理领域具有较强的比较优势。受多重因素影响，苏黎世金融中心在传统优势领域正逐步丧失竞争力，但其发展过程中重点产业的发展、营商环境的打造、法律规则的完善、金融基础设施建设等方面的先进经验，仍可为其他地区建设内陆国际金融中心提供一定的参考和借鉴。

（一）苏黎世内陆国际金融中心的地位和作用

1. 基本情况

2018 年度，苏黎世金融业增加值为 627.8 亿瑞士法郎（折合约 4500 亿元人民币），占 GDP 比重由 2008 年的 11.1% 下降至 9.1%。其中，以银行业为核心的金融服务业增加值为 329.6 亿瑞士法郎（折合约 2370 亿元人民币），较 2008 年下降 20.4%；保险服务业增加值为 298.2 亿瑞士法郎（折合约 2140 亿元人民币），较 2008 年增长 18.2%。金融业就业人口 20.4 万人，占总就业人口的比重由 2008 年的 5.9% 下降至 5.2%。金融业纳税总额为 65.3 亿瑞士法郎（折合约 470 亿元人民币），占直接纳税总额的 7.5%。

2. 地位和作用

苏黎世是欧洲最重要的国际金融中心之一，得益于健全的银行体系和先进的资产管理水平，其被誉为全球最大的离岸金融中心和国际资产管理业务领导者。苏黎世金融中心发展经历了由兴盛到结构性调整的过程：19世纪初，苏黎世金融业逐渐起步；20世纪 60 年代，苏黎世金融中心居世界主要的国际金融中心前三位，80 年代曾一度占据世界第二位；2008 年

起，受国际金融中心竞争加剧、金融账户涉税信息自动交换（AEOI）标准等因素影响，苏黎世金融业受到强烈冲击，苏黎世金融中心逐步下滑至全球第 14 位①。从竞争优势来看，苏黎世在金融产业发展（GFCI26 第 9 位）、金融营商环境（GFCI26 第 6 位）、金融基础设施建设（GFCI26 第 9 位）、政府监管（GFCI26 第 6 位）等领域仍处于国际先进水平，但在人力资本（GFCI26 低于前 15）、国际声誉（GFCI26 第 12 位）等方面正在逐步丧失竞争力。

（二）苏黎世内陆国际金融中心的特点

整体而言，苏黎世金融中心的发展以金融法律法规为重要引领和核心抓手，以资产管理、财富管理、保险及再保险为重点金融产业，优化法律、税收、准入等金融营商环境，增强金融科技、区块链技术在金融基础设施建设中的运用，重视网络安全、内部审计及金融稳定，使苏黎世金融业虽然面临结构性调整，但仍保持一定的国际竞争力。

1. **以主动投资管理为核心的机构资产管理中心**

一是资产管理总规模达 2.16 万亿瑞士法郎。2018 年底，受监管的资产管理人资产规模约为瑞士 GDP 的三倍，资产管理行业直接从业人员约9900 人（同比增长 3%），间接从业人员近 5 万人，占金融业总就业人员的 25%。二是持续优化的法律环境为资产管理服务出口提供保证。据苏黎世官方调查，90% 的资产管理公司认为政策法规符合国际标准，对资产管理服务出口具有至关重要的意义。2012 年以来，瑞士以融入欧洲经济区制度为主要方向，提升与美国制度、亚洲制度的政策法规对接性，相继修订《金融服务法》（FinSA）、《金融机构法》（FinIA）等法案，优化包括资产管理在内的金融行业可出口性，为资产管理服务出口提供稳定的法律环境和可持续的监管框架。三是致力于发展以主动投资管理为核心的资产管理产业。苏黎世的资产管理公司专注于开发专业化、主动管理的产品，以保持较强的国际竞争优势。从资产管理策略来看，苏黎世资产管理中的 70% 是主动投资，以产品专业化和可持续投资作为发展重点；30% 是被动投

---

① 数据来源为最新的全球金融中心指数报告——GFCI 26。

资，以成本领先作为发展重点。

2. 以私密、无限责任为基础的私人财富管理中心

一是汇聚全球三分之一的私人财富资产。作为世界上私人银行业的最早发源地之一，"专业、可信赖与客户私密"是国际货币基金组织（IMF）给予苏黎世私人银行的总体评价。虽然近年来在保密方面受到一定冲击，但苏黎世始终保持着在私人财富管理领域的比较优势。截至 2018 年底，全球约有三分之一的私人资产汇聚于苏黎世的私人银行。二是保密法案为私人财富管理提供了制度保障。1934 年，瑞士颁布《联邦银行法》，要求任何银行业从业人员必须严格遵守保密原则，并且保密协议终身有效，不因离职、退休、解雇而失效，触犯相关保密法规将面临高额罚金、有期徒刑等刑事处罚，从法律层面对客户商业秘密进行保护，为私人财富管理业务发展提供了重要制度保障。三是与客户"同呼吸、共命运"的公司制度。苏黎世存在较多的中小型私人银行，多为无限责任合伙制，要求经营者必须对银行客户资产承担无限连带责任，这促使苏黎世私人银行必须更加专业和谨慎，也使其享有更高的客户忠诚度。四是跨行业、跨代际的专业化定制金融服务。苏黎世私人银行客户多为超高净值客户，并不只为其提供金融相关服务，还为其提供税收、遗产、收藏、资产购置等跨行业、跨代际的服务。

3. 以欧洲经济区为目标市场的保险和再保险中心

一是苏黎世保险业保持较好的发展态势。2018 年，苏黎世保险业增加值为 298.2 亿瑞士法郎（折合约 2140 亿元人民币），较 2008 年增长 18.2%，占金融行业比重由 2008 年的 37.8% 提升至 47.5%。2014—2018 年，年均保险服务出口收入约 80 亿瑞士法郎（折合约 574.1 亿元人民币），并呈现逐步上升态势。二是持续推动保险法规与国际标准的可对接性。修订《保险合同法》（VVG），强化对被保险人的保护条款。启动完善《保险监督法》（VAG），推动保险监督现代化，并为偿付能力测试提供法律基础。与欧盟、英国等签订双边保险协定，推动欧盟委员会认定瑞士的保险监管体系等同于欧盟偿付能力 II 指令，推动本国保险条款与国际标准的可对接性。三是明确保险领域重点发展的细分行业。逐步整合保险产

业，减少自营再保险公司、补充医疗保险公司数量，明确人寿保险、全球养老金中心和再保险中心是未来重点发展方向。

4. 以法规、税收、准入为重点优化金融营商环境

一是建立更加适应现代金融发展的法律体系。2008 年以来，相继对《金融服务法》（FinSA）、《金融机构法》（FinIA）、《保险合同法》（VVG）、《保险监督法》（VAG）、《金融市场基础设施法》（FinfraG）、《金融市场监管法》（FINMAG）等重点法案进行了修订，以适应现代金融业监管、对标国际标准等要求。二是建立更加适应国际环境的税收体制。推行预提税改革，引入支付代理人原则，增强资本市场竞争力。推行印花税改革，探索废除印花税。签署金融账户涉税信息自动交换（AEOI）标准，提高税收透明度，打击跨境逃税。三是推动与重要经济体的监管互认。推动与欧盟之间的保险偿付能力等效性，修订与欧盟、英国等双边保险协议，与德国达成银行业监管豁免协议。建立与重要伙伴国家、其他金融中心的定期高级别金融对话机制，推动监管互信互认，降低本国金融机构进入目标市场的准入门槛。

5. 以法规、新技术为抓手促进金融基础设施建设

一是构建适应国际标准的法律法规。2016 年，颁布《金融市场基础设施法》（FinfraG），规范金融市场基础设施和衍生产品交易，以适应市场发展需要和对标国际标准。二是重视金融科技和区块链技术在金融基础设施建设中的运用。2017 年建立金融科技沙盒监管区，2019 年颁布分布式账本技术（DLT）应用的监管框架，放宽对金融科技创新企业的监管，合理推广新技术在金融基础设施建设中的运用，并限制新技术的不合理使用。三是高度重视金融研究与金融高端人才培育。苏黎世组建金融研究所、保险经济研究所、金融科技和网络安全教育与研究中心等研究机构，还组建"金融中心论坛"，专门研究和探讨金融中心发展的各种问题。此外，苏黎世还高度重视金融人才的培育和引进，重视公共资源投入、海外高层次人才引进、现有人才技能提升等。

（三）苏黎世金融中心发展面临的挑战和局限

受国际环境、目标市场疲软、同质化竞争加剧等多方面因素影响，苏

黎世国际金融中心地位不断受到挑战，全球金融中心排名下滑至第14位。

1. 传统优势金融产业受到较强冲击

苏黎世金融中心因资产管理、财富管理而闻名，但传统金融产业优势突出的背后，也反映出苏黎世金融产业过于集中的问题。2008年以来，瑞士《银行保密法》不断受到来自美国等国家挑战，瑞士承诺适用金融账户涉税信息自动交换（AEOI）标准，资产管理、财富管理发展的重要依仗受到打击，以严格的客户信息保密制度而吸引全球客户的银行业发展模式走向终结，大量国际资本逃离，给苏黎世银行业带来沉重打击。截至2018年底，瑞士私人银行数量由2005年的179家下降至112家，整个行业的净利润自2010年以来下降12%。

2. 重点目标市场经济增长疲软

苏黎世金融中心以欧洲经济区为重点目标市场，银行、保险、证券等各个金融产业均加强与欧盟标准或欧洲重点国家标准的接轨。但近年来受欧洲债务危机、英国脱欧、地缘政治风险持续等多重因素影响，欧盟经济增长乏力，经济下行风险持续，导致以欧盟为重点目标市场的苏黎世金融业受到冲击，失去持续增长的动力。截至2019年底，欧盟27国GDP增长1.4%，欧元区19国GDP增长1.2%，均低于2018年水平。其中，德国GDP增长0.6%，法国增长1.2%，意大利增长0.2%，低于欧盟平均水平。

3. 国际金融中心同质化竞争加剧

目前，国际金融中心之间的竞争非常激烈，多个国际金融中心均提出资产和财富管理、保险再保险的发展战略，与苏黎世金融中心传统优势产业高度重合，使苏黎世面临更大的同行业竞争压力。以亚洲市场为例，新加坡提出打造全球私人财富管理中心、东南亚再保险中心的发展战略，中国香港提出打造亚洲最大的财富管理中心、领先的离岸人民币再保险中心等发展战略。

二、上海自贸试验区打造国际金融中心的经验

上海自贸试验区定位于金融开放创新试点区，围绕服务全国、面向世

界的战略要求和上海国际金融中心建设的战略任务，以服务实体经济、促进贸易和投资便利化为出发点，根据积极稳妥、把握节奏、宏观审慎、风险可控原则，成熟一项、推进一项，加快推进资本项目可兑换、人民币跨境使用、金融服务业开放和建设面向国际的金融市场，不断完善金融监管，大力促进自贸试验区金融开放创新试点与上海国际金融中心建设的联动，探索新途径、积累新经验，及时总结评估、适时复制推广，更好地为全国深化金融改革和扩大金融开放服务。上海自贸试验区关于金融机构体系方面的政策包括以下内容。

（一）扩大金融业对内对外开放

扩大金融业对内开放。支持符合条件的民营资本依法设立民营银行、金融租赁公司、财务公司、汽车金融公司和消费金融公司等金融机构。

扩大银行业对外开放。支持外国银行同时设立分行和子行。支持外资银行扩大业务范围。支持商业银行发起设立不设外资持股比例上限的金融资产投资公司和理财公司。放宽银行业对境外金融机构准入限制，提升外资金融机构的信贷服务能力。

扩大证券业对外开放。支持设立外资控股的证券公司、基金管理公司、期货公司。支持已设立的合资证券公司、基金管理公司和期货公司提高外资股权比例。

扩大保险业对外开放。支持设立外资控股的人身险公司。支持设立外资保险集团、再保险机构、保险代理和保险公估公司。支持外资保险经纪公司扩大经营范围。探索推进巨灾债券试点。

支持境外中央银行和国际金融组织在上海自贸试验区设立代表处或分支机构。支持境外评级机构在上海自贸试验区内设立分支机构，并在银行间债券市场开展信用评级业务。支持外商投资支付机构申请取得支付业务许可证。

支持管理规模靠前、投资理念先进、投资经验丰富的跨国资产管理机构在上海自贸试验区设立外资资产管理机构区域总部。支持外资资产管理公司、机构投资方参与设立陆家嘴资产管理联合会，搭建上海自贸试验区资产管理行业综合发展平台。

鼓励金融机构和金融科技资源集聚。鼓励国内外金融机构充分利用上海自贸试验区及临港新片区的优惠政策，在上海设立赋能平台、金融科技事业部、特色支行或金融科技公司等。支持全国性金融基础设施运营机构落户上海，并做强做大。

支持信用服务机构发展。引进和培育一批具有较强市场公信力和国际影响力的资信评级、商业征信等信用服务机构。上海市相关部门依法依规在行政管理和公共服务中引入信用服务机构提供专业化服务，支持已在人民银行上海分行办理企业征信备案的信用服务机构申报"上海金融创新奖"。

支持开展实质性业务的外资机构在上海自贸试验区设立融资租赁公司。支持境外飞机租赁公司利用上海有关推动租赁行业发展的政策在保税区设立项目子公司或区域中心。推进融资租赁外债便利化试点，支持注册在上海自贸试验区的融资租赁公司项目子公司，共享母公司外债额度。围绕国家"一带一路"等倡议，鼓励融资租赁公司开展跨境人民币业务，拓展海外租赁市场。

推进"一带一路"沿线国家金融机构在上海自贸试验区设立分支机构。

对银行、证券、保险持牌类金融机构及其分公司、子公司、融资租赁公司（含 SPV）、私募投资企业、金融专业服务机构，依据公司类型全部或部分给予落户奖励、贡献奖励和人才奖励。对重点外资金融机构落户上海自贸试验区加大奖励力度。

上海自贸试验区对在扩大金融服务业开放中新设的重点外资金融机构及承载重要金融创新试点的外资金融项目给予表彰。

（二）建立便利外资金融机构落户的新机制

一是全面落实准入前国民待遇加负面清单管理制度。最大限度地缩减上海自贸试验区外商投资负面清单，推进金融服务领域对外开放。加快推进金融业简政放权改革探索，不断深化金融领域的"证照分离"改革，加强事中、事后分析评估和事后备案管理。

二是进一步优化上海自贸试验区与金融监管部门的精准招商工作例会

制度，为重点外资金融项目落户上海提供政策咨询与协调服务。

三是建立专业服务于上海自贸试验区外资金融机构的专业团队，对外资金融机构落户上海提供全程服务支持，为外资金融项目办理工商注册和税务登记提供高效、便捷的服务。

四是建立与各国驻沪机构和国际经济组织的合作机制，依托上海自贸试验区海外办事处，构建全球招商服务网络。

（三）临港片区相关政策情况

延续上海自贸试验区改革发展趋势，临港新片区在更深层次、更宽领域、以更大力度推进全方位高水平开放。目标是到2025年，建立比较成熟的投资贸易自由化、便利化制度体系，打造一批更开放的功能型平台，集聚一批世界一流企业，区域创造力和竞争力显著增强，经济实力和经济总量大幅跃升。到2035年，建成具有较强国际市场影响力和竞争力的特殊经济功能区，形成更加成熟定型的制度成果，发挥全球高端资源要素配置的核心作用，成为我国深度融入经济全球化的重要载体。其金融创新政策主要包括两方面。

1. 加快机构聚集

一是建设亚太供应链管理中心，完善新型国际贸易与国际市场投融资服务的系统性制度支撑体系，吸引总部型机构集聚。二是加大对新片区政府债券发行的支持力度。加大地方政府债券倾斜力度，优先支持新片区符合条件的重大项目。三是提高重点产业直接融资规模。优先支持符合条件的集成电路、人工智能、生物医药、航空航天、新能源汽车等关键重点领域的企业上市。支持新片区设立战略性新兴产业投资平台，创新股权投资等方式，带动社会资本投向重大产业项目、初创型企业等。

2. 丰富跨境金融

一是实施资金便利收付的跨境金融管理制度。在风险可控的前提下，按照法律法规规定，借鉴国际通行的金融监管规则，进一步简化优质企业跨境人民币业务办理流程，推动跨境金融服务便利化。研究开展自由贸易账户本外币一体化功能试点，探索新片区内资本自由流入流出和自由兑换。支持新片区内企业参照国际通行规则依法合规开展跨境金融活动，支持金融机构在依法合规、风险可控、商业可持续的前提下为新片区内企业和非居民提供跨境发行债券、跨境投资并购和跨境资金集中运营等跨境金融服务。新片区内企业从境外募集的资金、符合条件的金融机构从境外募集的资金及其提供跨境服务取得的收入，可自主用于新片区内及境外的经营投资活动。支持符合条件的金融机构开展跨境证券投资、跨境保险资产管理等业务。按照国家统筹规划、服务实体、风险可控、分步推进的原则，稳步推进资本项目可兑换。先行先试金融业对外开放措施，积极落实放宽金融机构外资持股比例、拓宽外资金融机构业务经营范围等措施，支持符合条件的境外投资者依法设立各类金融机构，保障中外资金融机构依法公平经营。经国家金融管理部门授权，运用科技手段提升金融服务水平和监管能力，建立统一高效的金融管理体制机制，切实防范金融风险。

二是拓展跨境金融服务功能。大力提升人民币跨境金融服务能力，拓展人民币跨境金融服务的深度和广度。支持开展人民币跨境贸易融资和再融资业务。鼓励跨国公司设立全球或区域资金管理中心。加快发展飞机、船舶等融资租赁业务，鼓励发展环境污染责任保险等绿色金融业务。

三是对标国际标准，开展跨境金融业务。支持金融机构在依法合规、风险可控、商业可持续的前提下，参照国际通行规则，为新片区内企业和非居民提供跨境发行债券、跨境投资并购和跨境资金集中运营等跨境金融服务。支持新片区内企业开展真实、合法的离岸转手买卖业务，金融机构可按照国际惯例，为新片区内企业开展离岸转手买卖业务提供高效便利的跨境金融服务。

四是加强跨境资金灵活使用。新片区内企业从境外募集的资金、符合条件的金融机构从境外募集的资金及其提供跨境服务取得的收入，可自主用于新片区及境外的经营投资活动。对新片区内符合条件的诚信优质企业，经新片区管理机构认定，可试点开展外汇收支便利化。

五是推进建设资金管理中心。适当降低开展跨境资金集中运营业务的准入门槛，进一步便利新片区内企业开展跨境资金双向归集，实现资金集中管理。

六是发挥银行信贷、保险资金以及融资担保基金等的作用。研究出台对重点产业提供长期低息贷款并吸引保险资本的支持政策，以及市、区两级配套贴息政策。鼓励创新融资担保方式，加大政策性融资担保基金对新片区内中小企业的支持力度。

第三节　中国的金融结构

一、结构性思维看金融

20世纪60年代初期，美籍经济学家、耶鲁大学教授雷蒙德·W. 戈德史密斯（Raymond W. Goldsmith）1969年出版《金融结构与金融发展》一书，首创提出金融结构理论，定义金融结构是一国现存的金融工具和金融机构之和，得出两个重要结论：第一，金融结构调整对经济增长具有巨大的促进作用。第二，金融发展的实质是金融结构的变化，研究金融发展就是研究金融结构的变化过程和趋势。

回顾新中国成立以来中国金融结构演变的历史过程，以1978年为分界线，前二十年的主要特点是"合"，将原来国民政府时期相对分散的金融机构、货币、外汇结算渠道、投融资工具、金融市场全部集中到中国人民银行，形成垄断、单一的金融结构；之后开始逐步"分"，先后恢复和创建了保险、商业银行、政策性银行、证券、信托、债券、民营银行、互联网金融等纷繁复杂、多元多样的金融市场。我国金融结构的演变过程主要是借鉴西方发达国家经验和教训，进行审慎设计和人为调整的结果，存在先天功能不足、后天发育不良等严重缺陷，主要表现在以下方面。

从金融机构结构看，银行机构居于主导地位，非银行金融机构发展相对明显不足，尤其是保险、证券占比过低。2019年12月末，我国银行业境内总资产为290万亿元，保险业总资产为20.56万亿元，证券公司总资产为8.12万亿元，银行业资产占整个金融业资产规模的比重超过90%。

从银行机构结构看，国有大中型银行居于主导地位，民营银行和外资银行占比很小。根据中国银保监会统计数据，2019年12月末，银行业金融机构资产份额结构中，5家大型国有商业银行占40.3%，12家股份制银行占17.9%，二者合计占比接近60%，17家民营银行和外资银行占比不到2%。

从社会融资结构看，间接融资居于主体地位，直接融资发展相对明显不足。根据人民银行发布的数据，2019年12月末，社会融资规模存量为251.31万亿元，各类贷款融资占比超过77%，债券和股票融资占比不到20%。

从金融市场结构看，金融原生性市场居于主导地位，金融衍生性市场发展相对不足，利率、汇率工具的灵活度不足，梯度和层次结构过于单调。

从金融开放结构看，中资机构居于绝对主导地位，外资机构发展明显不足。中国外资银行、保险、证券机构市场占比不到2%，远低于西方发达国家，也低于印度、南非等"金砖国家"和东南亚、拉美国家。

从金融流动结构看，过去较长时间内对引进外资的重视程度远远高于对外投资，外资流入相对容易，资本流出相对更加困难，外汇储备过于庞大，人民币"走出去"滞后于我国对外贸易发展和产业国际化水平。

从金融资源空间分布结构看，东部沿海地区金融业相对发达，北京作为金融决策中心、上海作为金融交易中心和深圳作为金融创新中心的地位日益凸显，中西部地区金融金融资源供给相对不足，缺乏全国性、国际化金融中心，资源配置效率有待提高。

二、新一轮金融竞争的结构性机遇

习近平总书记指出，当前面临百年未有之大变局。作为现代经济的核心，金融业也正处于结构大调整的关键阶段。立足重庆的区位条件等比较优势，可以把握和利用以下几大机遇。

（一）从国际看：双剑合璧，破解全球金融结构缺陷难题

人民币国际化是未来国际金融格局调整的最大变量。以2007年美国爆发次贷危机为标志，国际金融格局加速调整，发达国家金融帝国地位开始动摇，新兴国家金融地位开始上升，显著标志就是人民币国际化，其进程与全球金融危机演变几乎同步。2007年6月，首只人民币债券在香港登

陆，被视为人民币"走出去"的首次试水；2008 年 7 月 10 日国务院批准中国人民银行"三定方案"，新设立汇率司，其职能包括"根据人民币国际化的进程发展人民币离岸市场"，体现了高度的目的性政策导向和政策可预测性。根据中国人民银行发布的《2019 年人民币国际化报告》，以2008 年为起点，经过十年稳步发展，目前人民币已经连续八年作为中国第二大国际收付货币，全球第五大支付货币、第三大贸易融资货币、第八大外汇交易货币、第六大储备货币。全球已有 60 多个央行或者货币当局将人民币纳入外汇储备，超过 32 万家企业和 270 多家银行开展跨境人民币业务，与中国发生跨境人民币收付的国家和地区达到 242 个。但与我国外汇储蓄居世界第一位、经济总量居世界第二位、货物贸易规模居世界第一位、服务贸易规模居世界第二位等主要经济指标相比仍有很大空间。

"一带一路"建设将从根本上改变中国对外开放格局。近年来，我国通过"一带一路"建设调整了对外开放战略重心：一是由注重货物贸易转向货物和服务贸易并重，尤其是把金融开放作为提高开放水平的标志；二是由注重引进外资转向"引进来""走出去"并重，通过产能合作加大对外投资力度；三是由主要面向发达国家开放向重点面向"一带一路"沿线国家的全方位开放转变，大力优化对外贸易结构，加大与"一带一路"沿线国家的合作力度。根据商务部等 6 部门联合发布的《2018 年度中国对外直接投资统计公报》，2018 年底，中国对外直接投资存量达 1.98 万亿美元，是 2002 年底存量的 66.3 倍，在全球分国家地区的对外直接投资存量排名中由第 25 位升至第 3 位，仅次于美国和荷兰。从双向投资情况看，2018 年中国对外直接投资与吸引外资基本持平。金融在"一带一路"倡议中发挥重要作用，中国先后倡议和牵头成立了亚洲基础设施投资银行和丝路基金，加大对外投资力度，建设面向"一带一路"的金融服务体系，必将对国际金融秩序产生深远的影响。

因此，从国际看，人民币国际化和"一带一路"建设双剑合璧，将破解全球金融结构缺陷难题。

（二）从国内看：双轮驱动，加快国内金融结构再平衡

1. 金融科技成为金融发展的重要驱动力量

2019 年 10 月 24 日，中共中央政治局就区块链技术发展现状和趋势进行第十八次集体学习，强调"把区块链作为核心技术自主创新重要突破口""加快推动区块链技术和产业创新发展"。由于非常符合金融系统的业务需求，区块链技术目前已在支付清算、信贷融资、金融交易、证券、保险、租赁等领域落地应用。以此为标志，我国金融业早已掀起"科技革命"。总体而言，金融业的科技力量从支撑、保障的从属地位，正在向引领、重塑的驱动地位转变，成为金融重要的核心竞争力。当前金融科技正处于技术融合、功能拓展、产业细分的关键阶段，发挥金融科技在促进数据共享、优化业务流程、降低运营成本、提升协同效率、建设可信体系等方面的作用，推动金融科技和金融业务深度融合，能有效解决中小企业贷款融资难、银行风控难、部门监管难等问题。可以预见，金融科技竞争将是下一轮金融中心竞争的重要领域，重庆在智能化驱动发展战略带动下，已经初步具备先发优势。

2. 我国区域发展新格局推动金融资源空间布局优化

近十年来，我国区域发展格局呈现三大新趋势，均有利于重庆提升战略定位，促进重庆汇聚金融资源、增强金融核心竞争力。第一，地域差距由东西分化向南北分化转变。近年来，我国区域发展格局中的经济增速"南快北慢"、经济总量占比"南升北降"的状况不断得到强化。2013年北方人均 GDP 被南方赶超，2016 年北方地区的经济总量占比首次降至40% 以下，2018 年这个数字降至 38.5%。2019 年，全国各省份生产总值总量排名中北方只有山东、河南、河北三省能列入前十位，而增速排名前十位的只有河南、山西两个北方省份。2019 年，在人口明显流入的 11 个省份中，只有新疆在中国北方。北方主要经济贡献省份和地区，如北京、山东、河北和河南都处于人口流出状态。第二，城镇化模式由城市群带动向大都市圈驱动转变。2018 年 9 月 29 日习近平总书记在沈阳主持召开深入推进东北振兴座谈会上，首次提出"要培育发展现代化都市圈"。随后，国家发展和改革委员会出台《关于培育发展现代化都市圈的指导意见》，提出培育发展一批现代化都市圈，标志着国家正式实施大都市圈发展战略。相比城市群，都市圈是城市群内部以超大、特大城市或辐射带动功能强的大城市为中心、以 1 小时通勤圈为基本范围的城镇化空间形态。重庆已经开始实施主城区都市圈发展战略，将有效提升主城区对人流、物流、信息流、资金流的"虹吸效应"。第三，基础设施建设由点线延伸向网络化互联互通布局转变。参考国际经验，在城镇化中的基础设施投资中，人均资本存量和资本产出比是两个最重要的衡量指标。中国现有基础设施资本存量国际排名仅次于美国，居第二位。但人均存量远远低于所有经合组织成员国，初步测算未来十年我国基础设施建设投资将达到40万亿元以上规模，为金融发展提供广阔市场。国务院《"十三五"现代综合交通运输体系发展规划》首次明确成都—重庆为全国四个将重点打造的"国际性综合交通枢纽"之一，是目前全国最高等级的交通枢纽，也是中西部地区唯一的一个。重庆正大力推进交通提升三年行动计划，计划未来三年投入4500亿元用于交通基础设施建设。

因此，从国内看，金融科技创新和区域发展新格局双轮驱动，将加快国内金融结构再平衡。

（三）三大战略齐头并进，为提升重庆金融中心能级夯实发展基础

重庆要在西部大开发中发挥支撑作用，主要靠现代产业和现代城市两大支柱，在现代产业方面主题是高质量发展，动力是大数据智能化创新驱动，因此，智能化是现在重庆经济转型的主要方向。在"一带一路"建设方面，由重庆始发的"渝新欧"铁路是中欧班列的前身，现在中欧（重庆）班列依然是开行次数最多的线路。中新互联互通示范项目落地后，以重庆为运营中心的南向通道开通，2018年在国家领导人见证下更名为国际陆海贸易新通道，成为连接"一带"和"一路"的战略通道，已经成为以重庆为运营中心、西部14个省市参与的国家战略。因此，重庆拥有两大国际贸易通道，成为名副其实的国际化枢纽城市。在绿色发展方面，重庆是长江上游重要的生态屏障，生态基础好、绿化覆盖率高，坚持大保护前提下的发展，对长江经济带建设具有示范作用。绿色发展必然带来绿色经济大发展。根据发达国家经验，绿色经济将成为我国经济转向高质量、可持续发展的发力点和增长点，将带动节能产业、环保装备制造、生态高效农业、资源可再生利用、绿色金融等产业发展。

因此，从重庆看，智能化、绿色化和大开放三大战略齐头并进，将为提升重庆金融中心能级夯实发展基础。

第四节　重庆国际金融中心建设与发展对策

　　近年来，中央赋予重庆"两点"定位、"两地""两高"目标和发挥"三个作用"的政治任务，并将成渝地区双城经济圈建设上升为国家战略，为重庆参与国际金融中心竞争提供了战略机遇。本书立足于国际国内经济金融发展面临的新形势、新周期、新走向，对重庆建设国际金融中心可以把握的结构性机遇进行深入分析，并就重庆加快金融产业布局、提升金融中心能级提出对策建议。

　　2007 年，重庆对金融中心进行了第一次定位，将建设长江上游地区金融中心作为发展的目标。这一年是重庆成为直辖市的第十年，也是重庆开启直辖第二个十年的发展篇章的开端之年。当时重庆提出到 2015 年要把重庆建设成为长江上游地区金融中心，长江上游地区金融中心的四大功能分别为强化资金集散、培育具有区域优势的金融市场、提高金融创新能力和建设金融核心区。

　　2013 年，重庆对金融中心进行了第二次定位，将建设长江上游区域性金融中心作为发展的目标。当时重庆市政府发布了《关于加快建设长江上游区域性金融中心的意见》，明确提出到 2017 年金融业增加值占地区生产总值的比重达到 10%，基本建成以金融结算为特征的长江上游区域性金融中心的目标任务。重庆建设区域性金融中心的定位是以产业为基础、结算为主体的金融中心，这一定位不仅符合重庆的产业结构，而且明确了与北京、上海等城市的差异化发展路径。

　　2017 年，重庆对金融中心进行了第三次定位，将国内重要功能性金融中心作为发展的目标。2017 年初，重庆市政府在发布的《重庆市建设国内重要功能性金融中心"十三五"规划》中提出，到 2020 年，国内重要功能性金融中心建设取得显著进展。根据规划，重庆提出了六个比较具体的建设国内重要功能性金融中心的目标，分别为加强金融支柱产业地位、形成完善的金融机构体系、打造特色金融市场体系、建设扎实的金融基础设施体系、提升服务功能和优化金融生态环境。

2019 年，重庆对金融中心进行了第四次定位，明确提出要打造内陆国际金融中心。这既是重庆正在抓紧推进的最新定位，也是重庆金融从国内走向国际的一次相当重要、非常准确的定位。

回顾重庆建设金融中心的历程，从长江上游地区金融中心到全国重要功能性金融中心，再到最近提出建设内陆国际金融中心，定位之变源于认识之变、信心之变、目标之变。

第五次全国金融工作会议指出"要优化金融资源空间配置和金融机构布局，大力发展中小金融机构"，建设金融中心就是对金融资源的一种空间配置。由于目前国内已经形成北京、上海、深圳三大金融中心，全国性金融机构资源空间分布相对稳定，重庆可以把握的机遇主要是瞄准现有金融结构短板，大力发展中小金融机构，争取成为国内次级金融中心。同时，强化联接新加坡、面向"一带一路"等开放性特征，争取成为国际化金融中心。

一、金融机构发展策略

近二十年，国家未新批全国性银行业金融机构，城市商业银行、农村商业银行基本上为改制而来，仅民营银行、保险公司、消费金融公司、汽车金融公司、财务公司、金融租赁公司、货币经纪公司等金融牌照具备可获得性。同时，自 2008 年国家严格限制城市商业银行、民营银行、农村商业银行跨省区经营，未新批设立异地机构。基于此，重庆在引进金融机构、争取金融牌照方面，必须有的放矢、精准发力。

聚集保险法人机构，做大保险总部经济。从国际经验看，未来我国银行、证券、保险三大金融主业中，保险业资产规模增长空间最大。美国保险资产规模占金融资产总额的 35% 左右，高于商业银行资产占比，而我国保险业资产占金融总资产的比重低于 10%。2018 年世界 500 强企业排行榜中，保险类企业共 58 家，占比为 11%，超过银行上榜数量。过去二十年，我国新增法人保险机构超过 100 家，年均新增 5 家以上，同时保险股权转让市场相对活跃，保险机构跨省"搬家"、异地经营未受禁止，具备政策可行性。目前重庆有 5 家保险法人机构注册地在重庆，数量居中西部第一位，已经形成一定的聚集态势，但现有 5 家机构业务体量小、特色不突出，应该抓住保险市场活跃的机遇，一方面大力支持现有法人机构立足重庆、做大做强，另一方面继续争取更多的保险牌照、吸引保险机构聚集重庆，力争成为名副其实的保险总部经济中心城市。

发展非银行业机构，增强金融创新活力。目前，在推进金融供给侧结构性改革背景下，国家鼓励审慎发展消费金融、汽车金融、金融租赁、理财子公司等专业性非银行金融机构。重庆现有 1 家汽车金融公司、1 家消费金融公司、3 家金融租赁公司，类别比较齐全，但辐射能力有限。下一步，可以继续大力吸引消费金融、汽车金融、金融租赁等创新型非银行机构落户重庆，同时支持现有非银行机构利用金融科技手段创新金融产品、业务模式和服务方式，加快发展普惠金融、扩大服务范围，向全国、全球市场提供金融服务，扩大重庆金融中心辐射效应。消费金融、汽车金融等业务发展越来越依赖大数据技术，重庆应该率先加快各部门信用信息整合集成，为金融机构落地和发展提供良好的网络环境、数据环境和营商环境。

聚集银行功能性机构，提升金融服务能力。尽管银行不能新设和"搬家"，但争取全国性银行来渝设立功能性机构仍具备政策可行性。重庆现已聚集了工商银行西南票据中心、中信银行国际业务中心等银行功能性总部 7 家，初具规模。下一步，应继续依托国家重大战略，推动全国性金融机构在重庆设立面向中西部、长江经济带和"一带一路"的功能性总部，如结算中心、外汇中心、科技中心、灾备中心、客服中心、电话营销中心、互联网营销中心、票据中心、信用卡中心等。聚集银行功能性中心，不仅可以增强重庆金融对外服务能力，丰富重庆金融市场体系，还将引进更多金融高端人才，提升重庆金融"软实力"。

加强成渝两地金融机构合作。成渝两地金融产品服务各具特色，有较强的互补性，促进双向开放有利于扩大优质金融服务市场容量，促进金融服务供给侧改革。第一，应该放开成渝两地法人银行到经济圈内设立分支机构的限制，通过互设分支机构，提高优质金融产品服务覆盖度，增强金融服务成渝地区的能力。第二，在全国四个直辖市中，重庆是唯一一个没有全国股份制商业银行的直辖市，建议成渝合作设立一家全国股份制商业银行，增加金融市场主体，提高区域金融活力。第三，推动成渝合作成立金融控股集团，从股权方面加深两地金融机构的融合，有利于与区域内全国性金融机构和外资金融机构展开公平有序的竞争，增强区域内金融体系的活力，提高区域金融的市场化水平和辐射吸纳能力。

二、金融市场发展策略

全力争设西部交易所，助推多层次资本市场发展。第五次全国金融工作会议指出："积极有序发展股权融资，提高直接融资比重。"目前我国两大证券交易所分别位于上海和深圳，总市值约 7.6 万亿美元。美国经济总量不到中国的 2 倍，而股市市值为 31.3 万亿美元，是中国的 4 倍以上。经济总量与重庆基本相当的香港，股市市值为 5.78 万亿美元，与中国内地股市相差无几。可见中国股市仍有数倍成长空间。目前，深圳、上海证券交易所设有主板、中小板、创业板、科创板，大力推进注册制改革，先后在科创板、创业板实行注册制，但由于中国企业数量庞大，有上市融资需求的企业达到数十万家，两家交易所上市门槛依然过高，难以满足市场需要。对中西部地区而言，由于产业层次相对较低，企业资质普遍更差，资本市场对中西部地区的支持作用难以充分发挥。截至 2019 年 12 月末，全国 31 个省份合计共有上市公司 3777 家，而广东省、浙江省、江苏省、北京市、上海市、山东省 6 个省市共有 2250 家，占比达到 59.6%，西部 12 个省份上市公司数量还不及广东一省多。在重庆建设面向西部地区的股票交易所对改变我国资本市场结构单一问题，利用资本市场为新一轮西部大开发筹集资金，改善我国区域发展不平衡现状均具有重要意义。重庆现有一个区域股份转让中心，可以先升级为三板市场，再积极争取国家支持办成西部证券交易所，与深圳、上海错位发展，定位为西部板，重点支持西部地区中小企业、科技创新企业融资，未来还可以面向"一带一路"开通国际板，为沿线广大发展中国家提供投融资服务。

试点碳排放权配额交易制度，发展绿色金融市场。重庆要在长江经济带绿色发展中发挥示范作用，必须带头降低单位生产总值的碳排放量，可行的措施是对所有企业碳排放实行配额管理，根据不同行业和生产产值、税收贡献量等指标核定碳排放限额，如果要超排就必须购买配额，如果减少产能或者改进工艺有多余的排量配额可以转让，目前这项制度已经在一些地区试点，但普遍存在交易量小、企业积极性低等问题，主要原因在于没有实行强制配额管理。只有强制分配配额，配额才会产生经济价值，才有交易的需求。重庆作为长江上游的生态屏障，又担负推动高质量发展的使命，有充足的理由率先实行碳排放强制配额管理，在此基础上建立碳排放权交易市场，配套金融服务，形成一个活跃的公开交易市场，从而带动绿色金融业务发展。成渝地区也可以合作申报绿色金融改革创新试验区，制定绿色金融产品统一标准，探索发行长期限、永续绿色债券，支持成渝城市群河流治理、生态环保和基础设施建设。

设立保险资产登记平台，建设保险资产交易市场。保险是国际金融市场最重要的机构投资者之一，资金体量大、投资领域广、创新工具多，是未来我国资本市场重要的长期资金来源之一。目前，全国唯一的中保保险资产登记交易系统有限公司（以下简称中保登）注册地在重庆，作为上海保险交易所控股的保险资产管理业集中化运营的基础平台，为保险资产管理业提供发行、登记、托管、交易、结算、信息披露等全方位服务。但现在中保登实际运营地点在北京，下一步重庆应该大力争取将其运营地回归重庆，由于保险业资产规模未来具有很大的增长空间，中保登作为行业唯一的资产登记交易基础平台，对重庆打造保险资产管理中心具有战略意义，不可不争。

三、金融开放发展策略

1. 加强与新加坡合作，开辟中新金融互联通道

重庆应该把握机遇，积极借助新加坡作为国际金融中心的优势，通过中新（重庆）战略性互联互通示范项目提升自己在国内金融改革开放大格局中的地位和作用。可以把握几项重点：一是与新加坡合作建设西部交易所，借鉴新加坡交易所的监管经验，打造透明规范的西部交易所，让中央

政府放心，服务西部大开发、长江经济带和"一带一路"倡议。二是与新加坡合作建设保险资产管理中心，依托中保登平台、借助新加坡通道开放境外投资者参与中国保险资产交易，推动中国保险机构投资者参与海外金融市场。三是与新加坡开展金融科技合作。引导金融科技及周边产业聚集重庆，建立中新金融科技合作试验区，帮助解决金融机构在流量、场景、客户等方面的发展痛点以及科技企业在技术应用、价值实现、市场拓展等方面的发展难题，促进科技与金融深度融合发展。四是打造新加坡私人财富管理、机构资产管理辐射中国中西部地区的门户，逐步培养重庆的比较优势。五是强化与中国香港、新加坡等目标市场的规则对接。如苏黎世以欧洲经济区为重点目标市场，在银行、保险等领域实现了规则对接。可进一步研究确定重庆在"一带一路"和陆海新通道中的具体目标市场，考虑以跨境理财通、中新基金互认等重点项目为抓手，推动细分领域下与重点目标市场规则制度的对接。还可考虑进一步强化中新金融峰会、渝港高级别会议内涵，推动发挥产品互认、信息互通、规则对接、机制共建等作用。

2. 面向"一带一路"沿线国家创新金融服务

一是大力发展国际物流综合金融创新。重庆已经形成东西南北四向交通大动脉和陆海水空四式联运交通服务体系，首创开展铁路提单信用证融资创新试点，搭建了市级物流金融服务平台，具备大力发展国际物流综合金融创新的初步基础。国际物流天然需要综合金融服务，包括供应链融资、保险、再保险、支付、结算等多种金融业务和工具，向来是国际金融服务的重点领域。二是大力发展"一带一路"投融资创新。"一带一路"沿线国家绝大多数为发展中国家，在基础设施、城市综合开发、物流、贸易、跨境电商等方面存在大量投融资机会，仅基础设施一项，在未来4~5年就有10万亿美元的市场空间。三是面向"一带一路"开通西部交易所国际板。重庆建设西部交易所，与深圳、上海错位发展，利用"一带一路"沿线发展中国家与我国中西部地区发展阶段相近、产业梯次衔接、融资需求相通等优势，重点为"一带一路"和中西部企业提供融资服务。支持在成渝地区研究开展自由贸易账户本外币一体化功能试点，探索资本自由流动和自由兑换，提高跨境贸易融资便利化水平。

3. 强化陆海新通道建设

建设陆海新通道对物流金融提出了更高要求，成渝合作创新物流金融产品、制定物流金融国际标准，有助于提升成渝城市群的金融国际影响力。建议加强合作创新物流金融服务产品，探索制定物流金融国际标准，更好地服务西部陆海新通道发展，提升成渝城市群的金融国际影响力。此外，利用成渝地区双城经济圈建设的契机，成渝还可以共同出资设立西部陆海新通道建设基金，专项用于西部陆海新通道的铁路、公路、港口、物流枢纽等基础设施，吸引各金融机构、亚洲基础设施投资银行、丝路基金等国内外资本投资参与，加快西部陆海新通道建设。

4. 以完善地方性金融法规为抓手优化营商环境

如苏黎世金融中心的发展和改革过程，伴随着法律法规的不断完善，"改革未动、立法先行"，法规扮演着极其重要的作用。可考虑以世界银行营商环境评估为契机，在重庆政府职权范围内，以地方性法规形式，探索符合国际标准的金融监管、金融服务、投资者保护等地方性金融法规，以改善重庆金融业国际化营商环境。

四、金融创新发展策略

1. 依托智能化大力发展金融科技

在中国国际智能产业博览会（以下简称智博会）营造的浓厚氛围下，重庆的大数据智能化驱动创新发展战略已经取得初步成效。2019 年 8 月 26 日中国信息通信研究院发布的《中国智能化发展指数报告（2019）》《中国5G 应用发展白皮书（2019）》显示，重庆市智能化发展指数达 62.42，在全国 31 个省份中位居第七名，高出全国平均水平 12.5 个百分点，位列西部第一名，处于领先地位。重庆互联网金融颇为活跃，阿里、百度、苏宁、海尔公司纷纷在重庆设立互联网小贷机构，共 53 家，居全国第一位。重庆可抓住机遇大力发展金融科技，占领国内金融科技发展的前沿方阵，利用科技驱动加快金融创新发展。

2. 依托区位优势大力发展供应链金融

供应链金融是依托核心企业的供应链，为上下游企业提供综合金融服务的金融产品总称。其最大优势是利用供应链真实交易形成相对稳定的信用关系，破解中小企业融资难题，提高金融服务的安全性和可控性。供应链金融在国际上早已成规模，是商业银行的主流业务品种，根据国际权威机构美国联合包裹运送服务公司（UPS）的估计，全球市场中应收账款的存量约为 13000 亿美元，应付账款贴现和资产支持性贷款（包括存活融资）的市场潜力则分别达到 1000 亿美元和 3400 亿美元。2018 年 4 月，中国商务部、银保监会等 8 部门联合印发《关于开展供应链创新与应用试点的通知》，决定大力推动供应链金融发展。据测算，到 2020 年我国供应链金融规模达到约 15 万亿元。① 重庆应积极争取国家供应链金融试点，引导金融机构和企业大力发展供应链金融创新，尤其是立足重庆的开放高地优势，面向"一带一路"开展国际供应链金融创新，扩大铁路提单信用证融资创新成果，打造国内供应链金融创新中心。

3. 依托大都市圈建设，探索城市化投融资创新

"人到哪去、地怎么用、钱从哪来"是新型城镇化发展的三大问题，其中的资金保障是关键的一环，《国家新型城镇化规划（2014—2020 年）》提出要建立透明规范的城市建设投融资机制。重庆作为国家中心城市之一，人口有 3200 万人，主城区规划居住人口超过 1000 万人，目前正大力推进主城大都市圈建设，具有创新城市化投融资机制的迫切需求和基础条件。重庆可以争取国家市政债券试点，一是置换现有政府隐性债务，实现地方政府债务规范化、透明化；二是参照发达国家做法，实施投资人利息收入税收减免政策，吸引保险资金、公募基金、养老基金等机构投资参与；三是建立专业的债券融资增信机构，吸引信用评级、会计、法律等专业机构聚集重庆，增强金融中心辐射效应。

总之，从我国金融资源空间分布结构看，东部沿海地区金融业相对发达，北京作为金融决策中心、上海作为金融交易中心和深圳作为金融创新中心的地位日益凸显。中西部地区金融资源供给相对不足，缺乏全国性、

---

① 资料来源：《区块链与供应链金融白皮书》，该白皮书由中国信息通信研究院、腾讯金融科技等多家单位牵头编写，内容中提到"由普华永道测算，到 2020 年我国供应链金融规模达到约15 万亿元"。

国际化金融中心，资源配置效率有待提高。从当前全球经济格局看，国际国内金融业也正处于结构大调整的关键阶段。立足重庆的区位条件等比较优势，可以把握和利用以下机遇。第一，人民币国际化是未来国际金融格局调整的最大变量。目前人民币已经连续八年是中国第二大国际收付货币，全球第五大支付货币、第三大贸易融资货币、第八大外汇交易货币、第六大储备货币。但与我国外汇储蓄居世界第一位、经济总量居世界第二位、货物贸易规模居世界第一位、服务贸易规模居世界第二位等主要经济指标相比仍有很大空间。第二，"一带一路"建设将从根本上改变中国对外开放的格局。近几年我国通过"一带一路"建设调整了对外开放战略重心。金融在"一带一路"建设中发挥重要的作用，中国先后倡议和牵头成立了亚洲基础设施投资银行和丝路基金，加大对外投资力度，建设面向"一带一路"的金融服务体系，必将对国际金融秩序产生深远影响。第三，我国区域发展新格局及成渝地区双城经济圈建设将推动金融资源空间布局进一步优化。我国区域发展格局呈现新趋势，有利于重庆提升战略定位，促进重庆汇聚金融资源、增强金融核心竞争力。在"一带一路"建设方面，由重庆始发的渝新欧铁路是中欧班列的前身，现在中欧（重庆）班列依然是开行次数最多的线路。中新互联互通示范项目落地后，以重庆为运营中心的南向通道开通，2018 年在国家领导人见证下更名为国际陆海贸易新通道，成为连接"一带"和"一路"的战略通道，已经成为以重庆为运营中心、西部 14 省市参与的国家战略。因此，重庆拥有两大国际贸易通道，成为名副其实的国际化枢纽城市。为了尽快将重庆建设成国际金融中心城市，可以在以下几方面积极推进：（1）积极主动聚集银行功能性机构，提升金融服务能力。（2）大力发展非银机构，增强金融创新活力。（3）聚集保险法人机构，发展保险总部经济。（4）全力争设西部交易所，助推多层次资本市场发展。（5）试点碳排放权配额交易制度，发展绿色金融市场。（6）做实保险资产登记平台，建设保险资产交易市场。（7）加强与新加坡的合作，开辟中新金融互联通道。（8）面向"一带一路"沿线国家创新金融服务，大力推进国际物流综合金融创新。

参考文献

［1］中国人民大学国际货币研究所．人民币国际化报告［M］．北京：中国人民大学出版社，2016．

［2］唐浩．人民币国际化演化与实现路径［M］．北京：科学出版社，2012．

［3］林乐芬，王少楠．"一带一路"建设与人民币国际化［J］．世界经济与政治，2015（11）．

［4］国家发改委经济研究所课题组，张岸元，李世刚．人民币国际化战略和实施路径［J］．经济研究参考，2014（9）．

［5］陆长荣，丁剑平．我国人民币国际化研究的学术史梳理与述评［J］．经济学动态，2016（8）．

［6］张俊霞．"渝新欧"国际铁路对重庆外贸发展的影响研究［D］．北京：对外经济贸易大学硕士学位论文，2015．

［7］傅昕．"渝新欧"国际铁路开通背景下的重庆对外贸易发展研究［D］．重庆：重庆大学硕士学位论文，2016．

［8］蔡伊鸽，陈建，张毅．上海自贸区离岸金融中心路径选择及风险防范［J］．现代管理科学，2017（2）：21－23．

［9］冯志峰．上海自贸区建设的经验归纳、问题检视与复制方法［J］．当代经济管理，2016（7）：8－13．

［10］李梦泽．新加坡港的产业发展对中国自贸区的启示［D］．北京：北京外国语大学硕士学位论文，2015．

［11］陆桂贤，许承明，许凤娇．金融深化与地区资本配置效率的再检验：1999—2013［J］．国际金融研究，2016（3）：28－39．

［12］王利辉，刘志红．上海自贸区对地区经济的影响效应研究——基于"反事实"思维视角［J］．国际贸易问题，2017（2）：3－15．

[13] 熊鹏，王飞．中国金融深化对经济增长内生传导渠道研究——基于内生增长理论的实证比较 [J]．金融研究，2008（2）：51 - 60.

[14] 张前程，龚刚．政府干预、金融深化与行业投资配置效率 [J]．经济学家，2016（2）：60 - 68.

[15] 张谊浩，裴平，沈晓华．香港离岸金融发展对大陆金融深化的效应——基于离岸金融中心的实证研究 [J]．国际金融研究，2009（6）：31 - 39.

[16] 王景武．金融发展与经济增长：基于中国区域金融发展的实证分析 [J]．财贸经济，2005（10）：23 - 26.

[17] 周凯，刘帅．金融资源集聚能否促进经济增长——基于中国31个省份规模以上工业企业数据的实证检验 [J]．宏观经济研究，2013（11）：46 - 53.

[18] 李林，丁艺，刘志华．金融集聚对区域经济增长溢出作用的空间计量分析 [J]．金融研究，2011（5）：113 - 123.

[19] 卢峰，姚洋．金融压抑下的法治、金融发展和经济增长 [J]．中国社会科学，2004（1）：42 - 55.

[20] 孟猛．金融深化和经济增长间的因果关系——对我国的实证分析 [J]．南开经济研究，2003（1）：72 - 74.

[21] 罗文波．金融结构深化、适度市场规模与最优经济增长——基于资本形成动态博弈路径的理论分析与经验证据 [J]．南开经济研究，2010（2）：98 - 116.

[22] 陈国庆．国际金融市场的金融创新 [J]．南开经济研究，1990，6（1）：19 - 25，66.

[23] 王爱俭．金融创新与中国虚拟经济发展研究 [J]．金融研究，2002（7）：69 - 77.

[24] 孙浦阳，张蕊．金融创新是促进还是阻碍了经济增长——基于技术进步视角的面板分析 [J]．当代经济科学，2008（3）：26 - 36.

[25] 王中美．"负面清单"转型经验的国际比较及对中国的借鉴意义 [J]．国际经贸探索，2014（9）：72 - 84.

［26］张相文，向鹏飞．负面清单：中国对外开放的新挑战［J］．国际贸易，2013（11）：19－22.

［27］王晶．"负面清单"模式对我国外资管理的影响与对策［J］．管理世界，2014（8）：169－170.

［28］李墨丝，沈玉良．从中美 BIT 谈判看自由贸易试验区负面清单管理制度的完善［J］．国际贸易问题，2015（11）：73－82.

［29］袁倩，王嘉琪．行政改革的"内在悖论"：一个解释框架——以中国（上海）自由贸易区"负面清单"为例［J］．公共管理学报，2015（2）：13－20，153－154.

［30］陈升，李兆洋．产业负面清单制定及其管理模式研究［J］．中国软科学，2014（增）：251－257.

［31］喻少如．负面清单管理模式与行政审批制度改革［J］．哈尔滨工业大学学报（社会科学版），2016（2）：7－12.

［32］李大伟．我国编制市场准入负面清单的若干关键问题及对策［J］．中国发展观察，2016（3）：41－43.

［33］罗正英．信誉链假说：中小企业融资能力的放大［J］．上海经济研究，2003（5）：33－39.

［34］金雪军、陈杭生．桥隧模式：架通信贷市场与资本市场的创新型贷款担保运作模式［M］．杭州：浙江大学出版社，2007.

［35］巴曙松．小微企业融资发展报告：中国现状及亚洲实践［R］．2013.

［36］闫俊宏，许祥秦．基于供应链金融的中小企业融资模式分析［J］．上海金融，2007（2）.

［37］李敏．金融创新与经济增长关联性的系统动态研究［D］．武汉：武汉理工大学博士论文，2010.

［38］诸葛秀山．金融创新与经济增长的关系研究［D］．镇江：江苏大学博士论文，2007.

［39］巴曙松，华中炜，朱元倩．利率市场化的国际比较：路径、绩效与市场结构［J］．华中师范大学学报（人文社会科学版），2012，51（5）：

33 – 46.

［40］蔡鄂生．我国金融租赁业的现状与发展模式［J］．中国金融，2011（14）：9 – 10.

［41］陈德球，魏刚，肖泽忠．法律制度效率、金融深化与家族控制权偏好［J］．经济研究，2013（10）：55 – 68.

［42］程子涵，陈志，宋子南．浅谈我国的金融抑制与金融深化［J］．经营管理者，2010（15）：112.

［43］杜金岷，苏李欣．上海自贸区金融创新风险防范机制研究［J］．学术论坛，2014，37（7）：26 – 30.

［44］豆雯雯．金融发展理论与我国金融体系改革实践［D］．成都：西南财经大学硕士学位论文，2012.

［45］龚传悦．浅谈上海自贸区与中国金融市场改革深化［J］．经济研究导刊，2014（16）：256 – 257.

［46］花磊．中国自贸区金融政策比较分析［J］．经济研究导刊，2017（35）：118 – 119.

［47］李敬．重庆自贸区建设需把握三个关系、明确三大定位［J］．新重庆，2017（5）：35 – 36.

［48］凌锐．自贸区战略布局中重庆各区域发展的新定位分析［J］．商场现代化，2017（23）：4 – 6.

［49］刘兆琼．重庆保税港区政府管理机制创新研究［D］．重庆：西南大学硕士学位论文，2014.

［50］刘建鹏．上海自贸区金融开放及其影响研究［D］．天津：天津财经大学硕士学位论文，2015.

［51］刘轶锴．上海自贸区金融创新与开放研究［D］．杭州：浙江大学硕士学位论文，2015.

［52］吕蕴谋，崔光显，周川贺，等．重庆自贸区外商投资制度研究——以"负面清单"为视角［J］．法制博览，2016（8）．

［53］罗纳德·I. 麦金农．经济发展中的货币与资本［M］．新1版．上海：三联书店上海分店，1997.

［54］邱晨敏．试析上海自贸区的投融资金融创新［J］．财经界：学术版，2016（8）．

［55］仇娟东，何风隽，艾永梅．金融抑制、金融约束、金融自由化与金融深化的互动关系探讨［J］．现代财经（天津财经大学学报），2011（6）：55－63．

［56］时欣．重庆保税区向自贸区转型研究［D］．成都：西南财经大学硕士学位论文，2014．

［57］史燕平．融资租赁及其宏观经济效应［M］．北京：对外经济贸易大学出版社，2004．

［58］王布衣．上海自贸区金融创新对人民币国际化的促进作用［J］．时代金融，2015（32）：363－364．

［59］叶敏亮．中国广东自由贸易试验区金融改革设想［D］．长春：吉林大学硕士学位论文，2016．

［60］张谊浩，裴平，沈晓华．香港离岸金融发展对大陆金融深化的效应——基于离岸金融中心的实证研究［J］．国际金融研究，2009（6）：31－39．

［61］周小川．人民币资本项目可兑换的前景和路径［J］．金融研究，2012（1）：1－19．

［62］张新．深化上海自贸区金融改革［J］．中国金融，2015（9）：9－11．

［63］徐明棋．上海自由贸易试验区金融改革开放与人民币国际化［J］．世界经济研究，2016（5）：3－10．

［64］Huang D，Van V T，Hossain M E，et al. Shanghai Pilot Free Trade Zone and Its Effect on Economic Growth：A Counter－Factual Approach［J］．Open Journal of Social Sciences，2017，5（9）：73－91．

［65］Gao Q M. Research on Finance Lease and Pricing of General－purpose Plane［J］．Prices Monthly，2017（3）．

［66］Julan Du，Qing He，Oliver M. Rui. Does Financial Deepening Promote Risk Sharing in China？［J］．Journal of the Asia Pacific Economy，2010，

15（4）：369 – 387.

［67］ Lin F. Deepen Economic and Trade Cooperation Between Fujian and Taiwan from the Perspective of the Fujian Pilot Free Trade Zone ［J］. Journal of Minjiang University, 2017 (1).

［68］ Lin J R, Wang C J, Chou D W, et al. Financial Constraint and the Choice Between Leasing and Debt ［J］. International Review of Economics & Finance, 2013, 27 (2)：171 – 182.

［69］ Niels Hermes, Vu Thi Hong Nhung. The Impact of Financial Liberalization on Bank Efficiency：Evidence from Latin America and Asia ［J］. Applied Economics, 2010, 42 (26)：3351 – 3365.

［70］ Zhang W. Reform and Innovation of Enterprise Financial Management Mode in the Process of Network Economy Development ［C］. International Conference on Education, Sports, Arts and Management Engineering, 2017.

［71］ Zhu C K, Hong – Han L I. Financial Leasing, Equipment Investment and Economic Growth ［J］. Finance Forum, 2015 (9).

［72］ Edward S Shaw S. Financial Deepening and Economical Development ［M］. New York：Oxford University Press, 1973.

［73］ Stiglitz J E. The Role of the State in Financial Markets ［J］. Working Bank Economic Review, 1994, 8 (suppl 1)：19 – 52.

［74］ Chu Kam Hon, Bank Mergers. Branch Networks and Economic Growth：Theory and Evidence from Canada, 1889 – 1926 ［J］. Journal of Macroeconomicsm, 2010 (32)：265 – 283.

［75］ King R, Levine R. Finance and Growth：Schumpeter Might Be Right ［J］. Quarterly Journal of Economics, 1993, 108 (3)：717 – 738.

［76］ Sajid Anwar, Arusha Cooray. Financial Development, Political Rights, Civil Liberties and Economic Growth：Evidence from South Asia ［J］. Economic Modeling, 2012, 3 (3).

［77］ Llewellyn. Financial Innovation：A Basic Analysis ［J］. H Cavanna Press, 1992, 2 (2)：14 – 51.

［78］Sugirin M. Financial Supply Chain Management ［J］. Journal of Corporate Treasure Management, 2009 (2): 237 – 240.

［79］Sufi A. Bank Lines of Credit in Corporate Finance: An Empirical Analysis ［J］. Review of Financial Studies, 2009 (22): 1057 – 1088.

［80］Jun Nagayasu. Financial Innovation and Regional Money ［J］. Applied Economics, 2012, 44 (35): 324 – 347.